A BUSCA DA ÁFRICA NO CANDOMBLÉ

A BUSCA DA ÁFRICA NO CANDOMBLÉ

TRADIÇÃO E PODER NO BRASIL

Stefania Capone

TRADUÇÃO
Procópio Abreu
e Rogério Athayde (textos da segunda edição)

*2ª edição ampliada e atualizada,
com prefácio de Stephan Palmié
e posfácio de Paul Christopher Johnson*

Rio de Janeiro | 2023

Copyright © 2018
Stefania Capone

editoras
Cristina Fernandes Warth
Mariana Warth

coordenação de produção e capa
Daniel Viana

tradução
Procópio Abreu e Rogério Athayde (agradecimentos, prefácio, prólogo e posfácio)

preparação de texto e revisão
Eneida D. Gaspar

fotografias
Stefania Capone

Este livro segue as novas regras do Acordo Ortográfico da Língua Portuguesa.

Todos os direitos reservados à Pallas Editora e Distribuidora Ltda. É vetada a reprodução por qualquer meio mecânico, eletrônico, xerográfico etc., sem a permissão por escrito da editora, de parte ou totalidade do material escrito.

Dados Internacionais de Catalogação na Publicação (CIP) de acordo com ISBD

C246b   Capone, Stefania, 1959-

A busca da África no candomblé: tradição e poder no Brasil / Stefania Capone. - 2. ed. rev. e ampl. - Rio de Janeiro : Pallas, 2018.
400 p. ; 16cm x 23cm.

ISBN: 978-85-347-0559-2

1. Antropologia religiosa. 2. Religiões africanas. 3. Religiões de matriz africana no Brasil. 4. Candomblé. I. Título.

CDD 299.6
CDU 299.6

2018-1767

Elaborado por Vagner Rodolfo da Silva - CRB-8/9410

Pallas Editora e Distribuidora Ltda.
Rua Frederico de Albuquerque, 56 – Higienópolis
CEP 21050-840 – Rio de Janeiro – RJ
Tel./fax: 21 2270-0186
www.pallaseditora.com.br | pallas@pallaseditora.com.br

Dedicado à memória de Alvinho de Omolu

AGRADECIMENTOS

Um livro é sempre resultado de um esforço coletivo. Este trabalho não teria sido concluído sem o apoio de algumas pessoas, às quais desejo expressar aqui toda a minha gratidão. Entre os colegas e amigos que me ajudaram nesta aventura, eu gostaria de agradecer à inesquecível Marie-Hélène Delamare, que trabalhou em meu manuscrito, na época da primeira edição em 1999, e com quem aprendi as sutilezas da língua francesa; Eric de Dampierre, que desejava fortemente minha entrada para o Laboratório de Etnologia de Nanterre; assim como Rogério Athayde, Leonardo Carneiro, Jacques Galinier, Antoinette Molinié, Susan Rogers, Chiara Ruffinengo, Michka Sachnine e Antônio Carlos de Souza Lima. Todos eles contribuíram, de uma forma ou de outra, para a trajetória deste livro.

As conversas e as trocas intelectuais com os colegas que trabalham sobre as religiões afro-atlânticas, também foram preciosas para compreender os novos caminhos a seguir em meu trabalho. Meus agradecimentos são igualmente dirigidos a Andrew Apter, Kamari Clarke, Alejandro Frigerio, Paul Christopher Johnson, Ari Pedro Oro, Stephan Palmié, John D. Y. Peel, Patricia de Santana Pinho, Steven Selka e Xavier Vatin. Minha editora brasileira, Cristina Warth, diretora da Pallas Editora, sempre esteve ao meu lado em todos os meus projetos e fez a edição deste livro em português ser um grande sucesso, confirmado a cada nova tiragem, mesmo depois de quase quinze anos.

Gostaria também de expressar meu reconhecimento ao Museu Nacional (UFRJ – Rio de Janeiro), onde esta história começou, assim como ao Centre National de la Recherche Scientifique (CNRS), que financiou a tradução da edição americana, publicada pela Duke University Press, em 2010, e ao Laboratoire d'Ethnologie et de Sociologie Comparative de Nanterre (LESC, Université Paris Nanterre), onde defendi minha tese e trabalhei por mais de dez anos. O ambiente intelectual da École de Hautes Études en Sciences Sociales (EHESS) me deu um novo entusiasmo e permitiu dar continuidade às minhas pesquisas nas melhores condições no seio do Centre d'Études en Sciences Sociales du Religieux (CéSor).

Um agradecimento todo especial vai para meu marido, Elliot, e para meu filho, Alex, pela paciência e pelo apoio indefectível, apesar de minhas repetidas ausências. Sem eles nada disso seria possível.

Enfim, serei sempre agradecida aos iniciados do candomblé e da umbanda, que compartilharam comigo seus conhecimentos e que me deram o presente de suas histórias. E notadamente aos membros do Ilê Ifá Mongé Gibanuaê, do Rio de Janeiro, em particular a seu fundador, Alvinho de Omolu, falecido em 2008. Este trabalho é dedicado à sua memória.

SUMÁRIO

Prefácio 11

Prólogo à segunda edição 17

Convenções de escrita 19

Introdução 23

PRIMEIRA PARTE – AS METAMORFOSES DE EXU

I O mensageiro dos deuses: Exu nas religiões afro-brasileiras 63

II Os espíritos das trevas: Exu e Pombagira na umbanda 99

SEGUNDA PARTE – A PRÁTICA RITUAL

III O *continuum* religioso 131

IV A reorganização do espaço sagrado 165

V O poder contestado 187

TERCEIRA PARTE – A CONSTRUÇÃO DA TRADIÇÃO

VI Exu e os antropólogos 227

VII Em busca das origens perdidas 265

VIII Qual África? Qual tradição? 305

Conclusão 337

Posfácio 349

Referências bibliográficas 355

Glossário 379

Índice remissivo 387

PREFÁCIO

Escrever um prefácio para a nova edição de *A Busca da África no candomblé* de Stefania Capone é um prazer, uma honra e um dever. Esgotada depois de dois anos no Brasil, a obra de S. Capone foi publicada pela primeira vez em 1999 e, quase vinte anos depois de sua primeira edição francesa, não perdeu o frescor e a importância para o campo de estudos afro-brasileiros, bem como para as pesquisas sobre as religiões de origem africana nas Américas – ou, como alguns de nossos colegas preferem hoje em dia chamá-las, as religiões "inspiradas pela África" (*"African inspired" religions*). Esta obra não só resistiu à prova do tempo, mas acabou por se tornar um clássico.

Testemunhei o entusiasmo com o qual foi recebida a edição em inglês de *Searching for Africa in Brazil* (Duke University Press, 2010), pelos antropólogos anglófonos do mundo inteiro. Não acho exagero afirmar que meus colegas finalmente perceberam que Stefania Capone já havia antecipado uma boa parte do que, entre outros, J. Lorand Matory ou Luis Nicolau Parés sustentaram a partir da segunda metade dos anos 2000 (sem lhe dar, poderíamos acrescentar, os créditos que ela merecia). Uma olhada ligeira em algumas resenhas publicadas sobre seu livro já seria suficiente para provar isso. Em 2012, na *American Anthropologist*, Elina Hartikainen escreveu que *Searching for Africa in Brazil* é "um marco importante para os estudos recentes sobre o candomblé [...], uma das análises mais ricas e mais completas, que explicam tanto sobre a constituição dos campos acadêmico e religioso afro-brasileiros". No mesmo ano, na revista *Critique of Anthropology*, Emma Cohen define a obra como "uma impressionante descrição e uma análise extremamente rigorosa e exaustiva da história das religiões afro-brasileiras e de seu campo de estudos [...], até agora uma das mais ricas descrições e mais esclarecedoras análises das religiões afro-brasileiras". Abu J. Toure diz que essa obra é "uma contribuição superlativa aos estudos das religiões afro-brasileiras, do Atlântico negro e da diáspora africana" (*Journal of Religion in Africa*, 2011) e Elizabeth Kiddy afirma que "o trabalho de Capone abre novos horizontes para os estudos das religiões afro-brasileiras e tem o potencial para redefinir a maneira como os especialistas pensam seu próprio campo" (*Nova Religio*, 2012).

A busca da África no candomblé visa analisar a história – a essa altura bem longa – dos discursos antropológicos (mas também nativos) que procuram tornar autênticas e legítimas certas formas da prática ritual brasileira através da referência constante à construção da "africanidade". De acordo com a narrativa que Stefania Capone se empenha em desconstruir, o Brasil (e em particular o estado da Bahia, no Nordeste brasileiro) se orgulha de ter uma das religiões mais "autenticamente africanas" do Novo Mundo – o candomblé. Suas tradições de origem iorubá teriam sido zelosamente preservadas, desde o século XIX, nas mais importantes casas de culto (os terreiros) da cidade de Salvador (e não é coincidência que estas sejam as casas de culto em que, até a década de 1980, todos os antropólogos, brasileiros ou estrangeiros, conduziram suas pesquisas, produzindo uma imagem enviesada e parcial do candomblé da Bahia). De acordo com o discurso dominante, reiterado desde os anos 1930, essas "tradições puramente africanas", encarnadas pelos grandes terreiros baianos, não só foram corrompidas ao longo dos tempos, com a fundação de outros grupos de culto que incorporaram espiritualidades "bantu" ou "ameríndias" (como no candomblé angola ou no candomblé de caboclo), mas também foram contaminadas por elementos do espiritismo europeu, presentes na "religião sincrética" da umbanda, que surge no século XX no seio das grandes metrópoles do Sudeste brasileiro, notadamente no Rio de Janeiro e em São Paulo.

Como S. Capone afirma de maneira tão convincente, as noções de adulteração e de sincretismo dificilmente podem ser consideradas como atributos "objetivos" dos fenômenos sociais – a menos que se presuma a existência de uma ortodoxia em relação à qual tais "desvios" poderiam ser avaliados e que poderia estar socialmente autorizada a condená-los. E isso, como ela demonstra, está longe de ser o caso na prática. De fato, fazem parte da "grande tradição baiana" evidentes invenções do século XX, como os 12 Obás de Xangô, que Martiniano Eliseu do Bonfim – especialista dos rituais baianos e informante etnográfico profissional – criou e modelou no fim dos anos 1930. Ainda mais importante, ao considerar a prática ritual em vez de suas supostas normas, o que nos é oferecido é a visão desestabilizadora de um terreno em constante movimento, caracterizado por intensas negociações e trocas incessantes através das fronteiras religiosas reivindicadas. A razão desta disjunção paradoxal repousa, em parte, sobre a história intelectual de nossa própria disciplina: embora a noção de "religião", como "entidade" autônoma e autorreguladora, fundada sob os cânones incontestáveis da "tradição", tenha conseguido manter os antropólogos há tanto tempo sob sua influência, ela é um conceito fundamentalmente cristão, ligado ao período pós-Reforma protestante (ou, ao menos, um conceito compartilhado pelas chamadas "religiões de livro"). E isso é claramente questionado pela análise de S. Capone.

Como ela demonstra com riqueza de detalhes na primeira e na última partes do livro, os pares conceituais "puro"/"impuro", "religião"/"magia", "tradição"/ "modernidade", "comunitarismo"/ "individualismo", há muito tempo desempenham um importante papel nas representações, abertamente politizadas, das religiões afro-brasileiras. Isso é verdadeiro para os discursos dos praticantes, que visam legitimar suas práticas à custa de seus rivais, assim como para as abordagens em permanente transformação dos antropólogos, que desejam adquirir o monopólio das definições do que vem a ser "africano" ou "tradicional" (e, por isso, "mais valorizado", "mais legítimo", etc.). Nós não estamos lidando com os destroços do naufrágio dos essencialismos antropológicos, fracassados nos litorais do "terreno etnográfico": tal concepção circulou do "texto etnográfico para a vida (ritual)" (e vice-versa!), em uma luta altamente politizada pelo reconhecimento e pelo prestígio, a partir do pano de fundo da incessante incorporação das construções da "africanidade" (e, por extensão, da "baianidade") nas representações dinâmicas da identidade nacional brasileira. Assim, ao invés de refletir um estado qualquer de pureza, "verdadeira" ou "objetiva", ou uma suposta "tradicionalidade", os discursos articulados a partir do início do século XX revelam um terreno heterogêneo e movediço, sobre o qual as "configurações religiosas" e suas fronteiras são tornadas visíveis de forma artificial. Além disso, é a mesma tentativa de controlar tais fronteiras que leva à transformação do que elas deveriam supostamente delimitar, em uma disputa incessante, caracterizada frequentemente por um alto grau de antagonismo.

E é aqui que se distingue a contribuição de Stefania Capone de alguns de seus predecessores brasileiros, notadamente de Beatriz Góis Dantas (1988). Em um estudo considerado na época inovador, B. Dantas afirmava que as casas de culto afro-baianas, que encarnavam a "ortodoxia" a nível nacional, se inscreveram deliberadamente em modelos antropológicos da "africanidade", a fim de adquirirem certa legitimidade diante de um Estado que as perseguia. Como S. Capone mostra com extrema habilidade na parte central de sua obra, consagrada à etnografia, a questão não é saber se alguns terreiros de candomblé aceitaram passivamente adotar as definições antropológicas em sua maneira de conduzir os trabalhos rituais e padronizar suas interpretações. Da mesma maneira, não é suficiente saber – como J. Lorand Matory afirmou em uma crítica explícita ao trabalho de Dantas – se astuciosos sacerdotes do candomblé, ao contrário, manipularam os antropólogos. De fato, as duas posições, seguindo o raciocínio de Capone, têm seus méritos e também seus limites. Porque o que ela mostra, através de uma etnografia detalhada e esclarecedora, é que esses mesmos debates também estão presentes nas estruturas de autoridade e submissão, características de todas as casas de candomblé.

Concentrando-se em um conjunto de espíritos – Exu (e sua contrapartida feminina, Pombagira) – cuja presença atravessa hoje em dia a totalidade do "campo religioso" afro-brasileiro, S. Capone não demonstra somente como Exu se transformou, de uma representação das forças diabólicas (em parte produto da etnografia dos missionários do século XIX), em um espírito rebelde e insubmisso na umbanda e, em seguida, em um "princípio de mediação cósmica" nas versões reafricanizadas da umbanda e do candomblé que emergiram na virada do século XX. Ela mostra também como o deslocamento – que ela nomeia de "circulação" – das representações e das práticas entre diferentes denominações religiosas, em constante interação, levou a uma situação onde os antigos praticantes da umbanda, que se juntaram aos grupos de candomblé a fim de adquirir competências rituais mais "africanas" (e por essa razão, altamente valorizadas hoje em dia), estão importando estas concepções de Exu do candomblé, que podem efetivamente questionar as hierarquias internas nos grupos de culto. Uma das razões para isso é que os praticantes, os clientes e mesmo os espíritos são guiados por questões pragmáticas na escolha de seus idiomas rituais: como S. Capone mostra com sutileza em sua discussão etnográfica acerca da mediunidade, do gênero e da conjugalidade (não simplesmente entre humanos, mas também entre humanos e espíritos), mesmo as mais flagrantes distorções à ideia de "tradição" e os empréstimos indiscriminados feitos a partir de diferentes repertórios rituais, tornam-se socialmente aceitos (embora com relutância), já que os próprios espíritos parecem exigi-los!

O essencial aqui não é simplesmente compreender que o fluxo de pessoas da umbanda para o candomblé reflete as valorizações em constante mudança da "africanidade" no seio da sociedade brasileira (negociadas, em parte, pelos antropólogos). S. Capone mostra o que significam essas mudanças conceituais e os consequentes reajustes *no seio* de cada grupo de culto em termos de autonomização ou empoderamento de atores até então subordinados. Alguém seria tentado a falar – retomando a terminologia weberiana – em um deslizamento da legitimidade "tradicional" para a legitimidade "carismática". Mas, naturalmente, na análise de Capone, a "tradição" e o "carisma" tornam-se noções profundamente problemáticas e politizadas – notadamente porque sua ratificação envolve observadores externos que são, e por muito tempo têm sido assim, parte interessada do campo religioso que ela tenta delimitar. Em um dado momento, ela chama os antropólogos de "os intelectuais orgânicos" das religiões afro-brasileiras. E em grande medida ela tem razão.

Isso é também o que o trabalho de Stefania Capone pode trazer como contribuição para uma antropologia reflexiva da religião: por muito tempo, nós conduzimos nossas investigações com base na ficção de um Outro discreto – radicalmente separado de nós e radicalmente separado de outros "Outros". Tais pressuposições, S. Capone nos força a reconhecer, não funcionam mais. E nesse sentido, seu estudo do caso brasileiro tem implicações que vão muito além de suas próprias reivindicações teóricas, geralmente afirmadas com grande modéstia. Esta também é a conclusão de Paul C. Johnson, ele próprio um especialista do candomblé, em sua resenha no *Journal of the American Academy of Religion*. Como ele nota, "a batalha semiótica ricamente descrita" em seu livro, "oferece novas e candentes questões para a próxima geração de pesquisadores". A mim só resta concordar.

Stefania Capone não é simplesmente uma pesquisadora prolífica, mas é também a verdadeira pioneira de uma teoria etnográfica inovadora em seu campo de estudos. E como Johnson sublinha em seu eloquente posfácio a esta edição, os esforços que ela empreendeu tiveram um forte impacto. Como especialista de uma tradição afro-americana próxima (as religiões afro-cubanas), eu sempre me senti extremamente orgulhoso das reações aos meus escritos vindas de meus interlocutores no campo. O fato do livro de Stefania Capone ser hoje em dia considerado uma leitura indispensável por membros de muitos terreiros no Brasil deveria nos fazer compreender que a nossa disciplina, não somente tem ainda uma missão a cumprir, mas que ela também a desempenha muito bem.

STEPHAN PALMIÉ
UNIVERSITY OF CHICAGO

PRÓLOGO À SEGUNDA EDIÇÃO

No imaginário ocidental, o Brasil tem sido percebido como a encarnação do mito da terra selvagem e encantada, povoada de gente simples e hospitaleira, que sabe viver em harmonia com a natureza. Salvador, na Bahia, é frequentemente apontada como a cidade onde os contrastes se atenuam, onde as cores se misturam, onde as crenças se entrelaçam. Mas a Bahia também é a "Roma africana", onde as tradições religiosas aportaram com os antigos escravos e conseguiram ser preservadas e transmitidas da forma mais fiel. Bahia com seu candomblé nagô, que concentra em si o ideal de africanidade, tornou-se a "boa terra", onde reinam a mestiçagem e a harmonia, embora prossiga o sonho de uma pureza africana na busca das raízes que anima as conversas dentro das casas de culto mais tradicionais.

Ora, é de um outro Brasil que eu quero falar aqui, um Brasil onde as mil adaptações à regra – seja ela lei ou modelo a ser respeitado – tornam impossível a instauração de uma ortodoxia ou de uma linha comum que uniformize os milhares de centros de candomblé espalhados por todo o país. A multiplicidade domina e se impõe, tornando caducas as sistematizações elegantes, às vezes perfeitas demais, que gostariam de cristalizar essa religião.

Sem dúvida alguma, escrever sobre o candomblé é um empreendimento perigoso, de múltiplas armadilhas. Existem muitos predecessores ilustres e muitas obras que, veremos, apresentam apenas algumas das múltiplas formas desse fenômeno religioso. E por muito tempo havia o sentimento de que nada de novo poderia ser dito sobre esse campo, sem dúvida um dos mais explorados pela antropologia religiosa.

O trabalho pioneiro de Beatriz Góis Dantas, que teve no meio acadêmico brasileiro o efeito de um verdadeiro vendaval no fim dos anos 1980, trouxe uma crítica preciosa à ideia da "pureza nagô". Outros autores seguiram seu exemplo, analisando o papel de pesquisadores e intelectuais em geral na construção da tradição no seio das religiões afro-brasileiras. No fim dos anos 1990, eu dediquei minha tese de doutorado a esta questão. Quase vinte anos se passaram desde a primeira edição deste livro, publicada em francês em 1999. A primeira edição brasileira data de 2004 e a americana foi publicada pela Duke University Press, em 2010. Esta nova edição em português oferece enfim a oportunidade de me posicionar diante do debate que se seguiu à publicação de meu livro.

Dantas (1988) – como outros autores que questionaram a validade do modelo nagô dentro do candomblé brasileiro – atribuiu a elaboração de um modelo de pureza à ação consciente de alguns intelectuais, ligados ao candomblé, que teriam ajudado a impor um tipo de controle sobre as casas de culto. Em meu trabalho, minha preocupação foi de destacar também a agência (*agency*) das elites do candomblé, dos pais e das mães de santo que conseguiram impor sua própria visão da tradição aos intelectuais que frequentemente eram membros de suas casas de culto, muitas vezes repensando as práticas afro-brasileiras de acordo com seus próprios interesses em um universo religioso extremamente competitivo. Esta obra responde assim aos questionamentos, suscitados pelo trabalho de Dantas, dentro de uma abordagem que é substancialmente diferente.

Dantas analisou o passado, os anos 1930, época-chave da construção da identidade nacional e do nascimento dos estudos afro-brasileiros, se concentrando em exemplos etnográficos onde o candomblé não ocupava um lugar central. Neste livro, ao contrário, eu decidi escrever não somente sobre o passado, mas também sobre o presente, colocando em destaque a negociação ritual que está no coração da prática religiosa nas casas de culto de candomblé, em Salvador e no Rio de Janeiro. O confronto entre um modelo ideal de tradição e a realidade da prática ritual revela a amplitude da *agency* dos iniciados e seu poder de negociação, mesmo nos círculos mais restritos da hierarquia ritual. A "construção da tradição" é assim produzida a partir de um duplo movimento, um projeto compartilhado que vincula certas elites religiosas a intelectuais, na mesma busca de uma africanidade idealizada. Trabalhar no Rio de Janeiro também me permitiu mostrar como, hoje em dia, as religiões afro-brasileiras não podem ser consideradas como a expressão exclusiva de um "Brasil negro", porque há muito tempo elas cruzaram a "linha de cor", reunindo praticantes de todas as origens, brancos, negros ou mestiços. Isso é particularmente evidente na região Sudeste do Brasil, onde grande parte da minha pesquisa foi realizada.

Minha análise da prática ritual mostra a impossibilidade desta busca por raízes africanas no candomblé quando ela é pensada como o sinal da preservação de um passado imemorial. Alguém poderia pensar que depois da brilhante análise de Dantas as coisas mudariam para sempre. Entretanto, ainda hoje, jovens pesquisadores que se propõem a estudar o candomblé, sobretudo em Salvador, na Bahia, são levados a reproduzir o mesmo tipo de análise que fez do candomblé nagô a encarnação da tradição africana no Brasil. Espero que esta obra ajude a compreender melhor um universo de abordagem tão difícil, para mostrar como essa tradição, que se quer eterna e imutável, é, na realidade, reinventada, dia após dia.

CONVENÇÕES DE ESCRITA

ALGUMAS NOÇÕES DE FONÉTICA IORUBÁ E PORTUGUESA

O iorubá, ainda utilizado nos rituais do candomblé nagô, é uma língua tonal. Um tom é uma mudança de altura do som da voz, com fins morfológicos e semânticos. Todas as vogais têm um tom. Os tons baixos são indicados por um acento grave, os tons médios não são grafados e os tons altos são designados por um acento agudo. Eis os casos específicos em que a pronúncia é diferente do português:

vogais
e = ê, como em padê
ẹ = e, como em mel
o = ô, como em pôr
ọ = o, como em bola

consoantes
g = sempre firme, como em gato
h = sempre aspirado
j = dj, como em adjetivo
p = kp (dupla oclusão simultânea)
s = sempre surdo (não há "s" com som de "z", sonoro)
ṣ = x, como em Exu
w = u

A vogal nasalada "ọn" é próxima do som "ã" em português. Além disso, toda vogal que se segue a uma consoante nasal ("m" ou "n") é nasalada.

Em português, a consoante "x" corresponde foneticamente à consoante iorubá "ṣ". Por exemplo, Èṣù (iorubá) = Exu (português).

Utilizarei a ortografia iorubá (Èṣù) ao analisar o papel dessa divindade no panteão iorubá, e a ortografia em língua portuguesa (Exu) quando se tratar de seu correspondente no Brasil. Esse procedimento, que pode parecer apenas derivar de uma preocupação lógica, é na realidade pleno de sentido. A utilização dos termos iorubás nos escritos antropológicos sobre o candomblé dito tradicional, muito difundida atualmente, quer, na verdade, ressaltar sua origem africana. A opção por me ater à ortografia da língua portuguesa se deve à intenção inversa, que é a deste livro: situar o candomblé, antes de tudo, como uma construção religiosa tipicamente brasileira. Assim, utilizarei as formas plurais de termos como *orixás*, *iamís* e *eguns*, que são correntes em português, mas inexistentes em iorubá.

A ortografia iorubá será mantida quando se tratar de palavras que não possuam correspondência na língua portuguesa ou sejam utilizadas "politicamente" como sinais de pertencimento à tradição africana. Os termos *iorubá* e *banto* apresentarão a ortografia da língua portuguesa, já bem disseminada nos textos etnológicos.

As palavras que designam divindades ou espíritos serão grafadas com a letra inicial maiúscula quando tratados individualmente e em letras minúsculas quando se referirem à forma coletiva. Por exemplo: Exu, os exus; Iamí, as iamís. A única exceção é *Eguns*, para designar os ancestrais coletivos, e *eguns*, que se refere aos espíritos de mortos.

Essa escolha foi motivada pela preocupação com a clareza, dificilmente alcançada quando os mesmos termos designam realidades muito diferentes. A mesma preocupação de uma maior legibilidade me levou a, em geral, grafar em itálico a primeira ocorrência dos termos vernaculares e e m redondo as seguintes.

A tradução de termos usados pelos médiuns e iniciados para indicar a entrada em transe suscita algumas dificuldades. De fato, a expressão empregada usualmente na literatura especializada – "ser possuído" – nem sempre corresponde à terminologia utilizada por eles. O termo transe só é empregado na linguagem erudita ou nos textos umbandistas (transe mediúnico). Na umbanda, fala-se em "incorporação"; no candomblé, em "queda no santo" ou "estado de santo", em que "santo" é sinônimo de orixá. Dessa forma, um iniciado pode "cair no santo", "virar" (se transformar na divindade), "receber" (um espírito ou uma divindade), "incorporar" ou "estar incorporado" (possuído por um espírito ou divindade). Quando se trata do deus ou do espírito, ele pode "virar", "incorporar-se" ou "baixar". Os vocábulos relativos à noção de possessão são, portanto, muito pouco utilizados pelos médiuns. Em face das dificuldades inerentes à tradução, optei por termos já validados nos escritos etnológicos (possuir, ser/

estar possuído), aliados a alguns neologismos como "receber (um espírito)", "manifestar-se" ou "virar".

Por fim, peço desculpas ao leitor pela abundância do emprego de aspas, necessário para a relativização de noções como "tradição", "pureza" e "degenerescência". Não as utilizarei, todavia, ao tratar de noções como *nação* de candomblé ou *filho de santo,* pertencentes ao jargão do candomblé. Todos os termos vernaculares estão compilados no glossário situado no fim desta obra.

INTRODUÇÃO

Este livro decorre de um longo percurso pessoal. Desde minha primeira viagem ao Brasil, em 1983, para pesquisas bibliográficas sobre o candomblé, muitas questões começaram a tomar forma em minha mente. Por que os estudos, em sua maioria, eram centrados apenas em uma das modalidades de culto presentes no universo religioso afro-brasileiro[1]? Por que os discursos – de pessoas ligadas ao candomblé, mas também de pesquisadores que escreviam sobre esse assunto – insistiam tanto na "pureza" dos cultos? Impressionava-me a aparente uniformidade dos centros de culto – apesar de algumas diferenças nos rituais ou nos nomes das divindades –, em contraste com a constante repartição do universo religioso entre cultos "puros" e "impuros", conforme linhas de genealogia religiosa, mais ou menos reais, que hierarquizavam o campo religioso afro-brasileiro. As diferenças instituídas pelo discurso nativo sobre as origens pareciam atravessar e estruturar o discurso dos pesquisadores, sem que fossem objeto de uma reflexão quanto aos mecanismos de sua constituição. Os dois discursos, o nativo e o antropológico, recobriam-se estranhamente.

Em um primeiro tempo, achei que a apresentação de uma tradição outra, a tradição angola, por exemplo, poderia contribuir para questionar o que me parecia ser um *a priori* dos estudos afro-brasileiros: os iorubás (ou nagôs) seriam os guardiões da "pureza" religiosa, e os bantos os "donos do lúdico" (cf. Bastide 1971). Assim, durante minha defesa da dissertação de mestrado, no Museu Nacional do Rio de Janeiro, estava animada com a esperança de ter colhido uma visão original do mundo, expressão da modalidade de candomblé menos

---

[1] A utilização do termo "afro-brasileiro" apresenta problemas epistemológicos, pois encontramos, no conjunto do campo religioso afro-brasileiro, cultos como o kardecismo e a umbanda "branca", que não se reconhecem como religiões de origem africana, mas que estão intimamente ligados às modalidades de culto (umbanda "africana", omolocô, candomblé) que reivindicam uma herança africana. Com efeito, veremos que os médiuns circulam de uma modalidade à outra, em um *continuum* religioso que vai do polo considerado menos africano (kardecismo) àquele considerado mais africano (candomblé nagô). Apesar dos problemas a que pode levar a utilização desse termo, escolhi seguir o uso consagrado na literatura sobre o candomblé e os demais cultos ditos afro-brasileiros. Retomaremos essa problemática no fim desta introdução.

estudada: a nação[2] angola. Dois anos antes, havia encontrado, em Sepetiba, um ambicioso e inteligente pai de santo, José Rodrigues da Costa, que acabava de fundar um terreiro na zona oeste do Rio de Janeiro. Meu interesse primeiro – o estudo das danças de possessão – levou-me a longas discussões com ele, que pouco a pouco revelaram todo um universo simbólico realmente inédito.

Longe de qualquer preocupação quanto à "pureza" dessa visão de mundo, deixei-me tomar pela fascinação de uma construção teórica que Rodrigues da Costa me apresentava como a herança de uma tradição religiosa transmitida por seu próprio pai de santo, um nativo de Angola, então falecido. Eu achava que a simples possibilidade de registrar essa visão de mundo constituiria uma contribuição interessante para os estudos afro-brasileiros. Qual não foi minha surpresa quando, na defesa da dissertação, todas as críticas dos examinadores se concentraram na própria singularidade desse discurso. Quem afirmava esse universo? Quantas pessoas também tinham essa visão de mundo? Não estava eu, com aquele trabalho, legitimando a autoridade do pai de santo?

Essas questões me pareciam injustificadas. Estava habituada a ler, nos textos clássicos dedicados ao candomblé, descrições de um universo religioso em que a legitimidade da visão do mundo relatada nunca era questionada. Na maioria dos textos (por exemplo, Bastide 2001), era impossível identificar os terreiros em que a pesquisa fora feita. Todos os autores faziam referência a uma tradição, a dos nagôs[3], e sublinhavam a ausência de tradição nas demais nações, as bantas em particular.

E eis que, com minha tradição inédita, sugeria que talvez também houvesse algo interessante no estudo do candomblé banto! Meu desejo sincero de contribuir para os estudos afro-brasileiros foi desencorajado de imediato. Abordava um domínio que não deveria ser muito explorado, capaz de pôr em questão a

---

[2] O candomblé é dividido em nações: nagô, ketu, efon, ijexá, nagô-vodum, jeje, angola, congo, caboclo. O conceito de nação perdeu sua significação étnica originária e recobre hoje uma significação mais política (no sentido mais amplo do termo) que teológica. Para uma discussão mais aprofundada desse conceito, ver Costa Lima (1976).

[3] O termo *nagô* é utilizado pelos fon do Daomé (atual Benim) para designar os iorubás que moram em seu país. Segundo Cornevin (citado por Ceccaldi 1979, 178), essa palavra seria um insulto derivado de *inagonu*, isto é, piolhentos, e teria sido utilizada pelos daomeanos para designar seus inimigos iorubás. Posteriormente, transformou-se em *anagonu*, depois em *nago*. As mitologias dos iorubás e dos fon do Daomé sempre foram muito sincretizadas. Essa mistura, preexistente à escravidão, está na base do modelo *jeje-nagô*, durante muito tempo considerado predominante no candomblé da Bahia. A palavra *jeje* (ou *djédjê*) designa os africanos escravizados provenientes do Dahomey que falavam as línguas Gbe (Parés, 2006, 47-52).

organização interna do campo de pesquisa afro-brasileiro[4]. De fato, como dar legitimidade àquilo que, por definição, era fruto de uma "degenerescência", de uma perda das tradições africanas? Além disso, minha audácia era dupla, uma vez que não só me dedicara ao estudo de um culto considerado menos tradicional (o banto), como também o fizera no Rio de Janeiro e não em Salvador, pátria do "verdadeiro" candomblé[5]. Tinha, então, de rever os mecanismos pelos quais se constituía a oposição entre os cultos nagôs e bantos que estruturava os discursos tanto nativos quanto científicos. O trabalho inovador de Beatriz Góis Dantas, publicado em 1988, marcou o início de uma relativização dessas categorias: partindo da análise do *xangô* de Sergipe, questionava o que parecia ser, até ali, uma evidência: o nagô, como sinônimo de pureza africana, mostrava-se uma categoria nascida do encontro do discurso de certos praticantes, que justificavam a hegemonia deles, com o discurso dos pesquisadores, eles próprios fortemente ligados a esse mesmo segmento religioso.

A relativização das categorias – e das oposições constitutivas do campo afro-brasileiro – implicava, a meu ver, uma necessária discussão das relações de poder inscritas nesse universo. Isso é justamente o que torna um trabalho desse tipo particularmente delicado: todo pesquisador que penetra nesse campo tem consciência de que as relações de poder estão no cerne de seu objeto e de que é difícil desenvolver uma análise dessa questão sem entrar em conflito com parte de seu público, isto é, alguns de seus colegas, bem como com alguns membros do culto. Parecia-me indispensável, entretanto, dedicar-me ao estudo dos mecanismos de construção da tradição, a partir da análise das relações de poder que estruturam o campo religioso afro-brasileiro.

---

[4] O candomblé angola foi muito pouco analisado. Com exceção dos estudos clássicos de Édison Carneiro (1964, 1991), que confirmam a inferioridade mítico-ritual dos bantos, na época da minha dissertação existiam apenas duas obras sobre o candomblé angola: a de Gisèle Binon-Cossard (1970) e a de Ordep Trindade Serra (1978). Enquanto a primeira abandonou a antropologia para se tornar mãe de santo de candomblé, o segundo é hoje um dos porta-vozes da tradição nagô (cf. Serra 1995).

[5] Deve-se ressaltar que, embora Gisèle Binon-Cossard tenha dedicado sua tese de doutorado a um terreiro situado no subúrbio do Rio de Janeiro, seu pai de santo, Joãozinho da Gomeia, era baiano e muito conhecido no meio dos cultos afro-brasileiros. Apesar de seus "pecados" de origem (Capone 1996), que questionavam sua legitimidade, ele é citado em vários estudos antropológicos, como os de Bastide (1971), Carneiro (1991), Landes (1967) e Ziegler (1977). O outro estudo dedicado ao candomblé angola (Serra 1978) está centrado em um terreiro de Salvador. A Bahia sempre foi um poderoso centro de legitimação nos escritos sobre o candomblé. Mais recentemente, o candomblé do Rio de Janeiro tem sido analisado por outros pesquisadores. Ver, entre outros, o excelente trabalho de Johnson (2002).

"PUROS" E "DEGENERADOS"

De fato, uma das características mais marcantes dos estudos sobre o candomblé é a espantosa concentração das pesquisas etnográficas em três terreiros de nação nagô, transformados, assim, na encarnação da tradição africana no Brasil. São eles o Ilê Axé Iyá Nassô Oká ou Casa Branca, considerado o primeiro terreiro de candomblé fundado no país, o Gantois e o Axé Opô Afonjá, ambos oriundos dele. Outras cidades brasileiras, como Recife, São Luís do Maranhão e Porto Alegre, foram eleitas, respectivamente, centros tradicionais de três outras modalidades de cultos afro-brasileiros: o *xangô*, *o tambor de mina* e o *batuque*. As grandes cidades do Sudeste (Rio de Janeiro e São Paulo) sempre foram consideradas as pátrias da umbanda e da *macumba*, culto "degenerado" por excelência, oriundo da mistura de tradições africanas, na maioria bantas, com cultos indígenas e o espiritismo europeu[6].

Raimundo Nina Rodrigues, precursor dos estudos afro-brasileiros, criticava a opinião, demonstrada por estudos linguísticos e prevalecente em sua época, de uma supremacia banta entre os negros brasileiros. Com efeito, a língua portuguesa falada no Brasil é muito influenciada pelo quimbundo e, em menor grau, por outras línguas bantas. No intuito de criticar essa predominância, Nina Rodrigues substituiu o método baseado na análise linguística por outro baseado na observação dos fatos religiosos, comparando-os com os dados de que dispunha sobre os povos africanos. Ora, no fim do século XIX, acabava-se de descobrir a organização social e religiosa dos iorubás, bem como sua grande complexidade. Os bantos, em compensação, caracterizavam-se por uma mitologia considerada inferior. Assim, apesar da organização social do reino do Kongo, comparável à organização dos iorubás, a inferioridade dos bantos era postulada em obras como *A evolução religiosa nas diversas raças humanas*, de Letourneau, publicada em 1892 e citada como referência nos escritos de Nina Rodrigues.

Em seu estudo sobre os africanos no Brasil, no início do século XX, Nina Rodrigues afirmou de maneira clara a supremacia dos iorubás (os nagôs da Bahia), que ele considerava a verdadeira "aristocracia" entre os negros trazidos para o Brasil, baseando-se nas pesquisas do coronel Ellis e do missionário

---

[6] Essa distribuição geográfica entre cultos africanos "puros" e cultos "degenerados" nunca levou em conta a presença, registrada desde o fim do século XIX, de um grande contingente de pais e mães de santo de candomblé na cidade do Rio de Janeiro. Para uma análise detalhada dessa questão, ver Capone (1996).

Bowen, ambas realizadas no fim do século XIX. Da mesma forma, declarava ter inutilmente buscado, junto aos negros da Bahia, ideias religiosas pertencentes aos bantos. Na realidade, ele havia concentrado suas pesquisas no terreiro do Gantois, que foi criado em 1896 (Nina Rodrigues 1988, 239), em decorrência de uma cisão da Casa Branca. Seu informante e principal guia no universo dos cultos afro-brasileiros era Martiniano Eliseu do Bonfim, figura histórica do candomblé nagô, que, posteriormente, seria um dos fundadores do Axé Opô Afonjá, minimizando qualquer outra contribuição cultural de origem africana em relação à cultura e à religião dos descendentes dos iorubás.

No rastro de Nina Rodrigues, a oposição entre uma "tradição pura" dos nagôs e a "fraqueza" mítico-ritual dos bantos se impôs em estudos ulteriores. Apesar das provas da existência na Bahia de terreiros tão antigos quanto a Casa Branca[7], a superioridade religiosa dos nagôs, produto de sua suposta superioridade racial (cf. Nina Rodrigues 1988; Ramos 1979, 201), continuou sendo afirmada pela maioria dos autores que estudaram o candomblé baiano, privilegiando assim uma tradição cultural entre outras. Foi preciso esperar a obra de Édison Carneiro (1991) sobre o candomblé banto no fim dos anos 1930, para que um pesquisador se interessasse por outra modalidade de culto. Publicado pela primeira vez em 1937, esse trabalho, todavia, só confirmou a inferioridade banta e, por conseguinte, a superioridade nagô. A diferença, inicialmente afirmada no âmbito religioso, logo se traduziu em oposição regional entre o Nordeste (principalmente a Bahia), que exaltava sua herança cultural por meio da valorização dos negros nagôs "superiores", e o Sudeste, que, embora já fosse no início do século XIX o centro do poder administrativo e econômico do país, era desprovido de uma tradição cultural de igual valor[8].

O olhar dos intelectuais sobre os outros cultos estava condicionado por essa oposição. Assim, apesar da existência do modelo jeje-nagô no início do século XX no Rio de Janeiro, como mostram as obras de João do Rio (1976) e Roberto Moura (1983), esse modelo nunca foi levado em consideração pelos

---

[7] Reis (1989) revela a presença na cidade de Salvador, no início do século XIX, de outros terreiros de diferentes tradições religiosas. Essa afirmação se baseia na análise dos processos criminais relativos às perseguições religiosas desse período. Em 1944, Luís Viana Filho, ao falar da existência de vários candomblés bantos, cuja fundação era anterior às pesquisas de Nina Rodrigues, escreveu que "era de admirar que tivessem passado despercebidos a um estudioso da inteligência do ilustre mestre" (Nina Rodrigues 1988, 209).

[8] Dantas (1988) analisa de modo brilhante o papel puramente político da utilização da cultura popular pelas elites como elemento distintivo das especificidades locais e regionais, em resposta ao deslocamento do centro de poder do Nordeste para o Sudeste nos anos 1930.

autores que, desde Arthur Ramos, preferiram ver nos terreiros da Bahia o modelo etnográfico do candomblé "tradicional", e nos terreiros do Rio o modelo etnográfico dos cultos "degenerados" ou "degradados".

Roger Bastide (1971) é o autor que afirmou de modo mais claro a oposição entre essas duas formas de religiosidade. A seu ver, o candomblé nagô, culto tradicional, representaria a realização de uma utopia comunitária. O culto banto, ao contrário, acarretaria a degradação das crenças africanas, ao engendrar a "patologia social" da macumba. Bastide, no entanto, nunca realizou um verdadeiro trabalho de pesquisa sobre a macumba no Sudeste. Suas afirmações se baseiam em fontes secundárias, como os processos jurídicos e os registros de polícia, instrumento da repressão ao "baixo espiritismo" e à magia, deixando de lado qualquer dado que questione a supremacia religiosa dos nagôs. A "filosofia e a metafísica sutil" da religião africana permaneceram monopólio dos negros nagôs, sendo a predominância do candomblé nagô confirmada nos estudos posteriores. Uma polarização se instalou entre os estudos dedicados à umbanda[9] – associada, como a macumba, à degradação dos cultos africanos – e os estudos dedicados ao candomblé (evidentemente nagô), expressão da tradição africana. O candomblé nagô, tendo por centro de propagação a cidade de Salvador, representa, assim, o polo ordenador de uma *Gestalt* africana, para retomar uma expressão cara a Bastide. Em compensação, as cidades do Sudeste, submetidas aos processos de industrialização e urbanização, tornam-se o espaço de uma modernidade em que os valores mais importantes da civilização africana estão irremediavelmente perdidos. De fato, segundo Bastide, o imigrante vindo do Nordeste em busca de trabalho não pode recriar nas cidades do Sul o espírito comunitário que anima o mundo do candomblé nagô. Ele se deixa "contaminar por uma mentalidade em que os interesses materiais e a defesa desses interesses, representada pelos partidos políticos e pelos sindicatos, são mais importantes que os interesses espirituais e em que o trabalho dá mais resultado que a utilização de processos mágicos" (Bastide 1971, 302). No candomblé dito tradicional, a magia se transforma de "fonte de conflitos internos e de perigos" em um elemento que aumenta

---

[9] Culto religioso brasileiro, nascido do encontro dos rituais africanos (sobretudo de origem banta), ameríndios e do espiritismo de Allan Kardec. A umbanda recupera boa parte da herança da macumba, mas é reinterpretada graças ao "embranquecimento" dos aspectos menos apresentáveis das religiões afro-brasileiras, como os sacrifícios de animais ou o longo período de iniciação. A umbanda nasceu no começo do século XX no Rio de Janeiro (Brown 1985), de onde se espalhou para a quase totalidade do território brasileiro.

a "força integradora" desse culto, "visto que todos os problemas encontram solução na autoridade dos sacerdotes e na disciplina que estes impõem aos membros" (Bastide 1971, 317). Em compensação, nas metrópoles do Sudeste, essa mesma magia muda de sinal e, em um contexto em que o controle do grupo desapareceu, reduz-se a um simples meio de "exploração desavergonhada da credulidade das classes baixas" (Bastide 1971, 414).

A oposição entre o candomblé nagô, expressão da "verdadeira" religião, e a macumba, herdeira das magias europeia e africana, divide o campo religioso afro-brasileiro. Mas essa oposição entre magia e religião realmente existe nas diferentes modalidades de cultos afro-brasileiros? Ela não expressava apenas um dos fundamentos da lógica interna aos cultos, reinterpretada por meio das oposições (magia/religião) que historicamente ajudaram a construir o discurso da antropologia?

Na verdade, nos cultos afro-brasileiros, a magia está intrinsecamente ligada à religião, pois crer nas divindades é crer também na capacidade que elas têm de manipular o universo em favor de seus protegidos (os iniciados ou fiéis). As acusações de magia e de feitiçaria não estão, portanto, em contradição com o religioso: elas representam, como no caso clássico do sistema zande (Evans-Pritchard 1978), um instrumento de controle político e de legitimação. Assim, o que era parte de um discurso político tipicamente africano (os ataques de feitiçaria) foi interpretado como o sinal de uma oposição ontológica entre uma religião "pura" e uma magia "degenerada", sem levar em conta que as fronteiras entre essas categorias eram e ainda são extremamente fluidas[10].

A CONSTRUÇÃO DE UM MODELO IDEAL DE ORTODOXIA

A convergência entre as pesquisas feitas pelos antropólogos e as sistematizações harmoniosas frequentemente produzidas por eles permitiram, ao longo dos anos, a construção de um modelo ideal de ortodoxia, identificado com o culto nagô, que encontra seu público no meio tanto dos pesquisadores quanto dos praticantes dos cultos. Com efeito, a distância crítica entre observador e observado, que deveria estar na base do trabalho do antropólogo, dificilmente se mantém quando se trata das religiões afro-brasileiras. O discurso hegemônico

---

[10] Veremos que a existência de acusações de feitiçaria nos terreiros ditos tradicionais só faz confirmar essa hipótese (cf. Landes 1967).

dos chefes dos terreiros ditos tradicionais da Bahia é muitas vezes legitimado pelo discurso dos antropólogos que, há quase um século, vêm limitando seus estudos, com raras exceções, aos três mesmos terreiros nagôs, embora existam milhares de outros. Com efeito, segundo o recenseamento de setembro de 1997, realizado pela Federação Baiana do Culto Afro-brasileiro (FEBACAB), haveria 1.144 terreiros apenas na cidade de Salvador (tanto terreiros de candomblé angola ou de candomblé de caboclo quanto terreiros nagôs).

Nina Rodrigues e Arthur Ramos, nos anos 1930, fizeram suas pesquisas no Gantois; Édison Carneiro, na Casa Branca; Roger Bastide, Pierre Verger, Vivaldo da Costa Lima e Juana E. dos Santos, entre muitos outros, no Axé Opô Afonjá. Todos são terreiros originários da Casa Branca, o primeiro terreiro de candomblé fundado em Salvador. Essa concentração implicou também o estabelecimento de vínculos muito especiais entre o pesquisador e seu "objeto" de estudo. Assim, Nina Rodrigues e Ramos se tornaram *ogãs*[11] do Gantois (Landes 1967, 83). Da mesma forma, Édison Carneiro era ogã do Axé Opô Afonjá, terreiro ao qual também estavam ligados Roger Bastide e Pierre Verger, que havia recebido o título de *Oju Oba,* assim como muitos outros intelectuais que receberam cargos rituais nesse terreiro. A aliança entre cientistas e iniciados se tornou ainda mais efetiva quando, a partir dos anos 1950, o vaivém para e da África, que nunca se interrompeu completamente após a Abolição da Escravidão, ganhou novo impulso graças às viagens de Pierre Verger entre o Brasil e o país iorubá (Nigéria e Benim). O papel de mensageiro que desempenhou dos dois lados do oceano e o prestígio que decorria dos títulos e marcas de reconhecimento outorgados pelos iorubás aos chefes dos terreiros "tradicionais" que ele trazia ao Brasil, representaram importantes elementos na construção de um modelo de tradição, que tornou-se dominante.

Foi Juana Elbein dos Santos, discípula de Bastide, quem encarnou, no fim dos anos 1970, o exemplo mais acabado da "aliança" entre antropólogos e membros do culto. Essa antropóloga argentina, iniciada no terreiro de Axé Opô Afonjá de Salvador e casada com Deoscóredes M. dos Santos, alto dignitário do culto nagô, foi a primeira a teorizar a necessidade metodológica de analisar o candomblé "desde dentro", isto é, como participante ativo e iniciado, a fim de evitar qualquer deriva etnocêntrica (J. E. Santos 1977, 18). A aliança entre

---

[11] O *ogã* é um cargo ritual reservado a homens que não entram em transe e que atuam como protetores do grupo de culto. Eles podem também exercer funções rituais específicas, como os tocadores de atabaques (*alabês*) ou os sacrificadores de animais (*axogum*).

o antropólogo e os cultos, sempre existente mas dificilmente assumida, passou a ser assim uma das condições essenciais para a verdadeira compreensão da cultura estudada.

A CONSTITUIÇÃO DO CAMPO RELIGIOSO

Não se pode falar do candomblé sem levar em consideração os outros cultos que pertencem ao mesmo universo religioso e que ajudam a definir suas fronteiras. Nos estudos afro-brasileiros, o candomblé se opõe à umbanda ou à macumba conforme o caso, como o candomblé nagô se opõe ao candomblé banto, estando o segundo termo da oposição sempre marcado pela inferioridade e a degradação em relação a uma africanidade ideal. Este é o resultado de um processo contínuo de construção da identidade, por meio do deslocamento progressivo da oposição que sempre define o outro como o degenerado, o poluído, o não autêntico. Mas essa oposição é realmente vivida como tal na prática ritual dos cultos afro-brasileiros? É possível distinguir nitidamente os cultos "puros" dos cultos "degenerados"? O que significa culto "autêntico"? E autêntico em relação a quê: à África, à Bahia, ao nagô?

Ao observar hoje o panorama das religiões afro-brasileiras, constatamos uma extrema heterogeneidade do campo religioso[12]. Cada terreiro possui sua própria especificidade ritual, fruto da tradição de que faz parte, mas também da idiossincrasia do chefe do culto. Na realidade, a identidade religiosa é constantemente negociada entre os atores sociais. As diferenças entre os cultos são, portanto, bem menos claras do que pretendem antropólogos e adeptos das religiões afro-brasileiras. Por isso, a oposição entre umbanda e quimbanda, isto é, entre o âmbito da religião e o da magia negra, afirmada, por exemplo, nos escritos de Bastide (1971), foi reconhecida por vários autores como uma simples categoria de acusação visando delimitar diferentes modalidades de culto no mercado religioso. David Hess (1992) afirma, assim, a existência de um *continuum* entre

---

[12] Utilizo aqui a noção de campo religioso desenvolvida por Pierre Bourdieu (1971), para tratar o conjunto das modalidades de culto que fazem parte de um mesmo universo religioso dito afro-brasileiro. Este se constrói em relação a outros universos religiosos, tais como a Igreja Católica e as Igrejas Pentecostais, de acordo com vínculos de inclusão ou exclusão. A figura 4 (Cap. II) dá uma visão das relações entre as diferentes instâncias religiosas. Utilizarei igualmente a noção de "mercado religioso", limitada às diversas modalidades de cultos afro-brasileiros que, ao oferecer os mesmos serviços, rivalizam entre si na busca de fiéis e clientes.

umbanda e quimbanda, as quais não seriam a expressão de duas formas opostas de magia (branca e negra). Segundo Hess, macumba, quimbanda e umbanda representam um sistema unificado e coerente que se articula em torno do que chama um "dinamismo sincrético" (Hess 1992, 151). Da mesma forma, em sua obra sobre o culto mina de Belém, Véronique Boyer-Araújo (1993a, 19) escolheu uma abordagem metodológica que sublinha a unidade profunda dos cultos afro-brasileiros (umbanda, mina e candomblé) nessa cidade.

Em sua análise da formação da umbanda, Ferreira Camargo também postula a existência de um *continuum* religioso entre as formas "africanas" da umbanda e o kardecismo mais ortodoxo. Segundo ele, haveria uma "consciência popular da continuidade, senão da identidade religiosa, entre a umbanda e o kardecismo" (Camargo 1961, 14). Esse *continuum* não estaria limitado aos cultos espíritas do Sul do país, estendendo-se igualmente às regiões que guardam "a mais forte influência das culturas provenientes da África":

> [...] em cidades como Salvador e Recife, parte considerável da população adota as religiões de origem africana, que começam atualmente a sofrer forte influência do kardecismo, esboçando-se, assim, a formação do *continuum* estudado, que parece mais funcional, nas áreas urbanas, do que as tradicionais práticas sudanesas e bantas (Camargo 1961, 92).

A presença de ideias de origem espírita entre os praticantes dos cultos afro-brasileiros considerados ortodoxos é afirmada por Alejandro Frigério (1989, 77), que sublinha a influência crescente da umbanda mesmo nos terreiros mais tradicionais de Salvador. Pode-se dizer que as modalidades de cultos afro-brasileiros observáveis no Brasil constituem diferentes combinações dos elementos desse *continuum*. As diferenças são instituídas mais pelo discurso dos iniciados que por uma oposição real nas práticas rituais. Na verdade, mesmo os terreiros considerados mais puros não estão ao abrigo das influências do espiritismo[13].

---

[13] Em uma entrevista de 1994 ao jornal *Bahia, Análise & Dados* (1994, 46), Mãe Stella do Axé Opô Afonjá, terreiro nagô considerado dos mais tradicionais, afirmou: "No candomblé os *ewo* ou *quizilas*, proibições, não são coisas boas para nós, tanto espiritualmente como materialmente. Mas se você rompe com as restrições, sua alma não irá para o inferno; caso não cumpra aquele *ewo*, você se atrasa espiritualmente, você não consegue evoluir". Da mesma forma, Olga de Alaketu, outra célebre mãe de santo nagô, explica a relação entre os santos católicos e os orixás como "uma transposição de espíritos, em épocas diferentes [...] não um espírito qualquer, mas um espírito que seja elevado, para ser um orixá" (citado por Costa Lima 1984). Essas noções de elevação espiritual e de evolução são oriundas do discurso do espiritismo kardecista, demonstrando sua importância mesmo nos terreiros mais tradicionais.

Yvonne Maggie (1989) sublinhou a coincidência entre o discurso da antropologia e o das religiões afro-brasileiras: como nas ciências sociais, os iniciados do candomblé, da umbanda ou do kardecismo elaboram suas próprias classificações. Eles ordenam o campo dos cultos afro-brasileiros conforme uma lógica de hierarquização, baseada nas categorias de alto e baixo, puro e degenerado, autêntico e corrompido. Ao demarcar uma oposição entre cultos "puros" e cultos "degenerados", os antropólogos utilizam as mesmas categorias de classificação dos iniciados. Não é preciso dizer que estes sempre afirmam pertencer ao culto considerado mais puro. Assim, ninguém se definirá como praticante de quimbanda, da mesma forma que nenhum terreiro dito de *umbandomblé*[14] se definirá como tal, isto é, misturado, degenerado, corrompido. A autoidentificação sempre ocorre na direção do polo mais valorizado, neste caso o candomblé.

Esta ideia da existência de um *continuum* ligando as diferentes modalidades de cultos é também defendida por Inger Sjøislev (1989), que reinterpreta as teorias de Bastide sobre a pureza e a degradação dos cultos como um exemplo de "mito antropológico". Segundo Sjørslev, as mudanças observáveis nas novas modalidades de cultos afro-brasileiros – "o jogo com elementos ou formas" – não são devidas à degradação de uma realidade que deve permanecer imutável: "Ao contrário, isso é a condição prévia para a continuação do ritual" (Sjørslev 1989, 106). Candomblé e umbanda representariam, então, duas formas intermediárias do mesmo *continuum*[15].

A MEDIAÇÃO DE EXU

Essa continuidade é bem expressa pela figura de Exu, o mensageiro divino, mestre da magia e grande manipulador do destino. Deus central na organização do candomblé, pois é por seu intermédio que se dá a comunicação entre os deuses e os homens, está igualmente presente em todas as outras modalidades de cultos afro-brasileiros. Exu parece, então, servir de "pivô entre os sistemas

---

[14] O *umbandomblé* é outra categoria de acusação, como no caso da quimbanda. Esse termo designa um terreiro de candomblé que é "misturado", isto é, que apresenta forte influência umbandista. Nos anos 1990, esse termo era frequentemente utilizado no Rio de Janeiro para contestar a legitimidade de outrem.

[15] A mesma continuidade foi observada pelo viajante e escritor francês Benjamin Péret, que descreveu a macumba no Rio de Janeiro nos anos 1930. Ele notou a ausência de referências a esse culto na cidade de Salvador, embora lhe tivesse parecido similar ao candomblé da Bahia. Segundo Péret, o termo *candomblezeiros* designaria os praticantes da macumba conforme a "lei de nagô", e *macumbeiros*, aqueles que seguem a "lei de angola" (citado por Gonçalves da Silva 1992, 40).

religiosos" (Boyer-Araújo 1993a). Na verdade, ele encarna o ponto de contato entre o religioso e o mágico: indispensável à realização de qualquer ritual religioso no candomblé, é também o manipulador das forças mágicas em favor de seu protegido. Durante muito tempo negado, pois sua presença era a prova de uma possível deriva para a prática proibida da magia e da feitiçaria, Exu foi objeto de uma dissimulação estratégica ligada ao processo de legitimação das religiões afro-brasileiras.

De fato, até os anos 1970, o candomblé, como a maioria dos cultos afro-brasileiros, foi objeto da repressão das forças policiais. Ao lado do exercício ilícito da medicina, a lei brasileira proibia expressamente a prática da magia. Era preciso, pois, "esconder" todo indício que desse margem a uma acusação de feitiçaria e, paralelamente, afirmar a qualquer preço a legitimidade dos terreiros, identificando-os com a prática da "verdadeira" religião africana (em oposição aos que praticavam a magia). Por isso, era preciso negar a presença de Exu, identificado com o diabo pelos missionários, para afirmar a "pureza" e a "legitimidade" do culto. Mas o que fazer quando a maioria dos rituais passa necessariamente pela mediação de Exu?

Os antropólogos que defenderam a tradicionalidade de certa modalidade de culto (a nagô) se limitaram ao estudo e à divulgação de seus rituais públicos e de sua cosmogonia, evitando abordar os aspectos – os rituais privados e os "trabalhos mágicos" para os clientes – que deviam ser escondidos e negados. Como afirma Reginaldo Prandi (1991), a religião é a fonte de legitimação da magia. E é pela magia que o candomblé tece suas relações com a sociedade não religiosa à qual oferece seus serviços. A importância de um terreiro é, portanto, proporcional a seu sucesso no mercado religioso, marcado por um grande número de clientes e de filhos de santo atraídos pela "força" do pai de santo e por sua capacidade de manipular os poderes mágicos. Apesar disso, contudo, sua legitimação se realiza graças à própria negação do que está na base de seu sucesso: um terreiro tradicional não deve praticar a magia![16]

Nos escritos da maioria dos antropólogos, a magia permanece, então, circunscrita aos cultos "degenerados" ou "sincréticos": o candomblé banto,

---

[16] As condições estabelecidas por Mauss (1950) para a definição dos rituais mágicos, em oposição aos rituais religiosos, isto é, as condições em que são realizados, são todas identificáveis na prática ritual do candomblé. Todo "trabalho" (ebó) para um iniciado ou um cliente é realizado em um tempo e um espaço determinados, claramente separados das cerimônias públicas. São atos privados, secretos, que não fazem parte do culto religioso e que têm por objetivo resolver os problemas considerados materiais, em oposição aos problemas espirituais: amor, trabalho, dinheiro, saúde.

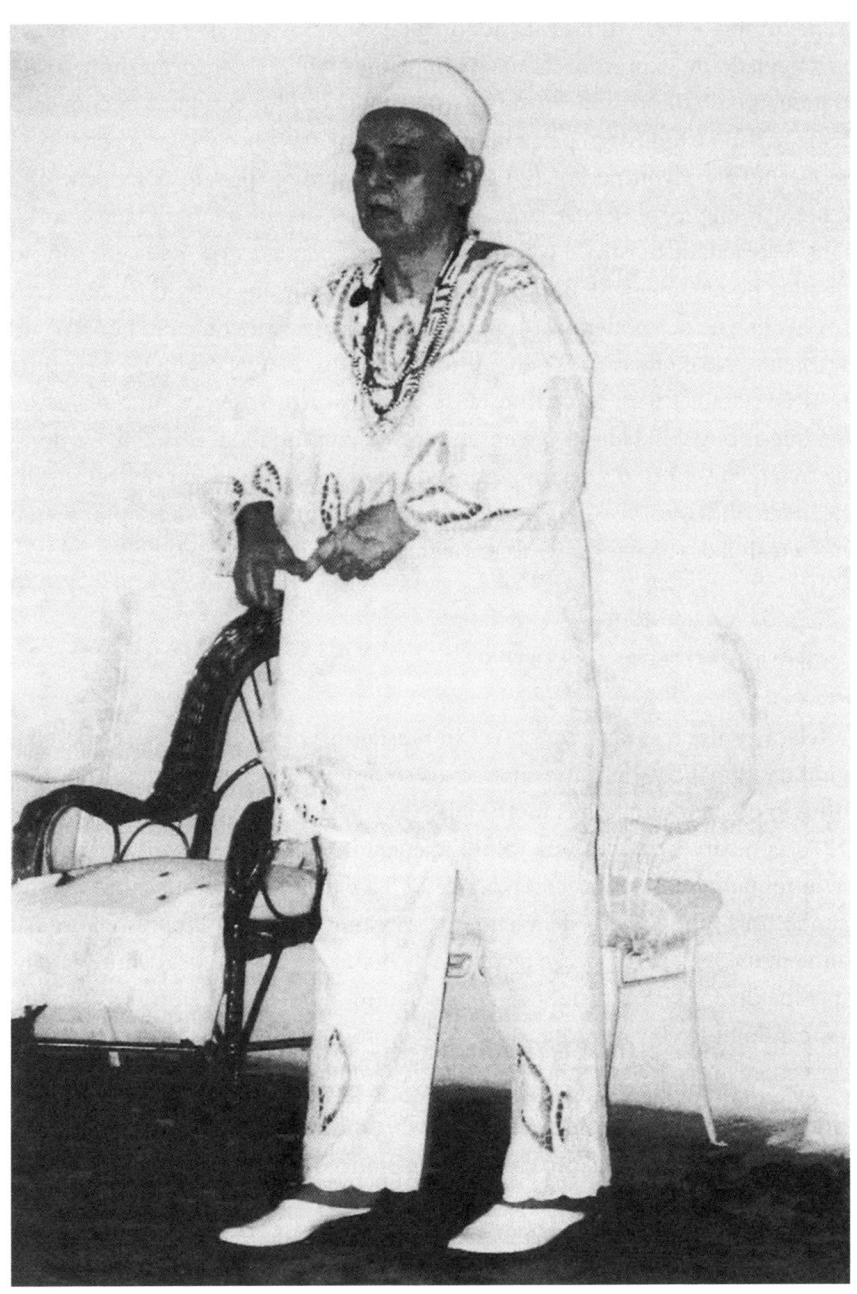
ALVINHO DE OMOLU

a macumba, a umbanda. Esta se tornará, com Bastide (1971, 454), o lugar privilegiado de expressão da magia branca, estando sua função limitada ao tratamento do infortúnio, ligado às dificuldades da vida cotidiana em um contexto urbano e industrial particularmente difícil. As contradições trazidas pela modernidade encontram na figura de Exu um símbolo poderoso. Exu encarna o herói ambíguo, o *trickster,* cujas armas são a esperteza, a mobilidade, a sorte. Ora, a sociedade brasileira é uma sociedade ambígua, estruturada em função de uma pequena elite. É uma sociedade que propõe aos indivíduos objetivos sociais que nunca poderão atingir, criando necessidades que não poderão ser satisfeitas. No contexto dos cultos afro-brasileiros, Exu representa, então, uma solução possível para o conflito entre um ideal irrealizável e uma realidade em que as possibilidades de ascensão social são muito reduzidas. Exu é o dono da magia, o senhor do destino: por seu intermédio, torna-se possível influir na vida cotidiana. Nisso, o Exu africano transforma-se para se adaptar a uma nova realidade, tornando-se definitivamente brasileiro.

A CIRCULAÇÃO ENTRE OS CULTOS

A relação entre o Exu africano e o Exu brasileiro – os múltiplos exus e pombagiras da umbanda – torna-se ainda mais complexa se considerarmos a enorme difusão do candomblé nas metrópoles do Sudeste. Ao passo que até os anos 1970 a umbanda "branca" era valorizada perante o candomblé, que continuava a ser fundamentalmente "coisa de negros", a partir dessa década a imagem do candomblé mudou consideravelmente. O candomblé viu seu prestígio social aumentar com a participação crescente de brancos e, sobretudo, de intelectuais que lhe deram visibilidade social e peso cultural renovado. Hoje, ser iniciado no candomblé eleva o *status* de um médium[17] de umbanda, oferecendo-lhe uma margem de manobra maior no mercado religioso.

Nas metrópoles do Sudeste (Rio de Janeiro e São Paulo), a passagem de médiuns da umbanda ao candomblé constitui um fenômeno de grande importância que determina uma reorganização do campo religioso afro-brasileiro. A umbanda é

---

[17] O termo "médium", utilizado na umbanda e no kardecismo, sublinha a especificidade da condição do adepto do culto – sua mediunidade – mais que a fidelidade ideal ao grupo de culto expressa pelo termo filho de santo. Na realidade, essa fidelidade é questionada pelo trânsito dos iniciados entre diferentes nações de candomblé.

considerada por muitos médiuns uma via de acesso ao candomblé, uma espécie de preparação para atingir um nível superior. Iniciar-se no candomblé significa um retorno às origens, uma maneira de tornar-se "africano"!

Contudo, nesse processo de busca de uma África pensada como um *focus* de legitimação, os médiuns trazem consigo as "entidades" (os espíritos) que incorporavam na umbanda: os caboclos e os exus. Os caboclos encontram facilmente um lugar no candomblé graças a uma realidade ritual extremamente difundida. O caboclo – espírito indígena reinterpretado como sendo o "dono da terra" – é de fato venerado até nos terreiros mais tradicionais, apesar dos repetidos esforços para preservar uma "pureza africana"[18]. Em contrapartida, a persistência dos exus e das pombagiras na passagem da umbanda ao candomblé levanta muitos outros problemas. Na verdade, os exus de umbanda são considerados espíritos desencarnados, cuja possessão entra em conflito direto com a interdição no candomblé de qualquer possessão pelos *eguns*, as almas dos mortos. A proximidade dos eguns polui espiritualmente. Assim, os exus de umbanda, espíritos desencarnados, são considerados prejudiciais à vida do filho de santo[19].

Logo, se por um lado os chefes dos terreiros precisam de muitos iniciados para se impor no mercado religioso, por outro a iniciação dos médiuns de umbanda acarreta possíveis situações de conflito entre estes e os detentores da ortodoxia no grupo de culto. A resposta a esse paradoxo é, então, dupla: ou o chefe do terreiro impõe uma separação espacial, isto é, não aceita a possessão pelos exus em seu terreiro, mas a tolera fora deste (na casa ou no terreiro do filho de santo, caso possua um), ou reinterpreta esses espíritos "africanizando-os". Os exus de umbanda se tornam, pois, os "escravos" dos orixás (os servidores das divindades africanas), inscrevendo-se dessa maneira na lógica ritual do

---

[18] A mãe de santo Olga de Alaketu, de um dos terreiros nagôs mais tradicionais de Salvador, organizava todos os anos uma festa para seu caboclo Jundiara (Lopes dos Santos 1984). Da mesma forma, um dia após a decisão de tombamento do terreiro da Casa Branca pelo IPHAN (1983), uma foto desse terreiro tradicional com um grande quadro de um caboclo foi publicada em um dos jornais de Salvador. Apesar dessa presença incontestável, o caboclo tem sido objeto, como o Exu ligado à magia, da mesma estratégia de dissimulação nos escritos antropológicos (cf. Teles dos Santos 1995).

[19] A denominação, muito difundida entre os médiuns, do Exu de umbanda como Exu-egum não é aceita pelos que se reconhecem no polo mais "africanizado" do candomblé. Para estes, os Eguns são os ancestrais – os Baba Eguns – venerados na Ilha de Itaparica (Bahia). Utilizo essa denominação, que pertence ao discurso dos médiuns, para diferenciar o Exu da umbanda daquele do candomblé: o Exu-egum do Exu-orixá.

candomblé. Assim, ainda que a maioria dos médiuns afirme que a Pombagira é uma criação tipicamente brasileira, ela pode ser reinterpretada e legitimada como a "escrava" de uma divindade, isto é, como um Exu africano.

Nos escritos umbandistas, encontramos constantes reformulações ideológicas que visam resolver o conflito entre exigências doutrinárias e conservadoras e os interesses imediatos dos adeptos, acarretando a reintegração no sistema umbandista da figura de Exu, originalmente negada e desnaturada. Da mesma forma, a reinterpretação dos espíritos no candomblé revela uma estratégia paralela de adaptação de uma ortodoxia ideal aos reais interesses dos iniciados. Encontramos aí a mesma oposição existente na umbanda entre o discurso oficial que visa ao "embranquecimento" da religião e a prática ritual de seus adeptos, que veem no poder de Exu uma forma de adaptação à realidade social das grandes metrópoles. Os médiuns superam as dificuldades da vida cotidiana utilizando os mesmos instrumentos que seus espíritos protetores: a astúcia, a esperteza e a manipulação do destino, características de Exu.

Os complexos arranjos da ortodoxia do candomblé na prática ritual indicam que os cultos afro-brasileiros não são nem construções religiosas cristalizadas e imóveis, nem entidades que se excluem mutuamente. Além disso, os modelos ideais dificilmente correspondem à realidade ritual: nunca existiu uma umbanda ideal como aquela descrita por seus teólogos, nem um candomblé "puro africano" como os porta-vozes da tradição teriam desejado.

Na umbanda, como no candomblé, os discursos oficiais visam à reprodução de um ideal de pureza definido conforme o caso: o embranquecimento da cultura negra na umbanda dos anos 1930 ou a africanização do candomblé, por meio da luta contra todo tipo de sincretismo, desde o fim dos anos 1970. As duas "ortodoxias" constituem modelos ideais, historicamente determinados e ligados ao processo de legitimação dos terreiros no mercado religioso. Ambas, mais aspirações que realidades, devem aprender a conviver com os múltiplos arranjos que permitem a adaptação de um modelo ideal à complexidade da prática ritual.

A ÁFRICA NO BRASIL

O processo de reafricanização, que vimos em ação na reinterpretação ritual dos exus de umbanda, encontra suas origens na busca incansável dos "africanismos" nos cultos afro-brasileiros. Desde o início dos estudos afro-brasileiros – e o próprio nome da disciplina o sublinha –, a atenção dos pesquisadores se voltou para os traços culturais que mostravam uma origem africana. Os cultos foram então analisados em função dos "elementos que não podem ser explicados como fatos sociais que pertencem a esta sociedade, porque na verdade são externos a ela, já que tiveram a África como origem" (Birman 1980, 3).

Assim, a busca desses africanismos constitui a abordagem principal da maioria dos antropólogos que estudaram os cultos afro-brasileiros até os anos 1990. Se para Nina Rodrigues (1935) as sobrevivências africanas confirmam o caráter primitivo e inferior dos negros brasileiros (apesar de uma diferenciação interna entre negros mais ou menos inferiores), com Bastide (1971) a fidelidade a um passado africano se torna um sinal positivo de coesão social e cultural. A "memória negra" marca a fidelidade às origens e a suposta pureza do culto em questão. Em compensação, a traição às origens, causada pela perda dessa memória coletiva, caracterizaria os cultos "degenerados" ou "degradados".

A fidelidade ao passado define os cultos "puros" como "tradicionais", mas a própria ideia de tradição gera problemas epistemológicos que têm de ser levados em conta. Na tradição, vemos habitualmente uma permanência do passado no presente, uma pré-formação do segundo pelo primeiro. Essa causalidade, todavia, nunca é mecânica. Inscrever-se em uma tradição é não apenas repeti-la, como também transformá-la. As tradições, na realidade, sempre são discriminatórias. Tendem a constituir um sistema de referências que estabelece distinções entre o que é tradicional e o que não é. Inscrever-se numa tradição significa, portanto, marcar uma diferença, sendo preciso interrogar as funções políticas das tradições: elas não são simples sistemas de ideias ou de conceitos, e sim verdadeiros modelos de interação social.

A afirmação da tradição, no entanto, foi, durante muito tempo, interpretada pelos antropólogos como algo intencional. As pessoas dos terreiros "tradicionais" afirmariam sua fidelidade à tradição porque seriam conservadoras, porque teriam guardado os vínculos que as aproximam das origens. Essa afirmação é apresentada em muitos trabalhos como um fato dado ou como um traço universal da psicologia humana. No caso do candomblé, esse traço universal, contudo, seria distintivo apenas da cultura nagô, tornando-se, assim, o sinal de uma "superioridade" diante das outras culturas africanas que teriam perdido suas raízes.

A ideia de um tradicionalismo característico do candomblé nagô, presente nos escritos dos primeiros pesquisadores, foi desenvolvida por Bastide (1971, 1970b), com base no conceito de memória coletiva de Émile Durkheim. Essa noção, que Maurice Halbwachs (1925) associa à construção de um espaço simbólico ligado a um espaço material, permitiria, segundo Bastide, a preservação de uma metafísica africana no candomblé. Mas, como nota com razão Pascal Boyer (1990, 18), a própria ideia de memória coletiva implica uma visão de cultura do tipo superorgânico, uma abordagem presente nos escritos de vários intelectuais ligados ao candomblé nagô, que transforma essa rememoração de uma *arkhé*, fundamento ou princípio original, em um verdadeiro instrumento político.

A partir de Yvonne Maggie (1977), a noção de tradição, ligada às sobrevivências africanas nos cultos afro-brasileiros, começou a ser questionada. A análise dos estudos afro-brasileiros de Patrícia Birman (1980), por exemplo, vê nos africanismos – como nos indigenismos encontrados nos terreiros – a reprodução direta do que, na sociedade brasileira, foi considerado, por convenção, representativo do africano e do indígena nas práticas religiosas. Birman sugere que essas sobrevivências culturais não encontram suas raízes em uma memória negra coletiva, como queria Bastide, e sim em uma produção científica dos intelectuais brasileiros (e não brasileiros), isto é, na reconstrução feita por eles dessa tradição. A responsabilidade que tiveram nesse processo foi muito bem analisada por Beatriz Góis Dantas (1988). Contudo, se a tradição pode ser pensada como uma invenção dos intelectuais para melhor controlar os cultos, essa relação de "dominação" nunca ocorre em um único sentido. Na realidade, ela é também um instrumento político que legitima a hegemonia dos "puros" sobre os "degenerados", o produto de uma manipulação, de uma espécie de evangelização (Maggie 1989) dos cientistas por um segmento dos cultos (os nagôs). A África – ao menos sua imagem construída no Brasil – torna-se, então, fonte de legitimação dos cultos, em que os discursos dos iniciados e dos antropólogos coincidem na busca de uma África reinventada.

A REORGANIZAÇÃO RITUAL

Essa atitude também está presente em alguns estudos sobre a umbanda. Assim, Liana Trindade, que analisou a figura de Exu na umbanda, vê nas características dessa divindade a prova da sobrevivência da África em uma religião "branca": "Os indivíduos vão encontrar nas concepções africanas de Exu 'o nicho cultural' que concebe a ambiguidade e a dinâmica do comportamento social divergente [em relação ao discurso ortodoxo]" (Trindade 1985, 159).

Estamos de novo confrontados com a problemática da África, a qual tem animado a maioria dos estudos sobre as religiões afro-brasileiras. Mas o que parece mais importante nesse contexto não é redescobrir os traços originais africanos no Exu de umbanda, e sim ver como um símbolo oriundo de outro contexto se inscreve em uma estrutura mítico-ritual e como ele age segundo uma lógica operatória específica. Os sistemas religiosos devem ser analisados como códigos de estruturação do mundo e da sociedade que estão ativos na mente de seus adeptos, isto é, como sistemas de significação. Assim, a estrutura mítico-ritual fala das relações que ligam os adeptos ao sistema social, por intermédio de uma complexa rede de mediações e soluções simbólicas das contradições sociais. Dessa maneira, cada elemento não tem valor autônomo, absoluto, pois sua significação muda conforme a posição que ocupa em um contexto particular. Os elementos de proveniência heterogênea paticipam de um vasto processo de *bricolage* simbólico, onde as origens contam menos que as significações atualmente atribuídas pelos praticantes.

As figuras de Exu e de Pombagira, portanto, seriam a um só tempo símbolo de fidelidade às raízes africanas na umbanda (Trindade 1985) e elemento heterogêneo, sinal da degenerescência de uma pureza originária na passagem do médium da umbanda ao candomblé. Serão, assim, objeto de reinterpretação, de "reafricanização", para que possam ser integrados à na estrutura religiosa do candomblé. A separação entre o plano ideológico – a ortodoxia "africana pura", fonte de legitimação – e o plano da prática ritual se perpetua, uma vez que serão os múltiplos arranjos rituais que constituirão a difícil mediação entre o modelo ideal e a realidade das casas de culto.

Assim, se a principal preocupação de vários autores tem sido demonstrar a continuidade do pensamento africano na umbanda, a nossa será, ao contrário, analisar os arranjos rituais que permitem a formação do *continuum* religioso que atravessa todo o campo religioso afro-brasileiro. Ao mesmo tempo em que a África sobreviveu à umbanda "embranquecida" graças à prática cotidiana dos médiuns e dos clientes dos centros de umbanda, o processo de adaptação dos adeptos oriundos da umbanda e iniciados no candomblé guardou vínculos com o contexto religioso de origem. Os aspectos que foram conservados – furiosamente defendidos e reafirmados – são os que evocam mais diretamente uma crítica do sistema hierárquico que funda a organização ritual do candomblé. O que está em jogo não é, portanto, a sobrevivência de uma herança africana, mas sim a força operatória desses símbolos – os exus e as pombagiras – e sua importância na interpretação da vivência dos médiuns.

Embora, sem dúvida alguma, atue como elemento de adaptação à realidade caótica da sociedade urbana brasileira, oferecendo os recursos simbólicos necessários à resolução dos conflitos, Exu é também o protetor, o "compadre" do indivíduo, o mediador dos conflitos sociais entre diferentes posições hierárquicas, entre pais de santo e iniciados, entre homens e mulheres. Por intermédio do discurso de Exu, e de seu correspondente feminino Pombagira, os poderes religioso, social e sexual são constantemente questionados.

A fala dos espíritos permite uma crítica direta das relações de poder existentes no grupo de culto ou no grupo familiar. Os iniciados, que devem obediência a seu iniciador, podem assim cultivar para si um espaço de liberdade e rebelião. Na verdade, aquele que fala (o médium) não é responsável pelo que é dito, pois a possessão implica oficialmente a perda total da consciência. Todo juízo crítico se torna, portanto, legítimo, pois é um espírito que o emite. O único meio de reagir a essas críticas é contestar a presença efetiva do espírito e acusar o médium de simular a possessão[20]. Essa crítica, porém, não se limita à estrutura dos cultos. A figura da Pombagira se torna, com frequência, o pivô de dramas conjugais, em que as relações entre os sexos são diretamente questionadas. Graças à fala do espírito, as mulheres contestam a supremacia dos homens e chegam a impor suas próprias condições e a renegociar sua posição subalterna.

A persistência desses espíritos na passagem da umbanda ao candomblé demarca igualmente a concorrência do médium com seu pai de santo. Com efeito, este afirma seu "poder" no mercado religioso graças à capacidade que tem de manipular as forças mágicas em favor de seus clientes. A prática da adivinhação pelos búzios é, então, o único meio de que dispõe para resolver os problemas que afligem os clientes e os iniciados. Em contrapartida, a possessão por um Exu ou por uma Pombagira põe o cliente em contato direto com o sobrenatural, sendo o próprio espírito quem oferece a solução do problema. A prática muito difundida das consultas dos médiuns possuídos por esses espíritos passa a ser, então, um meio de ascensão social, pois ter muitos clientes garante também a independência econômica.

---

[20] Vimos como as acusações de feitiçaria – bem como as de simulação – fazem parte da lógica interna aos cultos afro-brasileiros. Elas têm papel central na reprodução do modelo ideal. A prática das fofocas (*fuxico de santo*) também constitui um instrumento de controle político muito importante nos terreiros. Os conflitos sempre são canalizados por essa crítica incessante de tudo o que se opõe ao modelo dominante da tradição.

OS INTELECTUAIS E A TRADIÇÃO

Vimos como os escritos de intelectuais – médicos, sociólogos e antropólogos – relativos aos cultos afro-brasileiros têm influência direta no "objeto" de seus estudos. Essa reformulação do campo religioso pelo discurso dos antropólogos se torna evidente no estudo da figura de Exu. Como explicar o fato de Exu, desde o início do século XX até os anos 1950, ter sido identificado com o diabo (de acordo com as informações dos iniciados), e a partir de Carneiro (1950), Bastide (2001) e sobretudo Juana E. dos Santos (1977a, 1977b), ter se tornado o mediador, o grande comunicador, o transportador da força divina (*axé*)? Como explicar essa mudança semântica fundada em uma tradição "pura africana" que repentinamente encontra eco nas afirmações dos terreiros ditos tradicionais?

As informações recolhidas com os últimos escravos e relatadas nas obras de Nina Rodrigues no fim do século XIX são mais "tradicionais" que as informações dos *babalawo* (adivinhos) africanos que fundamentam a análise de Juana E. dos Santos cem anos depois? Por que os últimos africanos, ex-escravos, teriam escondido a importância fundamental de Exu no universo do candomblé, fazendo com que esta fosse enfatizada apenas um século mais tarde? Não seria pelo fato de que a figura de Exu estava associada à magia e, por isso, era negada pelo discurso das elites do culto (Martiniano do Bonfim, Mãe Aninha, Mãe Senhora etc.) em busca de legitimação, bem como pelos antropólogos ligados a seus terreiros?

A aliança entre os intelectuais e as elites do candomblé logra disfarçar a legitimação de um segmento do mercado religioso por um discurso científico graças às sistematizações pretensamente "neutras" e "objetivas" feitas pelos antropólogos. Assim, Juana E. dos Santos, expressão suprema dessa aliança, tornou possíveis, baseando-se em suas pesquisas na África, a "purificação" e a aceitação de Exu pelos próprios adeptos do culto. Exu pôde, então, ocupar novamente o lugar central na lógica interna dos cultos, levando-nos a perguntar o que realmente significa uma tradição.

De fato, o que é dito aos antropólogos está muitas vezes de acordo com as estratégias de adaptação e legitimação social de quem fala. Não existe objetividade científica pois não existe um discurso objetivo por parte do sujeito (seja ele o antropólogo ou seus interlocutores). O Exu "esquecido" na primeira parte do século XX pôde assim ser "lembrado" quando sua presença se tornou coerente com a reconstrução de uma tradição africana. A importância da aliança entre os terreiros e os intelectuais é, aliás, confirmada pelo valor dado à presença de um antropólogo em um terreiro. Ser estudado por um pesquisador equivale a certificar o próprio tradicionalismo, o vínculo íntimo com a tradição africana.

Além disso, quando se analisa o processo de reafricanização, presente na reinterpretação dos exus e das pombagiras de umbanda, é preciso entender que "africanizar-se" não significa ser ou querer ser africano. O processo de reafricanização, tal como evidenciado por Prandi (1991), implica, ao contrário, o contato com toda uma literatura especializada que trata das religiões africanas e afro-brasileiras. Africanizar-se significa, portanto, intelectualizar-se.

O enorme sucesso dos cursos de língua e civilização iorubás no Brasil demonstra que os iniciados do candomblé buscam incessantemente todos os elementos do culto, hoje perdidos, que poderiam reconstituir uma pureza africana. Assim, os livros – sobretudo a vasta literatura antropológica sobre a África – se tornam depositários de uma tradição perdida. A reafricanização se revela como um exercício de *bricolage*, em que cada elemento é cuidadosamente pesquisado na literatura científica. Os iniciados, de certo modo, transmutam-se em pesquisadores que tentam reconstruir, pedaço por pedaço, a própria cultura.

A busca contínua de informações sobre os cultos africanos e a retomada das viagens de "estudos" na África, que no início do século XX já exerciam importante função de legitimação no meio dos cultos afro-brasileiros, tornam-se hoje a expressão dessa procura de uma pureza africana.

O DISCURSO DOS MÉDIUNS

Escolhi utilizar as histórias de vida dos médiuns possuídos por Exu e pela Pombagira, a fim de melhor apreender o papel central desempenhado por esses espíritos na existência de seus médiuns. A reinterpretação constante dos infortúnios cotidianos como sinal da intrusão de agentes sobrenaturais na vida do médium, apesar dos problemas que cria para a manutenção do modelo de ortodoxia, parece-me indispensável para entender a persistência desses espíritos no candomblé.

Ao longo de uma entrevista, o médium organiza seu relato existencial, seu vivido: ele se apresenta como ator social e, ao mesmo tempo, propõe uma imagem da sociedade em que vive. A maioria dos escritos sobre o candomblé, todavia, não deixava, até os anos 1990, muito espaço ao indivíduo, pois o culto parecia ser sempre oriundo de um passado imutável e imposto aos adeptos. Os iniciados aparecem, assim, despossuídos de suas vidas material e espiritual: são "agidos" pelos deuses e, raramente, descritos como atores sociais ou sujeitos políticos. Na entrevista, em contrapartida, revela-se com força o que Favret-Saada (1991) chama uma "experiência específica do tempo": como na feitiçaria, a reinterpretação do infortúnio pela mediunidade constitui uma reorganização do tempo – tanto pessoal (ou biográfico) quanto social. O espírito é apresentado como o único aliado que os médiuns possuem diante das dificuldades cotidianas.

Minha preocupação principal era escapar do que Goody (1979) considera "o privilégio da totalização". Deixei, então, as vozes de meus interlocutores dialogarem entre si e, paralelamente, com meu olhar e minha interpretação. Quis, dessa maneira, explicitar o processo de criação e reformulação constante que está na base de toda construção cultural. Era preciso escapar da ilusão de uma coerência formal perfeita que me tentara no passado e parecia ser a linha dominante nos estudos afro-brasileiros. Eu não queria apagar as contradições entre os diferentes discursos e os diferentes projetos políticos de meus interlocutores. Tratava-se, pois, de não fazer desaparecer os autores dos enunciados, substituindo-os por um sujeito coletivo indefinido: o povo de santo. É importante lembrar, no entanto, que nem todos esses enunciados têm a mesma significação, pois a posição que cada interlocutor ocupa no grupo considerado modifica a informação veiculada. Esta será muito diferente se aquele que fala é um pai de santo ou um filho de santo, ou se é considerado pertencente à tradição africana (um "nagô") ou aos cultos sincréticos (um "banto").

Tanto o diálogo contínuo entre o médium e seus companheiros sobrenaturais quanto o deslizamento constante entre o eu e o outro podem chocar espíritos racionais, mas em nenhum outro país, além do Brasil, o tema da mediunidade (e da proximidade entre homens e espíritos) seria tratado de forma tão natural em novelas de televisão como *Mandala*, *Carmem* ou *A viagem*. No Brasil, os espíritos habitam os homens e com os homens!

Meu objetivo não é, portanto, pôr em dúvida a existência dos espíritos ou, menos ainda, demonstrá-la. O problema da racionalidade do discurso dos médiuns surge apenas quando entram em cena locutores que não compartilham a mesma visão de mundo. A intervenção dos espíritos na vida cotidiana é tão racional aos olhos dos médiuns quanto qualquer relação de causa e efeito aos olhos de um europeu. O mais importante não é, assim, demonstrar o erro dos "nativos", mas entender como eles reinterpretam o vivido – com seus infortúnios ou suas vitórias – como o lugar do encontro, nem sempre indolor, entre o mundo dos homens e o das entidades espirituais.

Os dois lados – homem e espírito – fazem parte de uma única realidade:

um não pode existir sem o outro, o que vale tanto para o candomblé quanto para a umbanda. O engajamento pessoal e íntimo do iniciado com seu orixá é recíproco. O orixá (ou o espírito, na umbanda) possui o iniciado, mas o iniciado também possui metaforicamente seu deus: faz-se referência ao deus manifestado como o Oxalá *de* Maria ou o Oxóssi *de* João, ao mesmo tempo em que o iniciado é identificado como Maria *de* Oxalá ou João *de* Oxóssi. A possessão funciona como um multiplicador de identidade e não como um despojamento da identidade em favor de um agente possuidor externo. É assim que, nos relatos dos entrevistados, encontramos uma pluralidade de vozes: a identidade se define aqui pela multiplicidade[21].

Em outras palavras, meu objetivo tem sido evidenciar a relação íntima que liga os médiuns a seus protetores espirituais, bem como a capacidade que eles têm de reinterpretar os elementos que estão à sua disposição nos diferentes contextos religiosos. A sutil articulação do pensamento simbólico, que permite deslocar elementos originários de outros contextos religiosos utilizados em projetos cuja natureza é fundamentalmente política, só poderia ser analisada por meio dos discursos dos próprios médiuns.

As complexas relações que ligam o médium a seus aliados espirituais – o que Birman (1980) define como o "capital simbólico" dos médiuns – também estão ligadas à vida cotidiana em um contexto socioeconômico extremamente difícil. Defender esses espíritos significa também defender os próprios meios de subsistência. Tornar-se médium é muitas vezes uma das raras opções disponíveis em uma economia informal, a única que pode garantir a sobrevivência econômica de grande parte dos habitantes dos subúrbios das metrópoles brasileiras. Afirmar seus vínculos com os espíritos pode ser, portanto, um meio de ascensão social para indivíduos sem grandes possibilidades de melhorar a própria sorte.

Os bairros de periferia do Rio de Janeiro, onde fiz minha pesquisa no começo dos anos 1990, têm grande concentração de terreiros de candomblé. A escolha dos terreiros foi determinada, em primeiro lugar, pela filiação religiosa do Ilê Ifá Mongé Gibanauê de Alvinho de Omolu (Álvaro Pinto de Almeida), de

---

[21] Para respeitar essa pluralidade de vozes, recorri a uma técnica próxima daquela utilizada por Oscar Lewis em *Os filhos de Sanchez* (1963). Quando tratar do "triângulo místico" na segunda parte desse livro, optarei por uma visão cumulativa e múltipla de uma mesma realidade. Pela primeira vez, uma antropóloga entrevistou os espíritos que tomam posse de seus médiuns, fazendo dialogar os diferentes pontos de vista: o do marido, o da mulher e o de sua Pombagira, protagonista por inteiro do drama conjugal.

nação efon. Os demais terreiros visitados – de nação jeje, ketu ou angola – foram escolhidos com o objetivo de confirmar o tratamento ritual da figura de Exu estudada na nação efon. As visitas aos centros de umbanda tinham por intuito entender melhor como se relacionam médiuns e espíritos (exus e pombagiras) e como se adaptam a um novo contexto religioso, durante a passagem dos médiuns da umbanda ao candomblé.

A NAÇÃO EFON

Várias razões me levaram a escolher a nação efon. Inicialmente, o fato de ela ter conhecido grande desenvolvimento no Sudeste, principalmente no Rio de Janeiro e em São Paulo, nos anos 1970 e 1980. Outros pesquisadores (Prandi 1990, 1991; Gonçalves da Silva 1992) sublinharam a importância dessa nação no processo de difusão do candomblé em São Paulo. Além disso, a nação efon se inscreve, ao lado das nações ketu e ijexá, no grupo das nações nagôs, modalidade de culto considerada a mais "tradicional". Vimos como essa noção de tradição é histórica e politicamente construída. Assim, enquanto a tradicionalidade da nação efon foi afirmada na cidade do Rio de Janeiro, a matriz de Salvador hoje está fechada e praticamente abandonada.

A segunda razão que motivou minha escolha é que existia, no seio dessa nação, tanto uma oposição entre a ortodoxia defendida pelo fundador (Cristóvão de Ogunjá) e por seu filho de santo (Alvinho de Omolu) quanto uma estratégia de adaptação às novas contingências, determinada pela chegada no culto de médiuns provenientes da umbanda. O drama ritual, que conduz a uma reorganização estrutural do culto, está muitas vezes centrado nas figuras de Exu e da Pombagira. Essa reorganização interna do culto é comum a outras tradições, inclusive à nação ketu, mas, salvo algumas exceções, os meus interlocutores fazem parte da mesma família religiosa, ainda que se tenham filiado sucessivamente a outras nações de candomblé (cf. Figura 1).

As nações efon e ijexá são muitas vezes confundidas. De acordo com a atual mãe de santo do terreiro do Pantanal, fundado por Cristóvão de Ogunjá, no Rio, essas duas nações seriam praticamente as mesmas. A diferença residiria no culto prestado à divindade padroeira da nação efon: Oloque ou Oloroquê. A existência de um culto a essa divindade, muito pouco conhecida, foi notada por João do Rio e retomada por Arthur Ramos (1951a, 53). A presença em Salvador de negros africanos do grupo efã *(efon, efan* e *fon* são, em geral, utilizados como

AS RAÍZES DA ÁRVORE SAGRADA DE IROCO, NO TERREIRO DO PANTANAL

sinônimos na literatura antropológica) foi assinalada por Ramos (1979, 186), Querino (1988, 31) e Freyre (1990, 390). Segundo Ramos (1979, 202), os efan seriam negros vindos do Daomé central (grupo jeje ou fon), chamados "caras queimadas" em razão de uma marca tribal no rosto. Olga Gudolle Cacciatore (1977), em seu dicionário dos cultos afro-brasileiros, retoma a definição de Ramos e inclui os efan no grupo fon. Também nota a presença no Rio de Janeiro do terreiro efan de Cristóvão, mas Gisèle Binon-Cossard (1970), em sua lista dos terreiros da Baixada Fluminense do Rio, identifica a casa de Cristóvão como sendo da nação ijexá.

Em seu dicionário iorubá-inglês, Abraham (1958, 301) fala dos efon de Ekiti, da província de Ondo (Ilorin Division). Os efon trazem marcas tribais, em que "as linhas são tantas e tão próximas umas das outras, que formam uma mancha escura em cada uma das faces". A palavra *efon* pode ser pronunciada em iorubá *efon* ou *efan*, conforme as variantes regionais. Vimos como, no Brasil, esses dois termos fazem referência ao mesmo culto.

A origem ekiti, isto é, iorubá, da nação efon se torna ainda mais provável, ao considerarmos o culto da divindade iorubá Oloroquê, que é o deus principal de um dos bairros da cidade africana de Ilemesho, no reino de Ishan (Apter 1995, 389). O mesmo ocorre em um dos bairros "estrangeiros" da cidade (de

FIGURA 1 – A FAMÍLIA DE SANTO EFON

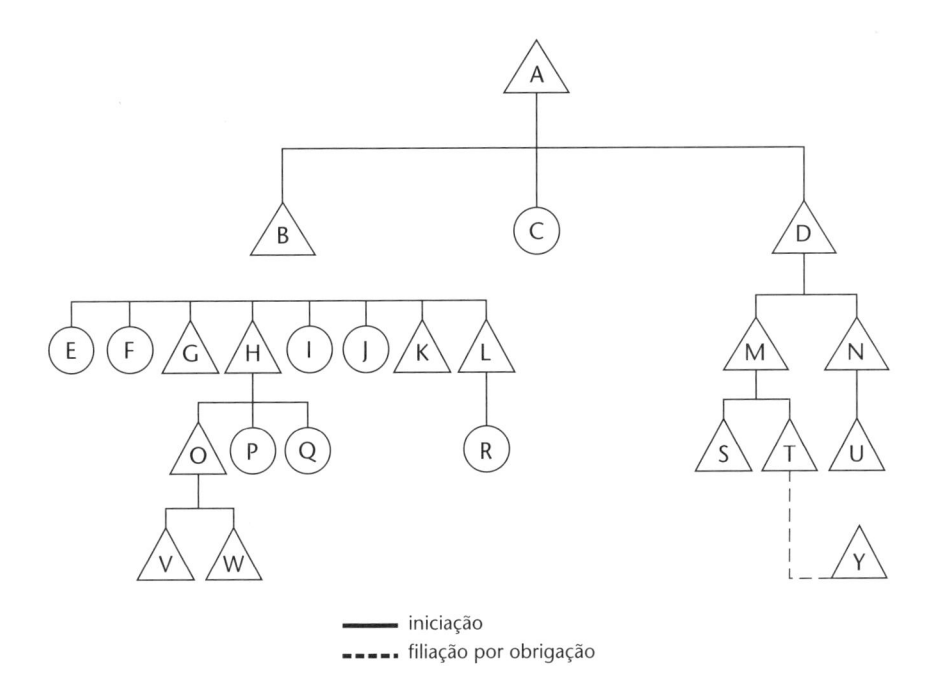

——— iniciação
- - - - filiação por obrigação

A Cristóvão de Ogunjá (†)
B Alvinho de Omolu
C Maria de Xangô
D Baiano de Xangô
E Edi de Omolu
F Ana de Oxum
G Rosi de Oxumarê
H Jovino de Obaluaiê
I Sandra de Oxum
J Baiana de Omolu
L Fernando de Ogun (†)
M Gamo de Oxum
N Francisco de Iemanjá
O Waldemar de Oxossi
P Maria Auxiliadora de Xangô
Q Sandra de Iemanjá
R Teresinha de Oxum
S Horácio de Logunedé
T Marê de Oxumarê
U Cláudio de Exu
V Miriam de Omolu
W Conceição de Exu
Y Marcos de Iansã

origem iyagba) do reino vizinho de Ayede, sempre em território ekiti. Ora, os iyagba (ou yàgbà) foram aliados dos ekiti, ao lado dos ijeṣa e dos akoko, na guerra que opôs os ekiti-parapo a Oyó e Ibadan até 1886 (Abraham 1958). Essa aliança também poderia explicar a confusão feita no Brasil entre nação efon e nação ijexá[22].

---

[22] A história da nação efon no Brasil está apresentada no capítulo III.

O TRABALHO DE PESQUISA DE CAMPO OU OS ANTROPÓLOGOS E A CRENÇA

Estudar uma religião de possessão, estruturada por rituais de iniciação, implica, evidentemente, sérios problemas metodológicos. Até onde é preciso comprometer-se? Como guardar um mínimo de distância quando o objeto de estudo implica uma transformação total, a inscrição em uma nova ordem, a mudança no corpo e no espírito? Deve-se ficar "de fora", olhar sem entregar-se, ou deve-se, a fim de penetrar nos segredos de uma religião iniciática, "entrar" em seus domínios para melhor entendê-la? Onde termina a pesquisa e onde começa a crença?

Essas questões estão na base de todo trabalho de campo sobre as religiões afro-brasileiras, mas, apesar de sua importância, raramente são explicitadas, permanecendo limitadas à experiência existencial do pesquisador. Quando os escritos antropológicos são fonte de prestígio e de legitimação para seus protagonistas, o engajamento em um terreiro não deixa de ter consequências.

A maioria dos antropólogos que estudaram o candomblé se implicou, de um modo ou de outro, no culto religioso[23] – consequência lógica das condições da pesquisa de campo e do método antropológico, a saber, a observação participante. Para conhecer, é preciso entrar para valer nos cultos. O primeiro passo do antropólogo nesse universo coincide, muitas vezes, com a sessão de adivinhação, que traz a descoberta de sua divindade protetora. É normalmente aí que ocorre o primeiro contato com o terreiro. A partir desse momento, o indivíduo encontra seu lugar no universo simbólico do candomblé. Ele é "filho" de Xangô ou de Iansã, gosta de tal ou tal coisa, reproduz os traços fundamentais da personalidade dos outros filhos do mesmo deus. O pesquisador deixa de ser assim um desconhecido: ele participa de um mundo estruturado, cujo sentido é dado pelos deuses.

A etapa seguinte, a lavagem dos colares sagrados, representa a primeira cerimônia de iniciação – nível mínimo de engajamento no culto – e marca a

---

[23] A atitude diante do objeto é muito diferente conforme a religião estudada. Assim, se a maioria dos antropólogos que trabalhou com os cultos considerados "tradicionais" e depositários de uma herança cultural africana, como o candomblé, iniciara-se nesses cultos, aqueles que estudaram a umbanda sempre guardaram certa distância em relação a seu objeto. Peter Fry (1984) levantou a hipótese de uma proximidade cultural excessiva da umbanda impedindo a identificação do pesquisador, ao passo que o candomblé "africano" veicularia uma imagem exótica e fascinante, bem como possuiria uma dimensão estética muito importante, atraindo tanto os médiuns oriundos da umbanda quanto os pesquisadores.

entrada de pleno direito no terreiro. Trata-se do primeiro grau atingido na escala hierárquica do candomblé. O antropólogo se torna, assim, *abiã* (noviço), candidato potencial à iniciação (*feitura de santo*)[24]. Nesse estágio, o pesquisador já se submeteu parcialmente à autoridade do pai de santo ou da mãe de santo. Ele (ou ela) "olhou" seu destino; ele (ou ela) preparou os colares, tornou-os ativos com seu *axé*[25], seu poder religioso. Pouco a pouco, o pesquisador se engaja na vida ritual do terreiro frequentado. Faz oferendas às divindades, participa dos rituais, ajuda os iniciados em suas tarefas rituais.

Esse engajamento, indispensável a uma observação participante real, conduz frequentemente à iniciação ou a outros rituais que marcam a filiação religiosa a um determinado terreiro. É o que acontece com a maioria dos antropólogos que estudam, ou que estudaram, o candomblé. Para os homens, existe um cargo ritual *ad hoc* que lhes permite marcar sua filiação ao grupo de culto sem que tenham de se submeter completamente à ordem hierárquica: trata-se do título honorífico de ogã, outorgado a homens que não entram em transe. O ogã representa, entre outras coisas, o protetor do terreiro, pessoa de um *status* social geralmente superior, que ajuda material e financeiramente o terreiro. Um antropólogo de sexo masculino será, portanto, facilmente recrutado nessa categoria[26]. Ser escolhido como ogã é um sinal de distinção, pois emana diretamente dos deuses, por intermédio de seus iniciados em transe. Ao mesmo

---

[24] Na verdade, a iniciação prossegue através de um longo processo de aprendizado, marcado por vários rituais que correspondem a diferentes níveis de engajamento em relação ao culto e às divindades. À sessão de adivinhação sucedem a preparação dos colares, o *borí* (cerimônia dedicada à cabeça, *bo orí:* "venerar a cabeça"), o *assentamento* (fixação das energias das divindades em um altar individual que representa a cabeça do iniciado), a reclusão pelo período de iniciação e a cerimônia pública que anuncia a entrada definitiva no grupo de culto na condição de novo iniciado. Todos esses rituais podem ser cumpridos em um longo período ou então se concentrarem no período de reclusão que está ligado à iniciação.

[25] O *axé* é a força sagrada que pode ser inscrita nos objetos ou nas pessoas iniciadas. Um axé é também uma tradição religiosa que se atribui uma origem real ou mítica, ligada a uma casa de culto considerada a matriz de todas as outras. A palavra *axé* também designa o conjunto do terreiro.

[26] Vimos que Raimundo Nina Rodrigues e Arthur Ramos foram escolhidos como ogãs no Gantois (Landes 1967, 83), Édison Carneiro, no Axé Opô Afonjá (Landes 1967, 43), e Donald Pierson, no terreiro de Ogunjá, do pai de santo Procópio. Roger Bastide foi indicado como ogã no Axé Opô Afonjá, da mesma forma que Vivaldo da Costa Lima (*Oba Odofin*), Marco Aurélio Luz (*Ossi Oju Oba*) e Pierre Verger (*Oju Oba*). Júlio Braga foi iniciado como *Onan Mogbá* no Axé Opô Aganju de Balbino Daniel de Paula, filho de santo de Mãe Senhora, antiga mãe de santo do Axé Opô Afonjá (Braga 1988, 20). Ordep Trindade Serra encarna o exemplo mais evidente da "obrigação" de filiar-se ao grupo de culto estudado. Após ter sido escolhido como ogã no terreiro angola Tanurijunçara de Mãe Bebê, onde fez suas primeiras pesquisas (Serra 1978), é hoje ogã no Engenho Velho (Serra 1995).

tempo, nada melhor que um doutor, um professor, um homem letrado para representar o grupo de culto!

Não acontece o mesmo com as mulheres. Embora exista um título honorífico semelhante para as mulheres (as *equedes*[27]), ele não constitui o principal modo de filiação do antropólogo do sexo feminino ao candomblé. Tratar-se-ia, como afirmavam Nina Rodrigues e Manuel Querino, de uma inclinação maior das mulheres aos "estados alterados de consciência", uma espécie de fraqueza inerente à natureza feminina, que levaria mais facilmente ao transe? Seja como for, ainda que não seja raro ver supostos ogãs entrarem em transe, as mulheres parecem mais próximas da experiência direta do sagrado.

O primeiro caso relatado claramente por um antropólogo iniciado no candomblé foi o de José Flávio Pessoa de Barros, que escreveu ter sido iniciado no Rio de Janeiro por Iyá Nitinha de Oxum, filha de santo de Tia Massi da Casa Branca. Ele era também portador de um título ligado ao culto de Ossain (Barros 1993). Outros pesquisadores são iniciados ou usam títulos rituais, embora raramente tenham escrito qualquer palavra sobre suas experiências religiosas. Na verdade, o pertencimento do pesquisador ao universo estudado é revelado em breves notas de pé de página ou em referências rápidas, às vezes não desprovidas de orgulho, que indicam o pertencimento do autor ao grupo de culto, oficializado pelo título recebido. Esse pertencimento outorga autoridade especial à voz do antropólogo, pois implicaria, *ipso facto*, o conhecimento da cultura estudada. O antropólogo passa a ser, então, uma espécie de intelectual orgânico do culto.

Esse engajamento direto no culto parece ser uma prerrogativa dos estudos sobre o candomblé em Salvador. Outros pesquisadores, como Sérgio Ferretti em São Luís do Maranhão e René Ribeiro no Recife, não compartilham o mesmo ponto de vista da maioria dos pesquisadores baianos. René Ribeiro, especialista do xangô do Recife, defendeu a não filiação do pesquisador a um terreiro, a fim de "desligar-se de compromissos rituais e de tabus que certamente iriam interferir com a discussão dos assuntos mais esotéricos ou com a assistência aos ritos mais privados, procurando o observador escapar ao domínio do *babalorisha* e permanecer ao mesmo tempo à sua altura" (Ribeiro 1978, 6). Vários autores, no entanto, não têm essa opinião: argumentam que a não filiação torna impossível a participação em muitos rituais restritos apenas aos iniciados.

---

[27] A *equede* é uma mulher consagrada a uma divindade, mas que não entra em transe. Ela cuida dos iniciados em transe e está presente em toda cerimônia ritual.

Qual é, pois, o caminho a ser seguido para empreender pesquisas frutuosas? É preciso se limitar a um papel de "confidente-simpatizante", como gostaria Ribeiro, ou se tornar um iniciado para apreender, de dentro, a realidade dos cultos?

Sem dúvida alguma, o antropólogo não está preparado para fazer pesquisas em sociedades iniciáticas. Nenhum curso especial, seja de que universidade for, tem a pretensão de formar o pesquisador para o encontro com as religiões de possessão. E os efeitos da pesquisa sobre o grupo estudado, bem como sobre o próprio pesquisador, são ainda menos analisados. Para aprofundar seus conhecimentos, o antropólogo deve penetrar nos segredos iniciáticos, mas esses conhecimentos, uma vez adquiridos, não podem ser revelados. Falar, descrever a iniciação, equivale, então, a uma traição.

Esse problema é ainda mais nítido em uma sociedade como a brasileira, em que os iniciados, pais e mães de santo, são, cada vez mais, pessoas que estudaram e que leem com interesse os textos antropológicos. O texto, e mais ainda o texto etnográfico, participa da realidade cotidiana dos cultos afro-brasileiros. As implicações para o pesquisador são difíceis de gerir: há coisas que ele pode escrever, outras que não. Mas não é apenas a lógica ritual que impõe um silêncio dificilmente violado: a disciplina da antropologia também faz com que o pesquisador deixe no plano do não dito as experiências próximas demais do sagrado.

Em sua *Aquinas Lecture*, conferência proferida no convento de Hawkesyard, em março de 1959, Evans-Pritchard analisou a atitude dos sociólogos, e em particular a dos antropólogos sociais, diante das crenças e das práticas religiosas. Essa atitude foi, na maior parte do tempo, abertamente hostil. Na verdade, as ciências sociais se desenvolveram ao longo do que se considera, a partir do fim do século XVIII, o "processo de desencantamento do mundo", segundo o qual as crenças e a fé deveriam ser analisadas como fenômenos sociais. Era preciso demonstrar, antes de tudo, a função social que exercem. A religião era, pois, simples ilusão, o produto de um estado imaturo da evolução social que devia ser reduzido a outra ordem de realidade para ser compreendido. A fé religiosa parecia ser definitivamente inconciliável com a ciência.

Essa atitude se perpetuou até o fim do século XX. Estudar uma crença, uma religião, significa reduzi-la, sem cessar, a algo exterior a ela própria. O fenômeno religioso será, então, reduzido à organização social, à ordem econômica, aos equilíbrios políticos entre grupos, sexos, faixas etárias, classes sociais. Incontestavelmente, tudo isso é mensurável na organização dos cultos religiosos. A religião aborda a sociedade, as relações que unem os indivíduos dessa mesma sociedade. Ela é um fato social total. Mas o que resta, então, da experiência religiosa? Pode-se realmente reduzir uma realidade a outra, sem deixar atrás de si o que é, com mais clareza, sua especificidade? Nossa necessidade axiomática de relativização não engendra um paradoxo?

É um paradoxo afirmar que o ato de relativizar tem por objetivo a compreensão de uma crença que nos é estranha, quando aqueles que creem o fazem de modo absoluto. O horizonte de explicação é dado pela própria crença e não por outra ordem de realidade (cf. Segato 1992). Esse paradoxo entre a essência do objeto e sua interpretação é reforçado pela relação que liga o produto dessa relativização ao meio acadêmico, seu primeiro interlocutor. Como deixar o espaço necessário à outra ordem de realidade que fale mais diretamente da especificidade da experiência religiosa?

Explorar a experiência do sobrenatural, mais ainda no estudo das religiões de possessão, poderia trazer sérios problemas de legitimidade, de confiança e de autoridade diante do texto etnográfico, chegando a alcançar franca rejeição no meio acadêmico. E isso já é suficiente para justificar as brevíssimas referências ao engajamento individual no culto, presentes nos textos dos antropólogos que estudam o candomblé[28].

A questão, contudo, torna-se ainda mais complexa quando o antropólogo experimenta de fato o fundamento desses cultos, ou seja, a possessão. Como ser "científico" e "místico" ao mesmo tempo? A participação apaga a possibilidade de compreensão? Por que o trabalho de um antropólogo que analisa o sistema de parentesco de uma sociedade determinada, e que é incorporado a esse mesmo sistema por meio da adoção em um clã ou em uma linhagem, não é invalidado por essa proximidade, quando o antropólogo que estuda as religiões de possessão, e que entrou em transe, é olhado com uma mistura de suspeita e desdém por outros cientistas? Essa desconfiança é produto da excessiva proximidade de seu "objeto" ou da condenação de qualquer saída de si mesmo?

José Jorge de Carvalho (1993, 105) examina a dificuldade de analisar o transe como experiência vivida, pois se ele constitui uma saída de si mesmo, então o lugar desse sujeito universal se torna problemático, já que "a racio-

---

[28] Com exceção dos autores pós-modernos norte-americanos, a resistência à subjetividade no meio acadêmico é tão forte que os relatos da experiência de campo, com seus problemas afetivos e emocionais, são objeto de obras biográficas ou mesmo de ficções, permitindo assim guardar clara distância entre o vivido e os escritos científicos.

nalidade de base entra em curto-circuito, tanto para ser observada quanto para ser interpretada." E se já é difícil interpretar os processos de subjetivação que compreendem a multiplicidade de Eus, ainda mais problemática se torna a análise das situações em que o mesmo etnógrafo experimenta o transe extático: "Esses casos, aparentemente bem mais numerosos do que se imagina, são via de regra mantidos à margem dos textos antropológicos ditos profissionais, ficando infelizmente restritos à esfera da vida privada dos estudiosos" (Carvalho 1993, 105). Assim, Arthur Ramos, um dos mais importantes antropólogos a ter estudado o candomblé, aceita ser iniciado como ogã, mas apenas "para fins de pesquisa científica" (Ramos 1971, 70). Outra atitude é a de Juana E. dos Santos e de Roger Bastide, que chegam a se identificar completamente com a cultura estudada. Na introdução de *As religiões africanas no Brasil* (1971), Bastide escreve "Africanus sum", reivindicando dessa forma seu pertencimento ao universo estudado. Mas nenhum etnólogo, tenha ele se declarado abertamente iniciado ou não, falou de sua experiência do transe até muito recentemente.

Como todo pesquisador, também tive de me implicar no culto "para fins de pesquisa científica". Na verdade, não há outra possibilidade para o pesquisador que estuda o candomblé. É inútil sublinhar a habilidade dos pais e mães de santo em atrair para sua esfera de influência o pesquisador que se interessa pelo culto. Em meu trabalho de mestrado sobre o candomblé angola kassanje, em 1991, assinalei claramente meu engajamento com o terreiro estudado e minha esperança de dar uma imagem mais precisa da visão de mundo que eles tinham, diferente da que é passada habitualmente. Esse engajamento, todavia, impediu-me, como a outros antropólogos antes de mim, relativizar esse universo religioso, um dos limites evidentes do trabalho. As críticas recebidas me levaram a pensar questões incontornáveis sobre o papel desempenhado pelos antropólogos nas religiões afro-brasileiras. O interesse constante por parte dos chefes de terreiro por uma aliança com o pesquisador – ao lhe oferecer um título honorífico ou ao cuidar de suas divindades – faz parte de uma estratégia de afirmação do poder religioso, mas também político, no complexo meio dos cultos afro-brasileiros. Meu engajamento com o terreiro estudado em 1991 era, na verdade, uma maneira de o pai de santo se fazer conhecer e se afirmar entre seus pares.

Todas as informações que me foram dadas eram oferecidas a uma antropóloga que, antes de tudo, experimentara na carne o que era se tornar outro. Sempre guardei uma distância bem clara da lógica em ação no seio dos terreiros ou da família religiosa, evitando tomar posição nos conflitos, que são muito mais frequentes do que se imagina. Minhas intenções sempre foram explicitadas com clareza a todos os entrevistados, filhos de santo ou pais e mães de santo. Em razão do aspecto polêmico de minhas pesquisas que ressaltavam a oposição entre um pai de santo (Alvinho de Omolu) defensor da "ortodoxia" e boa parte de seus filhos de santo possuídos pelos exus e pelas pombagiras, tentei permanecer neutra – tanto quanto é possível – diante das posições diferentes de uns e outros.

EXU OU O FIO DE ARIADNE

A análise que apresento aqui, portanto, é fruto de um longo percurso nos cultos afro-brasileiros; percurso às vezes difícil, mas que também foi uma experiência humana extremamente rica. As questões que dele decorrem – sobre a lógica interna aos cultos e sobre o papel da antropologia – constituem o principal objeto de minha análise. Escolhi a figura de Exu como fio condutor do trabalho e como guia e intérprete desse universo. Ele será, assim, uma espécie de "fio de Ariadne", que me servirá de ponto de referência constante para dar densidade etnográfica às minhas argumentações.

Os discursos "ortodoxos" em torno de Exu e de seus múltiplos avatares ajudarão a evidenciar os vínculos entre os diferentes cultos, demasiadas vezes considerados entidades separadas e independentes umas das outras. Em primeiro lugar, estamos confrontados com um paradoxo (âmbito de Exu): a maioria das características de Exu na África – a imprevisibilidade, a sexualidade desenfreada, o papel provocador – foi atenuada no Brasil, justamente nos grupos de culto que sempre reivindicaram o monopólio da tradição africana. Isso ocorreu para que se adaptassem melhor aos valores da sociedade, que considerava Exu a encarnação do diabólico, das artes mágicas e da selvageria africana. Dessa maneira, o culto de Exu se tornou no Brasil a marca característica dos cultos "sincréticos", dos cultos bantos que perderam a fidelidade à África em razão de sua suposta grande "permeabilidade" às influências externas.

Na realidade, é precisamente no seio dos cultos considerados mais "degenerados" ou mais "degradados" em relação à "verdadeira" tradição africana que o deus da África ocidental, o deus dos iorubás e dos fon (em seu aspecto de Legba), encontra espaço para existir e para se transformar – o que constitui um de seus traços característicos. O símbolo de Exu, figura em movimento constante, continua a se transmutar em novas formas: os exus de umbanda, os exus-eguns, as pombagiras. Após terem negado por muito tempo o culto a Exu, e mesmo sua possessão, os defensores da tradição no Brasil (os nagôs) descobrem agora o caráter "incontornável" desse deus. Essa prescrição oficial, essa tentação por uma ortodoxia impossível em um mundo em que cada terreiro é independente dos demais, não consegue controlar a reapropriação dessa divindade africana tornada espírito brasileiro graças à umbanda. Na prática ritual, a ortodoxia deve, portanto, adaptar-se aos interesses dos atores rituais, homens e mulheres que vivem com seus espíritos, que partilham suas preocupações com eles, que são invadidos em sua vida cotidiana por essas entidades espirituais. Veremos como esse modelo de ortodoxia, dificilmente reproduzível em uma realidade muito mais complexa do que se imagina, revela-se o produto de um processo de construção da tradição. Construção, e não necessariamente invenção, pois é graças aos escritos dos antropólogos e, evidentemente, graças às estratégias implantadas pelas elites de um certo segmento do candomblé (nagô) que essa imagem "tradicional" foi elaborada ao longo dos anos.

Por meio do movimento de reafricanização e da circulação de médiuns de uma modalidade de culto a outra, Exu nos ajudará a esclarecer a dinâmica interna aos cultos, fundada em estratégias de poder e legitimação. As tradições adquirem, assim, caráter "político": a África e suas múltiplas encarnações se tornam a questão principal nesse universo religioso.

DO USO DO TERMO "AFRO-BRASILEIRO"

Nas primeiras páginas desta introdução, alertei o leitor para os problemas existentes na utilização do termo "afro-brasileiro". Vimos de que modo, no conjunto do campo religioso afro-brasileiro, cultos como o kardecismo ou a umbanda "branca", que não se reconhecem como religiões de origem africana, estão, na verdade, intimamente ligados às modalidades de culto (umbanda "africana", omolocô, candomblé) que reivindicam a herança africana. Além disso, até os cultos que se consideram depositários de uma tradição africana, como o candomblé nagô, não são mais, e isso há muito tempo, o apanágio dos descendentes de africanos. Na verdade, mesmo nos terreiros mais tradicionais da Bahia encontramos iniciados brancos ou até nisseis. A identidade "africana" está, portanto, completamente dissociada de toda origem étnica real: é possível ser branco, louro de olhos azuis e dizer-se "africano", por ter sido iniciado em um terreiro tido como tradicional.

O termo "afro-brasileiro" está evidentemente associado à ideia de uma África legitimadora, berço ideal e único de uma religião que, nos dias de hoje, vem se tornando um símbolo de resistência. Mas qual seria o termo mais adequado?

A simples utilização dos termos específicos que identificam cada culto (umbanda, omolocô, candomblé etc.) impede que se sublinhe a relação de continuidade (simbólica e ritual) que liga as diferentes modalidades de culto. Alguns pesquisadores empregam a expressão "cultos de possessão" para abarcar a totalidade dos cultos e evidenciar a experiência central desses fenômenos religiosos: o transe. Mas se esse termo pode ser válido para a realidade brasileira, embora raramente utilizado pelos próprios iniciados, ele não o é mais quando passamos para o contexto mais amplo dos cultos afro-americanos. Em Cuba, por exemplo, nos cultos ditos afro-cubanos, a experiência do transe não é necessária à iniciação. Pode-se, portanto, ser iniciado na *santería* ou no *palo monte* sem jamais ter sido possuído pelas divindades. Em outros termos, é possível ser iniciado na *santería* e ser, ao mesmo tempo, um *babalao* (um adivinho), que não pode, nem deve, entrar em transe.

No Brasil, durante muito tempo, tudo o que diz respeito a "afro-brasileiro" se tornou noção de uso comum, completamente naturalizada nos discursos científico e popular. Ela nasce no momento de entrada dos negros na nação brasileira, na Abolição da Escravidão, quando os intelectuais brasileiros começam a se interrogar sobre a natureza da sociedade e sobre seus componentes humanos. "Afro-brasileiro" se refere, pois, a esse encontro de culturas que dá nascimento à própria ideia de nação brasileira.

Esse termo, tradicionalmente utilizado para designar a adaptação das culturas africanas no Brasil e sua mistura com as culturas indígenas e europeias, tornou-se hoje um referente "étnico". Seguindo o exemplo norte-americano, os "afro-brasileiros" são os descendentes dos escravos africanos (ou aqueles que se identificam como tais). E as religiões "afro-brasileiras" tornam-se religiões de matriz africana, deixando de lado os outros componentes culturais que ajudaram a formá-las.

A questão é complexa e necessita de um debate com outros pesquisadores que trabalham em contextos próximos (Cuba, Haiti etc.), para que, juntos, encontremos novos caminhos, uma nova terminologia que dê conta dessas realidades religiosas. Peço ao leitor, então, que tenha em mente essas observações ao ler "afro-brasileiro" ou "afro-americano". De minha parte, tentarei

A CABANA DO CABOCLO NO ILÊ IFÁ MONGÉ GIBANAUÊ

questionar a referência constante à África como origem única e exclusiva desses cultos. Enfatizarei, em contrapartida, o processo de construção cultural que deu nascimento a esses cultos, e que está ligado aos desafios políticos que percorrem o conjunto do universo religioso dito afro-brasileiro.

PRIMEIRA PARTE

AS METAMORFOSES DE EXU

CAPÍTULO I

O MENSAGEIRO DOS DEUSES: EXU NAS RELIGIÕES AFRO-BRASILEIRAS

A figura de Exu[1] apresenta nos cultos afro-brasileiros uma complexidade raramente alcançada por outras divindades. Representação emblemática do *trickster*[2], Exu é o mais humano dos deuses, nem completamente bom, nem completamente mau. Embora o papel ritual dessa divindade tenha sido modelado de maneira original em território brasileiro pela criação e pela organização interna do candomblé, a constante referência à África, presente desde suas origens e particularmente acentuada pelo atual movimento de reafricanização e dessincretização no Brasil, torna necessário definir o papel de Èṣù no panteão iorubá. De fato, as informações disponíveis nos escritos antropológicos sobre a África, reduzida no universo do candomblé dito tradicional ao Benim e à Nigéria, servem de modelo aos membros dos cultos na busca de uma pureza original. Assim, os mitos perdidos no Brasil são frequentemente redescobertos nos textos dos africanistas.

Definir, portanto, essa divindade e seu papel ritual em um contexto africano serve de medida de comparação indispensável para os defensores de uma volta às origens. Da mesma forma, a discussão sobre a existência de Èṣù femininos na África é peça central do processo de legitimação da figura da Pombagira, a "mulher de Exu", no Brasil. O diálogo constante entre cultos brasileiros e cultos africanos obriga a introduzir as figuras do Èṣù-Ẹlẹ́gbẹ́ra dos iorubás e de seu correspondente fon Legba, a fim de entender melhor como se constitui e se articula atualmente a figura de Exu no Brasil.

---

[1] Utilizarei a ortografia portuguesa do termo iorubá *Èṣù* ao tratar dessa divindade no Brasil, pois a considero parte integrante de uma construção religiosa tipicamente brasileira. O emprego de termos iorubás nos escritos antropológicos sobre o candomblé dito tradicional, muito difundido nos dias de hoje, pretende sublinhar sua origem africana.

[2] Mac Linscott Ricketts define assim a figura do *trickster*: "O criador da Terra e/ou [...] aquele que transforma o caótico mundo mítico na criação ordenada dos tempos atuais; ele é o exterminador de monstros, o ladrão da luz do dia, do fogo, da água e de tudo que favorece o bem-estar do homem. É também um travesso insultuosamente erótico, insaciavelmente faminto, exageradamente vaidoso, fraudulento, manhoso para com amigos e inimigos; um incansável viajante pelos cantos do planeta; e um desastrado que, com frequência, é vítima das próprias artimanhas." (Ricketts 1965, 327).

O *TRICKSTER* AFRICANO: ÈṢÙ E LEGBA NA ÁFRICA

A figura do Èṣù-Ẹlégbẹ́ra dos iorubás, chamado Legba pelos fon do Benim, exerce papel múltiplo, rico em contradições e, com frequência, abertamente paradoxal[3]. Ele é o grande comunicador, o intermediário entre os deuses e os homens, o restaurador da ordem do mundo, mas, ao mesmo tempo, como senhor do acaso no destino dos homens, desfaz as abordagens conformistas do universo, ao introduzir a desordem e a possibilidade de mudança. Personificação do desafio, da vontade e da irreverência, Èṣù faz com que os homens modifiquem seu destino graças às práticas mágicas que controla. Seu caráter irascível, violento e esperto, todavia, determinou também a assimilação das figuras de Èṣù e Legba ao diabo cristão. Essa identificação, talvez devida aos aspectos mais impressionantes das efígies dessas divindades, como o grande falo que as caracteriza, está presente desde os primeiros escritos sobre as religiões da África ocidental.

Assim, segundo o abade Bouche, Èṣù-Ẹlégbẹ́ra encarnaria o espírito do mal, "o Béelphégor dos moabitas, o Príapo dos latinos, *Deus turpitudinis,* como diz Orígenes. [...] De resto, não lhe é dado o nome de *échou,* que quer dizer excremento, lixo?" (Bouche 1885, 120-121). Da mesma forma, o reverendo Johnson, nativo da Nigéria e convertido ao cristianismo, atribui a ele as características demoníacas da mitologia judaico-cristã, chamando Èṣù de "Satã, o maligno, o autor de todo mal"(Johnson 1957, 28).

Legba é frequentemente associado à noção de *aovi,* o infortúnio. No processo de cristianização, Legba se torna, assim, a fonte de todos os males: "Entre os feitiços ruins, o Legba ou Aovi está na primeira fila. É ele o autor de todas as brigas, de todos os acidentes, das guerras, das calamidades públicas. Ele busca tão somente prejudicar os homens, e é preciso acalmá-lo o tempo todo com sacrifícios e presentes" (Kiti 1926, 8).

---

[3] Considerarei aqui o Èṣù-Ẹlégbẹ́ra dos iorubás e o Legba dos fon figuras míticas correspondentes e equivalentes. O lugar deles no sistema de adivinhação me parece justificar essa escolha. Aliás, a maioria dos autores lhes atribui as mesmas características. Aparentemente, no entanto, o Legba fon é considerado pelos informantes uma divindade menos negativa que Èṣù, "sempre pronto para fazer o mal" (Ellis 1894, 64-65; Thompson 1984, 20). Essa diabolização de Èṣù, em oposição à figura menos assustadora de Legba, não é confirmada pela obra de Maupoil (1988), em que Legba é considerado a encarnação do mal e do infortúnio. Segundo Joan Wescott (1962, 336), a diferença entre Legba e Èṣù reside na intensa atividade sexual de Legba e em sua transgressão dos tabus sexuais. Seja como for, o culto de Èṣù verossimilmente se espalhou da Nigéria ao Daomé, onde essa divindade tomou o nome de Legba (Maupoil 1988; Verger 1995, 259).

A identificação entre Èṣù e Satã se consolidou como norma nos dicionários redigidos pelos missionários. Assim, no dicionário de iorubá do bispo Crowther (1852), Èṣù é o "deus do mal", o infortúnio, o erro e o dano. Da mesma forma no Daomé, onde a influência dos missionários foi muito forte: "Todo negro que conhece algumas palavras de francês se acha obrigado a traduzir Legba por diabo, da mesma forma que traduz Bokonõ [o adivinho] por charlatão" (Maupoil 1988, 76). Atualmente, o mais importante dicionário de iorubá traduz Èṣù (ou Sátánì) por diabo, "o supremo poder do mal" (Abraham 1958, 166)[4].

A assimilação de Èṣù ao mal absoluto implica, com toda evidência, sua oposição a um princípio positivo identificável com o Deus hebraico-cristão. Ora, a divindade suprema do panteão iorubá, Olódùmarè, espécie de *Deus otiosus*, não age diretamente no mundo, mas recorre a intermediários. A oposição entre o bem e o mal, a ordem e a desordem, é, portanto, buscada pelos missionários na relação que liga Ọrùnmìlà, o deus da adivinhação, também chamado Ifá (ou Fa no Benin), a Èṣù-Legba. O sistema adivinhatório de Ifá, de origem árabe, foi provavelmente introduzido no país iorubá pelos haussás, povo islamizado do norte da Nigéria. A partir dos primeiros anos do século XVIII, o sistema de Ifá (tornado Fa entre os fon) se espalhou no Daomé, ao ser introduzido pelos comerciantes iorubás (Maupoil 1988, 49-50). Nesse sistema, o deus da adivinhação, porta-voz do deus supremo (Olódùmarè ou Ọlọ́run para os iorubás e Mawu-Lisa para os fon), está associado ao *trickster* divino. A relação foi interpretada pelos missionários como uma luta entre dois princípios opostos. Assim, o padre missionário Dennett identificava Èṣù com o princípio negativo do universo, "o ser das Trevas", em oposição ao princípio do bem, encarnado por Ifá, "o ser da Luz e da Revelação" (Dennet 1910, 95).

Na realidade, a relação entre Ifá-Fa e Èṣù-Legba é muito mais complexa. Ela não se reduz à mera oposição entre dois princípios: o bem e o mal, a ordem e a desordem. Vários mitos evidenciam a relação de interdependência existente entre os dois deuses, na qual Ifá é o representante na terra de Ọlọ́run, o deus supremo, e Èṣù está encarregado da transmissão das súplicas e das oferendas dos homens ao mundo dos deuses. Essa trindade, como a define Bascom (1969a, 118),

---

[4] E. B. Idowu, entretanto, vê na figura de Èṣù "o inspetor-geral" de Olódùmarè (Ọlọ́run), o deus supremo do panteão iorubá: "Ele certamente não é o Diabo que conhecemos em nosso *Novo Testamento*, em que é considerado um poder externo maligno, oposto ao ideal divino de salvação do homem. Em um plano geral, seria mais verdadeiro traçar um paralelo com o Satã do *Livro de Jó*, no qual é um dos ministros de Deus e tem a tarefa de tentar a sinceridade do homem e colocar sua fé à prova" (Idowu 1962, 80).

garante e protege os homens no cumprimento do destino, atribuído a cada indivíduo antes do nascimento. Èṣù "trabalha" para Ọlọ́run e para Ọrùnmìlà: traduz a língua dos deuses na língua dos homens e castiga todos aqueles que não cumprem os sacrifícios ordenados por Ifá, tanto homens quanto deuses. Em compensação, recompensa aqueles que realizam escrupulosamente os sacrifícios prescritos. Assume, portanto, o papel de "oficial de polícia imparcial", que castiga aqueles que perturbam a ordem do universo (Abimbola 1976a, 186).

O papel diabólico de Èṣù também está em estreita relação com a ordem sancionada por Ifá. Se Èṣù-Legba engana os homens para forçá-los a ofender os deuses, é para garantir a sobrevivência destes, alimentados pelos sacrifícios dos homens, forçados então a expiar seus erros e a invocar a proteção divina. Os iorubás e os fon dizem que Èṣù-Legba é a "cólera dos deuses". Ele é o executante de Ifá-Fa, seu "comandante-chefe". É ele quem põe em movimento o sistema de Ifá, ao estabelecer o vínculo necessário entre os homens e os deuses. De acordo com as palavras de um adivinho relatadas por Maupoil (1988, 83): "Fa é como um juiz: não se pode ser a um só tempo juiz e carrasco, isso não se vê em lugar algum. A *agbanukwe,* que é um aspecto de Legba, é a cólera de Fa. Cada um dos aspectos de Legba é uma cólera. E o grande Legba é a cólera de Deus". No corpo humano, Legba reside no umbigo (*hon*), de onde insufla a cólera. É por isso que no Benin é chamado *houdan,* "o agitador do umbigo", ou *homesingan,* "chefe da cólera", "pois a cólera vem do ventre como a alegria, a dor, a piedade" (Le Hérissé 1911, 138).

Èṣù-Legba é, portanto, a um só tempo "oficial de polícia", "carrasco" e "agente provocador". Sem ele, a comunicação entre os homens e os deuses teria sido perdida para sempre. A mesma ordem, instaurada por Ifá, não poderia sobreviver sem a intervenção "diabólica" de Èṣù-Legba.

Tradutor, mensageiro, mediador, Èṣù-Legba é também o senhor da magia. Um mito fon conta como Legba foi o primeiro a preparar os *gbos*[5]. Naquela época, os deuses estavam famintos, pois nenhuma oferenda lhes era feita. Legba decidiu, então, colocar serpentes, que ele criara por magia, no caminho que levava ao mercado. Quando a serpente mordia alguém, Legba lá estava, pronto para salvá-lo em troca de pagamento. Certo dia, um homem chamado Awé pediu a Legba que lhe explicasse como havia preparado seu encantamento com a serpente, e Legba, após ter sido convenientemente pago, revelou-lhe o

---

[5] Segundo Herskovits (1938, 256), o *gbo* define para os daomeanos "todas as categorias de curas específicas ou auxílio sobrenatural, assim como os seus equivalentes antissociais".

segredo de seu gbo. Awé foi, assim, o primeiro homem a saber preparar um gbo, tornando-se o grande chefe dos feiticeiros (Herskovits 1938, 257). Legba é o senhor da magia porque conhece o poder da transformação.

Mas Legba e Èṣù também são os mestres do paradoxo: reordenam o mundo provocando o caos, iludem para revelar, mentem para afirmar a verdade[6]. Assim, Èṣù, ao mesmo tempo em que é considerado o primogênito do universo, é o caçula, o filho mais jovem. Sob sua forma de Èṣù Yangi, a pedra vermelha de laterito, personifica a primeira forma criada, oriunda da mesma lama com que Ikú (a morte) criou o ser humano. Yangi se revela, assim, o primogênito da humanidade: é ao mesmo tempo o Pai-ancestral (o Èṣù-Àgbà) e o primeiro descendente. Vários mitos relativos ao nascimento de Èṣù se contradizem mutuamente, descrevendo-o como o primogênito ou como o caçula, como um homem velho ou como um menino maroto. Essa aparente contradição, todavia, exprime o paradoxo como possibilidade cognitiva do universo. Assim, um dos nomes rituais de Èṣù é Táíwò *(tó-aiyé-wò)*, o "provador do mundo", dado pelos iorubás ao primeiro dos gêmeos que nasce. Ora, este nunca é o primogênito; ao contrário, é considerado no seio do casal de gêmeos[7] o irmão caçula. Na verdade, entre os iorubás o jovem deve sempre preceder um mais velho para "abrir-lhe o caminho", e é chamado o explorador (Wescott 1962, 341). A identificação com os gêmeos evidencia a natureza paradoxal de Èṣù.

Mestre do paradoxo, Èṣù é igualmente mestre da multiplicidade, assumindo várias formas, cada uma delas nomeada em função de suas características. Não se conhece o número exato[8] dessas formas, mas a quantidade e a diferença entre elas indicam claramente o caráter inapreensível dessa divindade. Assim, Èṣù é chamado Ẹlébọ, isto é, o senhor, o regulador do *ẹbọ*, a oferenda ritual, ou Ẹlérù, o Senhor do *erù*, isto é, a obrigação religiosa *(carrego[9])*. O mito de Òṣẹtùá, ligado

---

[6] Um dos *oríkì* (invocação) que caracterizam Èṣù apela para essa capacidade de transformação (Verger 1999, 143):
   A sọ ẹbi d(i) àre   Ele faz o torto endireitar
   A sọ àre d(i) ẹbi   Ele faz o reto entortar
[7] Os gêmeos (Ibéjì) são considerados entre os iorubás, como na maior parte da África, seres dotados de grande poder e, por isso, extremamente perigosos. O nascimento deles implica a realização de complexos rituais que permitem a socialização dos recém-nascidos. O primogênito se chama Táíwò e o segundo, Kẹ́ẹ̀hìndé, "aquele que está antes-atrás".
[8] Idowu (1962, 85) fixa em duzentos os diferentes nomes de Èṣù, mas entre os iorubás o número 200 – como seu duplo 400 – simboliza a multiplicidade, isto é, uma grande quantidade indeterminada.
[9] O termo iorubá *ẹrù* corresponde ao termo *carrego*. A noção de *carrego* não diz respeito apenas às cerimônias religiosas, pois *carrego* é também a carga negativa resultante de um "trabalho mágico" (*ebó*), e que deve ser neutralizada pelo abandono em um lugar determinado (encruzilhada,

ao sistema de Ifá, conta como Èṣù conseguiu transportar todas as oferendas aos pés de Olódùmarè e como se tornou Òjíṣé-ẹbọ, o transportador das oferendas[10]. Nesse mito, Èṣù é o único a poder atravessar as portas do mundo dos deuses e a ser ouvido por Olódùmarè. Por intermédio da restituição das energias vitais simbolizada pelo ẹbọ, a oferenda, Èṣù restabelece a harmonia na terra.

Da, mesma forma, o poder de reorganização do universo está ligado, nas figuras de Èṣù e de Legba, a seu caráter fortemente sexuado. Os antigos viajantes e os primeiros missionários sempre ressaltaram o lado "obsceno" dessas duas divindades. Pruneau de Pommegorge, que morou em Uidá de 1743 a 1765, descreve Legba como "um deus Príapo, feito grosseiramente de terra, com seu principal atributo, que é enorme e exagerado em relação à proporção do restante do corpo" (citado por Verger 1999, 133). Ou ainda essa descrição pitoresca de Èṣù-Ẹlẹ́gbẹ́ra feita pelo abade Bouche:

> O culto do falo é exibido com despudor. Vê-se por toda parte o horrível instrumento que Liber inventou para servir às abomináveis manobras de sua paixão: nas casas, nas ruas, nas praças públicas. É encontrado isolado; os falóforos, às vezes, carregam-no com grande pompa; em certas procissões, agitam-no com ostentação e apontam-no para as jovens, no meio das danças e dos risos de uma população sem pudor. Os negros são bem inspirados quando fazem desse instrumento o atributo de Elegbara, personificação do demônio (Bouche 1885, 121).

A relação de Èṣù-Legba com a sexualidade não se limita ao símbolo evidente de um falo desproporcional, como mostram as estatuetas com sua efígie. Èṣù sempre é representado com um boné, cuja longa ponta lhe cai sobre os ombros, ou com os cabelos penteados em uma longa trança, às vezes esculpida em forma de falo (Wescott 1962, 348). Muitas vezes, Èṣù assobia ou chupa o polegar. Segundo Wescott (1962, 347), assobiar é tabu nos recintos do palácio real em razão de seu simbolismo sexual. O mesmo é válido para a ação de chupar o polegar. Èṣù também traz nas costas várias cabaças de gargalo comprido, chamadas cabaças do poder (àdó irán), bem como segura na mão um porrete chamado ọgọ̀, termo eufêmico para pênis (Wescott 1962, 347).

---

mato, beira de rio, praia). *Carrego* é igualmente uma obrigação ritual recebida em herança por uma pessoa que deve cuidar da divindade de um membro familiar falecido.

[10] Juana E. dos Santos (1977a, 139-161) dá a versão completa desse mito em iorubá, com sua tradução em português.

A conotação sexual de Èṣù, todavia, não está diretamente ligada à reprodução. Seu falo representa a potencialidade, a energia transbordante, o sexo como força criadora, como possibilidade de realização[11]. Èṣù é igualmente responsável pelos sonhos eróticos, pelo adultério e por toda relação sexual ilícita. No fim do século XIX, o coronel Ellis estabeleceu um interessante paralelo entre o culto de Legba e a feitiçaria da Idade Média:

> Na parte ocidental da Costa dos Escravos, os sonhos eróticos são atribuídos a Elegba, que, sob seu aspecto masculino ou feminino, tem relações sexuais com os homens e as mulheres enquanto dormem e, dessa maneira, exerce as funções dos íncubos e dos súcubos da Europa medieval (Ellis 1894, 67)[12].

Legba, como Èṣù, está estreitamente ligado ao começo e ao fim da vida de cada indivíduo. Todo rito de passagem é marcado pela revelação do *"fa parcial"* (o destino individual) e do "Legba pessoal". Quando um homem morre, seu Legba pessoal deve ser destruído, assim como seu *fa* (destino), pois, dizem os fon, durante a morte uma porta é fechada; se Legba não acompanhar o defunto, a porta do mundo da morte ficará para sempre aberta (Pelton 1980, 126). O mesmo ocorre com *Bará-aiyé*, representação do Èṣù existencial moldada durante o ritual de iniciação. Èṣù, sob sua forma individualizada de *Bará*[13], também acompanha o indivíduo até a morte.

O Èṣù existencial é representado por um monte de barro ou de laterito vermelho (no caso de Yangi) de forma vagamente humana, os olhos e a boca sublinhados por búzios, e o alto da cabeça cheio de pregos simbolizando o fato de que ele não pode "carregar peso", ou seja, que não está submetido a nenhuma das obrigações a que se sujeitam os homens. As representações de Legba são

---

[11] Apesar da relação existente entre o culto de Èṣù e a restauração da fertilidade e da procriação, descrita por vários viajantes (cf. Verger 1999), isso não caracteriza especialmente essa divindade. Na verdade, todos os deuses deveriam dar filhos a seus iniciados. A análise de Joan Wescott, no entanto, parece-me fundamentada, ao articular procriação e potencialidade.

[12] Nos textos do Apocalipse, da literatura talmúdica e da Cabala, encontramos a crença em diabos dos dois sexos. Estes teriam relações sexuais, como íncubos e súcubos, com os seres humanos, dando origem a uma categoria especial de diabos que participam da natureza humana. Tal crença está na origem da demonologia dos séculos XVI e XVII, e encontra sua expressão no *Malleus Maleficarum*.

[13] No estudo de Nadel (1942, 194) sobre o reino Nupe, no norte da Nigéria, o termo *bara* designa os escravos libertos, servidores, mensageiros ou soldados, ligados às propriedades de seu senhor. Nadel traduz *bara-ship* como *client-ship*. O rei dos Nupe era chamado "Etsu" (Nadel 1942, 194). Isso sugeriria uma origem nupe de Èṣù, como para Ṣàngó ou Oya.

claramente caracterizadas por atributos sexuais: enorme falo ou cachimbo na boca. A associação de Èṣù e de Legba com todos os lugares ligados às trocas e às transações (praça do mercado, encruzilhadas, porta das casas) mostra, com clareza, que eles ocupam uma posição de mediador. Os fon têm vários Legba, ligados aos diferentes lugares de encontro entre o indivíduo e a coletividade. Há o *Agbonuxosu* (o rei do portal), pequeno Legba individual de barro situado no portal da casa, o *Axi-Legba* ou Legba do mercado, o *To-Legba,* Legba de uma aldeia ou de uma aglomeração de casas, e o *Hu-Legba,* que defende o portal do templo de cada divindade (Maupoil 1938, 82).

Os Legba pessoais são representados por símbolos que variam conforme a idade e o sexo dos indivíduos: taças de barro cozido para rapazes e mulheres; montes de terra da altura de um pé, em forma de tronco de cone e protegido por um abrigo de folhas de palmeira ou de palha (*apatam*), para os donos da casa ou os chefes de linhagem. Os Legba das crianças, assim como os Legba das mulheres, dependem do dono da casa (Le Hérissé 1911, 138). De fato, não pode haver mais de um Legba principal por casa. O mesmo ocorre com Èṣù iorubá: quando um homem constrói uma nova casa, não pode instalar nela seu Èṣù pessoal antes da morte de seu pai e da destruição do Èṣù do defunto, sob pena de apressar o fim do patriarca (Parrinder 1950, 82).

As encruzilhadas também são lugares de culto de Èṣù e Legba. Montes de terra molhados de dendê ou cobertos de inhame ou noz-de-cola constituem seus santuários, chamados *Èṣùrita* (Èṣù da encruzilhada). As representações de Èṣù encontradas na beira das estradas são chamadas *Èṣù-ọ̀nà* (Èṣù do caminho) e a do mercado, *Èṣùọjà* (Pemberton 1975, 20). Um altar dedicado a Legba ou a Èṣù também existe em cada praça de mercado nas aldeias iorubás e fon.

A literatura, no entanto, não se entende quanto à existência de um culto e de um corpo sacerdotal organizados por Èṣù e Legba. Herskovits (1938, 229) e Parrinder (1950, 82) negam sua existência, ao passo que Aguessy (1992, 95), após ter afirmado a ausência de sacerdotes devotados ao culto de Legba, contradiz-se ao citar um discurso de Akpowena, "sumo sacerdote de Legba" (Aguessy 1992, 307). Le Hérissé (1911, 100) fala do "Vodun Legbanon", o sacerdote que encarna Legba. Da mesma forma, Pemberton (1975, 22) cita cantos dedicados a Èṣù entoados pela *elemoso*, "sacerdotisa de Èṣù do mais alto grau", e Bascom (1969b, 79), lembra os sacerdotes de Èṣù, "identificados por um cordão de pequenas contas castanhas ou pretas usado em volta do pescoço"[14].

---

[14] Veremos que essa discussão sobre a existência de um corpo sacerdotal dedicado a Èṣù adquire

Pierre Verger (1999, 127), por sua vez, fala tanto de iniciados e sacerdotes consagrados a Èṣù quanto de iniciados consagrados a Legba, os *legbasi*. Estes vestem saia de palha violeta, usam chapéu enfeitado com vários objetos, igualmente violeta, e numerosos colares de búzios a tiracolo. Os *legbasi* também participam de cerimônias destinadas a outras divindades, como Sapata e Heviosso[15]. Dançam com um enorme falo de madeira dissimulado sob a saia, o qual mostram à assistência, levantando-o e simulando o ato sexual. Outros têm na mão um espanta-moscas violeta que dissimula um bastão em forma de falo.

Festivais anuais em honra de Èṣù são organizados em Oyó (Wescott 1962, 344) e em Ilé-Oluji (Idowu 1962, 84), durante os quais as mulheres consagradas a Èṣù desfilam em procissão. Trazem diferentes insígnias, das quais as mais difundidas são pares de estatuetas representando um homem e uma mulher com os cabelos em crista. Na verdade, Èṣù, em geral, é simbolizado por um casal. Segundo Thompson (1984, 24), entre os iorubás egbado essas duas estátuas representariam Èṣù-Ẹlẹ́gbá e sua mulher. Abimbola (1976a, 36) também fala de uma mulher mítica de Èṣù, chamada Agbèrù (aquela que recebe os sacrifícios), e Abraham (1958, 167) afirma a existência de imagens masculinas e femininas de Èṣù.

Legba também teria representação feminina, segundo Herskovits (1938, 222), que cita a descrição feita por Richard Burton em 1864: "Legba é dos dois sexos, mas raramente feminino. Deste último tipo vi alguns e são ainda mais assustadores que os masculinos; os seios se projetam como metades de salsichas alemãs e o resto vai de acordo". Herskovits (1938, 225), como Maupoil (1988, 83-82), notou, ao lado da figura central de Legba nos altares que lhe são dedicados, a presença de estatuetas representando as mulheres de Legba.

Èṣù-Legba, seja ele masculino ou feminino, habita, portanto, todos os lugares em que mundos separados entram em contato. Ele passa de um a outro, faz com que se comuniquem. Os lugares sobre os quais reina Èṣù-Legba são lugares de encontro, de mediação, de troca, e estão, como todo lugar de transição e de interseção, carregados de tensão e perigo. O mercado é a representação por

---

grande importância no discurso do candomblé nagô, o qual recusou durante muito tempo a iniciação no culto de Exu sob o pretexto de que ela não estaria em conformidade com a tradição africana.

[15] Sapata é o nome fon do deus iorubá Ṣànpọ̀nná. Este é considerado pelos Elemoso (iniciados no culto de Èṣù) o chefe de todos os Èṣù. Èṣù teria, então, a mesma mãe que Sapata, o deus da varíola, Ògún e Ṣàngó (correspondendo ao Heviosso fon), todos associados entre os iorubás ao poder de destruição, ao calor e à cor vermelha (Pemberton 1975, 26).

excelência desse perigo, o lugar em que as transações entre os homens podem engendrar conflito e desarmonia. Só Èṣù-Legba, com seu poder de transformação, pode metamorfosear o conflito em harmonia.

Deus de múltiplos rostos e múltiplas origens, Èṣù-Legba também exerce uma verdadeira crítica do poder e dos poderosos. Ele é a única divindade que pode fazê-lo, ao introduzir a liberdade em um sistema fechado e prefixado. Por sua falta de respeito, sua irreverência e sua contestação das regras sociais, Èṣù-Legba encarna na tradição africana o que Georges Balandier (citado por Motta 1985, 66) chama "a lógica do político". Na verdade, a maioria dos mitos relativos a Èṣù-Legba são mitos de inversão da ordem social[16]. Assim, Èṣù tem duplo papel: por um lado, é o transgressor das regras, o contestatário da ordem estabelecida; por outro, representa o símbolo da mudança nessa mesma ordem, ao explorar as possibilidades inerentes ao *status quo*. Como afirma Joan Wescott (1962, 345), seu papel é duplo e paradoxal, tanto social quanto antissocial. Isso faz de Èṣù-Legba a mais humana de todas as divindades.

A MULTIPLICIDADE DAS FIGURAS RITUAIS DE EXU NO BRASIL

No candomblé brasileiro, a figura de Exu parece ter conservado a maioria de suas características africanas. Hoje, qualquer iniciado, ao ser interrogado sobre o papel de Exu no culto, responderá com segurança que ele é o mensageiro dos orixás. Outra característica, igualmente conhecida de todos os iniciados, é que Exu é o primogênito do universo, o primeiro dos seres procriados, fato que, ao aproximá-lo dos homens, diferencia-o das demais divindades. Marcos de Iansã, pai de santo ketu, evidencia bem esse vínculo estreito entre os homens e Exu: "Assim como o católico tem Adão e Eva, o fiel do candomblé tem Exu".

Exu também é o senhor do destino, pois "abre ou fecha os caminhos", isto é, os "caminhos" da vida. Assim, para que cada indivíduo possa realizar-se plenamente, precisa atrair para si a benevolência de Exu com oferendas rituais. Exu representa ainda o princípio de mudança na vida de um indivíduo ou, como define Palmira de Iansã, mãe de santo ketu, o "princípio de revolução":

Exu é o princípio de revolução. Ele é o responsável para o seu caminho na terra. Quando as coisas não estão bem, então Exu provoca em você aquela coisa assim, da mudança, da revolução. Não adianta você estar

---

[16] Cf. Herskovits (1938); Herskovits e Herskovits (1958); Aguessy (1992); Verger (1999).

na cobertura da Vieira Souto e estar tremendamente infeliz, enquanto você pode ser lavadeira na Rocinha e estar cantando, com aqueles filhinhos todos barrigudinhos. Aquela lavadeira não tem problema com Exu, porque ela está bem. Agora a madame que tem uma cobertura na Vieira Souto está tremendamente insatisfeita. Se ela tem forças suficientes para jogar tudo para o alto e recomeçar uma nova vida, ela buscará o acesso à mudança, e Exu te dá o princípio da mudança, da evolução.

Durante muito tempo identificado com o diabo no sincretismo afro-católico, Exu é considerado hoje elemento indispensável ao bom funcionamento do culto. Nada se faz sem ele. Seu papel de intermediário entre os homens e Ọrùnmìlà (o deus da adivinhação) se tornou ainda mais importante no candomblé, graças ao abandono da adivinhação pelo *opelé*[17], em proveito da adivinhação pelo "jogo dos búzios", por meio do qual Exu fala diretamente com o consultante. A predominância do *dilogun*[18] no candomblé marca o desaparecimento quase total da figura do babalaô (adivinho, sacerdote de Ifá) no Brasil. Os búzios podem ser "jogados" pelos pais ou mães de santo, o que facilita consideravelmente as atividades rituais, sempre dependentes da consulta do oráculo divino.

Em todos os terreiros brasileiros há pelo menos dois Exus. Perto da porta de entrada há sempre uma pequena construção em que está colocado o *assentamento*[19] do Exu "da porteira". Ele é o guardião da casa, aquele que afasta as influências negativas. O segundo Exu, chamado *compadre*, é enterrado na entrada do *barracão*, sala em que se desenrolam as cerimônias públicas, ou escondido atrás da porta. Toda pessoa que entra em um terreiro deve obrigatoriamente saudar o Exu da porteira antes de chegar no espaço sagrado.

Cada terreiro também tem seu Exu guardião que recebe as oferendas antes das grandes festas ou durante os rituais privados. A "qualidade"[20] do Exu da

---

[17] Corrente à qual são presas oito metades de caroços e cujas combinações fazem referência aos *odùs* (destinos) do sistema de Ifá. Os *odùs* são considerados os filhos de Ifá e formam 256 configurações acompanhadas de versos que devem ser memorizados pelo adivinho. Essa forma de adivinhação se conservou em Cuba, mas não no Brasil.

[18] Bastide e Verger (1981) chamam-no *meridilongun*. Na verdade, o termo *dilogun* é a abreviação da palavra iorubá *mérìndínlógún*, que significa "dezesseis".

[19] Representação material da força sagrada da divindade, constituída de recipientes em barro cozido, cerâmica ou madeira, contendo uma pedra (*otá*) que simboliza a cabeça do iniciado e vários outros ingredientes.

[20] Chamam-se "qualidades" os diferentes avatares de uma divindade que simbolizam os vínculos que esta mantém com os demais orixás. Cada um dos orixás tem um número diferente de qualidades.

porteira varia de terreiro para terreiro, e de nação para nação. Em muitos terreiros do Rio de Janeiro, o Exu que está "assentado" no portal corresponde ao Exu existencial do fundador do terreiro.

Em geral, o assentamento de Exu é formado por um monte de tabatinga, ao qual se pode dar uma modelagem antropomorfa, com búzios no lugar da boca e dos olhos. Outra maneira de prepará-lo consiste em colocar na tabatinga, sempre "tratada" com ervas e ingredientes específicos a cada qualidade, uma *ferramenta* de sete pontas ou um tridente. Ao lado do assentamento, encontramos estatuetas de ferro com um grande falo e chifres, cabaças com um longo pescoço, búzios e facas. O assentamento está sempre cercado de velas acesas e regado com dendê[21]. Este óleo está intimamente ligado à figura de Exu, que também recebe o nome de *Exu Elepo*, "Exu, o senhor do azeite de dendê (*epo*)".

Encarnação da multiplicidade, Exu se desdobra em Exu-orixá (ou *vodum*, como faziam questão de chamá-lo vários dos meus interlocutores) e em Exu do orixá, chamado também Exu-escravo. Este resulta de uma individualização da força sagrada de Exu. Cada orixá tem, pois, seu Exu, que é considerado um servidor ou "escravo". Ele "trabalha" para o orixá a que está ligado, transportando as oferendas (*ebó*) do mundo material para o mundo espiritual. Sem Exu, os orixás nunca conheceriam as necessidades de seus fiéis e, por conseguinte, não poderiam ajudá-los. Distinguir as qualidades de Exu-orixá e as de Exu-escravo é algo delicado e dá lugar a discussões complexas sobre a natureza desses espíritos. Às vezes, o Exu do orixá é identificado com o Exu-Bará, o Exu pessoal, que está ligado ao destino individual e que acompanha o iniciado até a morte. Um dos momentos mais importantes do processo de iniciação é a revelação do *odù* pessoal do noviço (seu destino) e a fabricação de seu Exu existencial. Esses dois tipos de Exu parecem, todavia, representar duas formas de individualização distintas da energia do Exu-orixá: o Exu do orixá ou Exu-escravo seria a individualização do Exu-orixá em relação ao mundo dos deuses, ao passo que o Exu-Bará ou Exu existencial, sua individualização em relação ao mundo dos homens (cf. Figura 2).

A maioria dos terreiros de candomblé abriga várias estatuetas que representam os Exus existenciais dos filhos de santo. Modeladas na tabatinga em forma de cabeça, com búzios ou pregos, são colocadas ao lado do Exu guardião na "casa de Exu", situada na entrada do terreiro. Simbolizam a existência do iniciado e recebem oferendas de dendê e cachaça. Mas Exu também é, como

---

[21] Dendê deriva do quimbundo *dendém* e designa o óleo extraído da palmeira *Elaeis guineensis* L. (Lody 1992, 2).

FIGURA 2 – AS FUNÇÕES DE EXU

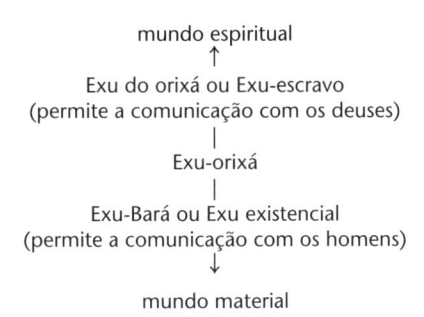

mundo espiritual
↑
Exu do orixá ou Exu-escravo
(permite a comunicação com os deuses)
|
Exu-orixá
|
Exu-Bará ou Exu existencial
(permite a comunicação com os homens)
↓
mundo material

vimos, o senhor da magia, da manipulação e da transformação. Em todos os terreiros, é necessário "fixar" vários Exus destinados a trabalhos mágicos em função de sua especificidade e do domínio que controlam. Assim, se quisermos prejudicar alguém, escolheremos um Exu perigoso como Buruku, que em iorubá significa "mau". Se, ao contrário, procurarmos proteção e bem-estar, o Exu será Odara, que em iorubá significa "bom", ou Onan, aquele que "abre os caminhos". Na prática, contudo, Exu sempre pode agir para o bem ou para o mal, independentemente de sua especialização.

Ainda que, em teoria, o Exu do orixá deva ser colocado ao lado do assentamento da divindade para quem o indivíduo foi iniciado, e o Bará ou Exu existencial, na casa de Exu na entrada do terreiro, na maioria dos casos essas duas funções da mesma divindade se confundem e seu espaço de ação nem sempre está bem delimitado. A dificuldade de apreender a verdadeira natureza dessa divindade aparece claramente na definição do Exu-escravo[22] proposta por Claude Lépine, que pode até se confundir com uma das manifestações do Exu-orixá: "[...] cada òrìsà tem o seu próprio Èsù que é seu criado e que tem um nome específico; este Èsù, às vezes, pode se manifestar no lugar do òrìsà, e a mãe de santo deve ser capaz de distingui-los, assim como não deve confundir este Èsù com uma manifestação do Èsù geral: *Lalú, Jelú* ou outra" (Lépine 1978, 264).

Nesse caso, a possessão pelo Exu do orixá (Exu-escravo) seria considerada impura e deveria ser cuidadosamente evitada. A pluralidade de papéis característica de Exu determinou uma percepção singular dessa figura mítica. Assim,

---

[22] O termo "escravo" é evidentemente herança da época colonial. Assim, se Exu "trabalha" para o orixá, ele se torna seu "escravo". No Brasil, o trabalho manual durante muito tempo carregou a mancha vergonhosa da escravidão.

ASSENTAMENTO DO EXU DA PORTEIRA, EM ARGILA E DE TRAÇOS ANTROPOMÓRFICOS

Exu é definido mais por suas funções que por sua natureza divina. Para alguns autores, nem seria um verdadeiro orixá, e sim "um servidor dos orixás e um intermediário entre os homens e os deuses"[23]. O número das "qualidades" de Exu expressa, portanto, seu caráter inapreensível. Exu deveria ter vinte e uma, mas, estando ligado à multiplicidade, esse número em geral é muito maior e varia conforme os terreiros considerados. O único denominador comum é o número sete, particularmente ligado à magia: "Dizem na Bahia que existem vinte e um *Èṣù*; outros falam de sete, ou de vinte e uma vezes vinte e um, mas ele é a um só tempo múltiplo e uno" (Verger 1991, 131). Cada uma de suas qualidades possui um nome ritual que indica sua função. Assim, embora Exu Agba, Exu Yangi, Exu Agbo e Elegbara remetam à criação do primeiro ser na terra e estejam ligados ao processo de multiplicação e expansão, a lista desses nomes rituais muda de um terreiro para outro, o que sempre torna muito difícil a generalização das informações acerca dos rituais do candomblé.

---

[23] Cf. Carneiro (1986, 68); Lépine (1978, 259).

ASSENTAMENTO DE EXU JELÚ

Exu tem papel central no processo de individualização do novo iniciado. Algumas de suas qualidades estão, na verdade, ligadas aos momentos cruciais da iniciação. Exu Jelú, símbolo do crescimento e da multiplicação dos seres vivos, está ligado ao processo de criação do novo ser: o iniciado que renasce para nova vida. Exu Jelú é o senhor do *waji* (ou *elu*), pigmento azul-escuro extraído da anileira--verdadeira e utilizado nas pinturas rituais aplicadas no crânio do iniciado, após ter tido os cabelos completamente raspados. Essa operação também está sob a proteção de Exu, neste caso, Exu Idosu. Da mesma forma, a incisão praticada no alto do crânio, para permitir a fixação do vínculo com o orixá "dono da cabeça", e a preparação do *oxu*, cone colocado sobre esse corte ritual, são duas operações ligadas à ação de Exu. O oxu simboliza, assim, a pedra de laterito vermelho, a primeira de todas as criaturas, o Exu Yangi, "o primogênito do universo".

Em sua qualidade de *enugbárijo*, de boca coletiva, Exu é invocado em outro momento do ritual de iniciação: a "abertura da fala". Esse ritual visa permitir a manifestação do novo orixá, "fixado" no corpo do iniciado, no "Dia do Nome", cerimônia pública durante a qual o orixá revela o nome ritual de seu "filho" e o novo iniciado é oficialmente admitido como membro do grupo de culto. A última etapa desse processo de individualização é marcada pela obtenção do Exu Bará. A cabaça que o representa contém 21 búzios que simbolizam os elementos do destino escolhido antes de vir ao mundo. Dezesseis búzios constituem o *dilogun*, o oráculo; quatro outros representam o oráculo dito de Exu, que é consultado para problemas ligados à vida cotidiana ou para confirmar uma resposta divina; o último búzio simboliza Exu Oxetuá, o primogênito do universo.

A POSSESSÃO NEGADA

Nas obras dedicadas ao candomblé, assim como naquelas relativas aos cultos a Èṣù e Legba na África, as informações sobre a iniciação no culto de Exu são fortemente contraditórias. Enquanto Nina Rodrigues, em 1900, afirmou que Exu, Bará ou Elegbara era um orixá como os demais e possuía seus próprios iniciados[24], Édison Carneiro, em 1948, relatou a dificuldade de aceitar o culto de uma divindade identificada com o diabo no sincretismo afro-católico. No caso de uma pessoa cujo "dono da cabeça" era Exu, a iniciação seria sido feita para Ogum, orixá considerado seu "irmão":

Embora não seja exatamente um orixá, Exu pode manifestar-se como um orixá. Neste caso, porém, não se diz que a pessoa é filha de Exu, mas que tem um *carrego* de Exu, uma obrigação para com ele, por toda a vida. Esse *carrego* se entrega a Ôgunjá, um Ôgún que mora com Óxóce e Êxu e se alimenta de comida crua, para que *não tome conta* da pessoa. Se, apesar disso, se manifestar, Êxu pode dançar no candomblé, mas não em meio aos demais orixás. Isto aconteceu, certa vez, no candomblé do Tumba Junçara (Ciriáco), no Bêiru: a filha dançava roçando-se no chão, com os cabelos despenteados e os vestidos sujos. A manifestação tem, parece, caráter de provação. Este caso do candomblé de Ciriáco é o único de que tenho notícia acerca do aparecimento de Êxu nos candomblés da Bahia (Carneiro 1986, 70).[25]

---

[24] "Èṣù é um Orisa ou santo como os outros, que tem sua confraria especial e seus adoradores. No templo ou terreiro do Gantois, o primeiro dia da grande festa é dedicado a Èṣù" (Nina Rodrigues 1935, 25).

[25] Carneiro apresenta uma lista de "qualidades" de Exu cultuadas na Casa Branca, o terreiro de candomblé nagô considerado o mais antigo de Salvador, onde fez suas pesquisas. Ali encontramos, ao lado de nomes iorubás como Ekeçae (alteração de Akessan) e Lona, os nomes de Pavena, Maromba, Barabô, Tibiriri, Tiriri, Chefe Cunha e Maioral, que hoje são considerados ligados aos cultos "menos puros" do candomblé angola e da umbanda. Essa constatação é importante

Roger Bastide, em seu estudo sobre o candomblé da Bahia, retomou essa definição de Carneiro: "Exu não incorpora nunca, embora por vezes tenha filhos" (Bastide 2001, 37). Para Bastide, a possessão por Exu seria completamente distinta das demais possessões; não se trataria "de simples diferença de grau na violência da manifestação, por exemplo, e sim de verdadeira diferença de natureza" (Bastide 2001, 166). Na realidade, a possessão por Exu seria percebida a um só tempo como "um grande peso que dolorosamente se arrasta" e, "por influência cristã", uma "punição divina" (Bastide 2001, 166). Como prova, apresenta o caso de Sofia, iniciada com o nome ritual de Gikete no terreiro de Ciriáco, citado por Carneiro. A iniciação no culto de Exu seria, então, um "erro" do pai de santo angola:

> O babalaô pode às vezes enganar-se ao consultar a sorte; a verdade é que isso só raramente acontece. Conheci apenas um caso controverso, o de uma filha de Exu; era, porém, a filha que se sentia descontente com seu "santo", e pretendia ser filha de Ogum; o babalorixá que a tinha feito não cessava, ao contrário, de afirmar que S... era mesmo filha de Exu. Em todo caso, à primeira vista, não se pode jamais ter certeza de que o babalaô não se enganou. Trata-se de erro muito grave, pois o verdadeiro orixá, a que pertence o cavalo, não deixaria efetivamente de manifestar seu descontentamento, vendo os sacrifícios, os alimentos irem para outro que não ele; para vingar-se, lançaria doenças, azares, contra o cavalo em questão: justamente porque S... se sentia doente é que acreditava que tinha sido "feita errado" (Bastide 2001, 48-49).

Essa mesma história é relatada por Pierre Verger, que atribui a recusa de aceitar Exu como "dono da cabeça" à influência de seu sincretismo com o diabo:

> Uma delas [das filhas de Exu] faleceu recentemente na Bahia. Foi iniciada por volta de 1936 e, como o sincretismo de *Èṣù* com o Diabo não deixa de dar-lhe um aspecto desagradável, murmurava-se que haviam pregado uma peça nessa pessoa. Foi assentado *Èṣù* e não *Ogun*, o verdadeiro senhor de sua cabeça, ou, mais exatamente, um *Èṣù* servidor de *Ogun*, que o acompanhava, é quem teria sido assentado, fazendo-se as obrigações para *Èṣù* com as folhas que lhe são consagradas. Isso teve como consequência o afastamento de *Ogun*, que desde essa épo-

para o debate sobre a construção de uma imagem de pureza no meio dos terreiros nagôs.

ca queixava-se de ter sido negligenciado e acabou matando aquela a quem reivindicava para ele (Verger 1999,132).

O mal-estar de Sofia diante de sua divindade parece, portanto, ser motivado muito mais pela desaprovação pública, ligada à identificação de Exu com o diabo, que por uma real ambivalência da iniciada. Essa ambivalência, aliás, é questionada quando Verger conta que Sofia tinha em casa muitos Exus, os quais, sem dúvida alguma, considerava seus protetores:

Em sua casa havia inúmeros *Èṣù*. No fundo de seu jardim, em uma casinha, havia um ferro em forma de tridente, assentamento de *Èṣù baba buya* e uma corrente de ferro, de *Èṣù Sete Facadas*. Eles estavam na companhia de *Èṣù Ẹlẹgbẹra* e de *Èṣù Mulambinho*. Atrás da porta da casa alojava-se *Èṣù Pavena*. Debaixo da porta de entrada estava *Èṣù Vira* (um *Èṣù* feminino) e, no chão da casa, *Èṣù Intoto*. Além disso, ela ainda podia dispor de *Èṣù Tibiriri Come Fogo*, que, não sendo assentado, passeava por aqui e por ali, bem como de *Èṣù Tamanquinho* e de *Èṣù Ligeirinho*. Esse último levava um arco. Ela mesma era feita para *Èṣù Mavambo*, que era de Angola[26] (Verger 1999,132).

É improvável que alguém que não aceitasse publicamente seu orixá prestasse um culto privado a uma quantidade tão grande de Exus. Na realidade, essa ambivalência, diz Verger (1981, 79), deriva mais de pressões sociais – o sincretismo afro-católico de Exu com o diabo – que de uma real recusa da iniciada, devido ao "erro" de seu pai de santo. No Brasil, poucas pessoas lhe são abertamente consagradas "por causa desse suposto sincretismo com o diabo". A verdadeira causa dessa escamoteação de Exu parece estar ligada ao peso do sincretismo e não à "degradação" da tradição africana nos cultos bantos.

Por isso, o próprio Bastide se contradiz quando, buscando demonstrar que a iniciação de Exu seria um "erro" exclusivo dos cultos bantos, cita, en-

---

[26] Essa citação foi retomada por Bastide (2001, 283, nota 106), sem que ele tivesse notado seu aspecto contraditório. Na realidade, a substituição de Exu por Ogum decorre da adaptação a uma realidade externa ao culto, determinada pelo sincretismo afro-católico: "[...] em virtude da associação que os missionários fizeram de Exu com o Diabo, e para evitar complicações para o terreiro, os negros da nação ketu diziam aqui no Brasil: Exu não tem filhos porque não tem direito de se manifestar em pessoa alguma dessa seita" (D. M. Santos 1988, 60). O autor faz referência aqui a uma estratégia de adaptação utilizada no terreiro considerado hoje o representante da tradição nagô: o Axé Opô Afonjá de Salvador.

tre o número "extremamente reduzido" de filhos e filhas de Exu, Maria, do candomblé de Mar Grande; Júlia, do candomblé da Língua de Vaca, chamada Exu Biyi, e o irmão de Pulcheria do Gantois (2001, 165). Trata-se aqui de três terreiros considerados tradicionais, todos ligados a uma suposta ortodoxia nagô (ketu e ijexá).

Bastide cita igualmente outro iniciado de Exu pertencente ao terreiro de Bernardino, pai de santo do Bate-Folha, de nação congo-angola. Segundo Bastide, sua possessão, assim como a de Sofia de Mavambo, seria caracterizada por grande violência e sofrimento extremo: "Ainda vi um no candomblé de Bernardino, por ocasião da minha última viagem à Bahia, cuja dança não passava de movimentos espasmódicos ou de furor sagrado, o rosto endurecido numa expressão de maldade convencional" (Bastide 2001, 165-166). E ainda, para insistir na reprovação ligada a essa possessão: "[...] a possessão de Exu se diferencia da dos outros orixás por seu frenesi, seu caráter patológico, anormal, sua violência destruidora — se quisermos uma comparação, assemelha-se à diferença que fazem os católicos entre o êxtase divino e a possessão demoníaca"[27] (Bastide 2001, 38).

Essa equação entre uma suposta ortodoxia e a não iniciação no culto de Exu foi reafirmada ulteriormente por outros autores. Assim, se a possessão de Exu não é nada desejável, isto não é mais resultado do sincretismo afro-católico, e sim uma marca de tradicionalidade: "Com efeito, nos 'terreiros' tradicionais, Èṣù não deve se manifestar" (J. E. Santos 1977a, 134). A afirmação categórica de Juana E. dos Santos é atenuada por seu colaborador, o antropólogo Marco Aurélio Luz (1993, 95): "Os padres católicos e pastores protestantes procuraram congelar o sistema nagô, combatendo Exu, associando-o ao demônio. Assim é que a tradição africana, para contornar essa campanha repressiva, inicia então seus sacerdotes no culto a Ogum, considerado seu irmão na linguagem do terreiro". Parece, portanto, evidente que aquele que "fixa" Exu na cabeça de um filho de santo não pode ser oriundo da "verdadeira" tradição africana!

Vimos que a primeira pessoa iniciada no culto de Exu citada nos escritos dos antropólogos foi Sofia de Mavambo, do terreiro angola Tumba Junçara de Salvador. Seu pai de santo, Manoel Ciriáco dos Santos, foi extre-

---

[27] Dezessete anos após a publicação da primeira edição da obra citada, Bastide (1975) afirmava categoricamente que, no candomblé, Exu nunca se incorpora, ao contrário da macumba, na qual provoca crises de possessão e é considerado uma entidade demoníaca. Assim, em sua preocupação de opor, sem nuances, o culto "puro" do candomblé nagô ao culto "degenerado" da macumba, atenua a enorme complexidade presente na relação entre o indivíduo e Exu.

mamente criticado por ter "feito" (fixado) o diabo na cabeça de Sofia. No fim dos anos 1940, Ciriáco transferiu seu terreiro de Salvador para o Rio de Janeiro, estabelecendo-se em Vilar dos Teles, na Baixada Fluminense. Marcos de Iansã, que foi iniciado por Ricardo Querino Gomes, filho de santo de Manoel Ciriáco dos Santos, vê nessa mudança para o Rio o resultado de uma transgressão das convenções ligadas ao sincretismo afro-católico: "[...] a simbologia católica botou Exu como demônio, como o diabo. Então, quando ele tirou esse Exu na Bahia, ficou 'Ciriáco raspou o diabo num ser humano'. Isso tornou insustentável a vivência dele em Salvador, e ele veio para o Rio de Janeiro".

O primeiro iniciado no culto de Exu na cidade do Rio de Janeiro foi Djalma de Lalú, no terreiro jeje de Tata Fomotinho (Antônio Pinto). Esse pai de santo fora iniciado no terreiro da Terra Vermelha em Cachoeira de São Félix, no coração da tradição jeje da Bahia. Este caso é muito interessante, pois oficialmente o iniciado era um "filho" de Oxóssi, mas, no Dia do Nome, manifestou-se uma qualidade de Exu: Exu Lalú. Djalma de Lalú se tornou em seguida uma das figuras mais conhecidas do candomblé do Rio de Janeiro. Todos os meus interlocutores falaram dele com respeito e admiração e todos admitiram que, após sua iniciação "involuntária", ficou muito mais fácil iniciar um Exu no candomblé.

A existência de um verdadeiro preconceito contra a iniciação no culto de Exu é relatada por Cláudio de Exu, um "filho" dessa divindade iniciado em 1967, com quinze anos de idade:

> Na época, era difícil raspar Exu. A pessoa pode ficar maluca, a pessoa pode ter problemas mais sérios e o pior é encontrar alguém que saiba cuidar... e ter coragem de fazer, né? Tanto é que João da Gomeia, que foi o pai de santo de angola que tinha mais saber, não teve a coragem de fazer Exu na minha cabeça. Eu o conheci quando tinha 12 anos de idade... ele sabia que eu tinha problemas por causa de Exu.

Na realidade, João (ou Joãozinho) da Gomeia iniciou, antes de sua morte em 1971, ao menos uma filha de Exu. De fato, a lista dos nomes rituais dos iniciados no terreiro de Joãozinho da Gomeia, apresentada por Gisèle Binon-Cossard (1970, 338), apresenta uma filha de Exu, chamada Jirakinan. Mas se nos terreiros angola uma iniciação no culto de Exu é considerada algo completamente normal, o mesmo não ocorre nas demais nações de candomblé. É o caso da nação efon, que escolhi como meu principal objeto de pesquisa. Maria de Xangô, mãe de santo do Pantanal e neta de seu fundador, Cristóvão Lopes dos Santos, afirmava categoricamente que "no efon não se inicia no culto de Exu, mas no de Ogum Mejé".

No entanto Alvinho de Omolu, pai de santo do Ilê Ifá Mongé Gibanauê e filho de santo de Cristóvão[28], iniciou um filho de Exu. Seu pai de santo, Cristóvão de Ogunjá, teria participado dessa iniciação, embora declarasse que "fazer" um Exu significava "sujar a faca", isto é, "contaminar o axé". Essa contradição mostra bem a tensão que existe entre uma ortodoxia desejada, mas de difícil aplicação, e a prática ritual. Na verdade, os testemunhos recolhidos revelam fortíssima ambivalência entre o desejo de obedecer ao modelo ideal proposto pela tradição nagô e a tentação de "fazer" um Exu. Para iniciar alguém no culto de Exu, é preciso ter adquirido os conhecimentos necessários, pois é ele um deus perigoso; ao mesmo tempo, contudo, "fazer" um Exu proporciona bem-estar e prosperidade ao terreiro.

Alvinho de Omolu, de nação efon, explica como se inicia um "filho" de Exu: Para nós fazermos o Exu-orixá, ele não pode ser raspado na casa de Exu, ele é raspado fora, é armada uma choupana com folhas de dendezeiro, para poder raspar aí. Mas antes de raspar, nós já assentamos toda a parte do Exu-Bará. É difícil raspar Exu porque é preciso saber os caminhos pelos quais ele vai passar [os odùs aos quais ele está associado], as obrigações em determinados locais. Não é a mesma coisa que a gente dá para o Exu da rua, aquele bife, farofa... o orixá não come nada disso! As coisas dele não são despachadas na encruzilhada, é tudo levado para determinados locais, menos na encruzilhada, que Exu-orixá não aceita nada na encruzilhada.

Nessa explicação do pai de santo se revela a constante preocupação de delimitar os espaços entre um Exu "da rua", considerado uma categoria inferior e próxima demais do domínio dos exus da umbanda, como veremos adiante, e um Exu-orixá, que pode inscrever-se nas fronteiras da africanidade.

Na verdade, uma das características mais impressionantes das pessoas ligadas ao candomblé é a capacidade que têm de analisar, dissecar, criticar ou justificar os mínimos detalhes do ritual. Desse modo, em um constante esforço de reorganização do universo religioso, cada detalhe é discutido e é objeto de

---

[28] Ele é, portanto, "irmão de santo" de Maria de Xangô, iniciada também por Cristóvão. No candomblé, o grupo de culto é estruturado como um parentesco religioso. As relações de parentesco que unem a maioria dos entrevistados estão representadas na Figura 1 (Introdução).

longas e elaboradas argumentações. Todos os meus interlocutores apresentaram sua própria visão das características rituais do Exu-orixá. Primeiramente, no que diz respeito às cores rituais, que podem ir do clássico preto e vermelho (ligado ao sincretismo com o diabo), ao branco, vermelho e preto (ou azul-escuro, considerado uma variação do preto), ao branco total, como "símbolo de paz", ou ainda a todas as cores, pois "Exu é um enviado de Ifá" e, por isso, representa todos os outros orixás ("todas as cores").

Entretanto, quando se discutem as plantas utilizadas durante o processo de iniciação, todos concordam que as folhas de Exu são folhas "quentes": a urtiga, as pimentas *ata* e *atarê* [pimenta-da-costa], a *cansanção* e a *arrebenta-cavalo*[29]. Entre as folhas dedicadas a Exu encontramos também a *Cannabis sativa*, chamada no culto de *diamba*. Pode ser misturada à tabatinga do assentamento, conforme a qualidade do Exu "fixado". Exu também pode trazer nas mãos, durante uma cerimônia pública, folhas de *peregun* (*Dracaena fragans* Gawl), que estão ligadas ao processo de iniciação. Segundo Barros (1993, 109), essa folha chamaria o transe.

Vimos que Roger Bastide (2001, 166) define a possessão de Exu como uma manifestação patológica do transe ritual, com uma dança ritmada por movimentos espasmódicos. Esse não é o caso da descrição de uma possessão por Exu apresentada por A. M. Corrêa (1976, 53): "Numa cerimônia no Ilê Oiá Otum, terreiro de uma filha de santo de Olga de Alaketu, foi-nos possível observar uma dessas possessões que, apesar de caracterizar-se por uma atitude de desafio, não se diferenciava significativamente das possessões por outros orixás".

Na noite de 23 de abril de 1994, assisti a uma festa dedicada a Ogum, Oxóssi e Exu, no Ilê de Omolu e Oxum, em São João de Meriti, no Rio de Janeiro. Esse terreiro ketu é considerado um dos mais tradicionais do Rio de Janeiro, ligado ao *axé* Alaketu e ao *axé* do Ilê Ogunjá de Salvador. Um dos filhos de santo desse terreiro é Marcos de Exu. Foi iniciado por um filho de santo de Aderman da Casa Branca e em seguida se filiou a esse terreiro, realizando suas *obrigações* (cerimônias rituais) com a ialorixá Meninazinha de Oxum[30].

---

[29] Os nomes populares das folhas utilizadas nos rituais para Exu exprimem diretamente sua natureza temível. Assim, temos a folha *cansanção* (*Jatropha urens* E.), urticante como a urtiga, *arrebenta-cavalo* (o cavalo simboliza o iniciado), *comigo-ninguém-pode* etc. Para uma análise do sistema de classificação das espécies vegetais no candomblé, cf. Barros (1993).

[30] Precisar constantemente a genealogia religiosa dos iniciados pode parecer um pouco cansativo para o leitor, mas sua importância para as pessoas do candomblé justifica plenamente minha

A cerimônia para Ogum, Oxóssi e Exu começou com uma invocação a Exu, composta de cinco cantigas que lhe eram dedicadas, e com o ritual do *despacho*, que será analisado adiante. Durante o *xirê*, isto é, as invocações e a dança para os orixás, o "filho" de Oxóssi, para o qual fora organizada a cerimônia, entrou em transe, bem como vários outros "filhos" da mesma divindade. Em seguida Marcos, o "filho" de Exu, entrou repentinamente em transe. Seus movimentos eram muito mais violentos, embora não fossem espasmódicos, e muito mais enérgicos que os movimentos dos iniciados que encarnavam Oxóssi, Ogum, Xangô e Oxalá. Com o rosto duro, como também acontece durante a possessão de Ogum, dançava com grandes movimentos dorsais. Transpirava muito e seu suor era o tempo todo enxugado pela *equede*. Os movimentos eram amplos e enérgicos, pareciam espalhar-se pelo recinto. Ele levantava a cabeça com um ar de desafio, girando com frequência sobre si mesmo. Quando a música dos tambores sagrados fez uma pausa, o possuído emitiu um assobio fraco, sinal da presença de Exu. Tinha o peito coberto por um pano comprido (*ojá*), amarrado às costas e tão estreitamente apertado, que devia respirar com dificuldade. Passou diante da mãe de santo e se jogou no chão em saudação ritual, com energia, como se mergulhasse no ar.

Depois de uma interrupção, os iniciados em transe reapareceram paramentados com roupas de seus respectivos orixás. O primeiro era Exu. Trazia um boné todo coberto de búzios, com a ponta marrom de uma cabaça fixada no alto. Tinha vestido um corpete de palha, decorado de búzios, e uma saia colorida (vermelho, preto, amarelo, verde, azul, branco, laranja), cortada em gomos arredondados, que recobria outra saia de gaze violeta sobre uma anágua engomada de renda branca. Sobre os gomos de pano colorido caíam outros gomos de palha trançada com motivos decorados com búzios. Na cintura, estavam presas pequenas cabaças, simbolizando os *ado iran*, o poder de Exu. Trazia a tiracolo, no ombro esquerdo, um *laguidibá*, colar de chifre preto, e, pendurada no ombro direito, uma cabaça. Nos braços, várias pulseiras de ferro brilhante e, em uma das mãos, uma pequena lança de aço polido com um círculo na ponta, que ele usava como empunhadura. Atrás de Exu, saíram Ogum, Oxóssi, Iemanjá, Logunedé e Oxaguiã.

O Exu de Marcos começou a dançar com muita energia. Quando a música

---

escolha. Na verdade, a origem determina a "pureza" e a "tradição" de cada um. Por exemplo, o fato de Marcos de Exu ter sido iniciado no axé da Casa Branca, a casa-mãe da tradição nagô, legitima sua presença no terreiro, igualmente tradicional, de Mãe Meninazinha.

parava, ao contrário dos demais orixás, que ficavam imóveis, ia de um lado para o outro com um ar de domínio e superioridade quase provocador. Embora sua dança fosse muito próxima da dança de Ogum, os movimentos eram nitidamente mais amplos que os do "irmão". Os *ogãs* entoaram então o canto Odara, invocação a Exu, e ele começou a dançar em círculo com pequenos passos. Diante dos tambores sagrados, parou e começou a girar sobre si mesmo com um sorriso maroto nos lábios. Levantou os braços bem abertos até os ombros e depois os jogou bruscamente para trás, com força.

Em seguida, Exu começou uma dança com Ogum e Iemanjá. O suor escorria sobre seu corpo, pois ele não economizava esforços, nem energia. Um novo canto começou. A *equede* lhe veio enxugar o rosto, mas Exu afastou-a: ele queria dançar. Começou a girar de novo, batendo os punhos e pulando em um pé só. O rosto estava tomado por uma expressão de prazer, como raramente se vê nos rostos dos iniciados em transe. Outro canto (Elegbara Vodum) foi entoado. Exu continuou a girar, esfregando as mãos ou apontando o dedo ora para a testa, ora para a nuca. Mais outro canto, e Exu dançou de modo lascivo, com movimentos laterais, girando com um sorriso malicioso de prazer. Oxum veio então dançar com ele. Com o fim da dança, o iniciado em transe se retirou do espaço público, o *barracão*.

Nada parece ser patológico ou demoníaco nessa descrição. O que diferencia Exu dos outros orixás, sobretudo de Ogum, que é o mais próximo dele, são seus movimentos particularmente amplos, que expressam a natureza da divindade, sua função e sua energia. Exu é movimento, energia, comunicação, e também o menino maroto, malicioso, esperto. A *performance* do possuído é completamente normal no contexto mítico-ritual do candomblé. Não é nem "selvageria" nem "furor sagrado". Aliás, a presença de Exu entre os outros orixás retira do transe qualquer suspeita quanto a seu caráter patológico.

DESPACHO OU PADÊ

O ritual do *despacho* de Exu ou *padê* é celebrado antes de toda festa pública. Os primeiros pesquisadores viram nesse ritual uma maneira de afastar Exu do espaço sagrado, em razão de sua identificação com o diabo. Entretanto, como observa Carneiro (1986, 69), em português o termo *despachar* nem sempre é empregado no sentido de "expulsar". O termo tem também o sentido de "enviar", "mandar". Exu é o mensageiro, o intermediário necessário entre o homem e os deuses, e, portanto, é o enviado que previne os orixás da festa que acontecerá no terreiro. Na verdade, o dicionário iorubá-inglês de Abraham (1958) traduz *pàdé* ou *ìpàdé* como: "a) (I) ato do encontro, (II) *ibi ìpàdé*, lugar do encontro: encontro marcado; b) realização de uma reunião; c) festa". O padê indica, portanto, a reunião dos orixás com seus "filhos".

Há dois tipos de padê: uma cerimônia muito complexa, também chamada *rodar a cuia*, em que se invocam os espíritos dos ancestrais fundadores do terreiro, e o *despacho,* que consiste em oferendas de água e farofa a Exu. Nem todos os terreiros realizam o primeiro ritual. Só os muito antigos, que tiveram vários fundadores, têm a obrigação de *rodar a cuia*.

Na forma simplificada do padê, uma das filhas de santo mais velhas do terreiro, chamada *dagã* entre os nagôs, celebra o ritual, assistida pela *sidagã*. Várias cantigas são entoadas pelos filhos de santo reunidos no barracão, a sala de festas. No centro da sala, são colocados um copo – ou uma moringa *(quartinha)* – com água e um prato contendo a comida de Exu: farofa com dendê. A dagã dança então em volta dos dois recipientes, até o momento em que pega o copo e sai jogando a água do lado de fora. Depois, abandona a comida em uma encruzilhada próxima ou no pé da árvore sagrada *gameleira (Ficus doliaria* Martius, *moracea)*.

Na nação efon, o despacho, preparado antes de toda cerimônia pública, é um pouco diferente. Em vez de um único prato de farofa, são preparados quatro pratos com farofa, em cada um deles misturada com um ingrediente diferente: dendê, mel, cachaça e água. Ao lado do copo de água é colocada a água na qual foi cozida a canjica, utilizada em todo ritual de purificação. A oferenda a Exu é deixada em sete encruzilhadas situadas nas proximidades do terreiro e consiste em uma folha de *mamona (Ricinus communis* L.) que guarda um pouco dos ingredientes utilizados: pipoca, os quatro padês, ovos, acaçá[31], sal, mel e dendê, aos quais foram acrescentados um pouco do sangue e dos *exés*[32] do animal sacrificado a Exu antes do início do ritual. Ao lado das folhas de mamona são deixados um charuto, fósforos e uma vela acesa. Tudo então está pronto para começar a cerimônia pública. O Exu invocado é o guardião, o protetor do terreiro, e as sete oferendas feitas a ele têm por objetivo atraí-lo para que vele pelo bom desenrolar da festa.

---

[31] Bolinho de farinha de milho com água e sal, de consistência gelatinosa, envolvido em folhas de bananeira.

[32] Os *exés* são as partes do animal sacrificado carregadas de força divina (*axé*). Essas partes são ofertadas ao orixá e, em geral, colocadas diante de seu assentamento. São elas: a cabeça, as patas, as asas, o rabo, o coração, os pulmões, o esôfago e os testículos.

PADÊ DE EXU

O ritual mais complexo do padê foi minuciosamente descrito por Juana E. dos Santos (1977a, 187-195)[33]. Trata-se, segundo ela, de um ritual extremamente perigoso, pois evoca potências temíveis: os *essas,* ancestrais fundadores do terreiro, e as *iamís,* as poderosas "senhoras". O padê acontece antes de toda cerimônia pública (as festas dedicadas aos orixás) em que é sacrificado um animal de quatro patas e antes do ritual funerário do *axexê,* sempre no pôr do sol. No Axé Opô Afonjá, as invocações são realizadas pelo *asogbá,* o sacerdote supremo do culto a Obaluaiê, e as oferendas, preparadas pela *iamorô* e pela *dagã.* Os outros membros do terreiro participam das cantigas, deitados no chão em posição *dobalé* (saudação iorubá) ou sentados em pequenos tamboretes. No centro da sala, coloca-se a cabaça contendo a água, a farofa, o dendê, a cachaça e o acaçá. A passagem para a porta do terreiro é deixada livre para que a iamorô, e só ela, possa sair do espaço sagrado.

O ritual começa com a invocação a Exu Inã, para que proteja o terreiro e venha exercer ali suas funções. Por três vezes, a iamorô mistura a água, a farofa

---

[33] Juana E. dos Santos e seu marido Deoscóredes M. dos Santos, *asogbá* (alto dignitário do culto a Obaluaiê) no Axé Opô Afonjá, assim definem esse ritual: "O Padê praticado no Axé Opô Afonjá é um ritual privado e solene, do qual só participam pessoas que pertencem àquele terreiro ou algum visitante excepcional. É uma cerimônia potencialmente perigosa, tendo em vista os poderes sobrenaturais das entidades a serem evocadas e o seu propósito de estabelecer e manter uma relação harmoniosa com elas, buscando, por meio de oferendas, conseguir ou recuperar seu favorecimento e proteção" (Santos e Santos 1971, 112).

e o dendê na cabaça e sai para levar a oferenda ao pé de uma árvore sagrada. Em seguida, chama-se Exu Odara para que entregue a oferenda a Baba Òrìṣà, "símbolo coletivo de todos os ancestrais masculinos" (J. E. Santos 1977a). A água e a cachaça (*otim*) são misturadas e levadas para fora do terreiro. Pede-se, então, a todos os Eguns (os ancestrais masculinos) e aos *essas* que aceitem a oferenda transportada por Exu.

O momento culminante do ritual é atingido com a invocação a Iamí Oxorongá, o princípio do poder feminino. Esse é o momento mais perigoso, pois Iamí Oxorongá representa uma potência temível. O ritmo se acelera e as oferendas são prontamente levadas para fora do terreiro. Exu Agbo, o Exu guardião do terreiro do Axé Opô Afonjá, é invocado e, com ele, os outros orixás. Uma sacerdotisa de Ogum rega o chão com água, para tornar propícia Iamí Oxorongá e preparar a passagem da iamorô, que sai rapidamente do terreiro com o acaçá, a oferenda para Iamí. Quando volta, todos se levantam e cantam para a boa conclusão do ritual.

Exu, sob seus aspectos de Inã (o fogo), de Ojise (o mensageiro) e de Agbo (o guardião), instaura, portanto, a comunicação entre os ancestrais masculinos (os Eguns), os fundadores do culto (os essas) e as iamís. O último termo designa coletivamente os ancestrais femininos, as mães míticas, mas, na realidade, significa "nossas mães" e, em sua variante *agba* ou *iyá agba*, "nossas mães velhas", simbolizando todos os orixás femininos.

Durante muito tempo consideradas a representação das forças negativas ligadas à feitiçaria, as iamís foram associadas às potências destruidoras e antissociais. Na verdade, as iamís e as ajés (as feiticeiras), associadas a elas, são temidas por seu grande poder e por sua agressividade. As iamís concentram enorme quantidade de axé. Como Exu, que pode fazer tanto o bem quanto o mal, as iamís, sobretudo na forma individualizada de Iamí Oxorongá, podem "trabalhar dos dois lados". Uma história pertencente ao *corpus* de Ifá (*Odù ogbé òsa*) conta como, ao chegar ao mundo, as *iyamís-eleiye*, "nossas mães proprietárias de pássaros", empoleiraram-se em sete árvores diferentes. Em três, trabalham para o bem; em três outras, trabalham para o mal; na sétima, trabalham para o bem e para o mal (Verger 1965, 147)[34].

O símbolo das iamís é uma cabaça contendo um pássaro, que representa o poder de procriação da mulher: a cabaça é o ventre; o pássaro, o filho. As ajés podem transformar-se em "pássaros do mal", chamados Agbigbó, Elulú, Atioro, Osoronga (Rego 1980). O pássaro é, portanto, o enviado da feiticeira; trabalha

---

[34] As árvores dedicadas às iyamís-eleiye são a *aridan*, a *akoko* e a *apaoka* (Rego 1980).

para ela. Durante as expedições noturnas do pássaro, o corpo da feiticeira permanece inerte. Para matar a ajé, sempre identificada com uma mulher idosa, bastaria, então, esfregar-lhe o corpo com atarê (pimenta-da-costa), que é seu interdito ritual (Verger 1965, 143).

Chefe de todas as iamís, Iamí Oxorongá estaria em um estado permanente de cólera, sempre pronta para desencadeá-la contra os seres humanos. É preciso, portanto, acalmá-la com rituais específicos. Mas há também outro aspecto das iamís que, segundo Marianno Carneiro da Cunha (1984), faz referência a uma divindade chamada Odu, que teria recebido de Olodumare (o deus supremo) o poder sobre os demais orixás, simbolizado pelo pássaro. Odu (ou Iamí) estava sempre encolerizada, sempre pronta para atacar, ao passo que seu companheiro Obarixá (ou Orixalá) era paciente, refletido e astucioso. Como Odu abusou de seu poder, Olodumare retirou-o dela e deu a Obarixá, oferecendo-lhe assim o controle do mundo.

De forma semelhante, outro mito conta como, no início dos tempos, Odu estava à frente dos Eguns, os ancestrais masculinos. Odu, todavia, não sabia como usar as roupas rituais dos Eguns e falar como eles, com voz rouca e profunda. Obarixá teria então roubado a roupa dos Eguns e começado a falar com a voz deles, assustando todos os presentes, inclusive Odu, que assim teria perdido seu poder (Cunha 1984, 2-3)[35].

Os Eguns representam a sociedade. O culto deles, apanágio dos homens, visa à manutenção da ordem social[36], que não pode instaurar-se sem o controle e o domínio do poder antissocial das feiticeiras. Todas as mulheres são consideradas ajés em potencial, pois as iamís as controlam, alterando-lhes a menstruação. Assim, o mito da passagem do controle da sociedade dos Eguns de Odu (Iamí) a Obarixá (Orixalá) simboliza, com clareza, a passagem do poder social das mulheres para os homens.

J. Hoch-Smith (1978, 250) conta uma história iorubá em que Exu teria outorgado um poder maléfico às mulheres, as quais, tornadas ajés, deixariam

---

[35] Juana E. dos Santos (1977a, 108-112) apresenta a mesma história, mas alterna o nome de Odu com os de Iamí e de Odua. A transformação do nome Odu em Odua foi duramente criticada por Verger (1982b), em razão da confusão com Odudua, figura mítica masculina entre os iorubás.

[36] Na África, há sociedades secretas dedicadas ao culto dos Eguns (ou Egunguns). No Brasil, esse culto foi perpetuado na Ilha de Itaparica (Bahia). Ao serem invocados, os Eguns se apresentam vestidos com roupas coloridas e bordadas que os cobrem por completo. Ninguém pode tocá-los, pois o contato é considerado mortal. Só os homens podem tornar-se *ojês*, sacerdotes do culto. O Egum é um inquisidor sobrenatural que vem controlar o comportamento de seus descendentes, principalmente o das mulheres.

os homens impotentes, tendo relações sexuais com eles ou roubando-lhes o pênis. Esse vínculo entre Exu e Iamí é reafirmado por Marianno Carneiro da Cunha (1984, 14), que define as iamís como as "bisavós de Exu". Ele também escreve que, do lado de fora da casa de um grande sacerdote de Ifá em Lagos, estavam colocados os assentamentos de Obaluaiê ("divindade quente, muito ligada a Iamí Oxorongá"), o assentamento de Exu e, a seu lado, o de Iamí[37].

Vimos também que o principal interdito das iamís é a pimenta vermelha, cujo contato as priva de seus poderes maléficos. Um dos *oriquí* (invocações) de Exu, recolhido em Ketu por Verger (1999, 145), trata significativamente de Exu, da pimenta e de "sua sogra", logo, de uma mulher velha:

Nitori irun (a)bẹ o gbo idi ana lọ ka dodo.
Os pelos da vagina de sua sogra pendem em torno de suas nádegas porque são velhos.

Agbo I o wò ṣọṣọ dà (o)mi ala s(i) abẹ anan.
Agbo [Exu] que, calmamente, olha derramarem pimenta na vagina de sua sogra.

Ora, uma das invocações a Iamí Oxorongá durante o festival anual das Geledés, na terra iorubá, diz: "Mãe cuja vagina amedronta todos. Mãe de pelos pubianos enrascados em nós. Mãe que armou a armadilha, armou a armadilha" (Cunha 1984, 3).

Da mesma forma, Agbo é o nome de um dos mais antigos aspectos de Exu, como Yangi, e é como tal que se apela a ele durante a parte do padê em que Iamí Oxorongá também é evocada. A intervenção de Exu Agbo seria, então, um meio de neutralizar o poder perigoso de Iamí[38].

---

[37] Segundo Nadel, as mulheres nupe (norte da Nigéria) são hábeis comerciantes que trabalham quase sempre longe de suas aldeias. Durante esse período, têm amantes e utilizam métodos contraceptivos. Como nota o autor, aquela que está à frente das feiticeiras é designada pelo mesmo título que a responsável pelas mulheres nas cidades nupe. "Toda a organização comercial das mulheres é de certo modo identificada com a organização visionária das feiticeiras" (Nadel 1954, 167-169). É, mais uma vez, a associação das ajés com Exu, o senhor do mercado, que está sugerida aqui.

[38] O vínculo entre Iamí Oxorongá e Exu é confirmado por um *itan* (história) do *corpus* de conhecimentos de Ifá, ligado ao Odu Osa Meji. Ele conta como a vagina encontrou seu lugar no corpo humano graças à intervenção de Exu e de Iamí Oxorongá, que a puseram sob a proteção de Iyá Mapo (Rego 1980).

Na Nigéria, o festival das máscaras geledé é destinado a acalmar a cólera de Iamí[39], o que é expresso pelo próprio termo *gèlèdé: gè* significa "acalmar, apaziguar, mimar"; *èlè* faz referência às partes íntimas da mulher, a seus poderes e a seus mistérios; *dé* quer dizer "amolecer com cuidado e gentileza" (Drewal e Drewal 1983, 3). O culto às Geledés foi praticado na Bahia provavelmente até o fim do século XIX. Édison Carneiro (1986) afirma que Maria Júlia Figueiredo (Omonike) organizava, no dia 8 de dezembro, no bairro da Boa Viagem (Salvador), um festival de máscaras geledé. Omonike era filha de santo de Marcelina da Silva (Obá Tossi), ialorixá da Casa Branca, o primeiro terreiro ketu fundado no Brasil. Quando esta morreu, sucedeu-a à frente do culto. Omonike também trazia o título de Ialodê Erelú, os dois termos fazendo alusão ao poder político e social das mulheres iorubás[40]. Uma parte das máscaras rituais geledé está conservada no terreiro do Axé Opô Afonjá de Salvador; outras se encontram no Museu Geográfico e Histórico da mesma cidade. Quanto ao culto às Geledés, caiu no esquecimento.

Hoje, no entanto, graças à influência dos escritos de Juana E. dos Santos e dos cursos de língua e cultura iorubás, todos os iniciados no candomblé que encontrei conhecem o papel e as características míticas de Iamí Oxorongá. O vínculo de Iamí Oxorongá com o poder sexual feminino também mantém essa divindade em relação de complementaridade com Exu, símbolo da potência sexual masculina.

DE PORTO ALEGRE AO MARANHÃO

No Brasil, Exu está presente tanto no candomblé de Salvador ou do Rio de Janeiro quanto em outros cultos de origem africana (cf. Figura 3). No batuque de Porto Alegre, no Rio Grande do Sul, Exu é conhecido sob o nome de Bará. Roger Bastide, que fez pesquisas sobre o batuque no início dos anos 1950, apresenta uma lista de 27 terreiros de Porto Alegre, dos quais ao menos cinco eram dedicados

---

[39] Segundo os Drewal (1983, 3), o festival das Geledés nasceu no fim do século XVIII entre os iorubás de Ketu e rapidamente se difundiu entre os outros grupos iorubás e os grupos de influência iorubás brasileiros e cubanos.

[40] Ialodê é o título dado à representante das mulheres, sobretudo aquelas que vendem no mercado, junto do palácio do rei e do conselho. Segundo Verger, a própria Ialodê "arbitra as desavenças que surgem entre mulheres" (1965, 148). Em contrapartida, o título Erelú é dado à representante das mulheres na sociedade secreta Ogboni, instituição religiosa e política de grande importância na sociedade iorubá.

FIGURA 3 – REPARTIÇÃO DOS CULTOS AFRO-BRASILEIROS

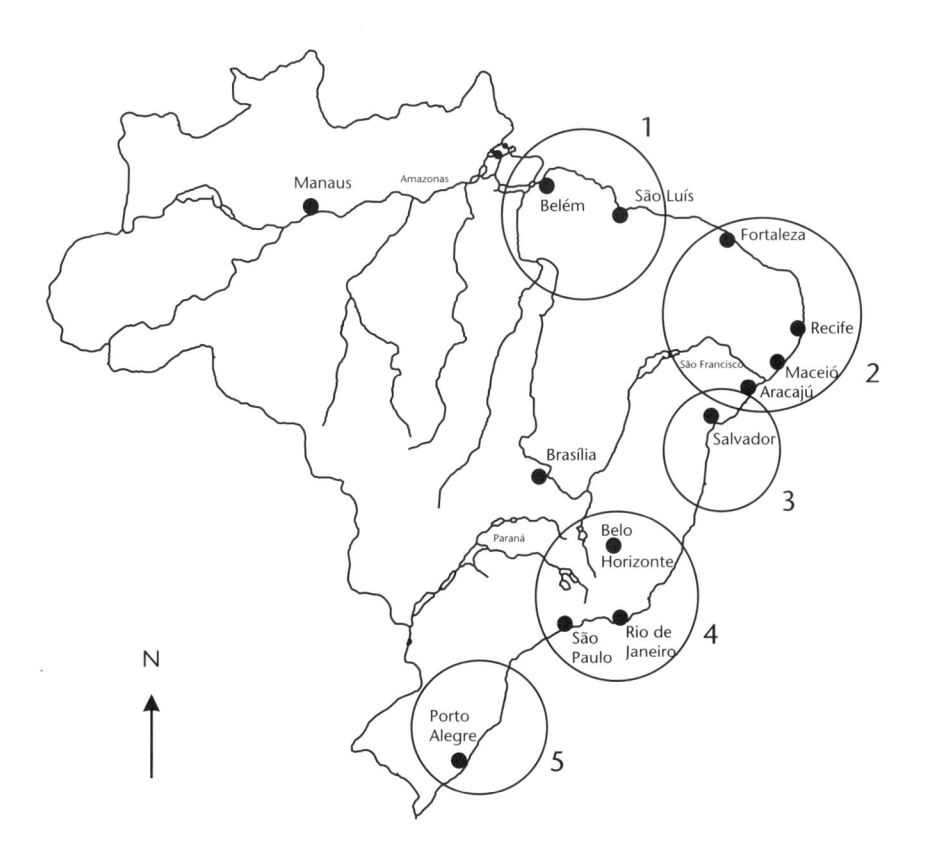

Zonas de maior concentração

1 mina, tambor de mina, tambor da mata
2 xangô, catimbó, jurema
3 candomblé
4 candomblé, macumba, umbanda
5 batuque

a Bará (1971, 290). Ele também retoma uma reportagem de 1936, citada por A. Ramos (1971), em que se descreve um despacho feito por uma mulher possuída por essa divindade. No batuque, portanto, a iniciação no culto de Bará é aceita; esse deus não é identificado com o diabo: "Bará tem filhos e pude ver dançar uma de suas filhas durante uma cerimônia" (Bastide 1952, 199).

No xangô de Recife, Exu apresenta as mesmas características que no candomblé: ele é senhor das encruzilhadas e mensageiro dos orixás. É sempre o primeiro a ser venerado. Todos os terreiros de Recife têm um ou vários Exus assentados. Segundo um dos informantes de René Ribeiro, seu assentamento é preparado com a terra de um formigueiro, da qual se forma um monte acrescentando dendê, folhas de urtiga e búzios. Em seguida, despeja-se sobre isso o sangue de um galo sacrificado. O autor nota também o quanto é difícil obter informações sobre Exu com os iniciados, em particular sobre suas características e funções, a despeito das constantes referências à divindade em suas conversas. Segundo os informantes de Ribeiro, no xangô a possessão de Exu não seria aceita, afirmação que não deixa de surpreender o autor, pois estaria "em contraste com o que sucede na Bahia e em outras partes do Novo Mundo" (Ribeiro 1978, 80)[41].

Nos atuais centros de xangô, os exus são divididos entre "batizados" e "pagãos". Os exus "batizados" podem manifestar-se ao lado dos orixás, enquanto os "pagãos", incontroláveis, são venerados nos terreiros de *jurema*. Esse ritual, próximo do *catimbó* do Nordeste, é muito influenciado pelos rituais indígenas, chegando a confundirem-se com a umbanda. Os nomes dos exus "pagãos", como Zé Pelintra, Tranca-Ruas, Tiriri ou Tata-Caveira, são encontrados nos dois cultos (Carvalho 1990, 141).

Já nos terreiros de xangô de Laranjeiras (Sergipe), Exu é identificado com o diabo, com o mal – é até chamado "O Inimigo" –, e se opõe a Lebará (Elegbá, Elegbará), o qual "faz o Bem e o Mal" (Dantas 1988, 102). Sua presença deve, pois, ser cuidadosamente evitada nos terreiros considerados tradicionais[42]. As duas divindades são consideradas antagônicas: nos terreiros nagôs, diz-se que

---

[41] É muito interessante notar como um pesquisador respeitado como René Ribeiro vê na ausência da possessão de Exu um ponto distintivo do xangô em face dos outros cultos de origem africana. Pode-se, evidentemente, deduzir disso a frequência da possessão por Exu em outras regiões, como a Bahia.

[42] A oposição entre um culto "puro", o nagô, e um culto "degenerado", o toré, não segue o modelo do candomblé baiano. Na verdade, o nagô do xangô de Sergipe apresenta uma série de traços distintivos que o aproximam dos cultos ditos degenerados em Salvador, ao passo que o toré, culto "misturado" em Sergipe, apresenta traços considerados puros em Salvador, como a raspagem ritual da cabeça (Dantas 1988).

EXUS 'COMENDO' DEPOIS DOS SACRIFÍCIOS

"Lebará expulsa Exu", pois Exu é o diabo, e que "Lebará é santo que presta atenção à casa e ao mundo e livra das maldades e das ruindades" (Dantas 1988, 103).

No terreiro nagô, há dois Lebará: um, do lado de fora, no quintal; o outro, no quarto dos orixás. Ambos exercem papel protetor contra os males. Na véspera das festas públicas, faz-se à meia-noite o ritual chamado "levar o ebó". Um acaçá é depositado ao lado do Lebará do quarto dos orixás e outro, deixado em uma encruzilhada. Para manter a paz na casa e para que nada de mal aconteça durante a cerimônia, despeja-se também mel no umbral da porta de entrada do terreiro. Lebará recebe igualmente em oferenda o primeiro animal sacrificado e, sempre que os orixás "comem", ou seja, recebem suas oferendas, Lebará tem sua parte. Exu também recebe uma oferenda, mas escondido. Duas iniciadas, "encarregadas de servi-lo", trazem um pouco de comida sagrada até a porta de entrada do terreiro e jogam na rua, dizendo: "Exu bá, Exu bá, guia, guia". Essas palavras, todavia, são pronunciadas furtivamente (*xubá*), pois Exu "não tem o direito de entrar [no terreiro]" (Dantas 1988, 104). Essa dissimulação não escapa à análise da autora: "A identificação de Exu com o Diabo tornou-o, pois, uma entidade proscrita, pelo menos ao nível das expressões manifestas, o que vai gerar algumas dissimulações ao nível ritual" (Dantas 1988, 102).

Encontramos aqui a mesma atitude de reticência que Ribeiro assinalava no xangô de Recife, mas com um comportamento que visa escamotear o papel de Exu no conjunto ritual.

No tambor de mina de São Luís do Maranhão, o culto de Exu ou de Legba oferece a mesma estratégia de escamoteação vista em ação no xangô de Sergipe. Nos terreiros de tradição nagô, ligados ao mais antigo entre eles, a Casa de Nagô, canta-se o *embarabô* antes de toda cerimônia, a fim de invocar as divindades (Santos e Santos Neto 1989, 41). Ora, *Embarabô* é um dos nomes dados a Exu no culto nagô e a um canto-invocação que lhe é dedicado. Durante os preparativos das cerimônias públicas na Casa de Nagô, sempre antes da meia-noite, é realizado um ritual secreto, reservado aos chefes e às pessoas mais íntimas do terreiro. O ritual inclui invocações "a Exu e aos guardiões" do terreiro, "para que fechem os caminhos contra maus elementos ou espíritos perturbadores, e deem força e proteção ao terreiro e a todos os seus frequentadores" (Santos e Santos Neto 1989, 42). Ainda que os autores não o digam de maneira explícita, essa descrição é muito próxima do relato do padê nagô.

Na Casa das Minas, de origem jeje (fon), no polo oposto da tradição africana em São Luís, o culto a Legba é categoricamente negado pelas iniciadas. Já em 1947, Nunes Pereira assinalava, com certa surpresa, a ausência de um culto a Legba. Quarenta anos mais tarde, Sérgio Ferretti (1986, 123) explicava essa ausência pela identificação de Legba com Satã. Segundo ele, as iniciadas da casa consideram Legba um deus mau, pois teria sido por causa dele que as fundadoras do culto foram vendidas como escravas. Ferretti faz referência aqui à carta que o rei do Daomé, Adandozan, enviou ao príncipe D. João de Portugal (Cascudo 1972, 509). Nessa carta, datada de 20 de novembro de 1804, o rei daomeano se diz protegido pelo deus Legba. Ora, se é verdade que membros da família real de Abomey foram vendidos como escravos pelo rei Adandozan e que a fundadora da Casa das Minas fazia parte desse grupo, como afirma Verger (1953), a proibição do culto a Legba estaria assim justificada.

Ferretti, no entanto, assinala certas atitudes rituais que estão ligadas ao culto a Legba, mas o faz de tal maneira – ele, de hábito, tão atento em fornecer os nomes de seus informantes – que salienta ainda mais as reticências sempre expressas quando se trata dessa divindade:

> Conseguimos saber que costuma-se colocar água para ele na porta da casa, cedo, antes do início das cerimônias. É o despacho, que é feito com água do *comé* ou *peji* [altar]. Assim ele [Legba] bebe água, mas fora da casa e não recebe oferenda de alimentos. Soubemos também que

nos dias de festas, antes de se iniciarem os toques, canta-se na varanda um cântico para Legba se afastar. É como um esconjuro, para que ele não se manifeste. Parece-nos que há mais de um cântico com esta finalidade, mas as filhas não gostam de revelá-los e evitam respostas sobre este assunto (S. Ferretti 1986, 123).

A mesma reticência em falar de Legba foi assinalada por Bastide (1971, 265), quando, por ocasião de sua viagem a São Luís, Mãe Andresa, mãe de santo da Casa das Minas, hoje falecida, revelou-lhe, "sorrindo", que conhecia bem Legba, mas que não queria lhe dizer nada mais a seu respeito. A "proibição" do culto a Legba, todavia, não parece ter sempre existido. Ferretti cita "uma senhora idosa", filha de um antigo tocador de tambores sagrados ligado ao terreiro, que afirmava a existência, até os anos 1920, de casos de possessão por Legba na Casa das Minas. Nessa época, alguém teria feito um trabalho mágico com Legba contra um personagem muito conhecido na cidade, o que teria provocado muitos aborrecimentos. A partir daí, a possessão por Legba teria sido proibida no terreiro.

Essa mesma história me foi contada por uma das iniciadas da Casa de Nagô, terreiro muito ligado à Casa das Minas e igualmente considerado tradicional. D. Sinhá, hoje falecida, negava a identificação de Legba com o diabo. Para ela, Legba era um espírito como os outros e, embora não tivesse iniciadas, estava sempre presente no culto: "É por causa disso que se canta no início para ele. Legba não tem filhas [iniciadas]. Conhece-se apenas uma mulher da Casa das Minas que teve um problema por causa de um trabalho (mágico) com Legba." Parece, portanto, que a negação do culto a Legba na Casa das Minas deve-se mais a acusações de feitiçaria e à repressão resultante dessas práticas que a uma revolta contra o deus protetor do suposto perseguidor da fundadora do terreiro (o rei Adandozan)[43].

Octávio da Costa (1948), que fez suas pesquisas nas zonas rurais do Estado do Maranhão sob a direção de Melville Herskovits, afirma que Legba é identificado com o *encantado* Legua Boji, considerado um espírito que faz tanto o bem quanto o mal, e que é muito solicitado para o tratamento de doenças e para encontrar coisas perdidas. Como recompensa por seus serviços, pede álcool, que deve ser

---

[43] Veremos que as implicações das acusações de feitiçaria ("trabalhar do lado esquerdo") são de extrema importância na organização interna dos cultos afro-brasileiros divididos entre "puros, africanos" e "misturados, degenerados". Um terreiro puro não pode praticar a magia negra. Daí a preocupação de apagar toda ligação com o senhor da magia, Exu ou Legba.

ofertado a um iniciado possuído por ele, de modo que o espírito possa beber através do corpo de seu "cavalo". Quando está encarnado num iniciado, esse encantado exibe um humor alegre e é tratado com afeição por todos os presentes, que o consideram um "malandro safo e bem humorado" (Costa 1948, 59).

A identificação entre Legua Boji e Legba não é aceita na Casa das Minas (S. Ferretti 1986). Em outros terreiros, no entanto, o comportamento rude do encantado e sua predileção por bebidas alcoólicas e brigas fazem com que seja associado a Legba. Mundicarmo Ferretti (1993, 207) cita Pai Jorge Itací, pai de santo de um terreiro muito conhecido em São Luís, que vê em Legua Boji o resultado da fusão de duas divindades daomeanas: Bará (Exu), ou Legba, e o vodum Poliboji, daí o nome Legua Boji. A autora parece duvidar dessa explicação, principalmente em razão da "repulsa" inspirada por Legba na Casa das Minas, em que Poliboji é um dos voduns (divindades) mais respeitados[44]. Ela propende para a existência de uma relação entre Legba (Exu) e Averekete, pois no ritual do tambor de mina de Codó (Estado do Maranhão), chamado *tambor da mata,* a cerimônia é aberta pelas cantigas dedicadas a Averekete (ou Verequete), em vez de Exu, como ocorre nos outros cultos afro-brasileiros. Da mesma forma, na mina-nagô – o ritual da Casa de Nagô –, durante a pausa que marca a passagem da parte dedicada às divindades africanas à parte dedicada às entidades caboclas, a primeira cantiga sempre se dirige a Averekete, "que abre as portas ao caboclo" (M. Ferretti 1993).

No ritual do tambor de mina, da Casa das Minas, Averekete é um vodum masculino da "família" de Quevioço (ou Heviosso). Ele é um *toquem (token* ou *tokhueni),* um vodum jovem que exerce as funções de mensageiro e guia para os voduns "mais velhos" de sua família: "Os toquens fazem, portanto, o papel equivalente a Exu nos cultos nagôs, substituindo Legba, que não é aceito como mensageiro dos voduns" (S. Ferretti 1986, 126)[45]. Mas seja ele identificado com Legua Boji ou com Averekete, parece-me que a "ausência" de Legba no ritual da Casa das Minas nada mais é que o resultado de uma estratégia que visa escamotear uma divindade incômoda.

---

[44] É preciso ressaltar a importância da linha defendida por essa casa, que encarna, em São Luís, como a Casa Branca, o Gantois e o Axé Opô Afonjá em Salvador, a tradição e a ortodoxia do culto aos olhos dos membros dos outros terreiros, assim como aos olhos dos antropólogos.

[45] Não sabemos se a relação entre Exu (Legba) e Averekete é aceita na Casa das Minas, ainda mais que este é o vodum de D. Maria Celeste Santos, que esteve à frente da casa de culto (S. Ferretti 1986, 121) até seu falecimento em 2010. Essa mesma relação entre Exu-Legba e Averekete foi sugerida por Nunes Pereira (1979, 79), Octávio da Costa (1948, 79) e Roger Bastide (2001, 203-204).

CAPÍTULO II

OS ESPÍRITOS DAS TREVAS: EXU E POMBAGIRA NA UMBANDA

A umbanda nasceu no Rio de Janeiro, no começo do século XX, da dissidência de um grupo de kardecistas decepcionados com a "ortodoxia" do espiritismo, difundido no Brasil graças à obra de Léon Hippolyte Dénizart Rivail, mais conhecido pelo nome de Allan Kardec. Sua doutrina consistia em um amálgama de religião, ciência e filosofia, baseado na codificação das mensagens recebidas dos espíritos durante sessões de psicografia, a escrita em estado de transe. Seu método se apresentava como "científico": Kardec, ao falar de um efeito (o fenômeno não explicado das mesas girantes), chegava a sua causa (a existência dos espíritos) por um método dedutivo, que consistia em propor metodicamente questões aos espíritos evocados durante as sessões espíritas. Seu objetivo era estabelecer o *corpus* mais completo possível de conhecimentos sobre o mundo astral. Foram, portanto, os próprios espíritos que ditaram a Kardec, chamado de "Codificador", o livro por meio do qual o saber deles seria transmitido: *O livro dos espíritos* (1857)[1].

Outros livros foram escritos com o intuito de reforçar a doutrina kardecista confrontando-a com o cristianismo, como *O livro dos médiuns* (1861) e *O Evangelho segundo o espiritismo* (1864). Graças à difusão deles, a doutrina espírita conheceu no Brasil sucesso inesperado, determinado por suas pretensões científicas, mas também pela influência exercida sobre a cultura brasileira por toda nova teoria que chegava da França. Com efeito, no início do século XIX, a penetração da cultura francesa no Brasil era considerável. Com a chegada em 1808 da corte de D. João VI, rei de Portugal, exilado após a invasão da península ibérica pelas tropas napoleônicas, uma importante colônia francesa se constituiria no Rio de Janeiro, capital do país. Um fluxo de migrantes e viajantes franceses permitiria a difusão das correntes pós-revolucionárias de pensamento, entre elas a teoria do magnetismo animal de Mesmer, considerado um dos precursores de Kardec. Essa teoria imediatamente seduziu a burguesia brasileira, que buscava afastar-se das práticas das classes populares, julgadas demasiadamente primitivas. O culto aos santos e o recurso às práticas mágicas africanas foram então substituídos, nos meios intelectuais e burgueses, por uma doutrina "científica": o mesmerismo (Aubrée e Laplantine 1990, 108).

---

[1] Para uma análise do processo de nascimento e difusão da doutrina espírita de Allan Kardec na França e no Brasil, cf. Aubrée e Laplantine (1990).

Assim, a doutrina kardecista encontrou terreno fértil para sua propagação, que, à diferença do que se crê, não foi o meio urbano do Sul do país, e sim a cidade "africana" de Salvador. De fato, a primeira reunião ligada abertamente aos ensinamentos de Kardec foi realizada nessa cidade em 17 de setembro de 1865, organizada por Teles de Menezes, fundador do Grupo Familiar do Espiritismo. Em 1866, ele traduziu passagens de *O livro dos espíritos*, publicadas sob o título de *Filosofia Espiritualista*. Nessa época, a teoria do kardecismo já polarizava a atenção dos meios intelectuais baianos, a ponto de influenciar figuras emblemáticas da luta pela abolição da escravidão, como o poeta Castro Alves (Aubrée e Laplantine 1990, 110)

Em 1873, Teles de Menezes conseguiu obter *status* social legal para aquela que chamava "sua religião", a Sociedade Espírita Brasileira (antiga Sociedade Familiar do Espiritismo). O reconhecimento oficial encorajou a criação, no mesmo ano, do primeiro movimento espírita no Rio de Janeiro, a Sociedade de Estudos Espíritas. Em um primeiro tempo, o espiritismo no Rio esteve ligado às ideias republicanas e abolicionistas, difundindo-se principalmente nos meios políticos e científicos. A atenção se concentrou, então, no reconhecimento de seu *status* de ciência e filosofia, ao contrário da corrente baiana em que o aspecto religioso predominava.

Em 1875, a livraria Garnier publicou no Rio de Janeiro a obra integral de Allan Kardec. Vários grupos espíritas foram constituídos, até fundarem, em 1884, a primeira Federação Espírita Brasileira, em atenção à necessidade de unificação do movimento e de definição do verdadeiro conteúdo da doutrina kardecista. Além disso, a comunicação direta com os espíritos permitia aos médiuns exercer a medicina, sem ter habilitação legal, prática duramente reprimida nos candomblés, mas legitimada no kardecismo graças a seu discurso "científico".

A difusão do espiritismo foi fulgurante. Em 1900, as federações espíritas estavam presentes em quase todos os estados do Brasil, mas somente nos anos 1930 o espiritismo brasileiro adquiriu suas principais características graças a Francisco Cândido Xavier, mais conhecido pelo nome de Chico Xavier. Este deixou de lado as ideias de experimentação científica para sublinhar a importância do princípio "cármico-evolucionista" e da prática da caridade como condição única de salvação. A difusão de suas obras foi enorme. Dos trezentos livros que escreveu, a maioria ultrapassou amplamente os cem mil exemplares (Camargo 1961, 5). Além disso, formulou uma teoria nacional do espiritismo, ao ressaltar o papel desempenhado pelo Brasil na evolução da Terra.

No começo do século XX, um grupo de dissidentes do espiritismo começou a recuperar elementos ligados às "práticas fetichistas", tão cuidadosamente evitadas pela ortodoxia kardecista. Zélio de Moraes fundou então, em 1908, o primeiro centro de culto de uma nova religião chamada umbanda[2]. A Tenda Espírita Nossa Senhora da Piedade começou a funcionar em São Gonçalo, no Estado do Rio de Janeiro, instalando-se no centro do Rio em 1938. A maioria dos membros desse grupo era composta de kardecistas insatisfeitos, que consideravam os espíritos e as divindades africanas e indígenas presentes na macumba mais poderosos e mais eficazes que os espíritos "evoluídos" do kardecismo. Oriundos das classes burguesas, não podiam, contudo, aceitar o que, na macumba, ligava-se à selvageria própria aos cultos africanos, como os sacrifícios de animais ou a possessão por espíritos "diabólicos" (os exus). Assim, a umbanda recuperou o universo simbólico dos antigos cultos de origem africana, purificando-o de seus aspectos mais incômodos. Para entender como essa interpretação se fez, é preciso analisar brevemente o processo de formação dos cultos africanos no Sul do Brasil.

DO CALUNDU À MACUMBA

As informações relativas aos cultos africanos no Brasil, durante a época colonial, confirmam a predominância da cultura de origem banta. Em 1728, Nuno Marques Pereira, chamado de "Peregrino da América", em viagem por Minas Gerais, declarou não ter podido fechar o olho durante a noite por causa dos *calundus*, as "festas ou sortilégios que fazem esses negros, que costumam organizar em suas terras, e que continuam a manter aqui, a fim de obterem respostas aos assuntos mais variados" (Marques Pereira 1939, 124).

Calundu é um termo de origem banta[3] para designar o conjunto das práticas religiosas dos escravos no Brasil no século XVIII. Os escravos da região de Minas Gerais executavam também uma dança chamada Acontundá ou dança de Tundá, a qual, segundo Luiz Mott (1986, 138), era muito semelhante aos candomblés e xangôs hoje conhecidos. *Calundureiro* era, então, sinônimo de praticante dos cultos africanos[4]. O ritual era caracterizado pela percussão dos

---

[2] O relato da revelação da missão de Zélio de Moraes, que leva à criação de uma nova religião, é considerado por Diana Brown (1985) o mito fundador da umbanda.

[3] Em Angola, segundo M. L. R. de Areia (1974), os *calundus* são os espíritos dos ancestrais, em geral espíritos justiceiros e curadores. Em outros termos, almas de mortos que, após uma série de transmigrações e de mutações ligadas aos ciclos das possessões e das reencarnações, adquiriram a força que caracteriza os espíritos.

[4] Laura de Mello e Souza (1986, 263-266) revela a grande importância dos calundus na vida

tambores sagrados e pela comunicação direta com os espíritos, que falavam pela boca dos possuídos. Na mitologia banta, reinava sobre esses espíritos-ancestrais Calunga-ngombe, o rei do mundo inferior, personificação da morte[5].

A *cabula*, descrita em 1901 numa carta pastoral de D. João Nery, bispo do Espírito Santo, parece inscrever-se diretamente nessa mesma herança banta. No início do século, esse culto já era bem difundido na região, com cerca de oito mil iniciados. Seu caráter de seita esotérica foi assinalado por D. Nery: "A nosso ver, a cabula se assemelha ao espiritismo e à maçonaria, adaptados à capacidade [de compreensão] africana ou a outros do mesmo nível" (citado por Nina Rodrigues 1988, 256)[6].

Os adeptos da cabula eram chamados *camanás* (iniciados); reuniam-se sob a direção do *embanda* (o chefe do culto) para cerimônias chamadas *mesas*. As reuniões, *enjiras*, aconteciam no meio da noite no *camoucite*, o templo. O *embanda* era ajudado por um assistente, o *cambono*. Todos os presentes permaneciam descalços e vestidos de branco. Durante o ritual, secreto, os iniciados invocavam Calunga (o mar), Tatá (um espírito benéfico "que se encarna nos indivíduos e assim os dirige mais de perto em suas necessidades temporais e espirituais") e Baculo (os ancestrais). Os cantos eram ritmados com palmas, enquanto o embanda era possuído pelos espíritos. O objetivo do ritual era a aquisição, pelo transe místico, de um ou vários espíritos protetores:

Uma vez tomado o santé, trata-se de obter o seu espírito familiar protetor, mediante certa cerimônia. Entra no mato com uma vela apagada e volta com a vela acesa, não tendo levado meio algum para acendê-la, e traz então o nome do seu protetor. Há diversos nomes desses espíritos protetores, entre os quais *tatá-guerreiro, tatá flor de carunga, tatá rompe-serra, tatá rompe-ponte* etc. (Bastide 1971, 285).

As informações disponíveis sobre a macumba do Rio de Janeiro evidenciam o paralelo que existe entre esse culto e a cabula do Espírito Santo: o chefe do culto

---

colonial, por intermédio dos processos de feitiçaria feitos pela Inquisição no Brasil. Cita o caso da escrava Tomasia, que dizia possuir feitiços chamados calundus, a saber, as almas de seus pais falecidos que falavam por sua boca.

[5] Em Angola, Calunga-ngombe é igualmente o responsável pelo juízo após a morte, com a punição ou recompensa que se segue (Ribas 1958, 37). A punição consiste em deixar as almas prisioneiras, amarradas por cordas. Calunga significa igualmente "mar, oceano". Veremos como a figura de Calunga, na condição de representante da morte, foi preservada na umbanda.

[6] Essa carta pastoral foi igualmente citada por Arthur Ramos (1951a, 116-121) e Roger Bastide (1971, 283-285).

também se chamava *embanda* e seu assistente, *cambono*. A reunião do culto era a *gira* e a possessão não era determinada por um santo ou uma divindade, mas por um "espírito familiar". Como escreveu Arthur Ramos em 1939: "No templo de Honorato esse espírito é pai Joaquim, que lá atuava há 25 anos, segundo a crença de seus seguidores" (Ramos 1951b, 101). O termo *pai* corresponde ao *tatá* dos bantos. Esse espírito, uma vez incorporado nos iniciados, dava conselhos a cada um dos presentes e resolvia qualquer disputa, exatamente como faziam os espíritos dos ancestrais (os *baculos*) em Angola.

Os iniciados da macumba eram chamados médiuns "por influência do espiritismo" (Ramos 1979, 229). Participavam das cerimônias que levavam o nome de linha ou nação, conforme o "santo" que lá se manifestava. Assim, havia "linha de Angola, linha de Omolocô, linha gege, linha massuruman ou massurumim (novas corruptelas de musulmi), linha de cambinda branca, linha de mina, Rebolo, Cassange, Monjolo, Moçambique, Umbanda, linha de africano cruzado" (Ramos 1951a, 133). Com efeito, na região do Rio de Janeiro, o termo *macumba* foi utilizado para designar coletivamente todos os cultos de origem africana, como o termo *calundu* na época colonial. Arthur Ramos, um dos primeiros a se interessar pelas tradições bantas, assim definiu a macumba:

> A Macumba brasileira é um ritual religioso e mágico. Foi transformada sob a influência da atmosfera deste país, ganhando novas formas e se misturando com crenças e costumes mágicos e religiosos existentes nessa nova terra. [...] No Brasil, a macumba como religião ou tipo de magia assume diferentes formas e expressões de acordo com a região. É chamada de candomblé na Bahia (Ramos 1951b, 92)[7].

A utilização do termo *macumba* como sinônimo dos cultos religiosos de origem africana se mantém até hoje no Rio de Janeiro, onde perdeu, na "linguagem de santo"[8], a conotação negativa que a acompanhava.

---

[7] Nessa época, não era porque se conferia à macumba um lado mágico que ela era considerada uma religião não tradicional, não puramente africana. Foi com os escritos de Roger Bastide que esse vínculo se transformou em marca de "degradação".

[8] Linguagem de santo é a gíria falada pelos fiéis dos cultos afro-brasileiros. Enquanto na língua comum *macumbeiro* é um termo pejorativo e designa qualquer pessoa que se entregue a práticas de magia negra, na linguagem de santo faz referência aos iniciados ou a qualquer apaixonado pelos cultos afro-brasileiros.

Na macumba, a relação entre culto religioso e magia estava marcada tanto pela herança africana (banta) quanto por fortes raízes na tradição mágica de origem ibérica. Durante a época colonial, as práticas religiosas africanas haviam sobrevivido ao lado de crenças mágicas e demoníacas de origem europeia. Na maior parte do tempo, eram confundidas na repressão levada a cabo pela Inquisição além-mar. Laura de Mello e Souza, em seu estudo sobre a feitiçaria no Brasil colonial, evidencia a grande interpenetração dessas práticas:

> Diabo, práticas mágicas, feitiçarias eram muitas vezes vistos com naturalidade, faziam parte do dia a dia. Tinham chegado à colônia com os portugueses, suas raízes se perdiam na noite dos tempos, na tradição popular europeia. Aqui, entroncando-se em outras culturas, ganharam novas cores. As bolsas de mandinga, os patuás que se usavam no pescoço e sintetizavam crenças africanas, ameríndias e europeias, foram, ao lado dos calundus igualmente sintetizadores, as duas grandes soluções da magia e da feitiçaria coloniais (Souza 1986, 273).

É justamente na época colonial que encontramos as raízes do grande processo de tradução cultural que dá origem às religiões afro-brasileiras[9]. A religião popular, que os colonos portugueses haviam trazido consigo para o Brasil, caracterizava-se por uma abordagem extremamente utilitarista. A demanda contínua de todas as espécies de bens e vantagens materiais fundava a relação entre os fiéis e os santos, como se fosse um contrato passado entre os homens e os representantes de Deus. Gilberto Freyre (1990) mostrou a persistência de uma religiosidade popular marcada pela proximidade e familiaridade extremas com a Virgem e os santos, objetos de culto íntimo e pessoal. Essa relação do fiel com seu santo de devoção não era diferente da que ligava o escravo africano a suas divindades ou espíritos. Como afirma Bastide (1971, 100), a filosofia da religião africana é "essencialmente utilitária e pragmática, na qual conta apenas o sucesso". A religiosidade popular ibérica, da mesma forma, não se preocupava com a salvação eterna, e sim com a resolução dos inúmeros problemas cotidianos.

A relação íntima com os santos tinha, todavia, sua própria contrapartida: vivia-se com os santos, mas também com os diabos. Nos séculos XVI e XVII,

---

[9] O vínculo entre a cultura negra e as crenças europeias sobre o diabo foi o mesmo no Haiti: "O processo de barbarização do negro e do índio é inaugurado com a deportação para o Novo Mundo da demonologia medieval" (Hurbon 1988, 33).

diabos, diabas e diabinhos povoaram a vida cotidiana dos colonos, como se fossem divindades domésticas e inofensivas. Ainda que soubessem que o "comércio" com esses diabinhos quase humanos era ilícito, os habitantes da colônia não deixavam de invocá-los a cada dificuldade encontrada na vida cotidiana. Até o século XV, o diabo servia aos seres humanos; apenas no século seguinte, transforma-se e passa de servidor a senhor. Mas a existência de vários diabinhos, verdadeiros diabos familiares, persistiu durante toda a época colonial. Esse diabo, que fazia tanto bem quanto mal, protetor e "padrinho", encontrava com facilidade seu correspondente nas crenças dos escravos africanos ligadas a Exu.

A macumba do Rio de Janeiro nasce, portanto, do encontro entre as crenças dos escravos africanos, a influência indígena e a magia de origem ibérica. A enorme difusão de um resumo de fórmulas mágicas, o *Livro de São Cipriano*, é emblemática da influência dessa magia nos cultos afro-brasileiros: é, na verdade, a obra mais reeditada no Brasil. Existem hoje várias edições desse livro, que continua a ser um dos mais vendidos no Brasil.

A partir do início do século XX, o Exu africano, reinterpretado como espírito maroto mas prestativo, espécie de diabinho familiar da tradição ibérica, começa a se multiplicar nas macumbas do Rio, sob a influência das crenças espíritas sobre os mortos.

O mensageiro se multiplica, em todos os cultos, em vários Exus, com nomes e funções os mais diversos. Muitas vezes associam-no a Ogun e a Oxóce como seu camarada inseparável; no Rio de Janeiro, além de apresentar-se com a sua múltipla personalidade, os crentes o fundiram a outra divindade, Omolú, criando o Exu Caveira, com o encargo de proteger os cemitérios, especialmente o de Irajá [subúrbio do Rio de Janeiro] (Carneiro 1964, 134).

As macumbas do Rio também recuperaram aspectos do Exu africano que o candomblé baiano havia cuidadosamente escondido e reprimido, notadamente sua sexualidade desenfreada. Com seus exus identificados com o diabo, as macumbas exercem fascinação até sobre os membros considerados mais "evoluídos" das classes burguesas, que sempre constituíram parte da clientela dos cultos afro-brasileiros. Na verdade, no Rio de Janeiro do fim do século XIX o satanismo já era largamente difundido, como mostram as reportagens de João do Rio, publicadas pela primeira vez em 1904. O livro de Huysmans, publicado em 1890, causara grande sensação no Brasil: descrevia detalhadamente missas negras e estabelecia a hipótese de que os espíritas, os ocultistas e os adeptos da confraria dos Rosa-Cruz[10] teriam sido, mesmo sem consciência disso, praticantes do satanismo. Na realidade, a prática das missas negras parece ter sido fortemente influenciada pela leitura das obras dos ocultistas. Entre os satanistas, havia intelectuais e políticos brasileiros célebres no fim do século XIX, como Eduardo de Campos, Hamilcar Figueiredo e Teixeira Werneck (Rio 1976, 115). Estava aberta a via para a transformação de Exu em "espírito das trevas".

UMBANDA E QUIMBANDA

A macumba incorpora e reinterpreta as crenças europeias conforme uma visão africana do mundo. Se houve assimilação do diabo cristão pela cultura negra, foi, portanto, por intermédio das visões de mundo africanas que o transformaram em uma figura ambígua, em uma entidade mágica, como o Exu africano. A umbanda nasceu, assim, da tentativa de recuperar a força e a eficiência dos espíritos venerados na macumba, ao mesmo tempo em que apagava, ao menos no discurso oficial da *intelligentsia* umbandista, os vínculos com uma África "atrasada e inculta".

O primeiro congresso do espiritismo de umbanda aconteceu no Rio, em 1941. Duas preocupações maiores animaram os debates: criar uma umbanda "desafricanizada", que encontraria suas raízes nas antigas tradições do Extremo Oriente e do Oriente Médio; "embranquecer" e purificar a umbanda de suas origens bárbaras e demoníacas (Brown 1985, 11). Tentava-se legitimar uma nova religião que reinterpretasse o mundo simbólico afro-brasileiro conforme os valores dominantes da sociedade "branca". Ao "africanizar" parcialmente o espiritismo kardecista, fazia-se da umbanda uma religião nacional, símbolo do mito do cadinho racial e cultural que estava na origem dos debates sobre o processo de formação da nação brasileira nos anos 1930. Do espiritismo a umbanda recuperou a crença na reencarnação e na evolução cármica, assim

---

[10] A confraria dos Rosa-Cruz, fundada na França no fim do século XIX por um grupo de homens de letras, dedica-se ao estudo da cabala e das ciências ocultas. No Brasil, a doutrina dos Rosa-Cruz é muito difundida no Sul do país, sobretudo nos círculos ligados à umbanda. Uma mãe de santo de umbanda em São Paulo falou-me da maneira como se entra nessa confraria, marcada por várias etapas e pelo estudo dos textos sagrados do ocultismo. Os grupos ditos "filosófico-religiosos" (Rosa-Cruz ou teosofia) se aproximam do espiritismo kardecista por seu caráter pseudocientífico e pela valorização do estudo, da racionalidade e dos livros.

como a prática da caridade e da comunicação direta com os "guias", os espíritos que se encarnam nos médiuns. Mas enquanto no kardecismo essa comunicação não supõe o apagamento da consciência do médium, que deve, ao contrário, controlar, dos pontos de vista emocional, lógico e ético, as mensagens dos espíritos, na umbanda o transe pretende ser inconsciente, devendo o espírito assumir por completo o controle de seu "cavalo".

Outra característica que marca a influência do kardecismo na umbanda é a importância concedida à formação do médium pelo estudo da literatura sagrada. Em todos os centros de umbanda há uma biblioteca com as obras dedicadas à sistematização da doutrina. Camargo (1961, 41) afirma que, no fim dos anos 1960, mais de quatrocentos volumes sobre a umbanda haviam sido publicados no Brasil. Hoje, várias editoras se dedicam exclusivamente às obras umbandistas e publicam dezenas de livros todos os anos. Como o kardecismo, a umbanda dá grande valor ao livro como fonte de conhecimento e sobretudo como "modelo para a ação" (Camargo 1961, 147).

Esses pontos comuns à umbanda e ao kardecismo permitem a formação de uma espécie de *continuum* entre as duas religiões, conforme a posição defendida por cada centro de culto. Esse *continuum* vai também do polo menos ocidental da umbanda (suas formas mais africanizadas, como o omolocô) ao candomblé (cf. Figura 4). Com efeito, a umbanda oferece um amplo leque de diferenças internas, que inclui tanto os centros mais ligados à "mesa branca" dos kardecistas quanto à umbanda africana, ainda chamada umbanda popular[11]. Apesar da grande diferenciação interna, é possível definir os elementos comuns a todos os centros de culto de umbanda: uma divisão dos espíritos venerados em sete linhas, cada uma delas comandada por um orixá ou um santo católico; e uma divisão de cada linha em falanges ou legiões, compostas de espíritos desencarnados.

Segundo A. de Alva (s/d., 84), um dos autores umbandistas que se esforçaram em sistematizar a doutrina da umbanda, essas linhas seriam as seguintes: linha de Oxalá, linha de Iemanjá, linha do Oriente (na tradição banta) ou de Ogum (na tradição nagô), linha de Oxóssi, linha de Xangô, linha de Ogum (na tradição banta) ou de Oxum (na tradição nagô), linha africana ou linha de São Cipriano (na tradição banta) ou de Obaluaiê, Omolu ou das Almas (na tradição nagô).

---

[11] A Federação Espírita Umbandista, fundada em 1952 por Tancredo da Silva Pinto, no Rio de Janeiro, foi a principal tentativa de aproximação da umbanda dos cultos de origem africana, considerados tradicionais. Essa federação, como veremos no capítulo VIII, está na origem do movimento de reafricanização no Rio de Janeiro.

CASA DE UMBANDA E CANDOMBLÉ NO ANTIGO MERCADÃO DE MADUREIRA

Como no espiritismo kardecista, as sessões de umbanda visam facilitar o processo de evolução dos espíritos. Mas, ao passo que no kardecismo esse processo está ligado à doutrinação dos espíritos graças à ação consciente dos médiuns, na umbanda a evolução deles só pode se realizar pelo "trabalho" mediúnico, ou seja, pela "caridade" praticada pelos próprios espíritos uma vez incorporados em seus médiuns. A intervenção direta dos espíritos na vida dos homens, ajudando-os a resolver os problemas, torna-se, portanto, o único meio de evoluir: é preciso "trabalhar" para progredir. Os espíritos que trabalham na umbanda estão divididos em quatro grupos: os caboclos, espíritos dos índios; os pretos-velhos, espíritos dos escravos; os exus e as crianças[12]. Os orixás, à frente das linhas, se manifestam raramente, deixando o trabalho de caridade para os espíritos investidos por sua força ou vibração. Através dos médiuns, esses espíritos devem dar consultas aos seres humanos que precisam de sua ajuda.

Exu é o principal orixá que sobreviveu ao processo de adaptação da tradição religiosa africana. Como no candomblé, ocupa lugar importante na organização

---

[12] Para uma análise dos estereótipos dos espíritos da umbanda, cf. Montero (1985).

FIGURA 4 – O CAMPO RELIGIOSO AFRO-BRASILEIRO

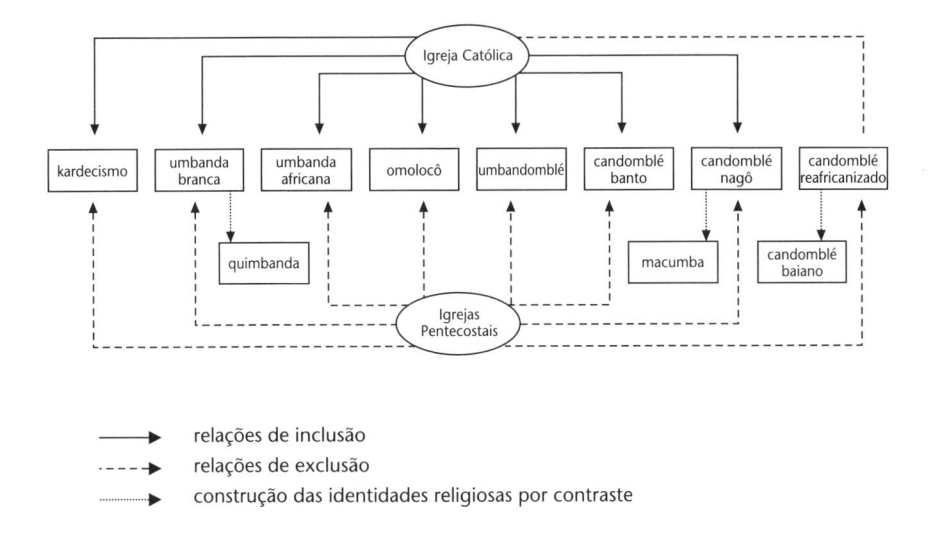

```
                            Igreja Católica
        ┌───────┬───────┬──────┬──────┬──────┬──────┬──────┐
        ▼       ▼       ▼      ▼      ▼      ▼      ▼      ▼
   kardecismo  umbanda  umbanda  omolocô  umbandomblé  candomblé  candomblé  candomblé
               branca   africana                       banto      nagô       reafricanizado
                  │        ┆                              ▲          ┆          ▲
                  ▼        ┆                              │          ┆          │
               quimbanda                              macumba    candomblé
                                                                  baiano
                         Igrejas
                       Pentecostais
```

──────▶ relações de inclusão
- - - -▶ relações de exclusão
·········▶ construção das identidades religiosas por contraste

do espaço de um centro de umbanda: seu altar está sempre situado na entrada; nos centros mais africanizados, faz-se antes do início da sessão o despacho de Exu, com as invocações *(pontos cantados)* e as oferendas de comida sagrada. Uma das características da passagem gradual da umbanda para o kardecismo é o desaparecimento do altar de Exu e da cerimônia do despacho. Exu passa a ser, assim, o guardião da herança africana na umbanda. Mas nela Exu também é objeto de uma complexa reinterpretação, em que africanidade é sinônimo de inferioridade. Com efeito, Exu está incorporado à construção religiosa umbandista como espírito inferior, "não evoluído", ao contrário dos caboclos ou dos pretos-velhos, "entidades de luz". Os exus da umbanda são muito próximos dos seres humanos, encarnações das almas que ainda devem completar seu processo de evolução cármica: "Aos espíritos não evoluídos lhes é dada do Altíssimo a condição de permanecerem ora na terra como seres encarnados, ora como espíritos sem luz, que transitam nos vários planos inferiores do Mundo Astral Inferior, até que consigam reajustar o perfeito equilíbrio que os conduzirá futuramente à perfeição, através dos sofrimentos que os redimirão de suas culpas" (Fontanelle s/d., 26). Os exus são, portanto, espíritos "não evoluídos": devem ser doutrinados e dobrar-se às regras do cosmos umbandista.

Se trabalharem para o bem, aceitando submeter-se aos pretos-velhos, pouco a pouco se transformarão em "entidades de luz", em caboclos (Trindade 1985, 125). Até o término desse processo de evolução cármica, todavia, continuarão a ser "espíritos das trevas".

Se é verdade que a umbanda propõe uma adaptação à vida urbana pelo viés da assimilação do discurso dominante, implicando uma "domesticação das classes inferiores" (Birman 1980), ela ao mesmo tempo acarreta a oposição a esse discurso, a não aceitação passiva das regras da sociedade dominante, por intermédio da quimbanda. Esta seria, assim, a contrapartida da umbanda: se uma trabalha para o bem, pratica a "caridade", a outra se dedica ao mal e à magia negra. A quimbanda ocupa posição extremamente ambígua perante a umbanda. Em princípio, os dois cultos são tidos como inimigos irreconciliáveis, mas, na realidade, vivem em simbiose. De fato, a quimbanda poderia ser definida pelas seguintes características:

- recorre à magia negra;
- usa uma técnica específica para obter efeitos mágicos particularmente fortes;
- tem eficiência mágica superior à umbanda e ao kardecismo.

É evidente que nenhum centro se dirá centro de quimbanda em razão de sua associação com a magia negra, ainda que praticamente todos os centros de umbanda pratiquem rituais de quimbanda durante sessões especiais. Essa ambivalência seria devida à necessidade de desfazer os trabalhos maléficos da quimbanda que obrigam os umbandistas a apelar para espíritos mais poderosos, os *quimbandeiros*. A quimbanda, na verdade, é mais uma categoria de acusação que um culto completamente oposto à umbanda. Ser da quimbanda significa ser "mais africano", "atrasado", "não civilizado", equação evidenciada por um dos "teólogos" da umbanda:

Quimbanda, baixo espiritismo ou magia negra, religião afro-brasileira, praticada pelos negros no Brasil [...] A Quimbanda continua no firme propósito de manter as antigas tradições dos seus descendentes africanos, ao passo que a Umbanda procura, pelo contrário, afastar completamente esse sentido incivilizado das suas práticas, devendo-se à influência do homem branco, cujo grau de instrução já não as admite (Fontanelle 1952, 77).

Lutar contra a quimbanda é lutar contra a marca de um passado "bárbaro", "ignorante", "diabólico", em uma palavra, "africano". Para eliminar o mal, é preciso, então, domesticar o símbolo da herança afro-brasileira, o espírito que encarna as forças da escuridão: Exu. A via da salvação umbandista passa pela aceitação da posição do negro na estrutura de classes, por intermédio da reprodução na umbanda das relações de dominação presentes na sociedade global. No entanto, para fazer parte do cosmos umbandista, os exus devem ser "batizados". Os exus se dividem, assim, em exus pagãos e exus batizados. Os primeiros são os "marginais" da espiritualidade, privados de luz, de conhecimento, afastados do caminho da evolução e dedicados à prática da magia negra. Já os exus batizados são "educados" no bem, aceitam a lógica da evolução espiritual e praticam a caridade. Podem obrar contra o mal porque são tão poderosos quanto os exus pagãos. Exu, mas apenas o Exu batizado que aceita sua submissão, passa a ser, assim, um dos componentes da noção de pessoa na umbanda:

> Todo homem tem um Eu superior e um Eu inferior; assim, na atual Umbanda todo médium tem um espírito familiar, seu protetor ou caboclo; mas também tem um Exu familiar que o protege e o defende; é esse ser inferior, essa alma pagã, esse ser animal que o homem tem que educar e purificar transmutando-o em corpo luminoso do espírito, ou, como diz São Paulo, transmutar o homem animal, filho da Terra, em homem espiritual, filho adotivo de Deus (Magno 1952, 24).

Ao contrário, os exus da quimbanda não aceitam a relação de dominação que subordina os exus às "entidades de luz". Na umbanda, eles trabalham sob as ordens dos caboclos ou dos pretos-velhos, ou ainda do orixá Ogum; nas sessões de quimbanda, não se submetem a ninguém, são donos de si mesmos. Os exus da quimbanda se insurgem, portanto, contra a ordem umbandista que reflete a ordem da sociedade brasileira, oferecendo, como seus correspondentes femininos, as Pombagiras, a possibilidade de seus médiuns criticarem as relações de classes: o poder pertence aos marginais, aos espíritos ignorantes, porém incomensuravelmente mais poderosos. Para Luz e Lapassade (1972), a quimbanda é o símbolo da resistência das classes oprimidas, de sua revolta, ao passo que a umbanda encarnaria a repressão. Na realidade, quimbanda e umbanda são opostas apenas nos esforços de sistematização dos teólogos da umbanda. Na prática ritual, a relação de simbiose entre as duas sempre foi diferentemente marcada de acordo com centros mais ou menos "africanizados".

A quimbanda se apresenta, portanto, como a herdeira da velha macumba, como o polo mais africanizado da umbanda, nesse *continuum* religioso que liga o kardecismo às religiões afro-brasileiras nas grandes cidades do Brasil. Apesar dos esforços dos teóricos da umbanda, a quimbanda garante a persistência da macumba, na continuidade de suas práticas mágicas: "Quimbanda nada mais é do que a macumba vista através do olho moralizador dos umbandistas e integrada em uma teoria mais geral da evolução. Ela representa o esforço de um pensamento que quer ordenar o mundo segundo critérios morais, sociais e religiosos" (Ortiz 1988, 146)[13].

Nos estereótipos presentes no universo umbandista, o negro "fundamentalmente bom" é encarnado pelo preto-velho, o escravo que aceita com resignação sua condição. Em contrapartida, o negro "fundamentalmente mau" é representado pelos exus da quimbanda, os negros marginais que ameaçam o equilíbrio social e a ordem do universo. Fontanelle ressalta a relação entre o nascimento da quimbanda e a rebelião dos africanos escravizados contra seus senhores:

A quimbanda nasceu no Brasil com a chegada da escravidão, quando os antigos colonizadores portugueses trouxeram de suas colônias na África os escravos negros. Estes traziam no coração a ferida, o ódio, o rancor contra os homens de raça branca que os haviam subjugado, e assim tentaram, por todos os meios, obrar contra seus senhores com a ajuda de entidades demoníacas (Fontanelle 1952, 74).

Os exus são, pois, os escravos que não aceitam seu destino, que se revoltam contra os senhores, que os matam com o veneno e a feitiçaria. No cosmos umbandista, são depreciados, situados fora do mundo dos espíritos evoluídos, nas trevas da ignorância, mas, ao mesmo tempo, valorizados em razão do poder que essa posição marginal lhes dá. São poderosos por serem impuros.

---

[13] Ao contrário de autores como Camargo (1961), Ortiz (1988) e Birman (1980), que veem no discurso umbandista a afirmação das relações de dominação presentes na sociedade global, para autores, como Luz e Lapassade (1972) e Yvonne Maggie (1977), o universo umbandista também apresenta uma inversão ritual das regras da sociedade. Luz e Lapassade analisam a quimbanda e a macumba, ao passo que Maggie estuda, em um centro de umbanda no Rio de Janeiro, um processo de *demanda*, isto é, uma luta mágica pela afirmação do poder no interior do grupo de culto. Nesse caso, embora seja um centro de umbanda, a dinâmica em jogo poderia ter sido interpretada por alguém de fora do centro como parte da quimbanda.

LOJA DE PRODUTOS DE 'MACUMBA' EM MADUREIRA

O POVO DOS EXUS

Na literatura umbandista, os exus são interpretados de diferentes maneiras, de acordo com o fato de o autor ser mais ou menos próximo do polo africanizado do culto. Assim, Matta e Silva, que é ligado à umbanda "branca", vê nos exus "espíritos refratários ao progresso espiritual [que] representam os miseráveis do espaço sagrado umbandista" (citado por Ortiz 1988, 91). Já Molina, ligado ao polo mais africanizado da umbanda, define Exu como o "agente mágico universal" (Molina s/d.a, 7), o intermediário entre os homens e os deuses, dos quais faz parte, ainda que seja considerado um "orixá menor".

De modo geral, os autores umbandistas identificam Exu com o diabo cristão, o Anjo caído. Autores mais ligados à umbanda "africana" não aceitam essa identificação e o demonstram utilizando a mesma lógica kardecista. Assim, segundo A. de Alva, a gênese do Mal, causada pela rebelião do "mais belo e mais importante dos querubins", seria apenas uma história absurda inventada pela Igreja católica para dominar seus fiéis pelo terror. De fato, essa ideia é contraditória à teoria kardecista, que, vimos, foi revelada aos homens pelos próprios espíritos. Afirmar que o primeiro dos querubins trouxe o Mal para o mundo equivale, então, a afirmar que os querubins não são Espíritos puros, pois ainda estariam dependentes do mundo material, fonte de degenerescência. Ora, segundo *O livro dos Espíritos* de Kardec, os querubins pertencem à primeira das três ordens que povoam o universo, fora do mundo material: a dos Espíritos puros, à qual estão subordinadas a ordem dos Espíritos bons e a ordem dos Espíritos impuros. Só os da primeira ordem escapam à lei da evolução cármica. Considerar Exu o diabo bíblico, o primeiro dos querubins, invalidaria, portanto, a classificação de Allan Kardec, que desconsidera que um Espírito puro possa ainda estar ligado à matéria. Mas como contestar a obra de Kardec, se esta lhe foi transmitida diretamente pelos espíritos? O próprio Deus criou o Bem e o Mal. O diabo, Satã ou Exu, torna-se, portanto, uma criação divina, "necessária, indispensável e oportuna, lógica e aceitável, justa, boa e perfeita" (Alva s/d., 20).

Alva utiliza com habilidade os argumentos kardecistas para operar uma distinção interna à categoria umbandista dos exus, que se dividem então em exus superiores e exus inferiores. Exu-Rei, o chefe de todos os exus, divide-se, por sua vez, em três pessoas: Lúcifer, Béelzebuth e Aschtaroth. Lúcifer comanda diretamente Exu Marabô e Exu Mangueira; Béelzebuth é o chefe de Exu Tranca-Ruas e de Exu Tiriri; Aschtaroth, também chamado Exu-Rei das Sete-Encruzilhadas, o de Exu Veludo e de Exu dos Rios (Alva s/d., 27). Esses exus superiores sempre trabalham para o bem, ajudando com sua força mágica os orixás em sua missão, assim como são assistidos pelos exus inferiores, que estão a seu serviço. Os exus inferiores se tornam assim "espíritos que, tendo se desviado do caminho do Bem [...] quando encarnados, passaram a pertencer aos espíritos diabólicos" (Alva s/d, 50)[14].

Nessa oposição entre exus superiores e exus inferiores, a ambiguidade fundamental de Exu é salvaguardada na organização interna do panteão umbandista. Os exus inferiores, espíritos diabólicos, são chamados *exus-eguns,* isto é, "espíritos desencarnados". Em outros termos, a teoria umbandista recupera a noção de egum (alma desencarnada, morto) ligada ao candomblé, em que existem dois tipos de egum: o Egum, ancestral divinizado, que não possui os seres humanos, mas se "manifesta" em seu culto específico, e os eguns, almas desencarnadas, cujo contato pode ser ruim para o homem, já que provoca distúrbios físicos e espirituais. Essas almas perturbadoras devem, pois, ser expulsas, exorcizadas.

No polo mais africanizado da umbanda, outra distinção é feita ulteriormente entre os exus-eguns e os exus-orixás. Os primeiros foram "encarnados", isto é, seres humanos que, após a morte, tornaram-se exus. Sua passagem da vida material para o plano espiritual sempre é marcada por uma morte violenta, um assassinato ou o suicídio. A crença na transformação das almas dos suicidas em espíritos negativos é bem conhecida dos negros da Bahia, como relata Roger Bastide (1945, 133): "As almas dos que desaparecem devido a uma morte natural tornam-se 'êgum'; as dos suicidas ou assassinados tornam-se 'ara-ouroum' ou Leba (é o termo dahomeano para Exu-Elegba) ou Exu"[15] . Na passagem desses espíritos da umbanda para o candomblé, o termo *exu-egum* serve, então, para distinguir os espíritos do *exu-orixá,* divindade que guarda suas características africanas.

Mas voltemos à oposição entre exus superiores e exus inferiores, a qual também se reflete na divisão do trabalho espiritual. Os exus considerados oriundos das classes sociais privilegiadas são dispensados dos trabalhos mais

---

[14] A maneira como o autor retira qualquer caráter demoníaco de Satã me parece muito interessante. Satã é um querubim, logo a expressão da perfeição divina. São os outros, os exus subalternos, os verdadeiros espíritos diabólicos. Mas o diabo continua sendo uma figura ambígua. Ele é a outra face de Deus, seu lado negativo.

[15] Essa identificação dos suicidas com os espíritos diabólicos também foi assinalada por Bascom, durante suas pesquisas entre os iorubás da Nigéria: "Suicidas, assim como as pessoas cruéis, nunca podem reencarnar. Eles se transformam em espíritos diabólicos e pousam na copa das árvores como morcegos ou borboletas" (Bascom 1969b, 76).

vis, que são efetuados por seus subordinados. São estes que realizam os ataques mágicos contra um indivíduo, as *demandas*.

O exu inferior se identifica com a alma de uma pessoa que teve uma vida moralmente desregrada: ladrão, assassino, malandro ou prostituta. Pode igualmente ser um exu pagão ou obsessor que, além de ter vivido de modo amoral, revolta-se contra a realidade da própria morte. Com efeito, esses espíritos, em geral chamados *quiumbas,* não aceitam o fato de estarem mortos e não se submetem à lógica da evolução. São pagãos porque nem têm nome, ao contrário dos exus "traçados", os exus batizados que já evoluíram e se tornaram chefes de falange dos outros exus ou então passaram à categoria superior de preto-velho ou caboclo (Costa 1980, 103).

É atribuído aos exus superiores, chefes de falanges e legiões, comportamento idêntico ao das classes superiores. Eis a descrição de um deles feita por um autor umbandista: "Fala pausadamente com delicadeza extrema. Possui porte ereto e elegante; prefere sempre os mais finos charutos e, como bebida, usa os melhores vinhos e bebidas. O seu verdadeiro curiador, porém, é o absinto. Fala e escreve corretamente o francês" (em Ortiz 1988, 159). Já os exus de nível inferior são descritos pelo mesmo autor como negros horrendos, "cuja pele do rosto é carcomida por pústulas de varíola".

Encontramos aqui a valorização da cultura francesa como marca da evolução, tanto dos homens quanto dos espíritos, em oposição à desvalorização dos cultos africanos, símbolo de ignorância e de atraso material e espiritual. Essa relação entre fineza e "afrancesamento" ainda está presente no imaginário dos médiuns. Assisti a uma cerimônia dedicada a Exu Barabô (provável corruptela de Marabô, um dos exus conhecidos no candomblé) em Duque de Caxias, Baixada Fluminense do Estado do Rio de Janeiro, em que Exu encarnava perfeitamente o ideal de polidez dos exus superiores. Segundo o médium, "seu" Barabô teria vivido na França no tempo de Luís XV e sido completamente dependente do absinto. Embora difícil de encontrar, o absinto continua sendo a bebida preferida de seu Exu[16].

A cerimônia foi numa terça-feira, 26 de abril de 1994, por volta das dez horas da noite. O quintal da casa, transformado em terreiro para o culto ex-

---

[16] O absinto foi proibido na França em 1915. Continua sendo produzido em Portugal, país onde o médium trabalha com frequência e de onde trouxe essa bebida para seu Exu. O vínculo entre uma bebida que pertence a um universo maldito na França e sua reinserção no universo diabólico dos exus não me parece apenas uma pura coincidência. Vejo nisso a marca de uma possível reescrita literária dos cultos de origem africana.

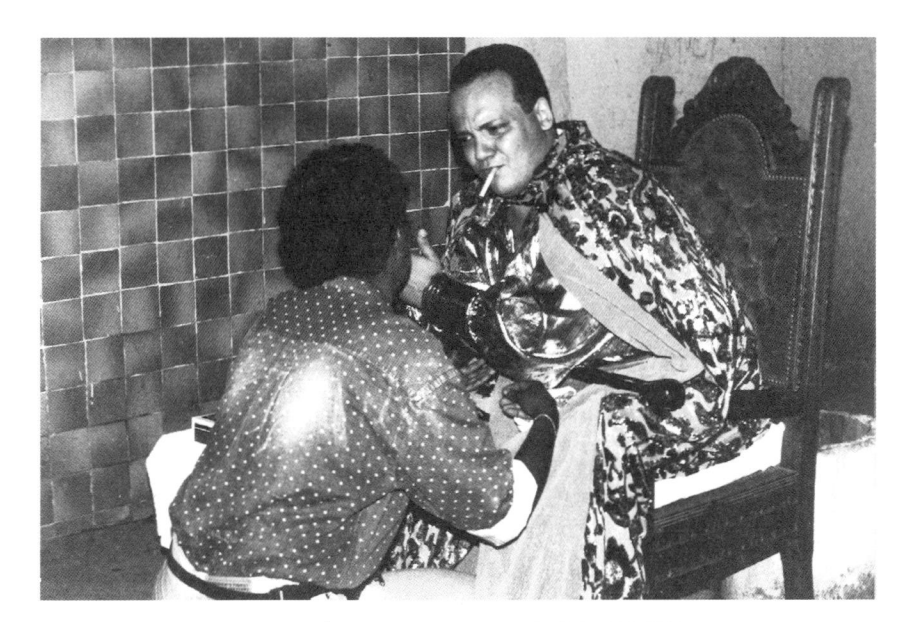

EXU BARABÔ DANDO CONSULTA EM DUQUE DE CAXIAS

clusivo de Exu, estava cheio de gente. Diante da casa de Exu, tinham erigido um altar sobre o qual colocaram velas acesas, uma garrafa de Martini branco, champanhe *rosé,* taças e charutos. Um pouco mais adiante estavam os atabaques consagrados. Logo começaram as invocações a Exu, acompanhadas do som dos tambores e de cantos. De repente, o médium entrou em transe, animado pelos movimentos característicos da possessão pelos exus: arco dorsal, oscilação do corpo com os braços rígidos e rosto contraído. Após rápida mudança de roupas, Barabô entrou no quintal com calma e elegância extremas. Em uma das mãos segurava uma bengala de madeira escura; na outra, uma taça de cristal. Uma capa negra enfeitada de palhetas prateadas lhe cobria os ombros.

Barabô pôs-se a dançar distribuindo Martini à assistência. Em seguida, mandou parar os atabaques e, sem deixar de olhar para um lado e outro do quintal, iniciou um longo discurso, em um português muito elegante, para explicar o principal objetivo da cerimônia: a resolução de problemas econômicos ou amorosos dos presentes. No fim, concluiu, sempre com extrema fineza, que, se tivesse podido escolher, jamais teria aceitado "viver" no Brasil ("no país de vocês"), pois "o melhor perfume não é o perfume francês, mas o perfume da terra francesa" onde viveu durante outras encarnações. Barabô conservou essa atitude altiva e refinada durante a noite inteira. Sentado feito um rei em uma grande cadeira, assistiu aos transes sucessivos de vários médiuns possuídos pela Pombagira. Com a mesma indolência, escutou cada uma das pessoas que lá estavam e que haviam, até a madrugada, aguardado pacientemente a vez, para lhe confiar seus problemas.

Nesse exemplo, podemos ver que a influência da cultura francesa não se limita às elites brasileiras, mas toca todo o universo simbólico afro-brasileiro como símbolo das classes dominantes. No entanto, enquanto os exus superiores se caracterizam pelos estereótipos de uma cultura elitista, os exus inferiores expressam sua posição de submissão na estrutura social: são sempre a expressão de uma condição marginal. Assim, os exus boêmios, como Zé Pelintra, são encarnações do estereótipo do malandro, marginal que prefere viver de expedientes em vez de trabalhar. Esse exu parece ser a representação de um personagem que realmente existiu no Recife, José Pelintra, célebre bandido nas crônicas policiais dos anos 1930 (Ribeiro 1957). As estatuetas com sua imagem, colocadas no altar umbandista, são as de um mulato de terno de linho branco, sapatos brancos e chapéu-panamá. Outros exus inferiores estão ligados ao cemitério, chamado Calunga-pequena, onde cuidam dos "trabalhos" mais pesados sob a responsabilidade de Exu Caveira, chamado também João Caveira. É considerado o "secretário" de Omolu, que se transformou de deus da varíola no candomblé em dono dos cemitérios. Omolu está ligado à decomposição dos corpos e, portanto, à própria morte. É o chefe da linha das Almas e dirige grande quantidade de exus[17].

Embora Exu seja, em relação aos "espíritos de luz", um ser negativo, ligado ao mundo das trevas, guarda uma dualidade, um lado negativo e outro positivo. O lado negativo de Exu seria, segundo alguns autores, sua representação feminina: a Pombagira. Fontanelle (s/d., 104) a define como "o diabo bíblico Klepoth", que tomou a forma de um bode com seios de mulher, e apresenta todas as características do bode do Sabá. Por sua vez, A. de Alva, que defende o polo mais africanizado da umbanda, contesta o nome de Pombagira, preferindo a ele, a pretexto de exatidão, o de Bomo-Gira (s/d., 121). Estabelece, assim, vínculo direto entre o Exu feminino e o Bombonjira dos candomblés bantos, equivalente do Exu iorubá, ao sublinhar dessa maneira sua origem africana.

---

[17] Iansã é outra divindade africana que continua a ser venerada na umbanda, sem ter sido completamente desligada de seu papel original. Continua a ser a rainha dos mortos e é "saudada" em todo trabalho realizado no cemitério, ao lado de Exu Porteira e de Ogum Mejé, que preside a entrada dos cemitérios.

A Pombagira, espírito negativo por excelência, é o Exu das mulheres, particularmente ligado à feitiçaria. Para Fontanelle (s/d., 140), ela é a "entidade da magia negra que representa a maldade em figura de mulher". Também está encarregada da vingança das feiticeiras contra seus inimigos. Para Alva, ao contrário, a Pombagira não é responsável pelos abusos cometidos em seu nome pelos médiuns[18] que fazem dela, com demasiada frequência, uma espécie de bode expiatório (Alva s/d., 123).

Em geral, a Pombagira encarna o estereótipo da prostituta, mas também o da mulher que se rebela contra a dominação masculina. Ela, portanto, é invocada em todo trabalho de magia amorosa. A Pombagira, além disso, é a "mulher de sete exus", ou seja, não é mulher de ninguém. Eis uma descrição desse espírito, recolhida por Trindade (1985, 101): "A Pombagira morava na Freguesia do Ó. Ela se revoltou com a situação da mãe dela. Matou quatro homens e castrou um deles. Matou os homens que exploravam a mãe dela. Acabou na prostituição".

A Pombagira também é associada aos lugares marginais e perigosos. Existe uma Pombagira da Encruzilhada, outra da Figueira, da Calunga (cemitério), das Sete Calungas, da Porteira, da Sepultura, das Sete Sepulturas Rasas, do Cemitério, da Praia, e assim por diante. Há também a "família" das Pombagiras Ciganas e a das Marias Mulambo, as quais, com frequência, recebem suas oferendas perto dos depósitos de lixo e, por essa razão, também são chamadas Pombagiras da Lixeira; ou ainda a "família" das Pombagiras Meninas que, à diferença das precedentes, são pombagiras "virgens".

As Pombagiras "cruzadas" da Linha das Almas são chamadas Pombagira do Cruzeiro do Cemitério, Rosa Caveira ou Pombagira das Almas. As oferendas para elas são depositadas nos cemitérios e seus colares sagrados trazem, no meio das pérolas pretas e vermelhas, características de Exu, pérolas brancas e uma caveira esculpida em chifre ou em osso de defunto (Molina s/d.b, 17).

Todas as Pombagiras têm em comum as cores vermelho e preto (mais o branco, no caso que acabamos de descrever), recebem rosas vermelhas (sempre bem abertas, nunca em botão), bebidas como a cachaça e o champanhe (de acordo com o nível de refinamento do espírito), charutos ou cigarros, velas brancas, vermelhas, brancas e vermelhas, brancas e pretas ou todas pretas (de acordo com o nível de "luz" do espírito).

---

[18] O médium de Exu ou da Pombagira não se chama "cavalo", e sim "burro", fato que marca ainda mais a inferioridade desses espíritos. Evidentemente, essa expressão não é aceita no polo mais africanizado da umbanda.

Essas oferendas, chamadas despachos como no candomblé, em geral são feitas à meia-noite, em uma sexta-feira, dia dos exus na umbanda. Caso se trate de uma Pombagira "traçada" com a linha das Almas, o dia do despacho será a segunda-feira, dia das almas dos mortos. Como vimos, o lugar do despacho varia de acordo com o tipo de Pombagira e o tipo de trabalho que esta efetua. Segundo os autores umbandistas, cada Pombagira parece ter uma especialização. Na realidade, todas recebem tanto pedidos de cura de uma doença ou de ajuda para resolver um problema (financeiro ou amoroso) quanto solicitações para ataques mágicos dirigidos contra uma pessoa a quem se quer mal. Os seres humanos são os únicos responsáveis pelo mau comportamento dos exus e das pombagiras, pois estes são "elementos interesseiros que, ao receberem um presente, estão sempre prontos a atender ao pedinte, seja ele para fazer o bem como também o mal" (Molina s/d.a, 6-7).

Como para os exus, as pombagiras se dividem em espíritos superiores e inferiores. Assim, se Maria Mulambo parece ocupar a posição mais baixa entre as pombagiras, Maria Padilha é considerada a mais refinada. Também é, em geral, identificada com estereótipos associados às classes dominantes: fala francês, bebe champanhe, usa piteiras. As Marias Padilhas "são pessoas que viveram nesta Terra como nobres, como princesas e rainhas, vivendo, desta forma, em diversos países do mundo, como no Egito, Itália, França e mesmo na própria Grécia" (Molina s/d.b, 17)[19]. Da mesma maneira que a Pombagira Rainha das Sete Encruzilhadas, Maria Padilha não aceita fazer os "trabalhos mais pesados": deixa-os para suas subordinadas.

Em geral, os médiuns possuídos pelas pombagiras, que só se encarnam em mulheres ou homossexuais, adotam comportamento sexualmente provocador. A entrada em transe sempre é marcada por gargalhadas; os movimentos se tornam lascivos, os olhares, impudicos, a linguagem, obscena. É a dramatização do poder sexual feminino, do lado feiticeiro escondido em cada mulher.

---

[19] Segundo Alva (s/d., 124), Maria Padilha teria feito parte da "dinastia das Cleópatras" e, em outra encarnação, sido uma francesa chamada Marie Padi (Marie Padu ou Marie Padille). Tranca--Ruas das Almas também teria sido um francês, um médico que praticava abortos. O mesmo autor afirma ser a reencarnação de um perigoso feiticeiro francês da Idade Média. Tudo isso o leva a declarar sua fé na "superioridade" francesa: "Adoro a França, os franceses e, em especial, a Marselhesa, tanto quanto o querido Hino Nacional brasileiro" (Alva s/d., 142).

FEITIÇARIA EUROPEIA E FEITIÇARIA AFRICANA

A Pombagira parece ser uma criação puramente carioca. A primeira referência a essa entidade foi encontrada por Arthur Ramos (1971, 221) em um jornal do Rio de Janeiro, *O Jornal*, de 12 de outubro de 1938. Durante uma operação contra os centros ditos de "baixo espiritismo", acusados de exercer de modo ilícito a medicina (o curandeirismo), a polícia invadiu um centro de macumba no bairro de Ramos, no subúrbio do Rio de Janeiro. Entre os objetos apreendidos, havia uma t abela das tarifas praticadas, custando sete mil réis o "trabalho" para Exu ou Pombagira, e cinco mil a consulta com esse espírito.

A Pombagira já estava presente na macumba do Rio de Janeiro nos anos 1930. Segundo a maioria dos autores, seria a reinterpretação do Bombonjira dos candomblés bantos, divindade correspondente ao Exu iorubá. Mas por que um deus masculino teria se transformado em símbolo do poder sexual feminino? Quais são as origens da figura da Pombagira?

Vimos como, na África, Èṣù-Legba também tem representações femininas. Vimos igualmente como, ao menos nos candomblés bantos, o culto a um Exu feminino, o Exu Vira, sempre existiu (cf. Verger 1999, 132). Hoje, todavia, o estereótipo da mulher perigosa, da feiticeira, ligado à figura da Pombagira, parece ser produto de um *bricolage* de símbolos, que fazem referência simultaneamente a várias tradições. Vejamos alguns pontos cantados[20] (invocações consagradas à Pombagira) relatados por J. Ribeiro:

Pombagira é a muié de sete Exu,
A mulher de Lúcifer.

Ela é mulher de sete maridos,
Ela é mulher de sete maridos,
Não mexa com ela,
Pombagira é perigo.

Quando o galo canta,
Os mortos se levantam,
As aves arrevoam,

---

[20] Os espíritos dos exus e das pombagiras podem ser invocados pelos cantos (*pontos cantados*) ou por desenhos (*pontos riscados*), que servem de "assinatura" da entidade (cf. Figura 5).

Salve Pombagira
Que é mulher da rua,
Viva! Aleluia! Viva! Aleluia!

Pombagira é amansador
De burro brabo
Amansai o meu marido
Com seiscentos mil diabos.
Pombagira ganhou
Uma garrafa de marafo
Levou pra capela
Pro padre benzê
Perguntou pro sacristão
Se na batina do padre
Tem dendê,
Tem dendê, tem dendê.

Na família de Pombagira
Só se mete quem puder
Ela é Maria Padilha
Mulher de Lúcifer (Ribeiro s/d., 76).

A Pombagira é perigosa. Não é de ninguém, é uma mulher das ruas, uma prostituta. É ela quem domina o marido pela feitiçaria ("com seiscentos mil diabos"), vive nos cemitérios e reina sobre as trevas. Recebe a oferenda típica dos exus, a cachaça, que leva à igreja "para ser abençoada pelo padre". A inversão simbólica entre o Bem e o Mal é evidente: o sacerdote benze o licor do diabo e, debaixo da batina, ele guarda dendê, que, como vimos, é a principal oferenda a Exu.

Essa relação entre a Pombagira e a feitiçaria foi desenvolvida por duas autoras que, à sua maneira, pesquisaram a origem da figura de Maria Padilha: Marlyse Meyer (1993) na península ibérica, e Monique Augras (1989) na África[21].

---

[21] A figura da Pombagira foi muito pouco analisada. Cf. Confins (1983), Augras (1989) e Meyer (1993).

FIGURA 5 – PONTOS RISCADOS DAS POMBAGIRAS

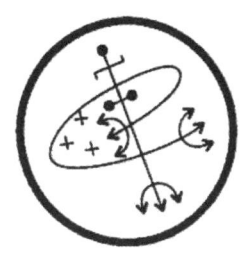

ponto de Pombagira Cigana	ponto de Maria Mulambo	ponto de Maria Padilha
ponto de Maria Padilha do Cruzeiro do Cemitério	ponto de Pombagira das Almas	ponto de Pombagira da Calunga
ponto de Pombagira Menina	ponto de Pombagira Rainha	ponto de Pombagira da Praia

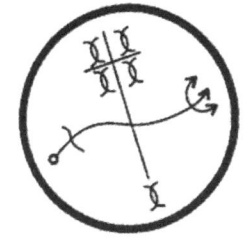

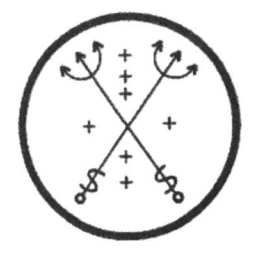

Marlyse Meyer parte dos dados apresentados por Laura de Mello e Souza (1986, 235) em sua preciosa análise da feitiçaria durante o período colonial do Brasil. Ela relata uma oração do século XVII dedicada a uma certa Maria Padilha, invocada ao lado de Lúcifer, Satã e Barrabás. As orações para Maria Padilha, naquela época como nos dias de hoje, têm objetivo essencialmente amoroso; visam fazer dobrar a vontade de outra pessoa em seu favor ou em favor de outro alguém, bem como favorecer uma "amizade ilícita" entre um homem e uma mulher. Maria Padilha parece encontrar sua origem em um personagem dos poemas épicos chamados *romances viejos,* publicados na Castilha no *Romancero general.* Entre os romances que tratam da história da Espanha está o ciclo de Dom Pedro I de Castilha (1334-1369), vulgo o Cruel, assim chamado por ter matado boa parte de sua família, de seus amigos e de seus aliados. Estava sob a influência de uma *mala mujer,* uma mulher má, a bela e vingadora Maria de Padilla[22]; por amor a ela, abandonara a esposa legítima, Dona Blanca de Bourbon, a qual logo depois mandara assassinar. O rei estava enfeitiçado por Maria de Padilla, que o dominava por completo.

A primeira compilação de *romances viejos* foi preparada pelo editor Martin Nucio, provavelmente em 1547, para os soldados espanhóis que se achavam em Flandres. Essa compilação conheceu três novas edições, entre elas uma feita em Lisboa em 1581, contendo vários poemas épicos em que Maria Padilha (tradução portuguesa de Maria de Padilla) era apresentada sob uma luz desfavorável. Menos de um século mais tarde, Maria Padilha era invocada no Brasil nas práticas de magia negra, ao lado da tríade demoníaca (Barrabás, Satã e Lúcifer) conhecida desde o século XVI. Em muitas das orações, conservadas nas atas dos processos da Inquisição em Lisboa, Maria Padilha, apresentada como a mulher de Lúcifer, já é a encarnação da feiticeira que se dedica à magia amorosa. Na descrição feita por uma mulher acusada de feitiçaria, levada do Brasil para ser julgada na metrópole, Maria Padilha se metamorfoseia em espírito, em um vulto, que lhe aparece sempre que ela a invoca (Meyer 1993, 16).

Em 1843, Prosper Mérimée escreveu uma história de Dom Pedro I, publicada pela *Revue des Deux Mondes* em 1847. O personagem de Maria de Padilha, transformada em feiticeira, é retomado em seu célebre romance *Carmem.* A protagonista da história pratica a magia amorosa cantando as fórmulas que "invocam Maria de Padilha, a amante de Don Pedro, que foi, dizem, a *Bari Crillisa,* a grande rainha dos ciganos" (Mérimée 1994, 60). A Carmem que canta para Maria Padilha é

---

[22] O espanhol *padilla* tem a mesma pronúncia que o português *padilha.*

descrita como "uma beleza estranha e selvagem, uma figura que espantava primeiro, mas de quem não se podia esquecer. Seus olhos, principalmente, tinham uma expressão a um só tempo voluptuosa e selvagem que, depois, nunca mais encontrei em nenhum olhar humano" (Mérimée 1994, 25). Esse olhar era a prova do poder pelo qual ela levava os homens à perdição. Era uma "boêmia", uma "feiticeira", uma "serva do diabo", uma "filha do diabo" (Merimée 1994, 25). A diabolização de Maria de Padilla e de seus adeptos estava confirmada. Em 26 de dezembro de 1841, Gaetano Donizetti encenou no teatro La Scala, em Milão, uma ópera intitulada *Maria Padilla,* que foi representada ao menos uma vez no Rio de Janeiro, em 7 de dezembro de 1856 (Meyer 1993, 155). O mito de Maria Padilha parece atravessar, portanto, seiscentos anos de história.

O vínculo de Maria Padilha com os ciganos, tal como estabelecido por Mérimée, está igualmente presente no imaginário ligado, no Brasil, a Maria Padilha e suas colegas, as Pombagiras. Entre estas se encontra, de fato, o grupo das ciganas dotadas de fortes poderes mágicos. Com efeito, durante todo o período colonial, os ciganos receberam o mesmo castigo que as pessoas acusadas de feitiçaria: o exílio de Portugal para o Brasil, terra onde deveriam purgar seus pecados. Concentraram-se, então, principalmente em Salvador e no Rio de Janeiro, onde viviam nos bairros pobres habitados pelos negros. Como sugere Meyer (1993, 88), pode-se imaginar a existência de contatos e trocas de práticas mágicas entre as duas culturas.

Maria Padilha também é o símbolo poderoso de uma feminilidade desregrada encontrada nos meios tanto literários quanto populares. A identificação contemporânea entre a Pombagira e a figura da prostituta reflete a relação, já existente no século XVII, entre a feiticeira e a "mulher da vida". As mulheres sozinhas ou que trabalhavam para viver eram quase sempre consideradas prostitutas. Da mesma forma, no Brasil colonial, eram sistematicamente acusadas de prostituição as mulheres que vendiam filtros de amor, ensinavam orações para conseguir homens e prescreviam beberagens e banhos de ervas: "magia sexual e prostituição pareciam andar sempre juntas" (Souza 1986, 241).

Vimos, assim, como a Pombagira é constantemente associada à magia sexual. Seu poder decorre de sua capacidade de manipular a potência sexual de homens e mulheres. A origem nobre de Maria Padilha foi conservada no imaginário umbandista, que dela faz uma rainha, um Exu superior, a mulher de Lúcifer; é refinada, bebe champanhe, fuma cigarros finos e fala francês.

Monique Augras segue caminho inverso, já que pesquisa a origem da Pombagira na África. Vê nos orixás femininos, chamados coletivamente *iyagbá,* a

REPRESENTAÇÃO DOS EXUS CIGANOS

revivescência da figura mítica de Iamí Oxorongá (a feiticeira iorubá). Essa autora levanta a hipótese de que a Pombagira expressa o poder que, na África, é monopólio das iamís, pois, assim como ela, Iamí não está submissa a homem algum; ela fala alto, como os homens; ela se basta; ela mata o marido após ter sido fecundada. Seu terrível poder é individualizado em cada deusa do candomblé: Nanã, ligada à morte, ao início e ao fim das coisas; Obá, chefe da sociedade secreta das mulheres; Oxum, a grande feiticeira, que possui o poder da fecundidade; Iemanjá, a mãe castradora; Iansã, a rainha dos Eguns e dos Cemitérios. Todas as deusas que "usam espada" e que, portanto, são guerreiras, encarnam um pouco da força e do poder de Iamí. Na umbanda, é por edulcoração de Iemanjá (que acabou encarnando o estereótipo da mãe assexuada) que a Pombagira parece ter concentrado todo o potencial subversivo da feiticeira iorubá, a ponto de se tornar a entidade mais sensual e mais agressiva dos terreiros brasileiros.

Segundo Augras, o próprio nome desse espírito, que considera derivado do deus banto Bombonjira, seria revelador de sua ambiguidade:

Não parece ter dúvidas que o nome de Pombagira resulta de um processo de dissimulação que primeiro transforma Bombonjira em Bombagira, depois, em Pombagira, recuperando assim palavras que possam fazer sentido em português. Pois a "gira", palavra de origem bantu (*njila/njira*, "rumo, caminho" [...]), remetida ao português *girar*, é, como sabemos, a roda ritual da umbanda. E "pomba", por sua vez, além de ave, designa também órgãos genitais, masculino no Nordeste e feminino no Sul. Até no nome aparecem a ambiguidade e a referência sexuais (Augras 1989, 25-26).

Mas se a Pombagira está ligada à sexualidade, esta não está a serviço da procriação, já que utiliza a sexualidade apenas para seu benefício. Ela é a negação da mãe de família. O fato de ser a mulher de sete exus expressa, na verdade, poder sexual transbordante e não submissão. Sua representação é dotada de todos os atributos menos recomendáveis: sensualidade, sedução, vaidade. Sua posição marginal ("ela é prostituta") também constitui sua força: ela ameaça, com sua independência, o equilíbrio entre os sexos, cuja ocorrência implica a sujeição das mulheres.

Além disso, a Pombagira é frequentemente associada ao sangue, que deve correr das feridas de seus inimigos. Além da conotação evidentemente guerreira, essa relação parece afirmar que o verdadeiro poder das mulheres reside no sangue[23]. A Pombagira também está associada à morte e ao cemitério, lugar marginal por excelência, bem como simboliza a sujeira, a contaminação, a degradação, a escuridão e a morte.

A Pombagira parece, portanto, nascida do imaginário religioso popular, povoado de espíritos, diabos e feiticeiras. Sua identificação com o diabo africano faz parte na realidade de um processo de reinterpretação desse imaginário em um contexto "africano". Além disso, não se pode considerar seriamente uma origem africana real desse espírito. Iamí Oxorongá, com efeito, era uma divindade praticamente desaparecida no Brasil quando, nos anos 1990 – com o aparecimento do movimento de reafricanização nos terreiros de candomblé –, começou a ser conhecida pela maioria de seus fiéis.

Mas a hipótese levantada por Augras não deixa de ser extremamente interessante pelo fato de exprimir, como veremos, a mesma via de reinterpretação seguida pelos iniciados em seu esforço de reafricanização dos espíritos, ao passarem da umbanda para o candomblé. Essa via lógica já foi anunciada na literatura umbandista: "Todo médium do sexo feminino tem uma Pombagira a seu lado, que atua de acordo com o Orixá Pai e Mãe do Filho de Fé, onde desempenha a função de intermediária com idêntica forma de qualquer outro Exu" (Molina s/d.c, 17).

Estamos, pois, em presença de um espírito da umbanda transformado em exu-servidor do orixá, na melhor tradição "africana". A Pombagira aqui passa de espírito, alma desencarnada, a divindade intermediária do panteão africano. A contradição com a ortodoxia do candomblé, que não permite a possessão pelas almas dos mortos, encontra-se atenuada e a porta, aberta à africanização desses espíritos.

---

[23] Vimos como Iamí supostamente controla as mulheres por intermédio de suas menstruações.

SEGUNDA PARTE

A PRÁTICA RITUAL

CAPÍTULO III

O *CONTINUUM* RELIGIOSO

As figuras de Exu e de Pombagira, seu correspondente feminino, ilustram bem a intensa circulação de símbolos e práticas rituais entre as diferentes modalidades dos cultos afro-brasileiros. No candomblé (e nos outros cultos considerados tradicionais), o Exu africano é objeto de uma complexa reinterpretação, a fim de metamorfosear-se em espírito de umbanda. Vimos que os diferentes cultos afro-brasileiros não estão na realidade nitidamente separados uns dos outros. Classificar um centro de culto, seja ele de candomblé ou de umbanda, é sempre muito problemático, pois os sistemas de classificação utilizados pelos antropólogos nem sempre correspondem aos sistemas utilizados pelos membros do culto. Na realidade, a identidade religiosa é sempre renegociada entre os diferentes interlocutores. É, portanto, extremamente importante levar em conta a posição estrutural de quem classifica e do que é classificado: a oposição entre puro e degenerado será, pois, objeto de um constante deslocamento conforme os aspectos do culto levados em consideração.

Apesar da existência de uma série de definições que ordenam o campo religioso afro-brasileiro, o que constitui o cotidiano desses cultos não é a forma "pura" – que representa mais um modelo ideal que uma realidade –, e sim uma forma "misturada"[1]. Na verdade, a fluidez constatada no campo religioso afro-brasileiro entre as diferentes categorias (candomblé, macumba, umbanda, quimbanda), em que as combinações potenciais são constantemente renegociadas, tem sua contrapartida na reinterpretação dos deuses e espíritos nos terreiros qualificados de *traçados*, "misturados". Na umbanda, existe uma categoria bem definida de espíritos, chamados *orixás cruzados*, resultante de duas linhas dife-

---

[1] Essa circulação dos espíritos e dos homens não é característica apenas das cidades do Sudeste (o polo "degenerado"); ela é igualmente constatada nas cidades consideradas tradicionais. Infelizmente, a atenção da maioria dos pesquisadores foi levada para os cultos e os terreiros "puros", deixando de lado tudo o que não correspondia ao modelo ortodoxo. Minha experiência de quatro meses (julho-outubro de 1991) em São Luís do Maranhão, cidade considerada um dos centros tradicionais das religiões afro-brasileiras, e minha estada em Salvador (de dezembro de 1983 a outubro de 1984), além dos dez anos passados no Rio de Janeiro, me levaram a pensar que a realidade ritual mais difundida nunca é aquela que faz referência ao modelo "puro", mas que sempre há interpenetração de diferentes práticas rituais. O estudo das formas "misturadas", da *milonga* reivindicada pelos candomblés angola como valor positivo, resta a ser feito.

rentes. Assim, um caboclo ou um preto-velho podem ser "cruzados" com um exu e assumir as características do primeiro durante seis meses e as do segundo durante o resto do ano (Maggie 1977, 23).

Os membros dos terreiros, sejam de candomblé ou de umbanda, têm uma percepção bem clara da imbricação das práticas rituais. Todavia, ainda que a maioria dos terreiros seja lugar de encontro de diferentes experiências religiosas, o "misturado" será sempre o outro, o vizinho ou o concorrente. Ninguém se dirá membro de um terreiro "cruzado": a identificação sempre se fará em direção ao polo considerado mais tradicional. É a oposição entre o modelo ideal de pureza, que está na base do processo de construção da ortodoxia e recusa qualquer mistura, e a prática ritual, que manifesta a interpenetração e a reinterpretação de elementos oriundos de diferentes modalidades de culto, o que constitui, a meu ver, a principal questão presente nas religiões afro-brasileiras.

RIO DE JANEIRO: UMA HISTÓRIA DOS CULTOS

O candomblé

O Rio de Janeiro é um importante centro de candomblé, apesar de sua identificação com o polo "degenerado" dos cultos afro-brasileiros. Na literatura especializada, é a pátria da macumba, menos pura, menos tradicional, culto sincrético que deu origem à umbanda. Assim, as informações sobre a existência de terreiros que reproduziam o modelo jeje-nagô no Rio de Janeiro do início do século XX (Rio 1976; Moura 1983) não foram levadas em conta pela maioria dos pesquisadores. Desde Arthur Ramos, preferiu-se ver nos terreiros da Bahia o modelo etnográfico do candomblé tradicional, e nos do Rio o modelo etnográfico da macumba, culto banto "degradado"[2].

---

[2] Roger Bastide (1971, 285) afirma que a influência das nações iorubás e bantas na cidade do Rio de Janeiro teria sido forte até a primeira década do século XX, "isto é, até o instante da mais intensa urbanização da ex-capital do Brasil". Apesar da proximidade desses cultos com o candomblé baiano, esta não seria, para Bastide, a consequência de contatos existentes entre o Nordeste e o Sudeste: "Contudo esses negros não estavam em estreito contato nem com a Bahia, nem com Recife; a similitude dos cultos não se explica senão por sua origem étnica comum" (Bastide 1971, 286). Tentei, de minha parte (Capone 1996), demonstrar como esses contatos sempre existiram e como vários representantes do candomblé tradicional baiano foram igualmente ativos no candomblé do Rio de Janeiro no início do século XX.

Encontram-se as primeiras informações sobre os cultos de origem africana no Rio de Janeiro na série de crônicas escritas no começo do século XX pelo jornalista João Paulo Alberto Coelho Barreto, mais conhecido pelo pseudônimo João do Rio. Essas crônicas, reunidas em 1904 no livro intitulado *As religiões no Rio,* são a única fonte de informação de que dispomos, com exceção da tradição oral transmitida nos terreiros. Na época da publicação dessa obra, ninguém no Brasil, à exceção de Nina Rodrigues em Salvador, interessava-se pelos cultos de origem africana. João do Rio foi atraído pelo contraste entre "a trepidação da vida moderna" e a sobrevivência no coração dos grandes centros urbanos de uma miríade de cultos e religiões, que se opunham ao ideal de progresso material ligado às crenças positivistas predominantes no início do século XX. Assim, escreveu em seu prefácio: "Ao ler os grandes diários, imagina a gente que está num país essencialmente católico, onde alguns matemáticos são positivistas. Enquanto a cidade pulula de religiões. Basta parar em qualquer esquina, interrogar" (Rio 1976, 17).

O Rio de Janeiro conhecera grandes transformações durante o governo do presidente Campos Sales (1898-1902). Os primeiros trechos da estrada de ferro que ligaria o centro da cidade aos subúrbios foram inaugurados em 1886. De 1889 a 1891, uma grande epidemia de febre amarela, doença infecciosa muito comum naquela época no Rio de Janeiro, motivou uma série de reformas para o saneamento da cidade. Em 1902, sob a direção do médico Oswaldo Cruz e do prefeito Pereira Passos, grandes obras urbanas foram iniciadas, acarretando a demolição maciça de bairros inteiros e de dois morros no centro do Rio, onde viviam principalmente escravos libertos. A população de origem africana tinha se concentrado no centro da cidade, sobretudo no bairro da Saúde e em volta da praça Onze, no que foi chamado a "Pequena África". A zona em questão era delimitada pela rua Senador Eusébio, a rua Visconde de Itaúna e pelo canal do Mangue, e representava uma área de aproximadamente cem mil metros quadrados. Todas essas ruas foram destruídas com a construção da avenida Presidente Vargas cerca de três décadas mais tarde.

Era ali que os antigos escravos tinham recriado uma rede de relações sociais baseadas nos terreiros, instalados nos morros em volta do porto. O declínio da cultura do açúcar no Nordeste, devido à concorrência das colônias francesas das Antilhas, e a crescente importância econômica do café (principalmente nos estados do Rio de Janeiro, de São Paulo e de Minas Gerais) haviam determinado a venda maciça de escravos e seu deslocamento para o Sul do país. Assim, a província do Rio de Janeiro, que contava 119.141 escravos em 1844, tinha mais de trezentos mil em 1870, vindos da África ou de Salvador. Entre 1872 e 1876, 25.711 escravos chegaram no Rio provenientes do Norte e do Nordeste do Brasil (Moura 1983). A deterioração das condições de vida na Bahia havia igualmente provocado um fluxo migratório muito importante de escravos libertos de Salvador para o Rio de Janeiro, para tentar a sorte na nova capital do país. No fim do século XIX, já havia uma forte colônia baiana no Rio de Janeiro.

Segundo Moura (1983, 58), os baianos, que se distinguiam dos outros negros pelo fato de constituírem uma verdadeira elite no seio do povo, eram principalmente nagôs. Haviam se instalado no bairro mais barato da cidade, no qual, longe da concorrência dos imigrados europeus, os negros tinham mais possibilidades de trabalho. Com a Abolição da Escravidão em 1888, que provocara o fim da organização dos escravos africanos em nações, o grupo baiano afirmou sua liderança na comunidade negra do Rio de Janeiro, organizando-se em torno dos terreiros de candomblé.

Com o saneamento da cidade, contudo, os africanos e seus descendentes, pressionados pelo aumento dos aluguéis no centro da cidade, tiveram de se deslocar para o subúrbio, seguindo a linha do trem. Assim é que foram fundadas as casas de candomblé das zonas periféricas. A demolição dos bairros insalubres em que os africanos estavam concentrados atendia a uma preocupação predominante na época. Como diz Nina Rodrigues, uma "trilogia nefasta" arruinava o Brasil: um clima "intertropical nocivo ao branco", um negro que "não se civiliza" e um português "rotineiro e retrógrado". Com a política de saneamento, a cidade se livrava ao mesmo tempo das doenças causadas pelo clima e dos "negros selvagens", empurrados para as margens de uma urbe enfim civilizada.

Entre os pais e as mães de santo que residiam no centro da cidade havia grandes figuras do culto ainda hoje evocadas pela tradição oral. Eram africanos célebres, alguns vindos diretamente da África, outros da Bahia. No início do século, o mais conhecido era João Alagbá, filho de Omolu. Sua casa era um dos lugares de encontro mais importantes da comunidade baiana. Tia Ciata (Hilária Batista de Almeida), iniciada no culto da divindade Oxum, era a *mãe pequena*[3] de João Alagbá. Foi, em seu tempo, a sacerdotisa mais conhecida do Rio de Janeiro. Seu nome também está associado ao nascimento do samba "no quintal dos terreiros de candomblé" (Sodré 1979). Tia Ciata foi iniciada por Bamboxé (Rodolfo Martins de Andrade), figura muito conhecida no candomblé

---

[3] A *mãe pequena* é a assistente direta do pai de santo ou da mãe de santo. É também chamada *iá kekerê*, "pequena mãe" em iorubá.

ASSENTAMENTOS NA CASA DE OGUM E OXÓSSI

da Bahia. Contam que ele teria vindo da África com Marcelina da Silva, a *ialorixá* Obá Tossi, do terreiro da Casa Branca em Salvador. Roberto Moura confirma o vínculo entre o terreiro de João Alagbá e Bamboxé. Segundo ele, o terreiro em que Tia Ciata era *iá kekerê* perpetuava a tradição do candomblé nagô, do qual Bamboxé fora um dos fundadores (Moura 1983, 65).

Na mesma época, residia na cidade do Rio de Janeiro Cipriano Abedé (ou Agbedé), outro africano, iniciado por Maria Júlia Figueiredo, também da Casa Branca. Ele era filho de Ogum e trazia os títulos de *babalaô*, adivinho, e de *babalosaniyin,* senhor das folhas. Baba Sanim, outro dos africanos que residiam no Rio de Janeiro no início do século XX, era, segundo João do Rio, conhecido como um grande feiticeiro, o que lhe valia perseguições da polícia, já que a Constituição brasileira condenava a prática da magia e o curandeirismo. Originário da Nigéria, Baba Sanim, também chamado Tio Sani Adio (O. Silva 1988, 29), parece ser o Obá Saniá que foi companheiro de Bamboxé durante a viagem de Salvador para o Rio de Janeiro (Augras e Santos 1985). Filho de Xangô, seu nome português era Joaquim Vieira da Silva. Considerado um dos maiores conhecedores dos cultos africanos, ao lado de Aninha, segundo Pierre Verger (1981, 30), teria fundado o terreiro do Axé Opô Afonjá em Salvador.

Hoje, durante o ritual do padê, Obá Saniá é venerado nesse terreiro sob o nome de Essa Oburo.

Na Pequena África, viviam vários "feiticeiros", como Tia Dada, Tia Inês, Tia Oni e Torquato Tenerê, procurados por vasta clientela, para a resolução dos mais variados problemas. Seus novos terreiros oscilavam entre o candomblé nagô e os cultos de origem banta, presentes havia muito tempo no Rio de Janeiro. Na verdade, a oposição entre macumba e candomblé parece resultar mais de uma escolha "política" que de uma diferença real entre cultos de origens distintas. Como sublinha Roberto Moura (1983, 90): "[...] a macumba carioca também sai da casa dos baianos na Saúde e Praça Onze, embora as concepções de superioridade nagô e de grupos de elite tenham marcado uma luta que se desenrola surda entre macumba e candomblé".

Outro personagem importante na fundação do candomblé no Rio de Janeiro foi Felisberto Américo Souza, que havia anglicizado seu nome em Sowser. Ironicamente apelidado Benzinho, em razão de sua frequente agressividade (Verger 1981, 32), era também um dos últimos adivinhos da Bahia, rival direto do célebre Martiniano Eliseu do Bonfim. Segundo Verger, o pai de Felisberto Benzinho, nascido por volta de 1833 em Abeokutá, na Nigéria, recebera no Brasil o nome de Eduardo Américo de Souza Gomes. Ele teve um filho com Júlia Maria de Andrade, filha de Bamboxé, e duas de suas filhas mantiveram "fielmente" as tradições africanas em Salvador (Verger 1981, 32). Este autor, contudo, não menciona uma outra filha do adivinho, que viveu em Raiz da Serra, na periferia do Rio de Janeiro: Regina de Souza, apelidada Regina Bamboxé. Ela desfrutou de grande fama nos candomblés do Rio, nos quais era "considerada grande feiticeira e grande conhecedora dos odùs [configurações ligadas à prática divinatória]" (O. Silva 1988, 21).

Maria Oganlá foi outra grande sacerdotisa do início do século XX, cujo terreiro ficava no número 49 da rua São Luís Gonzaga, no bairro de São Cristóvão. Era conhecida pelo título ritual (*oiê*) de Oganlá, outorgado à mulher que comanda as cantigas rituais nos terreiros consagrados a Oxalá. Maria Oganlá iniciou uma única mulher, Filinha de Oxum, que se tornaria a mãe pequena do terreiro do Axé Opô Afonjá no Rio, fundado por Aninha (Eugênia Ana dos Santos). Esta, uma das mais célebres mães de santo do Brasil, morou na casa de Maria Oganlá em 1925, durante uma de suas longas estadas no Rio, onde abriu um terreiro com o mesmo nome do que fundara em Salvador (Augras e Santos 1985, 51).

A partir do fim dos anos 1940, uma onda de migração proveniente do Nordeste atingiu a cidade do Rio de Janeiro. Muitos pais e mães de santo, em busca de novos espaços para estabelecer seus cultos, instalaram-se na periferia da cidade, em torno da baía de Guanabara. Linhas de trem ligavam essa região, chamada Baixada Fluminense, ao centro do Rio. O movimento, que ia do centro para a periferia no início do século XX, transformou-se, assim, em um fluxo direto do Nordeste para os bairros mais marginais do Rio de Janeiro. Uma nova geração de pais e mães de santo chegou, então, do Estado da Bahia[4]. Entre os terreiros mais importantes, havia o axé de Mesquita, um dos primeiros a serem abertos na Baixada Fluminense. Situado originalmente na rua Bento Ribeiro, tomou o nome do bairro em que fora se instalar. Hoje, esse terreiro ketu é dirigido por Mãe Meninazinha (Maria Arlete do Nascimento), iniciada no culto de Oxum por sua avó, Dona Davina, uma das fundadoras do axé. Em 1973, o terreiro se estabeleceu em São João de Meriti, no bairro de São Mateus[5], sob o nome de Ilê de Omolu e Oxum.

Na mesma época, vários pais e mães de santo do candomblé ketu da Bahia, provenientes dos terreiros considerados tradicionais, como a Casa Branca, o Gantois ou o Alaketu, estabeleceram-se no Rio. Segundo a tradição oral, o primeiro terreiro de nação jeje no Rio de Janeiro foi o de Gaiakú Rozenda – uma africana chegada ao Brasil por volta de 1850[6] – e ficava na rua América, ao lado do porto. Pode-se afirmar, contudo, que a "família" jeje existente no Rio tem suas raízes no terreiro de Tata Fomotinho (Antônio Pinto), o qual iniciou, entre outros, Zezinho da Boa Viagem e Djalma de Lalú, primeiro iniciado no culto de Exu nesta cidade. Tata Fomotinho, hoje falecido, foi iniciado no terreiro de Terra Vermelha, em Cachoeira de São Félix, no coração da tradição jeje da Bahia.

A nação angola estava representada no Rio por Ciriáco (Manoel Ciriáco dos Santos), que deixou Salvador nos anos 1940 e fundou seu terreiro, chamado Tumba Junçara, na Baixada Fluminense, em Vilar dos Teles. Ciriáco faleceu em 1966. Vindo do terreiro do Bate-Folha de Salvador, dirigido pelo pai de santo Bernardino de nação congo-angola, João Lessengue se estabeleceu no Rio em 1938 no bairro do Catumbi. Por volta de 1940, comprou o terreno do atual Bate-Folha do Rio. Após sua morte, em 1970, sua sobrinha Mameto Mabeji, "filha" de Omolu, substituiu-o à frente do terreiro.

---

[4] Os terreiros do Rio são avaliados pelas pessoas de candomblé em relação à sua filiação, real ou pretensa, aos terreiros da Bahia. Prandi (1990a) analisou, para São Paulo, essa busca constante de uma origem que seja fonte de legitimação.
[5] Foi ali que Monique Augras realizou, em 1979 e 1980, as pesquisas para seu livro *O duplo e a metamorfose* (Augras 1983).
[6] Informação recolhida durante as conferências de Nilton Feitosa sobre o candomblé do Rio, organizadas pelo Instituto Superior de Estudos Religiosos (ISER), no Rio de Janeiro, em 1989.

O mais célebre pai de santo da nação angola é, sem dúvida alguma, Joãozinho da Gomeia (João Alves Torres Filho). Emigrado da Bahia para o Rio de Janeiro em 1946, foi o primeiro a utilizar sistematicamente os meios de comunicação para aumentar seu prestígio e sua autoridade. Joãozinho da Gomeia foi iniciado por Jubiabá, pai de santo imortalizado no romance homônimo de Jorge Amado, e que era de candomblé de caboclo "com um pouco de angola" (Binon-Cossard 1970, 278). Jovem e carismático, colaborou com Édison Carneiro em seu estudo dos cultos de origem banta, o que favoreceu sua paulatina afirmação no candomblé de Salvador, mas sua origem religiosa "pouco ortodoxa" (candomblé de caboclo) o manteve fora do círculo restrito do candomblé "tradicional".

Joãozinho da Gomeia decidiu, então, estabelecer-se no Rio de Janeiro, onde rapidamente se tornou muito conhecido após fundar seu terreiro na Baixada Fluminense, em Duque de Caxias. Participou de programas de rádio e suas entrevistas foram publicadas em vários jornais. Excelente dançarino, foi convidado a interpretar as danças dos orixás no palco do teatro João Caetano, no Rio de Janeiro, tendo participado, durante vários anos, do desfile das escolas de samba durante o carnaval. Seu nome se tornou sinônimo de candomblé. Ao morrer, Joãozinho da Gomeia deixou uma quantidade impressionante de filhos de santo, iniciados por ele mesmo ou pelos que eram dele afilhados. Segundo suas próprias declarações, publicadas no jornal O Pasquim (nº 56, 1970) e retomadas na obra de Ziegler[7], teria iniciado 4.777 pessoas no Brasil inteiro.

Cristóvão de Ogunjá (Cristóvão Lopes dos Santos) foi o fundador da família efon no Rio de Janeiro, onde chegou em fins dos anos 1940. Foi iniciado no cargo ritual de *axogum*[8] pelos fundadores do primeiro terreiro efon, Tio Firmino (José Firmino dos Santos) e Maria do Violão (Maria Bernarda da Paixão), os quais fundaram um terreiro no bairro do Engenho Velho de Brotas, em Salvador, sob o nome de Ilê Axé Oloroquê. Segundo Maria José Lopes dos Santos (Maria de Xangô), neta de Cristóvão, Tio Firmino e Maria do Violão teriam sido trazidos da África como escravos, no mesmo navio que Mãe Milu, a mãe pequena do terreiro. Esta faleceu, com mais de cem anos, em 19 de outubro de 1983, em

---

[7] Jean Ziegler dedicou um capítulo inteiro de seu livro *Os vivos e a morte* (Ziegler 1977) aos rituais funerários no terreiro de Joãozinho da Gomeia.

[8] O *axogum* é aquele que sacrifica os animais ofertados às divindades. É um cargo cerimonial confiado a um ogã, título honorífico dado a homens que não são possuídos pelos deuses.

Salvador. O terreiro de Oloroquê, segundo a tradição oral recolhida por Maria de Xangô, teria sido fundado há mais de um século[9].

O primeiro documento do terreiro (seu título de propriedade) é de 15 de agosto de 1908. Cinco anos mais tarde, Tio Firmino faleceu e Maria do Violão se tornou a ialorixá do terreiro; ao morrer, em 1935, foi substituída por Matilde de Jagum (Matilde Muniz Nascimento). Nessa época, Cristóvão já tinha sido confirmado em seu cargo ritual de axogum. Ambos participavam no mesmo nível da direção do Ilê Axé Oloroquê, mas Cristóvão já havia aberto outra casa de culto no bairro de Albarana, em Salvador, com o nome de Ilê Ogum Anauegi Belé Iomã, onde iniciou vários filhos e filhas de santo, entre os quais Waldomiro de Xangô (Baiano), que seguiria com ele para o Rio de Janeiro.

Em 1947, Cristóvão teve alguns "desentendimentos" com Matilde de Jagum. Decidiu, então, fechar seu terreiro de Albarana e ir para o Rio de Janeiro. Um pequeno grupo de fiéis e amigos o acompanhou até a grande cidade do Sudeste, a fim de fundar novo terreiro na Baixada Fluminense. Em 1951, Cristóvão comprou o terreno situado no nº 69 da Rua Eça de Queiroz, e conhecido pelo nome de Pantanal, em Duque de Caxias, na periferia do Rio de Janeiro. Em 1º de maio do mesmo ano, plantou a árvore dedicada ao deus Iroco e, em seu pé, cavou o poço de Oloque[10], a divindade padroeira da nação efon. O terreiro, tal como é conhecido hoje, só foi inaugurado em 1955 e designado com o mesmo nome que o terreiro de Albarana: Ilê Ogum Anauegi Belé Iomã. Até então, o terreiro funcionava em uma pequena cabana de terra e palha.

Em 1952, a filha de Cristóvão, Mãe Lindinha (Arlinda Lopes dos Santos), acompanhada da própria filha Maria José, juntou-se ao pai. Ela havia sido iniciada no terreiro de Albarana, em Salvador, por Mãe Runhô, mãe de santo do terreiro de nação jeje do Bogum[11]. Mãe Lindinha se tornaria a mãe pequena do terreiro

---

[9] A história da nação efon foi reconstituída ao longo de uma entrevista (6 de abril de 1994) com Maria de Xangô, no terreiro do Pantanal, no Rio.

[10] Iroco e Oloque (ou Oloroquê) são deuses considerados irmãos na nação efon. Iroco habita a árvore *gameleira branca* (*Ficus doliaria* M.) e Oloque reside no poço situado a seu pé. Ambos são associados ao deus Xangô. Oloque é considerado o irmão de criação de Xangô e seus colares sagrados são da mesma cor que aqueles usados pelos iniciados para Xangô: vermelho e branco. É também chamado "o leão da montanha". A estreita relação entre Iroco e Oloroquê é confirmada por Apter (1995), que sublinha a importância desses dois orixás nos cultos dominantes de diferentes bairros da cidade de Ilemesho, no reino de Ishan (Ekiti, Nigéria). Pierre Verger cita, entre os doze tipos de Xangô repertoriados na Bahia, o nome de Oloroke (Verger 1999, 326).

[11] A iniciação de um membro da própria família nuclear é proibida no candomblé. É por essa razão que a filha de Cristóvão foi iniciada por uma mãe de santo de um terreiro amigo. Essa proibição, contudo, limita-se às relações de filiação ou matrimoniais. Um pai de santo pode,

do Pantanal. Sua filha Maria José foi iniciada no culto de Xangô pelo avô em 1954, aos oito anos de idade. Sete anos mais tarde, recebeu o cargo de futura ialorixá das mãos de Cristóvão, que a escolheu como herdeira. Três meses depois da iniciação de Maria de Xangô, aconteceu a cerimônia de iniciação de Alvinho de Omolu (Alvinho Pinto de Almeida), um dos pais de santo que mais têm contribuído para a difusão do candomblé no Sudeste, em particular, em São Paulo.

Em 1970, após a morte de Matilde de Jagum, ialorixá do Ilê Axé Oloroquê, Cristóvão assumiu a direção do terreiro de Salvador, dividindo seu tempo entre o Rio e Salvador. Na sua ausência, Arlinda de Oxóssi, filha de santo de Matilde de Jagum, era a responsável pelas atividades do terreiro em Salvador. Cristóvão continuou a iniciar novos filhos de santo na casa do Oloroquê, na Bahia. Ao falecer em 23 de setembro de 1985, no Rio de Janeiro, a direção do terreiro de Salvador passou para Crispina de Ogum (Crispiniana de Assis), até 1993, quando esta morreu. Hoje, o terreiro está fechado e seu controle é objeto de disputa entre os filhos de santo de Cristóvão[12].

Maria de Xangô, que no início da década de 1970 partiu para São Paulo após um desentendimento com o avô, voltou ao Rio de Janeiro, após uma ausência de 17 anos, para reconciliar-se com ele, pouco antes de sua morte. Depois de um período de luto de sete anos, durante o qual o terreiro ficou fechado, ela se tornou a nova ialorixá do Pantanal. Até 1994, ficou em Pindamonhangaba (São Paulo), viajando todos os meses para o Rio de Janeiro. Em 1995, passou a residir definitivamente no terreiro do Pantanal.

Baiano, também conhecido pelo nome de Waldomiro de Xangô, foi um dos primeiros filhos de santo de Cristóvão, iniciado quando este ainda estava em seu terreiro em Albarana (Salvador). Como Alvinho de Omolu e Maria de Xangô, Baiano abriu um terreiro em São Paulo no fim dos anos 1960, mas voltou rapidamente para o Rio de Janeiro, onde fundou seu terreiro, na cidade de Duque de Caxias (Parque Fluminense). Por volta de 1970, Baiano "trocou as águas", isto é, juntou-se à família religiosa do Gantois[13]. Ficou ligado ao terreiro

---

portanto, iniciar sua neta sem quebrar as regras rituais.

[12] Prandi (1990, 22) apresenta uma genealogia um pouco diferente para o terreiro de Oloroquê, a qual, todavia, não é confirmada pela atual mãe de santo da casa do Pantanal, nem por Alvinho de Omolu, filho de santo de Cristóvão.

[13] A "troca das águas", em que a água representa a tradição ou a nação, é uma das estratégias mais eficazes de renegociação das relações em um mesmo terreiro ou entre terreiros distintos. Ao se pôr sob a proteção mística de outro pai de santo, o iniciado corta os laços de submissão com seu terreiro de origem. A prática, extremamente difundida no meio dos cultos afro-brasileiros, visa legitimar a origem religiosa: sempre se busca uma origem mais pura que a precedente.

ASSENTAMENTO DE OGUM XOROQUÊ

de Mãe Menininha do Gantois durante 16 anos. Em 1993, ano da cerimônia de celebração de seus cinquenta anos de iniciação[14], "trocou as águas" novamente, ligando-se ao terreiro de Regina Bamboxé[15]. Por causa dessas mudanças de filiação religiosa, Baiano não foi mais considerado membro da vasta família de santo efon por seus antigos irmãos de santo[16].

Alvinho de Omolu (Álvaro Pinto de Almeida), filho de santo de Cristóvão de Ogunjá do terreiro do Pantanal, foi o primeiro branco iniciado no Pantanal e um dos primeiros filhos de santo de Cristóvão no Rio de Janeiro. Conta ter

---

[14] Gonçalves da Silva (1992) afirma que Baiano foi iniciado em 1933. Esta data não é confirmada nem por Maria de Xangô, nem por Alvinho de Omolu, seus irmãos de santo.

[15] Em 1989, Baiano comprou o terreno do terreiro de Salvador, o Axé Oloroquê, terreiro-mãe da nação efon. Essa aquisição desencadeou uma crise no meio da família de santo carioca, pois Maria de Xangô e o Pantanal estavam em negociação com o proprietário do terreno havia muitos anos.

[16] Com exceção do terreiro de Alvinho de Omolu, o Ilê Ifá Mongé Gibanauê, dois outros foram abertos por filhos de santo de Cristóvão no Estado do Rio de Janeiro: o de Luzia de Oxum, em Nova Iguaçu, e o de Décio de Oxalufã, em Manilha (Niterói). Em Brasília, são três: o de Alberto Carlos de Oxum, o de Dona Jurema de Oxum e o de José de Obaluaiê. No Estado de São Paulo, há o terreiro de Alberto de Omolu.

sido muito discriminado em razão da cor de sua pele, pois se dizia na época que "um branco não tinha santo". Em 1954, iniciar um branco não era tão frequente como nos dias de hoje. Alvinho deveria ter sido iniciado no culto do deus Logunedé, mas esta divindade, "cheia de encantos", não podia ser "fixada" na cabeça de um branco[17]. Ele foi iniciado no culto de Omolu (Azauã), que decidiu possuir o jovem noviço, então com quinze anos. Alvinho passou muitos anos ao lado de seu pai de santo, participando de todas as atividades rituais. Em 1960, afastou-se do terreiro do Pantanal. Foi no Rio que Alvinho de Omolu iniciou seus primeiros *iaôs* (filhos de santo), em um terreiro improvisado e sempre com a ajuda de Cristóvão. Um ano mais tarde, "por razões familiares e de trabalho", decidiu instalar-se em São Paulo, onde permaneceu até 1972 e se tornou tão célebre quanto Joãozinho da Gomeia.

Alvinho chegou a São Paulo convidado por Décio de Obaluaiê, filho de santo de Tata Fomotinho, e de quem Alvinho fora o *pai pequeno*. Instalou-se no terreiro de Décio e começou a iniciar uma quantidade importante de filhos de santo. Durante os anos passados em São Paulo, Alvinho iniciou toda uma primeira geração de pais e mães de santo que logo se tornaria muito conhecida no mundo do candomblé paulista[18]. Em 1962, Alvinho de Omolu foi convidado a apresentar na TV Tupi um programa dedicado aos cultos afro-brasileiros: *Quando os búzios caem*[19]. O programa durou até 1968. Em 1972, voltou definitivamente para o Rio de Janeiro, onde abriu um terreiro no bairro de Santa Luzia (Baixada Fluminense). Em seguida, após um curto período no bairro de Olaria, fundou o terreiro Ilê Ifá Mongé Gibanauê, no subúrbio de Engenheiro Pedreira, na extrema periferia do Rio de Janeiro.

Alvinho de Omolu iniciou centenas de filhos de santo nos estados do Rio de Janeiro, de São Paulo e de Minas Gerais, bem como na cidade de Brasília.

A umbanda

No capítulo precedente, vimos de que modo a umbanda nasceu no Rio de Janeiro no começo do século XX, bem como a preocupação de purificar o culto dos elementos mais próximos da tradição iniciática e sacrificial do candomblé. A

---

[17] "Fixar uma divindade na cabeça de alguém" significa fixar a força dessa divindade no iniciado. A cabeça é considerada o lugar da união da divindade com seu iniciado.
[18] A esse respeito, cf. Prandi (1990).
[19] O título do programa se refere à prática divinatória do candomblé que repousa na interpretação das diferentes combinações determinadas pela queda dos búzios.

língua portuguesa tomou o lugar da língua africana, a iniciação foi simplificada e quase eliminada, e os sacrifícios de animais foram condenados. O panteão do candomblé foi reduzido e as "entidades" que se encarnavam nos médiuns deixaram de ser os orixás, para se tornarem os caboclos, os pretos-velhos, bem como os exus e pombagiras que "baixavam" para "trabalhar", isto é, para dar seus conselhos aos homens.

Em 1939, Zélio de Moraes fundou a primeira federação de umbanda, a União Espírita de Umbanda do Brasil (UEUB)[20]. Seguiu o exemplo das federações dos cultos afro-brasileiros criadas em Salvador em 1937, para enfrentar o problema da discriminação contra os cultos, levada a cabo por fortíssima repressão policial. Queriam, portanto, o reconhecimento social, através da distinção entre cultos legítimos e cultos considerados ilegítimos. Assim, a umbanda "branca", criada pelo grupo de Zélio de Moraes, buscava na purificação de seus elementos negativos, ligados à origem africana, uma legitimação que poderia separá-la claramente dos cultos "inferiores".

Foi a partir do pós-Guerra que a umbanda adquiriu caráter nacional, com o fim da repressão aos cultos característica do Estado Novo (1937-1945), sob a ditadura de Vargas. Durante esses anos, os franco-maçons, os kardecistas, os umbandistas e os iniciados dos cultos afro-brasileiros em geral foram submetidos à jurisdição do Departamento de Entorpecentes e de Fraudes da Polícia do Rio de Janeiro. Esta seção cuidava de todos os problemas relativos às drogas, ao abuso de álcool, ao jogo ilegal e à prostituição. Os terreiros tinham de solicitar à polícia uma inscrição especial para funcionar em liberdade. Suas práticas estavam, portanto, associadas a atividades marginais e desviantes.

A partir dos anos 1950, várias outras federações de umbanda foram criadas no Rio. Três delas reuniam os centros que se reconheciam na umbanda "branca", como o de Zélio de Moraes ou a Tenda Mirim de Benjamim Figueiredo. Esses centros não aceitavam o uso de atabaques, os sacrifícios de animais,

---

[20] As federações dos cultos afro-brasileiros e da umbanda têm como função principal a negociação: com a sociedade, para legitimar o culto, e com os diferentes componentes do culto. Na verdade, devem garantir que cada terreiro possa realizar "sua" umbanda com toda liberdade, intervindo como mediadoras somente nos momentos de crise declarada. A impossibilidade de realizar um projeto normalizador, em face das múltiplas diversidades existentes em um mesmo culto, é assim explicitada por Zélia Seiblitz: "Esta potencialidade da umbanda para abrir espaço para a diversidade de relações tem, ao nível das federações, sua contrapartida: condenadas a um sisifismo, que é visto pelos antiumbandistas como mais um sinal do desregramento da umbanda, aquelas instituições são arrastadas para o contínuo reinício de um projeto de unificação que expressa também a situação de acusação em que são atirados seus participantes" (Seiblitz 1985, 131).

nem qualquer mistura com o candomblé. As três outras federações defendiam uma forma de umbanda de orientação africana. A mais importante delas foi a Federação Espírita Umbandista, fundada em 1952 por Tancredo da Silva Pinto, que logo se tornou o porta-voz dos praticantes da umbanda "africana", alcançando rapidamente grande popularidade. Ele defendia uma umbanda "popular" que reivindicasse suas origens nas tradições africanas. Tratava-se, pois, do primeiro movimento de volta às origens no meio dos cultos do Rio de Janeiro.

Tancredo da Silva Pinto publicou muitos livros em que apresentou a umbanda como parte da herança africana. A umbanda, portanto, começou a se organizar em torno de dois polos opostos: um formado pela umbanda "branca", influenciada pelo kardecismo e pelo desejo de criar uma imagem socialmente respeitável e, logo, não africana, e o outro, pela umbanda "africana", que reivindicava seus laços com os cultos afro-brasileiros, tendo os terreiros de umbanda se distribuído ao longo desse *continuum*, que ia de uma forma "branca" a uma forma "africana".

Os anos 1940 e 1950 marcaram também o surgimento de programas de rádio dedicados à umbanda. O primeiro, criado em 1947, chamava-se *Melodias de terreiros* e tinha por objetivo divulgar o culto. Teve enorme sucesso: de quinze minutos semanais em 1947, passou a duas horas, duas vezes por semana, em 1969.

A partir dos anos 1960, algumas federações redefiniram seus nomes para neles incluir uma referência explícita às formas mais africanas de culto, como foi o caso da Federação Espírita de Umbanda e das Seitas Afro-brasileiras. Com o advento da ditadura militar em 1964, a umbanda perdeu seu c aráter marginal. Com efeito, por ter numerosos militares entre seus membros, a umbanda se beneficiou da proteção do governo militar, que a utilizou para combater a influência da Igreja Católica, a qual, desde os anos 1950, adotara posições políticas de esquerda. Sob a ditadura, os centros de umbanda passaram da jurisdição policial para uma jurisdição civil. A umbanda foi reconhecida como religião no recenseamento oficial e várias festas umbandistas, como o ritual para Iemanjá em 31 de dezembro, foram declaradas festas nacionais[21].

A oposição entre um modelo "branco" e um modelo "africano" perma-

---

[21] A obrigação de um centro de culto registrar-se na polícia cessou em diferentes datas nos estados brasileiros: em 1976, na Bahia, mas em São Luís do Maranhão apenas em 1988. Comunicação pessoal de Sérgio Ferretti.

neceu muito forte no meio dos cultos afro-brasileiros. Assim, toma forma, nos terreiros de candomblé presentes no Rio desde o fim do século XIX, um *continuum* religioso que vai das formas mais "brancas" do kardecismo até as formas mais "africanas" dos cultos afro-brasileiros (cf. Figura 4). Esse *continuum* se revela ainda pela criação de um culto intermediário entre a umbanda e o candomblé, chamado omolocô, que reivindicava sua origem nos cultos bantos, como a cabula. Tancredo da Silva Pinto foi o chefe carismático desse culto surgido no Rio de Janeiro e que se apresentava como uma espécie de umbanda "africana". Nessa época, vários médiuns de umbanda já transitavam ao longo desse *continuum* religioso, passando da umbanda ao omolocô, para em seguida filiar-se ao candomblé angola. Hoje, o omolocô está praticamente desaparecido em razão do considerável número de iniciados que passaram para outras modalidades de culto consideradas mais prestigiosas, como o candomblé nagô.

DA UMBANDA AO CANDOMBLÉ

A circulação dos médiuns entre os diferentes cultos parece ser um dos traços característicos desse universo religioso. Reginaldo Prandi (1991) analisou a valorização do candomblé em face da umbanda e sua importante difusão na cidade de São Paulo durante as últimas décadas. De fato, a umbanda, até os anos 1970, parecia fadada a ser a religião mais importante dos grandes centros urbanos do Sudeste. O candomblé era tido apenas como uma origem longínqua da umbanda: antes de 1960, no Estado de São Paulo, existia um único terreiro que se dizia de candomblé, a casa de Seu Bobó, fundada em 1958, em Santos. O candomblé começou a se difundir em São Paulo a partir dos anos 1960, com a chegada de vários pais de santo de Salvador e do Rio de Janeiro, aumentando nos anos 1970, de acordo com Concone e Negrão (1985, 48), mais de 1.000% em relação à década anterior. Assim, o candomblé repetia, em relação à umbanda, a expansão que esta havia realizado em comparação com o espiritismo kardecista nos anos 1950[22].

---

[22] Nos anos 1950, contavam-se 1.869 associações religiosas espíritas regularmente registradas em São Paulo, entre elas 1.023 umbandistas, 485 kardecistas e apenas uma de candomblé. Já nos anos 1970, havia 8.685 associações registradas, das quais 7.627 (87,8%) umbandistas, 202 kardecistas e 856 de candomblé (Concone e Negrão 1985, 48).

Segundo Prandi e Gonçalves da Silva (1989, 226), teria havido duas modalidades de difusão do candomblé em São Paulo: uma ligada ao processo de iniciação dos adeptos da umbanda que, em momentos de crise religiosa, buscaram a ajuda dos pais e mães de santo de candomblé da Bahia e do Rio de Janeiro, reputados como mais "poderosos"; e a outra decorrente do fluxo de iniciados no candomblé que chegavam do Nordeste em busca de melhores condições de vida. Roger Bastide apresentou três casos do que chamou "a migração dos ritos e dos deuses":

> Em São Paulo, tivemos conhecimento de, pelo menos, três tentativas; a primeira por um *babalorixá* do sertão baiano, vindo duas vezes, mas que não encontrou nem mesmo uma ocupação remuneradora para viver; a segunda, por um *babalorixá* de Alagoas, que desembarcou com grandes malas cheias de objetos de culto (uma verdadeira mudança de seu Xangô) e encontrou compatriotas, mas não conseguiu instalar sua seita; depois de um ano de estada teve de partir; por fim, a terceira pelo *babalorixá* da Bahia que tivera tanto êxito no Rio e queria constituir uma espécie de sucursal de seu candomblé numa cidade em que já se encontrava uma dúzia de seus antigos fiéis, onde fora, aliás, chamado pelos paulistas durante suas lutas contra Vargas, para celebrar sessões de magia negra. Mas o terreiro que fundou evolui mais para o espiritismo de Umbanda do que permanece fiel às normas puramente africanas (Bastide 1971, 301).[23]

O sucesso da iniciação progressiva dos adeptos de umbanda no candomblé levou a uma circulação considerável de pais e mães de santo entre o Rio e Salvador e a cidade de São Paulo. Alvinho de Omolu, da nação efon, foi uma das figuras mais representativas desse processo de difusão do candomblé em São Paulo. A nação efon se afirmou rapidamente em detrimento das demais modalidades de culto, como o rito angola propagado por Joãozinho da Gomeia, em razão, principalmente, de suas semelhanças com o modelo ketu (nagô), considerado mais puro e, por conseguinte, mais prestigioso.

---

[23] Bastide se refere nesta passagem ao pai de santo baiano Joãozinho da Gomeia, que se instalou no Rio de Janeiro no início dos anos 1950. Mesmo sem *pedigree* de pureza, foi um dos mais célebres chefes de terreiro do Brasil. Encontramos, nessas poucas linhas de Bastide, um resumo do que o discurso dos partidários dos cultos "puros" profere contra os demais cultos: o interesse material (êxito financeiro), a prática da magia negra, a contaminação pelo espiritismo e o não respeito de normas "puramente africanas".

ASSENTAMENTO DE XANGÔ

A importância da nação efon no candomblé de São Paulo e o papel desempenhado por Alvinho de Omolu e por seu irmão de santo Waldomiro de Xangô (Baiano) foram sublinhados por Gonçalves da Silva (1992, 80), que também atribui a importante difusão do rito efon à busca das raízes, vale dizer, à busca do "modelo puro do culto" (Gonçalves da Silva 1992, 82).

Mas quais são as verdadeiras causas da difusão do candomblé em São Paulo? Por que tantos adeptos da umbanda decidiram se converter?

Segundo Prandi (1991), o candomblé – nagô (efon e ketu) e angola –, ao chegar em São Paulo, não era mais uma religião com o objetivo de "preservar o patrimônio cultural negro", uma religião étnica, e sim uma religião universal, aberta a todos, independentemente da cor da pele, da origem e da extração social. Na realidade, o candomblé vinha há muito sendo transformado em uma religião para todos. Como lembra Vivaldo da Costa Lima, a religião que na época de Nina Rodrigues era a dos africanos, e que na época de Carneiro e de Ramos era a dos negros, tornou-se, nos anos 1970, uma religião popular, "sem limites étnicos e sociais bem definidos":

[...] com certeza se poderá afirmar que o candomblé atual da Bahia – mesmo nas casas mais ortodoxas e "africanas" – está a cada dia iniciando pessoas de outras classes, brancos da Bahia, e mesmo estrangeiros sem qualquer compromisso étnico ou cultural com os padrões dominantes nos candomblés (Lima 1977, 61).[24]

Essa transformação do candomblé em religião universal é igualmente a base da construção da oposição entre cultos "puros" e "degenerados". Bastide (1971) viu na dissolução da etnicidade nos cultos do Sudeste o sinal da perda de uma fidelidade às tradições puramente africanas. A verdadeira religião é, pois, aquela que se funda na manutenção de um patrimônio étnico. Mas Bastide não podia ignorar a presença de brancos nos terreiros mais tradicionais. Aliás, ele próprio, branco e estrangeiro, tinha sido aceito no terreiro do Axé Opô Afonjá. Foi levado, então, a postular a existência de dois tipos diferentes de brancos, assim como haveria dois tipos diferentes de negros.

Para isso, estabeleceu uma relação entre a "degradação cultural" dos cultos afro-brasileiros nas grandes cidades do Sudeste e a mestiçagem resultante de uma forte imigração europeia (Bastide 1971, 417). O candomblé da Bahia foi designado uma religião de negros. Os brancos que entram em contato com sua "metafísica" são levados a aceitar "naturalmente" a "lei africana": eles se africanizam. A macumba, de origem banta, seria, em contrapartida, o produto de um "mulatismo cultural" de negros submetidos às regras de uma sociedade de classes. No contato com os brancos (sobretudo imigrados pobres), os negros perdem facilmente suas raízes: eles se desafricanizam. Existiriam, portanto, não só dois tipos de brancos qualitativamente diferentes – a "aristocracia" (os intelectuais brancos) ligada aos nagôs e a "plebe" ligada aos bantos, como afirma Peter Fry (1984) –, mas também dois tipos diferentes de negros: os nagôs, que impõem suas tradições aos brancos, e os bantos, que são, ao contrário, permeáveis à mudança. Assim, o candomblé "puro africano" pode continuar a se afirmar como nicho cultural em que a tradição africana (o "patrimônio étnico") é perpetuada: os brancos que dele participam podem afirmar, com Bastide, "*Africanus sum*".

---

[24] A esse respeito, as palavras de Mãe Stella, ialorixá do terreiro do Axé Opô Afonjá, e considerada a guardiã das tradições do candomblé baiano, são bem significativas: "O candomblé não é uma religião negra. É de origem negra porque veio trazido pelos africanos. O branco aderiu, adotou, se deu bem. [...] Quem segura e demarca o território somos nós, os pobres, principalmente os negros, embora existam brancos inseridos no candomblé que sejam mais crentes, mais responsáveis que muitos negros de origem" (*Bahia, Análise & Dados* 1994, 44). Sobre a presença de brancos no candomblé desde o início do século XIX, cf. Reis (1989) e Silveira (1988).

Dois tipos de brancos, portanto, e dois tipos de negros: por que então passar de uma religião nacional – a umbanda – para uma religião que, apesar de sua abertura a qualquer um, independentemente de sua cor de pele ou de sua extração social, propunha uma identificação profunda com uma origem e uma tradição africanas?

Vimos como a filiação religiosa a uma família de candomblé sempre se faz em relação a uma pureza africana ideal, e como a nação efon, ao reivindicar uma maior proximidade de suas raízes africanas, afirmou-se em São Paulo em detrimento da nação angola de Joãozinho da Gomeia. Todo novo iniciado é, assim, conduzido a se identificar com uma origem africana que não está necessariamente ligada à sua própria origem familiar ou racial: dessa maneira, um branco filho de portugueses, iniciado em terreiro nagô, reivindicará sem hesitação sua origem iorubá. O que está em jogo aqui não é uma dissolução das diferenças raciais em uma religião universal, e sim a afirmação de uma identidade cultural, conotada positivamente, independentemente da origem real de cada um.

Com efeito, o pertencimento ao candomblé "puro africano" se torna, a partir dos anos 1960, fonte de prestígio na sociedade brasileira. É nessa época que os países africanos empreendem seus processos de descolonização, agindo de maneira efetiva e independente na cena política e econômica internacional. O Brasil estava extremamente interessado nesses novos mercados, sobretudo nos países da África ocidental, com os quais já mantinha riquíssimas relações comerciais, mas onde as importações ultrapassavam largamente as exportações. O ano de 1964 é o ano da visita ao Brasil do presidente do Senegal, Léopold Sédar Senghor, e da assinatura do primeiro acordo comercial senegalo-brasileiro. Em 1965, o governo brasileiro envia uma missão comercial a seis países da África ocidental que inaugura a política comercial com os países africanos não lusófonos[25].

Essa mudança de atitude em relação à África também determinou uma reformulação global da política nacional perante as religiões afro-brasileiras. Ao expressar uma origem cultural comum, elas se tornaram um dos trunfos

---

[25] Até os anos 1950, o Brasil, que fazia parte da comunidade luso-brasileira, alinhava sua política exterior com a política colonial portuguesa. A missão de 1965 na África ocidental provocou uma virada decisiva. Uma publicação do Departamento de Cultura e Informação do Ministério das Relações Exteriores do Brasil, dedicada ao primeiro Festival de Artes Negras em Dacar, em 1966, mostra bem os efeitos dessa nova política: "Após o retorno da bem-sucedida missão de comércio à África, em junho de 1965, o governo decidiu em caráter definitivo que as embarcações brasileiras utilizariam periodicamente os portos da costa oeste africana na rota para o Mediterrâneo, levando mercadorias brasileiras para a África e trazendo produtos para o Brasil" (Publicação 1966, 106).

mais importantes no estabelecimento de relações diplomáticas com os países da África ocidental. É assim que o candomblé nagô da Bahia vê valorizada sua origem supostamente pura e tradicional. Nessa época, por exemplo, era frequente ver, nas cerimônias públicas dos terreiros tradicionais de candomblé, as autoridades civis e militares brasileiras lado a lado com os representantes dos governos africanos.[26] O candomblé se tornou um dos símbolos da "brasilidade", como o carnaval e o samba, e começou a ser proposto nas agências de turismo (principalmente a Bahiatursa) como uma das atrações folclóricas nacionais.

A essa nova imagem do negro "africano", que deixa de ser sinônimo de ignorância e atraso cultural, corresponde nos anos 1970 a difusão do movimento da contracultura, em resposta ao autoritarismo da ditadura militar. É a época da afirmação dos movimentos de negros, homossexuais e mulheres. Paralelamente, os negros brasileiros conseguem ter acesso aos estudos universitários. O crescimento do nível de escolarização e a mobilidade social dele resultante permitiram a formação de uma classe média negra, que no entanto continuava a ser pouco numerosa. Os símbolos culturais ligados ao candomblé "africano" se tornaram, então, componentes de uma identidade positivamente conotada. O candomblé adquiriu, pouco a pouco, uma visibilidade social em âmbito nacional que jamais tivera. É a época de Mãe Menininha do Gantois (Maria Escolástica Nazaré), sem dúvida alguma a mais célebre sacerdotisa da Bahia, a primeira a ser conhecida nacionalmente, inclusive fora dos limites do culto[27]. Era muito comum vê-la na televisão ou em revistas. Cantores e poetas lhe prestavam homenagem. Em 1972, Dorival Caymmi compôs para o jubileu de sua iniciação a canção "Oração a Mãe Menininha", interpretada por Caetano Veloso, Gal Costa e Maria Bethânia, todos três filhos de santo do Gantois. Essa canção conheceu extraordinário sucesso. Os romances de Jorge Amado e os filmes de Nélson Pereira dos Santos já haviam começado a introduzir o mundo dos orixás na cultura nacional. O movimento culminou, no fim dos anos 1970, no abandono da obrigação da inscrição dos terreiros de candomblé

---

[26] As relações com os representantes dos governos africanos e sobretudo o papel central desempenhado pelo embaixador da Nigéria estão ligados ao processo de reafricanização que será analisado na terceira parte deste livro. A mudança da política exterior brasileira determinou uma nova política cultural, com a criação de centros de pesquisa específicos e a difusão de cursos de língua e civilização iorubás em Salvador, em São Paulo e no Rio de Janeiro.

[27] Mãe Menininha era bisneta de Maria Júlia da Conceição Nazaré, uma das fundadoras da Casa Branca, considerado o mais antigo terreiro de Salvador. Nasceu em 1894 e morreu em 8 de agosto de 1986.

na polícia, decisão que pôs um ponto final no longo período de repressão aos cultos afro-brasileiros, existente desde os anos 1930. Ser iniciado no candomblé perdeu sua conotação negativa de atraso social e cultural: de "coisa de negros e pobres" o candomblé se transformou em uma prática cultural valorizada.

A "CIENTIFICIDADE" DO DISCURSO RELIGIOSO

No discurso dos médiuns, a passagem da umbanda ao candomblé sempre é justificada por uma necessidade: o apelo direto dos orixás se expressa, de forma geral, pela doença ou pelo infortúnio. Em um momento determinado da vida do médium, sua inscrição no quadro simbólico da umbanda não é mais suficiente para resolver as dificuldades existenciais e a crise se desencadeia. A solução para os novos problemas é buscada, então, em um universo considerado mais poderoso: o candomblé. A iniciação, portanto, sempre é pensada como algo inevitável, independente das escolhas individuais: as divindades impõem diretamente sua vontade sobre os homens.

Esse tipo de explicação constitui uma espécie de código nos cultos afro-brasileiros: é comum a toda iniciação em um culto, sem distinção de origem ou grau de pureza. A descoberta da mediunidade se faz constantemente nesse quadro de crise existencial, em que quanto mais o médium for reticente, mais a veracidade do apelo divino será afirmada. A aceitação da própria missão espiritual é alcançada após longo período de luta interior contra os deuses. Por que, então, passar da umbanda ao candomblé? Por que reviver a mesma crise, desta vez por causa dos orixás, quando já se aceitou a aliança com os espíritos de umbanda?

Nos discursos dos médiuns, o aspecto inelutável da iniciação é duplicado pela crença em um poder superior, religioso e mágico, ligado ao candomblé: este é mais forte, pode resolver os problemas com mais facilidade que a umbanda. Tal preeminência é afirmada sobretudo quando se trata de enfrentar os ataques místicos. Eis como um médium de umbanda analisou a "guerra mística" que opõe uma mãe de santo de umbanda a um adepto de candomblé: "Mas ela também é uma velha sem juízo. Vai cutucar o diabo com vara curta. Sabendo que ela é de umbanda, não tem força. Ele é candomblezeiro, mais forte que ela. Ela vai cutucar o diabo com vara curta" (citado por Brumana e Martinez 1991, 432)[28].

---

[28] Essa diferenciação dos níveis de potência mística é igualmente estabelecida em relação ao kardecismo. Diante dos ataques sobrenaturais, este é considerado menos poderoso que a umbanda.

Mas a iniciação dos médiuns de umbanda no candomblé é também, e sobretudo, uma maneira de acumular prestígio, como mostra o discurso da mãe de santo ketu Dina de Iansã, oriunda da umbanda e iniciada no candomblé em 1971:

> Uma pessoa umbandista que vai a um barracão de candomblé não deve participar da roda, porque não passou por determinadas coisas. O candomblé nós dá um *status* diferente do povo de umbanda: você é *iaô*, novinha de santo, mas se você chegou a um barracão de candomblé você tem um valor. Por exemplo, eu sou ialorixá e se entrar num barracão de candomblé, o couro [os atabaques] para, para fazer uma louvação da minha entrada. Se chegar uma zeladora de umbanda, ela pode ter setenta anos, mas já não acontece nada disso!

É o reconhecimento público do *status* de seus iniciados que leva muitos médiuns de umbanda a se iniciarem no candomblé, o que faz também com que melhorem sua posição no mercado religioso, uma vez que isso lhes abre as portas de uma carreira religiosa que teria sido impossível na umbanda. Durante sua estada na Bahia, Melville J. Herskovits (1967, 100) notou que uma das principais funções do candomblé é permitir que o iniciado satisfaça sua aspiração a uma posição de prestígio e melhore seu *status* social, em ligação com seu *status* religioso. Com efeito, a economia dos candomblés, fundada na troca, nunca busca simplesmente o lucro, mas, acima de tudo, a afirmação de um prestígio a um só tempo pessoal e coletivo: o do pai ou da mãe de santo e o de seu grupo de culto. A afirmação de uma liderança religiosa por intermédio da acumulação de prestígio é comum aos cultos "puros" de Salvador, tanto quanto aos cultos "degenerados" do Sudeste[29]. Ela está na origem do constante movimento dos iniciados no seio das diferentes modalidades dos cultos afro-brasileiros.

A valorização do candomblé a partir do fim dos anos 1960 derrubou as barreiras entre os cultos. Assim, se a umbanda era até os anos 1950 uma opção mais satisfatória diante do caráter primitivo da religião dos negros, a relação se inverte com a redescoberta dos símbolos ligados à africanidade. Essa mudança é percebida nitidamente no discurso dos iniciados. Palmira de Iansã, mãe de santo ketu ligada ao Axé Opô Afonjá do Rio de Janeiro, viveu muito mal a pressão da iniciação no candomblé em 1957, época em que os preconceitos contra esse culto ainda eram muito fortes, especialmente

---

[29] Sobre a dinâmica de afirmação dos novos líderes de candomblé no Sudeste, cf. Capone (1996).

ASSENTAMENTO DE OBALUAIÊ

para uma mulher branca de família portuguesa: "Vinte e sete anos atrás o candomblé era um tabu. Você era uma pessoa alijada de uma sociedade por pertencer ao espiritismo e, ainda pior, ao candomblé. No candomblé, você não podia nem falar, o candomblé era coisa... coisa de negro, né? Era coisa de ateu, que matava, que fazia, Deus me livre, aquela coisa toda. Aquela coisa do demônio!"

A partir do fim dos anos 1960, contudo, o clima cultural do país muda pouco a pouco. O candomblé começa a ocupar lugar central no mercado religioso, beneficiando-se de importante difusão no país, graças principalmente aos programas de rádio. Essa mudança é explicada por Palmira de Iansã do seguinte modo:

O candomblé começou realmente a mudar por volta de 1970, porque se abriu às pessoas. Apesar da revolução, da ditadura, eu acho que de repente a gente começou a falar mais, as pessoas começaram a assumir, "eu sou de candomblé"... porque as pessoas antes não assumiam. Então começou a se falar em candomblé. Nós começamos a trocar mais [nossas experiências] e também os programas de rádio[30]. Eu, por exemplo, fiz parte durante alguns anos do programa de Zé Beniste, Programa Cultural Afro-brasileiro, tanto na rádio Rio de Janeiro quanto na rádio Roquete Pinto, e nós falávamos muito. Começamos a falar sobre *odù*. Foi aí que as pessoas começaram a escutar que existia alguma coisa chamada *odù*. Mas de onde veio isso? Porque no candomblé começou a ir também muita gente, essa gente que tem um pouco mais de cultura... a própria transformação social até do Brasil e das pessoas que passaram a frequentar as casas de candomblé, elas começaram a procurar o que é o candomblé.

A moda dos programas de rádio sobre o candomblé é paralela a uma vontade de compreensão dos "fundamentos" do culto. Os iniciados começam a procurar os livros que falam do candomblé no Brasil e aqueles – em número muito limitado – que tratam dos cultos africanos, traduzidos em português: o livro se torna, assim, fonte de conhecimentos sagrados, ao lado da experiência religiosa direta.

---

[30] Nos anos 1990, havia no Rio de Janeiro ao menos 14 programas de rádio semanais dedicados à macumba (termo genérico que faz referência, no Rio, a todos os cultos afro-brasileiros), dos quais seis consagrados apenas ao candomblé. Durante esses programas, o público podia telefonar e fazer perguntas ligadas à "ortodoxia" do culto: com frequência, essas conversas se transformavam em verdadeiras discussões teológicas. O papel dos programas de rádio na purificação dos cultos no Sudeste ainda não foi estudado.

Vimos como a umbanda se estrutura à medida que é sistematizada nos escritos dos intelectuais do culto. Ela resulta do *bricolage* de vários elementos organizados em um discurso "científico". A experiência mística deve ser explicada em um contexto de racionalidade que permita a compreensão mas também a legitimação desse discurso. A umbanda não é mais "coisa de ignorantes e supersticiosos" como o candomblé: as explicações "científicas" relativas à magia e ao universo místico dos espíritos demonstram que os valores do mundo moderno são aplicáveis aos valores da umbanda e lhe permitem ser aceita por uma sociedade moderna e racional. É essa afirmação de um discurso científico pelos intelectuais do culto que impõe o livro como instrumento insubstituível de formação religiosa.

Hoje, essa cientificidade umbandista, considerada valor positivo, torna-se objeto de reinterpretação na busca das raízes africanas do candomblé. Se, pelo livro, o umbandista participa dos valores da sociedade dominante, em que a escola e o saber são os canais normais de ascensão e legitimação social (Montero e Ortiz 1976), esses mesmos valores reorganizam a redescoberta do candomblé: as raízes culturais estão ligadas não apenas à tradição, mas também a uma suposta cientificidade original dessa tradição. Passa-se, pois, de uma religião de origem africana, em que as tradições estavam sob o sinal da fé e da "superstição", à umbanda, que conjuga fé e cientificidade, para chegar a uma reafricanização, a uma redescoberta do candomblé e de sua africanidade, em que a tradição se liga a essa busca dos componentes científicos da religião. A busca de uma cientificidade implícita no pensamento teológico africano anima, portanto, a passagem da umbanda ao candomblé.

Os programas de rádio, a procura de textos etnográficos, os cursos de língua e civilização iorubás são sinais da mesma busca de racionalização do culto, dos "fundamentos" e dos conhecimentos ligados à religião. Procura-se uma razão para cada gesto ritual:

Eu gostaria de saber como é que o africano inventou isso. O princípio. Porque eu não fiz teologia, não fiz faculdade, não tenho nada. Então, como é que começou? O que é que ele entendia de biologia para dedicar um *igbin* (caramujo) a Oxalá? Será que ele ficou observando que quando os dois [animais] copulavam, ambos reproduziam? [Oxalá é um orixá considerado hermafrodita.] Como ele pode saber tanta coisa? Então, para entender o sistema, a pessoa quer saber para onde vai, por que eu tenho que pingar três pingos de água no chão, por que é que eu uso dendê, por que é que eu uso mel, por que isso, por que aquilo. Então, talvez nos livros, a gente encontre uma resposta aos porquês.[31]

O candomblé passa a ser o lugar de uma procura incessante dos porquês da vida. Os iniciados não se satisfazem mais com a mera experiência mística, com a comunhão com os deuses: eles querem compreender, procuram em cada gesto ritual a expressão de uma racionalidade que os supera. Essa mudança de atitude diante do sagrado causa uma profunda revolução na maneira de aderir aos cultos. Passa-se assim de uma cultura em que a fala é portadora da força sagrada, e em que os conhecimentos são aprendidos ao longo dos anos passados no grupo de culto, a uma cultura baseada em um conjunto de sistematizações de seu universo religioso, produzidas pelos antropólogos, mas também pelos chefes dos cultos. Os iniciados no candomblé se dedicam ao estudo de sua própria cultura[32], à procura do "verdadeiro" candomblé, pois o estudo passa a fazer parte integrante da carreira religiosa.

Além disso, na ausência de qualquer instituição centralizadora que sirva de referência em matéria de ortodoxia, certos iniciados acabam por desejar a criação de centros de formação para os futuros chefes de terreiros. É o caso de Ornato da Silva, babalorixá e autor de vários livros dedicados ao candomblé, que propôs a criação de um "Centro de Estudos Específicos para Formação de Sacerdotes da Religião Afro-brasileira" (Silva 1988, 10), "em nível acadêmico", no qual seriam ensinadas as seguintes matérias: "História do Brasil e Universal, Geografia do Brasil e Universal, noções das múltiplas línguas africanas, noções das línguas portuguesa, francesa e inglesa, problema ético-moral, Psicologia Aplicada, Arqueologia, Estatística, Música, Dança, Escultura e Culinária, problemas brasileiros, problemas econômico-financeiros, problema sociológico, implicações jurídicas, noções de botânica e taxonomia vegetal."(Silva 1988, 10) Hoje, esse desejo ardente de legitimação por meio de um discurso religioso "científico" é partilhado pela maioria dos iniciados no candomblé.

---

[31] Entrevista com Palmira de Iansã, nação ketu.
[32] Eu mesma estive frequentemente envolvida em longas discussões sobre as "coisas da África". Vários interlocutores me pediam expressamente referências de obras raras dedicadas aos cultos na África, como a de Verger, publicada em 1957 em francês que só foi traduzida para o português em 1999. Toda indicação – biblioteca, centro de pesquisa, universidade – era recebida com grande interesse. Muitas vezes, não se sabia mais quem era o pesquisador e quem era o informante.

PRESTÍGIO E HIERARQUIA

A passagem da umbanda ao candomblé é, portanto, sinônimo de maior eficiência ("ele é mais poderoso"), de aprofundamento dos conhecimentos (o "estudo científico" da religião) e, quase sempre, de ascensão social graças ao reconhecimento público do *status* de filho de santo. Assim, se a iniciação no candomblé era sempre justificada como uma necessidade, uma pressão divina, hoje ela é abertamente procurada: "O orixá manda a doença para marcar o seu filho, que é bem cético, porque geralmente as pessoas só vão procurar o santo por necessidade, por doença. Ultimamente, estão vendo muita beleza [do culto] e a gente quer se tornar adepto"[33].

É precisamente essa beleza que atrai grande parte dos candidatos à iniciação. Na verdade, o candomblé se opõe à umbanda pelo lado estético: o luxo e a criatividade das roupas usadas no candomblé contrastam violentamente com a simplicidade e a austeridade dos uniformes brancos vestidos pelos médiuns da umbanda. Assim, embora o caráter festivo das cerimônias de candomblé seja confrontado com a utilidade do trabalho umbandista, é justamente esse luxo que age como imã sobre os médiuns. Em contrapartida, o custo excessivo de qualquer ritual de candomblé é dificilmente aceito pelos médiuns que vêm da umbanda. A iniciação representa uma despesa considerável para candidatos que, em geral, têm poucos recursos. A comercialização do candomblé dá lugar a críticas muito frequentes por parte dos iniciados oriundos da umbanda:

> O candomblé está muito comercializado e nós, que viemos da umbanda, ainda temos aquele pedacinho que diz: "Bom, fulano precisa fazer determinado trabalho mas não tem como pagar". Então, a gente sempre tira um pouquinho de nós para dar a quem precisa, entendeu? Mas, quem nasceu dentro do candomblé não tem esse tipo de coisa: pra fazer um determinado serviço é X, pra acender uma vela é outro X, e nós já não...[34]

Toda pessoa familiarizada com o candomblé conhece essa espécie de *potlatch*, em que quanto mais se gasta, mais se adquire prestígio. Aliás, a tão criticada comercialização do candomblé está na origem de uma vasta economia paralela:

---

[33] Entrevista com Alvinho de Omolu, nação efon.
[34] Entrevista com Dina de Iansã, nação ketu.

basta ir ao Mercadão de Madureira[35], verdadeiro supermercado da macumba, para se dar conta disso.

Apesar de seu lado oneroso, ou talvez justamente por isso, muitos dos médiuns da umbanda e de seus clientes não escondem a fascinação que sentem pelo mundo do candomblé. Tudo concorre para isso: se na umbanda os médiuns incorporam espíritos cuja missão é praticar a caridade, no candomblé os iniciados se transformam em deuses poderosos que controlam o trovão e os ventos e cuja simples presença na terra é objeto de veneração coletiva. Para que uma cerimônia de candomblé seja coroada de sucesso, é preciso que a combinação de música, dança, luxo das vestimentas dos deuses, decoração do terreiro e a abundância indispensável da refeição oferecida opere uma fascinação irresistível sobre o espectador.

Tornar-se iniciado no candomblé significa, portanto, acumular prestígio, um prestígio proporcional à capacidade de brilhar nas cerimônias e dominar as forças místicas. A entrada no candomblé também abre as portas para uma carreira religiosa que não é acessível a um médium de umbanda. E a umbanda se torna, assim, uma espécie de preparação para o candomblé: "A umbanda é um caminho para o candomblé, uma iniciação, porque você, para viver bem dentro do candomblé, tem que ter tido uma vivência dentro da umbanda. Facilita no entendimento das pessoas, no modo de a pessoa se conduzir no barracão de candomblé, na hierarquia"[36].

Aos olhos dos médiuns de umbanda, o candomblé é um culto muito mais autoritário, em que o respeito pela hierarquia deve ser aprendido. Vários autores, como Prandi (1991, 59), definiram a umbanda como uma religião democrática. Na realidade, encontramos nela uma organização hierárquica, mas dificilmente comparável à organização do candomblé. À frente do centro de culto está o pai ou a mãe de santo de umbanda, figura carismática que centraliza o exercício do poder no seio do grupo religioso. O segundo lugar na hierarquia é ocupado pelo pai pequeno ou a mãe pequena, assistente direto do chefe do terreiro. A *samba* e o *cambono*, conforme sejam mulher ou homem, são médiuns, auxiliares do pai pequeno, cuja função é ajudar os outros médiuns possuídos pelos espíritos,

---

[35] O Mercadão de Madureira, localizado na zona norte do Rio de Janeiro, é um mercado coberto, de três andares, que foi reconstruído após um incêndio. Nele se pode encontrar tudo o que é necessário a um ritual de candomblé: ervas, objetos ou animais para os sacrifícios.

[36] Entrevista com Dina de Iansã, nação ketu. Esse vínculo direto entre umbanda e candomblé ocorre sempre nos dois sentidos. É possível, por exemplo, uma filha de santo de candomblé, proveniente da umbanda, decidir abrir um centro de umbanda em sua terra natal porque isso é "mais simples". Com o tempo, ela o transformará em terreiro de candomblé.

INGREDIENTES NECESSÁRIOS AOS RITUAIS DE CANBOMBLÉ
À VENDA NO MERCADÃO DE MADUREIRA

tomando nota dos trabalhos mágicos ditados pelas entidades ou traduzindo para os clientes a língua ritual falada pelos caboclos ou exus.

A umbanda, entretanto, distingue-se do candomblé pela ausência de hierarquia dos médiuns conforme o tempo de iniciação, cuja ocorrência estrutura o candomblé. Os centros de umbanda mais próximos do polo africano são os únicos a ter um ritual de iniciação, chamado *feitura,* como no candomblé. Os outros recorrem ao "batismo", ou "camarinha" em que o chefe do culto reconhece a legitimidade do trabalho espiritual do médium. A pouca importância dada à iniciação determina uma série de conflitos potenciais no seio da hierarquia. Na verdade, o médium não precisa do pai de santo para incorporar seus espíritos, pois nasceu com eles: "Quem tem a mediunidade, quem tem a *coroa* pra *trabalhar,* já nasceu, não precisa ninguém estar raspando tua cabeça, ninguém tirando cabelo da coroa da tua cabeça pra dizer que você vai receber um *Guia.* [...] A tua missão, você já nasceu com ela, é um dom de Deus" (Brumana e Martinez 1991, 189).

A adesão a um centro de umbanda está ligada, portanto, à necessidade do desenvolvimento espiritual, mas a relação de subordinação ao pai de santo pode ser questionada a qualquer momento, pois não foi este quem fixou a entidade[37]. E se existem diferenças entre os médiuns, elas não estão ligadas ao princípio de senioridade, mas ao nível de desenvolvimento espiritual de cada um. Há o "novo no santo", que começa a aprender o trabalho religioso; o "médium firmado", que já passou pelo ritual de "consolidação" de seus espíritos, isto é, de fixação de suas energias em representações materiais; e o "médium pronto", que domina bem a possessão e conhece bem os rituais. A esses tipos de médium se acrescentam dois outros, conforme tenha havido ou não um ritual de iniciação no terreiro: o "médium feito", isto é, que foi iniciado, e o "médium que nasceu feito", isto é, que está pronto, desde o nascimento, para receber seus espíritos (Maggie 1977).

A recusa da filiação religiosa na umbanda amplifica o potencial conflituoso do grupo. Um médium precisa da mediação do pai ou da mãe de santo para proteger-se dos ataques mágicos de seus pares. Sua posição de superioridade hierárquica pode, no entanto, ser garantida pela potência de seus espíritos. Assim, como afirmam Brumana e Martinez (1991, 154): "A topologia relacional do terreiro reproduz a topologia geral do culto: proteção, submissão, castigos e favores movem-se num eixo vertical ao qual se recorre para proteger-se dos perigos veiculados no eixo horizontal da relação entre pares".

O compromisso entre independência religiosa e necessária submissão a alguém mais poderoso, a fim de proteger-se, é a base do equilíbrio, perpetuamente questionado, da umbanda[38]. As relações de poder são também objeto de constante negociação pela fala dos espíritos[39]. Na verdade, toda modificação nos rituais da umbanda é legitimada pela intervenção dos espíritos. São eles que ditam suas doutrinas (suas características e especificidades rituais) aos médiuns que possuem. Durante os rituais, apresentam-se pelo nome, explicam o papel que têm no panteão umbandista e contam sua vida. Além disso, é pelo discurso deles que os detalhes que fazem parte das regras do culto são continuamente renegociados.

---

[37] No candomblé, utiliza-se a expressão *feitura de santo* para falar da iniciação. Com efeito, durante esse período, o iniciador (o pai de santo) deve dar uma nova vida ao noviço, que ficará para sempre ligado a seu orixá. Esse orixá pessoal é, portanto, "feito" por intermédio do chefe do culto e a submissão do iniciado a este deve ser total.

[38] Essa redefinição contínua das relações de submissão está presente no conjunto do campo religioso afro-brasileiro. Veremos como a filiação religiosa é constantemente questionada no candomblé, por intermédio da *troca das águas*, isto é, a passagem de um grupo de culto a outro.

[39] A esse respeito, ver a análise de Maggie (1977) de uma *demanda* em um terreiro de umbanda. Os ataques místicos visavam a uma redefinição das posições hierárquicas no grupo de culto. Essa análise é um dos raríssimos estudos dedicados ao conflito nos cultos afro-brasileiros.

Essa relativa independência do médium de umbanda diminui quando se passa ao candomblé. A organização interna de todo terreiro de candomblé é fundada em uma hierarquia religiosa mais rígida, determinada pelo tempo de iniciação (princípio de senioridade). Todo novo membro de um terreiro ocupa, portanto, uma posição inferior àquela dos iniciados que o precederam. É possível, por exemplo, ser considerado "mais jovem" que uma criança iniciada no ventre da mãe[40]. A posição que cada um ocupa na hierarquia religiosa é marcada por complexos rituais de saudação e polidez. A observância estrita da hierarquia, no entanto, não é o único meio de ascensão social; há também o mérito. De *iaô,* novo iniciado, torna-se *ebômi,* ao fim de sete anos de iniciação. Este, após ter recebido o *decá* (cerimônia que simboliza a aquisição de sua independência em relação ao pai de santo), pode abrir um novo terreiro, que permanecerá ligado ao terreiro de origem. Mas a ascensão também se faz pela obtenção de cargos rituais. Assim, para um mesmo tempo de iniciação, um filho de santo deverá respeito e submissão a seu irmão de iniciação (pessoa que foi iniciada com ele), se este tiver recebido do pai de santo um cargo ritual. A distribuição desses cargos rituais e a transmissão de conhecimentos resultante disso constituem a maneira mais eficaz para o chefe do culto reforçar e manter sua autoridade sobre os iniciados.

A diferenciação interna entre os filhos de santo é fonte importante de conflitos no seio do grupo de culto. Os conflitos são quase sempre resolvidos graças ao que se poderia definir como uma das verdadeiras instituições do candomblé: os *fuxicos de santo*. Em um terreiro de candomblé, os ataques contra um inimigo nunca são diretos e as acusações podem se referir à legitimidade da origem religiosa da pessoa visada, à prática da magia negra e até à autenticidade do transe[41].

Os fuxicos desempenham no candomblé um papel de reorganização interna, como a intervenção dos espíritos na umbanda. Funcionam como mecanismo de redução das tensões e de reorganização das relações de poder no seio do grupo. Assim, as acusações contra pessoas que fazem parte de outro terreiro servirão para delimitar as fronteiras externas do grupo de culto: contestar a

---

[40] No candomblé, se uma mulher grávida se submete a um ritual de iniciação, seu filho será considerado iniciado no mesmo nível que a mãe. Além disso, serão considerados irmãos de santo, pois "renasceram" juntos.

[41] A primeira coisa que impressiona o pesquisador nos terreiros de candomblé é essa maneira constante de falar dos outros, de acusá-los para melhor afirmar a legitimidade da posição ocupada por aquele que fala.

legitimidade de outro permite afirmar a própria legitimidade. Em contrapartida, as acusações internas visando a pessoas que ocupam posições hierárquicas distintas questionam a organização do terreiro.

Assim, o candomblé oferece ao médium de umbanda um espaço onde ele pode sentir o "gosto do poder" (Prandi 1991, 88), o qual está ligado à ascensão na hierarquia religiosa e à acumulação de prestígio que disso decorre. A capacidade do iniciado de dominar as forças místicas lhe permite o acesso à manipulação mágica do mundo pelo feitiço, o trabalho mágico. Essa manipulação é função da posição que o médium ocupa na hierarquia religiosa e dos conhecimentos que ele acumulou, mas também de sua relação com seus deuses ou espíritos. Duvidar da legitimidade de um médium, contestando a veracidade de sua aliança com as entidades espirituais, corresponde, assim, a questionar seu poder místico.

No candomblé, com o fuxico de santo (semelhante à demanda umbandista), o grupo de culto reproduz a lógica interna da sociedade brasileira, altamente hierarquizada e estratificada. Todavia, embora os cultos afro-brasileiros reproduzam as desigualdades dessa sociedade, eles dão a seus adeptos ao mesmo tempo a possibilidade de exprimir os conflitos que os opõem a seus superiores hierárquicos. A raridade, nos escritos sobre o candomblé, das referências às relações de poder e aos conflitos entre e nos terreiros é a expressão de uma visão romântica de um espaço (o candomblé puro) em que a harmonia deve reinar soberana[42]. Essa atitude, presente na maioria dos estudos sobre os cultos afro-brasileiros, revela a dificuldade de pensar a sociedade brasileira como uma sociedade hierarquizada e o candomblé como um produto dessa sociedade, como observa Roberto DaMatta:

> Na verdade, é mais fácil dizer que o Brasil foi formado por um triângulo de raças, o que nos traz ao mito da democracia racial, do que aceitar que se trata de uma sociedade hierarquizada que se instala através de gradações e que, exatamente por isso, pode admitir, entre o branco superior e o negro pobre e inferior, toda uma série de critérios de classificação (DaMatta 1979, 46-47).

Para Gilberto Freyre, inspirador do mito fundador da sociedade brasileira, se a origem desta resulta do encontro de três "raças" (a branca, a negra e a in-

---

[42] Uma das raríssimas obras a tratar dessas questões na umbanda é a de Maggie (1977). O candomblé continua sendo, na maioria dos escritos antropológicos, um espaço de harmonia, representação direta da tradição, em que todo conflito deve ser atenuado.

ASSENTAMENTOS NA CASA DE OXALÁ

dígena), as diferentes contribuições de cada uma se fundem harmoniosamente, eliminando *a priori* todo antagonismo ou conflito social. A imagem do Brasil--cadinho põe em cena o encontro das raças como uma aculturação harmoniosa de seus universos simbólicos, em que toda relação de poder deve ser escondida e a ausência de conflito se torna a marca da democracia[43].

Negar a existência de conflitos nos cultos afro-brasileiros faz com que estes se mantenham em um imobilismo que os distingue nitidamente da sociedade global, bem como os apresenta como entidades culturais desprovidas de histórias e, portanto, de estratégias políticas. A importância da noção de prestígio e o recurso aos fuxicos ou aos ataques místicos nas relações de poder no interior dos cultos revelam uma realidade bem mais complexa.

---

[43] A reflexão sobre a realidade latino-americana foi durante muito tempo marcada por oposições, apresentadas como condições antagônicas, em torno das quais se ordenaria a história dos homens e das instituições (cf. Buarque de Holanda 1984). Em vez dessa lógica de oposições, Roberto DaMatta introduz uma lógica relacional, na qual um terceiro termo sempre permite a ligação entre dois termos opostos. Assim, a dicotomia de Dumont (1992) entre indivíduo e totalidade se transforma em um jogo de ambiguidades e mediações (DaMatta 1981).

CAPÍTULO IV

A REORGANIZAÇÃO DO ESPAÇO SAGRADO

Durante a passagem dos médiuns da umbanda para o candomblé, a permanência dos "espíritos das trevas" umbandistas – os exus e as pombagiras – levanta sérios problemas no plano ritual. Na verdade, esses espíritos são considerados eguns, isto é, espíritos dos mortos. Ora, todo contato com os mortos deve ser acompanhado de uma série de ações rituais que lhes neutralizem o poder negativo e a inevitável poluição. Ser possuído pelo espírito de um defunto só pode, portanto, ter consequências nefastas: a doença, a loucura ou mesmo a morte.

Na ilha de Itaparica, no meio da baía de Todos os Santos, foi preservado o culto aos Egunguns (ou Eguns), no qual os espíritos dos ancestrais se manifestam durante cerimônias rituais. Nesse culto de origem iorubá, o cuidado extremo que se tem em separar o espaço dos vivos do espaço dos ancestrais mostra os perigos causados pelo contato com a morte. Durante as cerimônias, os sacerdotes *(ojês)* usam varas compridas para afastar dos espectadores os Eguns que dançam, pois um contato fortuito com as roupas de um deles poderia causar uma doença ou até a morte da pessoa tocada. Essa distância necessária entre o mundo dos mortos e o mundo dos vivos é mais perceptível ainda, se consideramos a qualidade das relações que os homens mantêm com os Eguns. Assim, ao contrário do orixá, que possui o corpo de seu iniciado para entrar em contato com o grupo de culto, o Egum não possui, mas se "manifesta". Aquele que dança e fala com voz gutural, completamente recoberto por roupas que o escondem da assistência, não é um homem possuído, e sim a materialização do espírito do ancestral, sua manifestação. O contato íntimo com a morte, acarretado pela possessão, suscitaria riscos que homem algum poderia enfrentar[1].

Como, pois, aceitar que um iniciado no candomblé seja possuído pelo espírito de um morto, por um egum?[2] Como um iniciado, que foi preparado

---

[1] Em 1986, assisti a um ritual funerário pela morte de um *ojê* na Ilha de Itaparica. Durante o ritual, que durou três noites, os participantes tinham extremo cuidado em ficar afastados dos Eguns que se manifestavam. A aparição imprevista do espírito do defunto – um homem recoberto por uma mortalha branca – na porta do terreiro desencadeou uma crise de terror entre as mulheres presentes, e muitas entraram em transe. A calma voltou com a intervenção rápida dos *ojês*, que expulsaram o espírito, restabelecendo a necessária separação entre mortos e vivos.

[2] Uso *egum* (com minúscula) para designar o espírito de um morto que não tem o *status* de um ancestral coletivo, como o Egum de Itaparica. O que torna as coisas ainda mais complexas é que

ritualmente para receber uma divindade, pode se deixar contaminar pela presença da morte?

Na verdade, os espíritos de umbanda são considerados almas desencarnadas que, após sua "passagem" (a morte), voltam à terra no corpo dos médiuns para cumprir sua missão e assim transpor as diferentes etapas do processo de evolução espiritual. Os espíritos – pretos-velhos, caboclos, exus e pombagiras – contam sua vida na terra, a morte, as razões dos comportamentos que os caracterizam. Estão, portanto, ligados à vida, como estão ligados à morte: põem os dois universos em comunicação. A contaminação potencial dos vivos pelos mortos é ainda mais grave quando se trata dos exus e das pombagiras, que são assimilados, como vimos, a um universo de deboche, amoralidade e perdição. São os "espíritos das trevas", ligados a tudo o que é marginal e cujo contato pode ser extremamente perigoso.

DO EXU-ORIXÁ AO EXU-EGUM

A oposição entre a persistência dos espíritos da umbanda e o modelo ideal de ortodoxia, que nega todo contato com os mortos, é expressa nos rituais que acompanham o processo de iniciação no candomblé. O pai de santo pratica primeiramente a adivinhação – a leitura dos búzios que lhe indica, de modo correto, as etapas a serem seguidas na iniciação do noviço. Se este vem da umbanda, são realizados rituais de purificação a fim de afastar os espíritos que o acompanham. As oferendas ditas "de limpeza" (*ebós de limpeza*) servem para tirar qualquer influência dos eguns (os mortos), purificando a cabeça – sede da espiritualidade – do noviço. Assim, para afastar um Exu de umbanda, prepara-se um ebó e sacrifica-se um galo (ou uma galinha, no caso de uma Pombagira). O espírito de umbanda deve, então, considerar-se satisfeito e afastar-se do médium, que adquire assim a proteção de seu orixá. Com efeito, cada indivíduo, ao nascer, tem um orixá protetor, espécie de anjo da guarda que se torna, durante a iniciação no candomblé, seu "dono da cabeça". Na umbanda, entretanto, é o espírito que em geral possui o médium, e não o orixá ao qual ele está ligado.

Mas o que acontece quando os espíritos não querem deixar seus médiuns? Em certos terreiros, a possessão pelos exus e pelas pombagiras só é aceita um

---

o mesmo termo também designa os ossos usados em várias operações mágicas. Essa dificuldade resulta da perda no Brasil dos tons da língua iorubá. Na verdade, em iorubá, o ancestral se chama *egúngún* (ou, na forma contraída, *eégúm*), ao passo que os ossos são chamados *egungun* ou *eegun*.

ano após a iniciação, ou quando se retiram os contra-eguns (os fios de palha trançados que são amarrados nos braços do novo iniciado para protegê-lo do contato com os espíritos dos mortos). Durante esse primeiro ano, o iniciado depende completamente de seu pai de santo: deve obediência absoluta a ele, frequentemente trabalha em sua casa ou no terreiro, e entra em transes incontroláveis que marcam ainda mais sua dependência em relação a seu iniciador. O novo iniciado também é considerado extremamente vulnerável, pois é permeável a qualquer influência negativa, daí os cuidados rituais (como os contra-eguns) que lhe são dispensados a fim de protegê-lo. O contato com um espírito de umbanda, um egum, seria, portanto, nocivo à manutenção do equilíbrio espiritual do iniciado, principalmente quando se trata de espíritos pouco evoluídos, como os exus ou as pombagiras.

A confusão causada pelo uso do mesmo termo para designar o Exu do candomblé – com todas as suas funções rituais (Exu-escravo, Exu-Bará etc.) – e os exus da umbanda está na origem de discussões complexas quanto à verdadeira natureza desses espíritos. Para distingui-los do Exu-orixá (ou Exu-vodum, como o chamavam alguns dos meus intelocutores), os exus de umbanda são assimilados aos eguns, os espíritos dos mortos, em seu aspecto mais perigoso. Essa assimilação era partilhada pela maioria de meus intelocutores, ainda que a possível confusão entre os eguns, espíritos dos mortos utilizados no candomblé, sobretudo na magia ofensiva, e os Eguns, ancestrais divinizados, não deixasse de incomodar alguns. Para Albino de Oxumaré, pai de santo angola, não se trataria de exus-eguns, mas de exus-quiumbas, em que *quiumba* indica o espírito menos evoluído do panteão umbandista. Na verdade, os quiumbas são espíritos obsessores que se ligam aos seres humanos transmitindo-lhes doenças (a loucura), ou levando-os ao suicídio, e são chamados *encostos*. São inferiores aos exus, que já gozam de certa evolução espiritual. Os quiumbas, portanto, são aqueles que mais se aproximam, no universo umbandista, da categoria dos eguns perigosos e impuros, cujo contato é proibido no candomblé.

A mesma distinção sutil é feita por Celinho de Barabô, pai de santo de candomblé, conhecido por seu Exu. Segundo ele, os exus de umbanda são de fato eguns, pois viveram e morreram, mas ocupam um plano superior ao destes, "pois pertencem à categoria dos exus", o que, todavia, não significa uma identificação com o Exu-orixá:

> É completamente diferente. O Exu-orixá é uma força da natureza, como os demais orixás. O orixá Exu é um orixá africano e deve ser cultuado como tal, não vamos misturar as coisas. As entidades exu

não entram nesse panteão, elas não entram nesse departamento... A entidade exu não tem ligação nenhuma com o orixá, ou melhor, ela tem uma relação porque, para que uma entidade possa vir e emprestar caridade e cuidar das pessoas, dentro de uma casa de candomblé, ela tem que vir determinada por um orixá, ela tem que vir como mensageiro daquele orixá, não pode ficar completamente aberta, fazer o que bem entende!

Nos discursos dos médiuns, os exus e as pombagiras de umbanda estão, portanto, identificados com os eguns, cujo contato, vimos, deve ser cuidadosamente evitado no candomblé. Para poder continuar a se manifestar no corpo de seus médiuns, iniciados no candomblé, têm, então, de se submeter à autoridade superior do orixá, "dono da cabeça" do iniciado[3].

A SEPARAÇÃO DOS ESPAÇOS

A chegada no candomblé dos médiuns oriundos da umbanda, com seus exus e suas pombagiras, determina uma reorganização interna que permite a integração desses novos elementos ao modelo ideal de ortodoxia. No capítulo precedente, analisei as razões que levam um médium de umbanda a se iniciar no candomblé. Aquele que "recebe" Exu ou Pombagira, contudo, tem uma razão suplementar para fazê-lo, pois ligar-se apenas espiritualmente a esse espírito pode ser muito perigoso. Marcos de Iansã explica assim a necessidade da iniciação: "Enquanto você não é feito, por ele ter uma ligação muito grande com a vida e com a morte, Exu tem um acesso muito fácil ao seu corpo, à sua corrente sanguínea, à sua mente. Você não tem governador nenhum na sua cabeça, você não é feito, então fica uma coisa aberta, uma casa abandonada, e Exu pode fazer realmente aquilo que ele quiser!" Portanto, se é necessário para um médium de umbanda submeter seu Exu à autoridade de um orixá a fim de que nada de mau possa lhe acontecer, ele tem igualmente de aceitar a autoridade do pai de santo que, pela iniciação, faz "nascer" o seu orixá pessoal[4].

---

[3] Veremos, no capítulo V, como essa submissão sempre é renegociada, pois é em torno dos exus e das pombagiras que ocorre a maioria dos conflitos no interior do grupo de culto. A obediência ao pai de santo e até a submissão ao "dono da cabeça" (o orixá individual) sempre podem ser questionadas.

[4] No processo de iniciação, diz-se que o pai de santo "faz" o iniciado, mas também seu orixá: ele o faz nascer, ele permite que sua natureza divina (sua ligação com a divindade que o possui)

Mas se os médiuns oriundos da umbanda precisam dos pais de santo de candomblé, estes também precisam dos médiuns. Na verdade, a umbanda representa um verdadeiro reservatório de futuros filhos de santo e de clientes potenciais para o candomblé. Iniciar no candomblé uma mãe de santo de umbanda significa estender sua esfera de influência a todo o grupo de culto – e evidentemente à clientela – da nova iniciada.

Na vasta família de santo efon ligada a Alvinho de Omolu muitos iniciados vêm da umbanda. Esse pai de santo encarna o percurso religioso típico no Sudeste do Brasil. Alvinho tomou consciência de sua mediunidade aos seis anos, quando, após uma crise, foi levado para um centro de mesa branca (kardecismo), onde lhe disseram que seu problema não tinha nada a ver com aquele culto. Conduziram-no, então, a um centro de umbanda, no qual começou a ser possuído pelo caboclo Sete Flechas. Nessa época, Alvinho não conhecia nada do candomblé. Um dia, quando estava assistindo com amigos a uma cerimônia em um terreiro de candomblé, caiu repentinamente em transe. Estavam no terreiro de Djalma de Lalú, o mais célebre iniciado de Exu do Rio de Janeiro. Conforme a tradição, era ali, portanto, onde sua divindade se manifestara pela primeira vez, que ele deveria ser iniciado, mas sua família, que considerava o candomblé uma "coisa do diabo", veio com a polícia tirá-lo à força do terreiro. Mais tarde, com quinze anos, Alvinho encontrou Cristóvão de Ogunjá, o fundador do terreiro do Pantanal, e sua iniciação pôde, enfim, acontecer.

Alvinho conta assim sua passagem da umbanda ao candomblé e a reorganização do que se poderia chamar "seu patrimônio espiritual" (cf. Quadro 1):

Antes da minha iniciação, eu recebia Exu, mas, ao fazer o meu santo, o Exu foi embora, não veio mais na minha cabeça. O único espírito de umbanda que ficou, depois de todos esses anos de iniciação, foi o caboclo, os outros... Agora, se na minha cabeça Exu não veio mais, é o que digo sempre aos meus filhos de santo, como é que um Exu de rua [de umbanda] pode vir na cabeça que levou *adoxu* de orixá? Eu não aceito!

O conflito entre a experiência do pai de santo e a de seus iniciados é revelador da distância que existe entre o modelo ideal de ortodoxia e sua necessária adaptação na prática ritual. A tensão que disso resulta, contudo, não é uma

---

possa se expressar sem riscos para a pessoa. Esse orixá adquire as características de uma divindade pessoal: fala-se, então, do Ogum *de* Maria ou do Oxóssi *de* Teresa.

QUADRO 1 – PATRIMÔNIO ESPIRITUAL DO MÉDIUM					
Candomblé		Umbanda		Passagem da Umbanda ao Candomblé	
Agente sobrenatural	Possessão	Agente sobrenatural	Possessão	Agente sobrenatural	Possessão
orixá "dono da cabeça"	"ortodoxa"	orixá "dono da cabeça"	rara	orixá "dono da cabeça"	"ortodoxa"
adjuntó segundo orixá	criticada	Segundo orixá	rara	segundo orixá	rara
erê	"ortodoxa"	erê crianças	"ortodoxa"	erê	"ortodoxa"
exu	criticada	exu e pombagira	"ortodoxa"	exu e pombagira reafricanizados	aceita
caboclo	tolerada	caboclo	"ortodoxa"	caboclo	aceita
egum	proibida	preto-velho	"ortodoxa"	preto-velho	rara

mera consequência da predominância atual do candomblé sobre a umbanda. Ao contrário, é possível reler a história da nação efon como a busca constante de um equilíbrio estrutural, sempre ameaçado internamente, entre o modelo de uma ortodoxia impossível de ser atingida e a obrigação de buscar mediações simbólicas para se adaptar a esse modelo[5].

Vimos como o terreiro do Pantanal se estruturou, no início dos anos 1950, em torno de uma parte da família de Cristóvão de Ogunjá. Sua filha, Mãe Lindinha, tornou-se a iá kekerê do terreiro, assistente direta do pai de santo. Ela havia sido iniciada pela prestigiosa mãe de santo baiana Mãe Runhô, do antigo terreiro jeje do Bogum. "Recebia" o caboclo Capangueiro, que se manifestava

---

[5] Essa tensão é comum a todos os terreiros, até aqueles considerados os mais tradicionais.

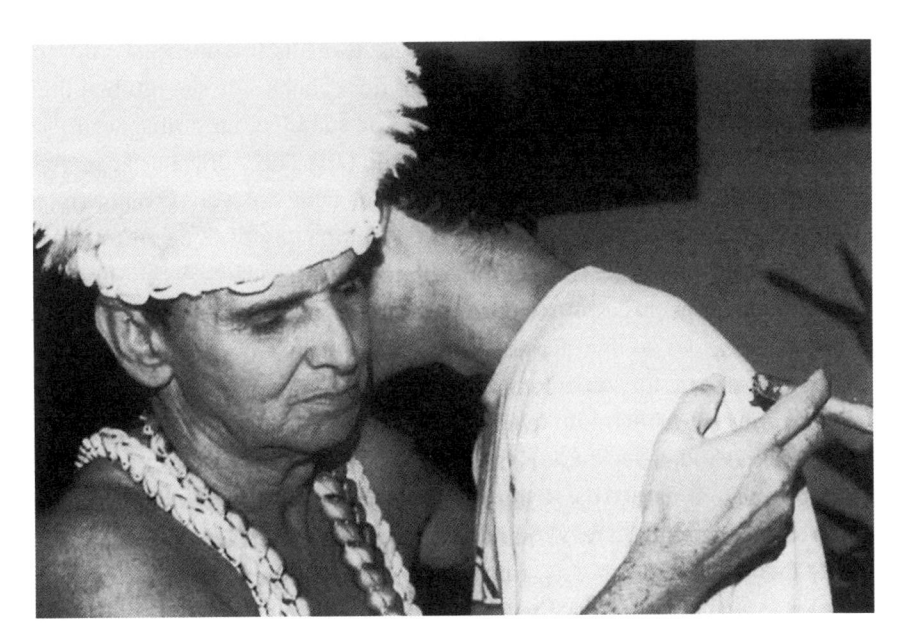

O CABOCLO SETE FLECHAS DE ALVINHO DE OMOLU

desde a época em que vivia na Bahia. Maria de Xangô, sua filha, atual ialorixá do Pantanal, justifica essa possessão como uma herança familiar, pois sua avó (mãe, portanto, de Mãe Lindinha) participava das sessões de mesa branca (ritual kardecista) na Sessão de caridade da Bahia, e sua bisavó foi presidente da mesa branca de Ogum de Lei, outro centro kardecista. Embora nessa época o caboclo já estivesse presente em quase toda parte na Bahia e na maioria das casas de candomblé, Cristóvão não aceitou que sua filha fosse possuída por tal espírito. Quando isso acontecia, era forçada a sair do barracão e ficar fora do espaço sagrado, ao ar livre.

Alvinho de Omolu confirma a aversão de seu pai de santo pelo caboclo. Quando o jovem Alvinho "recebia" Sete-Flechas, o único espírito de umbanda que continuou a se manifestar após sua iniciação, era obrigado a sair imediatamente do barracão e a ficar no quintal do terreiro até o fim de sua possessão. A presença do caboclo no espaço sagrado do terreiro, e principalmente no barracão em que acontece a maioria das cerimônias religiosas, representava, aos olhos de Cristóvão de Ogunjá, verdadeira contaminação espiritual.

Com o tempo, no entanto, Cristóvão foi obrigado a aceitar a possessão pelos caboclos e teve de se submeter à força deles. O que sua neta Maria de Xangô justifica por esta causa própria a toda conversão de médium: a doença. Cristóvão teria sido curado de grave doença pela ação dos caboclos de sua mulher, que nunca o seguira para o Rio de Janeiro, e dos de sua filha, Lindinha. Segundo Maria de Xangô, todavia, essa cura mística não teria sido a única razão de sua mudança de comportamento: "Cristóvão entendeu que tinha que evoluir, que o caboclo fazia parte [da vida espiritual], que a maioria dos filhos de santo vinha da umbanda e recebia caboclos. Então, ele aderiu, entendeu". A cura mística, prova da realidade dos espíritos, legitima assim a adaptação da prática ritual às novas condições do mercado religioso.

Após essa cura, foi construída no Pantanal a "aldeia do caboclo", uma cabana situada no perímetro do terreiro, ao ar livre, "pois os caboclos gostam do mato", preservando a separação dos espaços simbólicos: o de dentro, espaço dos orixás, e o de fora, espaço das divindades perigosas e dos espíritos. No Pantanal, todos os anos, no fim do mês de junho ou no início de julho, organiza-se uma festa para o caboclo.

Mas essa adaptação ritual não tocou na figura de Exu, nem nos exus de umbanda. Na verdade, Cristóvão não aceitava "fazer" um Exu: um noviço filho de Exu era invariavelmente iniciado no culto de Ogum Mejé, deus duplo, metade Ogum, metade Exu. Cristóvão dizia que "fazer" um Exu equivalia a "sujar a navalha", isto é, a contaminar o axé[6]. A iniciação do primeiro filho de Exu por Alvinho de Omolu marca, portanto, seu afastamento, ainda que temporário, de seu pai de santo. Ele se aproxima então de outro pai de santo muito célebre no Rio de Janeiro, Tata Fomotinho, da nação jeje, que iniciara Djalma de Lalú, o mais conhecido dos filhos de Exu nessa cidade[7]. Alvinho, entretanto, faz questão de sublinhar em seu relato que, durante a iniciação, Cristóvão estava a seu lado.

O fato de insistir na presença de Cristóvão, apesar de seu desacordo aparente, é muito importante, pois é justamente essa presença que legitima uma iniciação que, de outro modo, poderia ser criticada como não ortodoxa. Na realidade, a frequentação de outro terreiro (o de Fomotinho) e a partida de Alvinho para São Paulo (onde se une a Décio de Obaluaiê, iniciado por Fomo-

---

[6] A navalha é usada para a raspagem ritual da cabeça, para a incisão do crânio do iniciado e para as escarificações rituais. É o símbolo da iniciação e do pertencimento ao grupo de culto.

[7] Desse primeiro contato, e da influência jeje que resultou daí, deriva a "troca de águas" – a mudança na afiliação a uma família religiosa – de uma parte de seus filhos de santo. É o caso de Jovino de Obaluaiê, iniciado na nação efon, e que passou para a nação jeje, determinando a afiliação de sua própria família de santo a essa mesma nação.

tinho e de quem Alvinho havia sido o pai pequeno) traduzem a existência de um "desentendimento" passageiro que explica a nova aliança.

Mas se não gostava de "fazer" um Exu, Cristóvão gostava menos ainda dos exus que provinham da umbanda. Maria de Xangô, que o sucedeu, conta como foi possuída pela primeira vez por Pombagira em 1969, quinze anos após sua iniciação. Tal Pombagira não seria nem uma herança[8], nem a consequência de uma experiência precedente na umbanda; ela seria a escrava de Oxum, isto é, o Exu servidor desse orixá, seu segundo santo, e seria, portanto, "africana".

Essa possessão improvisada por Pombagira reforça o conflito entre o pai de santo e sua neta, que havia sido desencadeado um ano antes por outro comportamento pouco ortodoxo: a possessão pelo segundo orixá. Oxum, *adjuntó* de Maria de Xangô, possuiu-a durante a cerimônia organizada para seus 14 anos de iniciação. Cristóvão não aceitou essa "inovação", como explica a própria Maria de Xangô: "Cristóvão não aceitava eu ter cargo de mãe de santo e receber Exu, e também receber segundo santo, ele não aceitava. Para ele, era um santo só, era fundamental, ele só admitia e só louvava o orixá que ele raspou e que era o dono da cabeça do iaô".

A possessão de Maria de Xangô por Pombagira coincide com sua partida para São Paulo, onde abriu seu próprio terreiro. Ela só retornou ao Rio pouco tempo antes da morte do avô, para reconciliar-se com ele e assumir o cargo de mãe de santo do Pantanal. A separação é, portanto, resultado de um conflito de poder, no seio do terreiro, entre o pai de santo e sua futura sucessora. A possessão por Pombagira só um ano após a cerimônia de seus 14 anos de iniciação, quando Maria de Xangô conheceu a humilhação de ver sua Oxum rejeitada, é como um desafio direto à autoridade de seu pai de santo.

Mas por que Cristóvão aceitou os caboclos e não os exus? Por que os primeiros puderam ser integrados ao modelo de ortodoxia e os segundos não? Os caboclos não são eguns como os exus, com sua história e sua passagem na terra?

A resposta de Maria de Xangô, hoje depositária da ortodoxia efon, é categórica: "Dentro da nossa nação, não vemos o caboclo dessa forma. Ele é um índio vivo, como os índios da Amazônia. Ele mora em aldeias habitadas por entidades vivas". Se os caboclos são "entidades vivas", isso significa que não podem fazer parte da categoria dos eguns, pois nunca morreram. A possessão

---

[8] Com exceção do "dono da cabeça" e do *adjuntó*, o orixá que o acompanha, existem outras divindades ou espíritos que podem ser herdados de um membro da família. É o caso do caboclo que Maria de Xangô herdou de sua mãe.

deles é, pois, perfeitamente aceitável, contanto que se respeite a separação entre os espaços simbólicos.

Na realidade, o caboclo foi objeto do mesmo tratamento reservado a Exu nos escritos dos antropólogos mais ligados a uma visão "nagocêntrica" do candomblé: um apagamento estratégico para não questionar a pureza dos terreiros ditos tradicionais. O próprio Bastide afirmava que os candomblés tradicionais recusavam qualquer interferência com as religiões indígenas, a despeito da presença do caboclo na maioria dos terreiros nagôs. A seus olhos, o caboclo era apenas um dos aspectos de Oxóssi, deus da caça e do mato[9].

Embora Donald Pierson (1971, 305) tenha declarado que "as seitas mais ortodoxas não escapam à influência indígena", as informações que poderiam invalidar o discurso oficial sobre a tradição africana foram negligenciadas pela maioria dos antropólogos, como sublinha Jocélio Teles dos Santos (1992). Uma das raras exceções é Frigerio (1989, 22), que nota a presença dos caboclos até no Axé Opô Afonjá, terreiro considerado o berço da tradição nagô, onde são venerados privadamente, fora das cerimônias públicas. Essa informação é confirmada por Claude Lépine, que relata a presença do caboclo nos terreiros ketus (nagôs). São as próprias palavras da mãe de santo do Axé Opô Afonjá de Salvador que revelam a estratégia adotada, a qual vimos em ação no Pantanal e encontraremos novamente ao tratar dos exus e das pombagiras:

> Se uma filha minha tem um caboclo, o que vou fazer? Não vou matá--lo, não é?" [...] Então, a filha faz o òrìṣà em São Gonçalo [o Axé Opô Afonjá] e vai assentar seu caboclo em outro lugar. A ìyá kékeré do Àṣẹ não quer caboclos na sua casa, mas acredita piamente na existência destas entidades (Lépine 1978, 79).

Na realidade, na maior parte do tempo, o espírito não ortodoxo é "fixado" não em outro terreiro, o que submeteria a filha de santo a uma autoridade outra que não a de sua mãe de santo, e sim na própria casa da iniciada. Esta prestará, portanto, o culto a seu orixá no terreiro em que foi iniciada, ao passo que aquele prestado a seu espírito (caboclo ou exu) será limitado a seu espaço doméstico.

---

[9] Poderíamos imaginar que a grande difusão do culto desse orixá no Brasil, contrariamente à África, onde seu culto é muito limitado, poderia estar relacionada ao apagamento do caboclo nos discursos ortodoxos. Segundo Ordep Trindade Serra (1995, 23), Mãe Menininha do Gantois sempre lhe repetia: "Oxóssi é um índio, meu filho". Essa proximidade entre Oxóssi, padroeiro da nação ketu, e o caboclo permite a reinterpretação deste no universo africano, criticada, hoje como ontem, pelos defensores da tradição africana.

OFERENDAS PARA A FESTA ANUAL DO CABOCLO

Essa mesma divisão do espaço constitui a solução ritual para o problema da possessão pelos exus-eguns. No discurso de Alvinho de Omolu, a proibição da possessão por esses espíritos em seu terreiro é novamente justificada pela intervenção mística que marca os limites da ortodoxia:

Dentro da minha casa, eu não aceito receber Exu [de umbanda]. Na casa deles, [os meus filhos de santo] fazem aquilo que eles quiserem, na minha não! Eu tenho muitos filhos que tocam umbanda na casa deles. Vou lá, respeito, porque merecem, mas na minha casa, não! Na minha casa, ao pisar o portão, Exu [de umbanda] não passa. Eu tentei fazer uma festa de Exu [de umbanda] e me dei mal: a casa [construída para Exu] pegou fogo. Não se sabe como é que foi, não tinha vela, não tinha nada, era luz natural, e a choupana pegou fogo. E aí, nunca mais!

Assim, a oposição entre o ideal de ortodoxia e a realidade vivida pelos médiuns sempre é resolvida no plano místico. Os caboclos são aceitos e reinterpretados nos limites da ortodoxia, pois provam seu poder com uma cura miraculosa; os exus, ao contrário, confirmam ser – nesse caso, por um incêndio misterioso –, ingovernáveis e perigosos. Por isso devem ser deixados fora do espaço sagrado, no território indistinto e temível povoado pelos espíritos sem dono.

A REAFRICANIZAÇÃO DOS ESPÍRITOS

Se os exus-eguns, os espíritos que seguem os médiuns na passagem da umbanda para o candomblé, não podem encontrar seu lugar no modelo "ortodoxo" do candomblé, então como continuar a cultuá-los? Conformando-os ao modelo ideal, isto é, reafricanizando-os.

O primeiro argumento usado por aqueles que qualificam de ilegítima a possessão pelos exus e pombagiras de umbanda é a não existência de exus femininos na África. Quando se fala de Pombagira, trata-se, na verdade, de um Exu banto, Bombonjira, espírito masculino que teria sido metamorfoseado em Exu feminino ou Exua. Também existem dois outros nomes para designar Pombagira: Leba, que vem do fon Legba, e Lebará, derivado do iorubá Elegbara, um dos nomes de Exu na Nigéria.

A questão da origem africana dos espíritos anima sem cessar os discursos dos médiuns. Assim, Dina de Iansã, mãe de santo ketu, com experiência de quase trinta anos na umbanda, identifica sua Pombagira, Maria Padilha do Fogo, como sendo "escrava" de seu orixá:

> Exu é o mensageiro do orixá. Eu, sendo de Iansã, a escrava de Iansã é Maria Padilha, que dá o nome de Lebará Jiraloná. Na verdade, ela não é uma Pomba, mas um Pombogira. Ela se chama Maria Padilha do Fogo e traz os recados de Iansã pra dentro do barracão, as coisas que Iansã aceita, as coisas que Iansã não aceita. Tudo é transmitido por ela!

O discurso de Dina de Iansã mais uma vez evidencia a distância que existe entre o modelo ideal da ortodoxia e sua necessária adaptação. Assim, se não existem exus femininos na África, a Pombagira só pode ser "um Pombogira", referindo-se, dessa maneira, ao deus banto Bombonjira. Se o nome de Maria Padilha do Fogo está demasiadamente ligado ao universo umbandista, ele se transforma em Lebará Jiraloná, que marca assim sua africanidade adquirida. Se o exu de umbanda deve ser relegado fora dos limites do espaço sagrado, ele se metamorfoseia em escravo do orixá, "dono da cabeça" do iniciado, e torna-se, assim, o mensageiro de Iansã, aquele que expressa os desejos e as vontades do orixá.

Ora, uma das características principais da divindade Exu, na África ou no candomblé brasileiro, é seu papel de mensageiro. É ele quem faz a comunicação entre o mundo dos deuses e o mundo dos homens. Afirmar, portanto, que o espírito de umbanda é precisamente o escravo do orixá corresponde a legitimá-lo perante as tentativas de rechaçá-lo para além dos limites da ortodoxia. Além disso, o fato de a Pombagira, uma vez tornada africana, desempenhar o papel de intérprete divino ("ela é o mensageiro de Iansã") traduz ainda mais sua importância em um espaço sagrado em princípio reservado exclusivamente aos orixás. É a Pombagira (ou o Pombogira) quem orienta o tratamento ritual do orixá mais importante do terreiro (a divindade da mãe de santo). Na verdade, no candomblé, os orixás raramente falam durante as possessões, expressando-se apenas por intermédio da prática adivinhatória. Eles precisam, portanto, da mediação ritual do pai ou da mãe de santo, os especialistas habilitados a interpretar a fala dos deuses, para poder comunicar com o grupo. No caso da Pombagira "reafricanizada", ao contrário, é ela quem transmite diretamente as vontades do orixá, determinando o que é justo e o que não é. E é essa capacidade de se expressar que torna crucial a ação do espírito de umbanda para o orixá do candomblé: sem a mediação de Lebará Jiraloná, a Iansã de Dina não poderia impor sua vontade durante as cerimônias rituais[10]. Sua fala é legítima, pois o espírito de umbanda foi reafricanizado (cf. Quadro 2). Mas como "reafricanizar" espíritos que deveriam desaparecer com a iniciação no candomblé? E por que continuam a se manifestar?

A resposta a essas questões deve ser buscada na relação do pai ou da mãe de santo com o mundo espiritual. Questiona-se aqui a eficácia dos rituais ditos "de limpeza" (*ebós de limpeza*) que eles efetuam. Na verdade, não é o iniciador quem "dá" os orixás ao médium: ele é apenas um mediador entre um "dom" (a mediunidade) e seu portador (o médium). Seu papel é instaurar o vínculo entre o indivíduo e suas divindades, tornando-o operante.

Como pode, então, um pai de santo expulsar espíritos que há tempos acompanham os candidatos à iniciação no candomblé? Delimitando espaços, e tendo por papel cuidar do orixá e, ao mesmo tempo, respeitar a existência dos espíritos, ainda que estes sejam rechaçados nos limites do espaço sagrado. Torodê de Ogum, filho de santo de Joãozinho da Gomeia, hoje um dos repre-

---

[10] No candomblé "ortodoxo", o papel de mensageiro da divindade é desempenhado pelo *erê*, o espírito de criança que acompanha cada orixá. Mas a possessão pelo erê não é sistemática e seu discurso, cheio de expressões infantis, não tem a mesma força que o dos exus e das pombagiras reafricanizados.

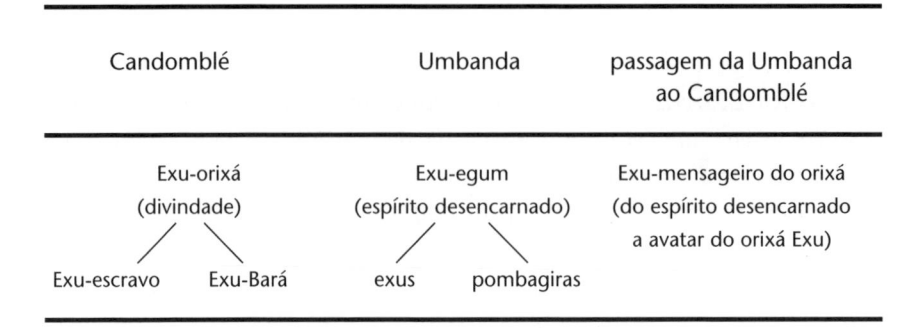

QUADRO 2 – REAFRICANIZAÇÃO DOS EXUS

Candomblé	Umbanda	passagem da Umbanda ao Candomblé
Exu-orixá (divindade)	Exu-egum (espírito desencarnado)	Exu-mensageiro do orixá (do espírito desencarnado a avatar do orixá Exu)
Exu-escravo Exu-Bará	exus pombagiras	

sentantes do candomblé reafricanizado e um dos primeiros a ter organizado os cursos sobre a prática da adivinhação no Rio de Janeiro, defende essa opinião:

> Eu não sei o que fazer para impedir a possessão por espírito de umbanda. O médium é para receber, ele pode receber orixá como pode receber espírito de umbanda. Não vejo razão para dizer que eles são inferiores. Não entendo essa diferença entre egum e orixá, já que também existe a sociedade dos Eguns lá na Bahia e em Itaparica, que não passa de uma forma de transe!

A última afirmação é ainda mais interessante por questionar a oposição feita habitualmente entre possessão pelos orixás e manifestação dos Eguns, a qual está na origem de todo discurso "ortodoxo". Se o culto aos Eguns de Itaparica se organizasse em torno do transe ritual – o que é firmemente negado pelos interessados –, não subsistiria mais nenhum obstáculo ritual à completa inserção dos espíritos de umbanda no universo africano do candomblé. De maneira ainda mais explícita, Fernandes Portugal, outro representante do candomblé reafricanizado e organizador de cursos de língua e civilização iorubás no Rio de Janeiro, assimila a categoria dos exus de umbanda à categoria dos Eguns--ancestrais, que seriam, portanto, os ancestrais dos médiuns que os recebem. E faz uma distinção entre os exus-eguns, que chama *ayé kuru*, eguns que trabalham para o bem, e os *eguns buruku*, que seriam maléficos.

Mas nem todos os informantes estão de acordo com essa aproximação entre Eguns e orixás, a qual, no caso de Torodê de Ogum, far-se-ia por meio de uma experiência comum do transe. É a identificação do Exu de umbanda com o Exu-escravo, o servidor do orixá, que parece predominar no discurso dos mé-

A ESTÁTUA DO EXU DE UMBANDA AO LADO DA
FERRAMENTA DE EXU USADA NO CANDOMBLÉ

diuns. Assim, o mesmo Exu terá um nome na umbanda e outro no candomblé. O tratamento a que será submetido é função da modalidade ritual escolhida.

A assimilação das entidades (espíritos) com os "santos" (orixás) permite, assim, a reafricanização dos espíritos de umbanda que não provêm forçosamente de um universo que se reivindica africano. Dessa maneira, o Exu e a Pombagira de umbanda se metamorfoseiam em escravos das divindades africanas, e a relação que liga o "escravo" (ou guardião) do orixá a seu "dono" (o deus africano) determinará sua essência:

Não existe uma única Maria Padilha, não existe uma única Maria Mulambo. Por exemplo, as Marias Mulambos que são guardiãs [escravas] de Oxum têm uma característica muito diferente, por exemplo, das Marias Mulambos que são guardiãs de Iemanjá. As guardiãs de Oxum são mais ricas, [elas têm um jeito] diferente de falar, mais comportadas, digamos assim. As de Iemanjá são, digamos, de um nível mais baixo. Por exemplo, a Cigana é uma entidade livre, então pode vir numa pessoa que seja de Oxalá ou de Oxum, numa que seja de Iansã ou de Iemanjá. A minha tem uma ligação muito forte com Oxalá e com Oxum. É por isso que as cores dela são o branco e o dourado.[11]

Essa relativa submissão dos espíritos de umbanda ao orixá que é o dono da cabeça do médium nem sempre é aceita pelos espíritos em questão. Com efeito, no discurso dos médiuns que "recebem" os exus e as pombagiras de umbanda e são iniciados no candomblé, sempre transparece um conflito latente entre os espíritos – os escravos – e seus donos. Assim, ao falar de sua Pombagira (Maria Mulambo), Maria Auxiliadora de Xangô, de nação jeje, sublinha a rebelião dos espíritos contra os orixás e seu poder:

Ela [a Pombagira] falou que Xangô era Xangô e ela, ela. Que ela não se metia nas coisas dele, mas ele não tinha direito de se meter nas coisas dela. Que ela não ia admitir, não ia aceitar. Se ele gostasse de se vestir de preto e vermelho, ela não ia interferir. Mas que ela não ia admitir que ele não deixasse o preto dela, era a cor que ela gostava e tinha que respeitar. Que ela respeitava os direitos dele e que ele tinha que respeitar os seus. Abusada, não é?

Essas palavras, que são oficialmente as do espírito e não as da iniciada, revelam a ambivalência em face dessa dependência. O desentendimento quanto ao uso das cores rituais implica, assim, o questionamento das relações de poder, definidas pela reinterpretação da posição ocupada pelos espíritos em sua passagem a outro universo simbólico em que os donos são os orixás. Se no discurso de Sandra de Oxum a escolha das cores (branco e dourado) é determinada pela relação da Pombagira Cigana com Oxalá e Oxum, os dois orixás da médium, nas palavras de Maria Auxiliadora é o espírito que reivindica suas próprias escolhas, independentemente das características do orixá. Ele defende, portanto, a cor negra, proibida no candomblé por ser extremamente perigosa, como uma das características de Exu[12].

---

[11] Entrevista com Sandra de Oxum, nação efon.
[12] No capítulo seguinte, veremos como essa oposição entre espírito e orixá na realidade mascara uma oposição entre iniciado e iniciador, em que as mesmas relações de poder, nas quais se baseia a hierarquia do candomblé, são questionadas.

POMBAGIRA, LEBA OU IAMÍ?

Para que um Exu (ou uma Pombagira) de umbanda possa se tornar "africano", deve ser submetido a uma série de rituais que marcam sua inscrição em um universo africano. O primeiro desses rituais é a cerimônia do assentamento, que fixa a energia do espírito em uma representação material ligada ao iniciado. Lembremos que, na umbanda, os exus e as pombagiras não são "fixados": eles são considerados energias livres dotadas de uma independência relativamente grande em relação a seus médiuns. Em geral, o espírito será representado por uma estátua de mulher extremamente sedutora e bem pouco vestida se for Pombagira (com suas variantes Cigana ou Maria Padilha, a mais rica), ou de um homem inquietante com pés de cabra e traços diabólicos, no caso de Exu. São essas estátuas, adequadamente preparadas, que substituem na umbanda os assentamentos do candomblé.

Uma segunda operação de fixação da energia dos exus ou das pombagiras no quadro do ritual "africano" permite a reinterpretação desses espíritos, que então recebem um nome africano e são considerados, de pleno direito, "escravos" dos orixás. Devem ser, portanto, "assentados na nação", isto é, conforme as regras rituais do candomblé. Para isso, é usada a tabatinga, argila[13] com a qual são moldadas as cabeças representando o Exu ligado a cada iniciado. Vários ingredientes são misturados a essa argila, como o sangue dos animais sacrificados e ervas especiais. Se for um Exu feminino (Exua ou Leba), sacrifica-se uma galinha durante a preparação da tabatinga, incorporando em seguida o sangue e os *exés* (as partes do corpo do animal consideradas sagradas) à argila. Para um Exu masculino, mata-se um galo. Cada estatueta assim preparada tem suas próprias características que a distinguem das outras. Vimos que os elementos comuns são os búzios para figurar os olhos e a boca, e os pregos fincados no alto do crânio, pois, diz a tradição, "Exu não tem cabeça para suportar cargas". Uma vez assentado, o Exu é considerado africano.

No caso dos iniciados no candomblé oriundos da umbanda e que já possuem o próprio terreiro, a estátua do Exu de umbanda é colocada ao lado do assentamento do Exu-escravo. Assim, muitas vezes são encontradas no mesmo espaço (a casa de Exu), mas separadas por uma divisória, as duas representações do mesmo espírito: a "africana" e a umbandista. No terreiro de Fernando de

---

[13] Na nação efon, o assentamento de Exu é fabricado sobretudo com argila, enquanto em outras nações são usadas de preferência ferramentas em forma de tridente, correspondendo cada uma delas a um Exu determinado. Estas são vendidas prontas nas lojas especializadas em cultos afro-brasileiros.

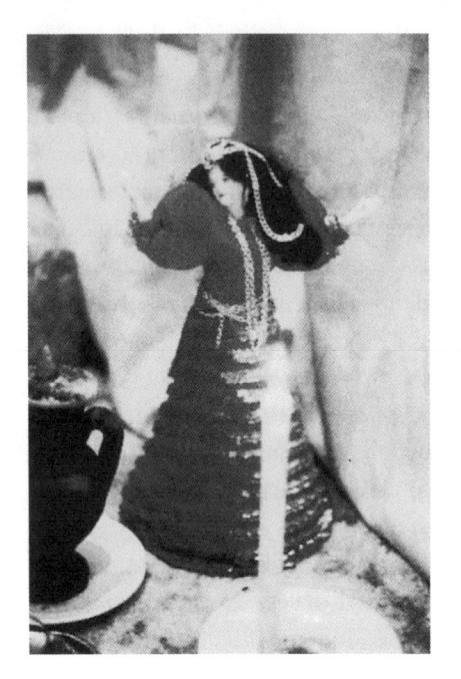

REPRESENTAÇÃO DE UMBANDA
DA POMBAGIRA MARIA MULAMBO
DE FERNANDO DE OGUM

REPRESENTAÇÃO DA MESMA POMBAGIRA,
REAFRICANIZADA SOB O NOME DE JINDA LEBA
DANDASIN

Ogum, da nação efon, a mesma pequena construção guardava a estátua de sua Maria Mulambo e o assentamento em argila que representava seu lado africano, batizado com o nome de Jinda Leba Dandasin[14].

Na nação efon, o Exu de umbanda é fixado exclusivamente em um terreiro independente, isto é, durante a abertura de um novo terreiro. Nos casos dos filhos de santo de Alvinho de Omolu, como Fernando de Ogum, o mesmo espírito pode, então, manifestar-se em duas linhas diferentes: de um lado, a de umbanda e, do outro, a de "nação" (de candomblé), na qual será reafricanizado. Assim, durante uma festa dedicada à sua Maria Mulambo, Fernando de

---

[14] A coexistência dos dois nomes é comum à maioria dos iniciados. Miriam de Omolu, que recebe a Ciganinha da Estrada, apresenta-a sob o nome africano de Akolojemin. Da mesma forma, Baiana do Malandro, filha de santo de Alvinho de Omolu, mostrou-me em seu terreiro um casal de Exus, cujo elemento masculino, Jebará, era a representação africana do Exu-Caveira de umbanda, e o elemento feminino, Jebaraí, a da Pombagira Maria Padilha.

Ogum se apresentou no salão de seu terreiro vestido com uma suntuosa roupa vermelha, por cima da qual usava o *ojá* (faixa larga de pano apertada no peito) e os dois *atakans* (faixas de pano amarradas nos ombros e que se cruzam no peito abaixo do ojá), elementos característicos da roupa dos orixás, assimilando dessa maneira o espírito de umbanda às divindades africanas.

Essa "mistura" é firmemente criticada por Celinho de Barabô, em sua defesa da separação dos espaços de culto:

> Eu canso de dizer: o trabalho que eu desenvolvo com Exu não afeta o orixá em aspecto algum. Porque mesmo eu sendo iniciado no candomblé, mesmo eu sendo um zelador de santo de candomblé, o meu trabalho de Exu é à parte. No momento em que eu estou louvando a Exu, não se mexe em *ibá* [assentamento do orixá], não se cuida de santo, é um trabalho de Exu, sem misturar com orixá. É que muitos Exus se colocam como Exus-orixás, como orixás, até nas vestimentas. E essas Pombagiras que viram Maria Padilha, Maria Mulambo, bota *ojá*, bota *atakan*, pano da costa... isso nunca aconteceu com o meu Exu!

Celinho de Barabô, por sua vez, faz nitidamente a distinção entre, de um lado, um terreiro inteiramente dedicado ao culto do Exu de umbanda (Barabô), que fez a fortuna de seu médium, e, do outro, o terreiro de candomblé, no qual se trata dos orixás. No entanto, e isso me parece muito significativo, se o terreiro de candomblé está afastado no espaço (Piabetá, distrito de Magé, extrema periferia do Rio), o terreiro dedicado a Barabô coincide com o espaço doméstico de seu médium. Na maioria dos casos, esses dois espaços se misturam, determinando a necessária reafricanização do espírito vindo da umbanda.

Às vezes, essa reafricanização pode conduzir à iniciação (a feitura) de uma Pombagira, como se fosse um orixá[15]. Identificar-se com tal espírito, representação da prostituta, da mulher perdida por excelência, revela uma mudança fundamental na imagem que se tem desse espírito. De estigma, a possessão por Pombagira se tornou sinônimo de "chique e bonito", como diz Marê de Oxumaré:

> Na umbanda, a Pombagira vinha para mostrar o erro das moças, das mulheres. Hoje em dia, a gente não vê mais isso, o que naquela época se pronunciava e falava... [a mulher possuída por Pombagira] era tida

---

[15] Vários interlocutores assinalaram a iniciação de Pombagira na nação angola como o "dono da cabeça" do médium. Infelizmente, sempre que tentei entrar em contato com um desses iniciados, os rastros se apagavam e o encontro se revelava impossível.

como mulher vagabunda, na época era assim, o preconceito era grande e o povo dizia: "Perdeu a virgindade, nossa senhora!" Agora não, agora é chique e bonito!

Se ser possuído por Pombagira perdeu sua conotação negativa, isso não significa que se possa iniciar abertamente um médium no culto desse espírito sem entrar em conflito com o ideal de ortodoxia. Como, então, iniciar um médium no culto de uma Pombagira, isto é, um Exu feminino, se ele não existe na África? Encontrando um equivalente feminino do Exu-orixá no universo africano do candomblé: Iamí Oxorongá, a grande feiticeira invocada ao lado de Exu no ritual do padê[16]. Essa identificação, que faz tremer a maioria dos puristas do candomblé, fundamenta-se em uma minuciosa comparação dos universos simbólicos da umbanda e do candomblé. Elas têm em comum o domínio da magia negra e uma relação com tudo o que é marginal. Márcio e Antonivaldo, um pai de santo ketu e outro ogã, ambos muito preocupados com a pureza africana, reconhecem a proximidade das duas entidades, mas não chegam a identificar uma com a outra: "Toda mulher é *ajé*, feiticeira. Todas são feiticeiras, a causa de Iamí. Então, talvez, o povo confunda isso. Mas não tem nada a ver, porque Pombagira é umbanda, Brasil, e Iamí Oxorongá é África".

A mesma preocupação de distinguir bem os dois universos simbólicos – o Brasil e a África –, ao mesmo tempo em que se buscam as possíveis semelhanças entre elementos de proveniência diferente, animava os discursos de Alvinho de Omolu:

Eu acho que há até alguma coisa muito semelhante [entre elas], porque as iamís são aquelas que cultuam tudo o que é estragado, aquelas coisas podres. Mas nem toda Iamí se submete a certas coisas como a Pombagira, que fala que ela vem para fazer a vida da pessoa se depravar. A parte do feitiço talvez venha a igualar... As iamís comem todas aquelas coisas que são colocadas aos pés dos orixás, por três dias as iamís comem aquelas coisas podres: os ovos, principalmente os ovos podres, isso tudo é aquilo de que elas mais gostam. Dá coisa fresca e elas não aceitam!

Eis novamente expressa a aproximação entre Pombagira e Iamí Oxorongá formulada por Monique Augras (1989). Se a Pombagira parece conservar algumas características da feiticeira africana, isso não constitui uma permanência de traços africanos no universo umbandista, mas antes uma legitimação desse espírito no

---

[16] Cf. capítulo 1.

contexto do universo africano. Afirmar que a Pombagira tem pontos em comum com Iamí Oxorongá, mesmo mantendo separados os dois universos de origem, equivale a subtrair o espírito de umbanda do contexto "degenerado" dos cultos sincréticos, para reinterpretá-lo em uma ótica africana e, portanto, legítima.

Por conseguinte, ao menos em teoria, pode-se "fazer" um Exu feminino como se fosse uma Iamí. É o caso de Waldemar de Oxóssi, iniciado na família de santo efon, mas que se tornou jeje após a afiliação de seu pai de santo a essa nação de candomblé. Ele iniciou um rapaz no culto de Exu Akessan e uma mulher no de Iamí, considerada uma qualidade feminina do orixá Exu. Essa iniciação, que poderia indignar os "depositários da tradição", é, mesmo assim, perfeitamente lógica, se levamos em conta as correspondências existentes entre as divindades e os espíritos. Evidentemente, para que o pai de santo possa iniciar alguém no culto de Iamí, esta deve ser considerada uma qualidade de Exu, isto é, um Exu-orixá e não um Exu-egum de umbanda. Logo, Waldemar não é partidário da identificação de Iamí com Pombagira: elas são diferentes, pois Iamí é uma qualidade do orixá africano Exu. Sua legitimidade é, dessa maneira, confirmada[17].

Para subtrair os espíritos umbandistas do âmbito da morte e de sua inevitável poluição, eles devem ser transformados em algo diferente. A existência no candomblé de uma das múltiplas funções de Exu – o Exu-escravo do orixá – torna possível a reinterpretação dos exus e das pombagiras de umbanda em termos "africanos". O espírito desencarnado se vê, assim, submetido ao orixá africano, dono da cabeça do iniciado ou, ainda, como no caso de Waldemar de Oxóssi, metamorfoseado em um dos diferentes avatares de Exu, o que permite a iniciação no candomblé.

O que está aqui em jogo não é o respeito por uma ortodoxia preestabelecida, e sim a adaptação de um modelo ideal segundo uma lógica "africana". O exemplo da reafricanização dos exus e das pombagiras de umbanda mostra a enorme plasticidade desses fenômenos religiosos, cuja prática ritual é feita de arranjos e adaptações constantes.

---

[17] Durante nossa entrevista, Conceição de Exu, iniciada por Waldemar de Oxóssi no culto de Iamí Oxorongá, manteve um discurso muito ambíguo sobre sua iniciação. Após ter compreendido que seu iniciador já me havia revelado a qualidade de seu Exu, ela afirmou que já lhe haviam dito "que isso não era possível, pois Iamí seria uma das qualidades de Nanã Buruku". A discussão sobre a legitimidade das ações rituais ocupa lugar central na vida dos iniciados no candomblé, e está igualmente na origem das frequentes reformulações das alianças entre médiuns e pais de santo, expressas por meio da afiliação por *obrigação* (cerimônia ritual).

CAPÍTULO V

O PODER CONTESTADO

Ao explicar a aliança que une os homens aos exus e às pombagiras, os médiuns constantemente ressaltam dois fatores em seus relatos: de um lado, a ajuda que lhes é fornecida pelos espíritos protetores no plano material e no processo de ascensão social; do outro, o poder e a segurança fornecidos pelos espíritos em caso de conflito com a hierarquia religiosa. Os exus e as pombagiras revelam ser mediadores que facilitam o êxito dos médiuns, questionando perpetuamente, ao menos no discurso, o poder daqueles que ocupam posições hierárquicas superiores. Mas, apesar da rebelião declarada contra a autoridade que acompanha a maioria de seus relatos, os médiuns não contestam realmente a ordem estrutural da sociedade brasileira; usam antes a lógica em ação no seio desta. Como Roberto DaMatta (1983) demonstrou, a sociedade brasileira se articula em torno de múltiplas mediações entre os diferentes níveis da hierarquia social, verdadeira sociedade relacional em que a intervenção de alguém "poderoso" pode resolver qualquer problema e as relações são mais importantes que as capacidades individuais. Seguindo a mesma lógica relacional, a proteção dos espíritos transforma em realidade o que os médiuns nunca poderiam obter exclusivamente por seus esforços.

Com efeito, raramente a ascensão social é considerada no Brasil o simples resultado do trabalho. O brasileiro não fica rico trabalhando, e sim graças à sorte, à intervenção de um padrinho (ou madrinha), de um padroeiro ou de alguém que o ajuda a avançar. A intervenção miraculosa de um mediador que mudou sua vida sempre é lembrada na história de vida do médium. O Exu encarna com perfeição esse mediador ideal: ele é o "compadre" ao qual o médium deve seu sucesso. Sua presença ao lado do médium é, portanto, indispensável a seu êxito[1]. O espírito convive, como um sujeito por inteiro, com seu médium, influindo diretamente em sua vida. Assim, os exus e as pombagiras são o âmago de toda uma série de dramas, tanto pessoais quanto rituais, que questionam as relações de poder no seio da hierarquia.

---

[1] O apadrinhamento é vivido no Brasil como um verdadeiro prolongamento da estrutura de parentesco. O padrinho representa uma ajuda constante na vida social do afilhado, um mediador, alguém que sempre intervém nos momentos críticos. Ter padrinhos (ou madrinhas) equivale a ter um patrimônio relacional que facilita o sucesso na vida cotidiana.

O CONFLITO COM A HIERARQUIA

A passagem da umbanda para o candomblé é caracterizada, na maior parte do tempo, pela difícil acomodação a uma nova realidade ritual, em que os espíritos dos exus e das pombagiras não encontram mais seu lugar. A luta para se afirmar como médium reconhecido, com seu próprio patrimônio de espíritos protetores, pode se transformar em guerra mística entre um pai de santo ou uma mãe de santo que "não aceita" e os espíritos do novo filho de santo. O candidato à iniciação no candomblé passa, então, de um terreiro a outro, até encontrar aquele que aceite seu Exu ou sua Pombagira e não coloque em dúvida sua aliança com os espíritos.

Celinho de Barabô, que no momento de sua iniciação no candomblé já era médium de umbanda, com terreiro e clientela, relata a negociação anterior à sua conversão:

> Mesmo o meu pai de santo aceitando essa coisa, o meu Exu preferiu conversar com ele. E não fez nenhum tipo de exigência. Ele disse que aceitava e era de pleno acordo com tudo o que ia ser feito, mas que ele [o pai de santo] colocasse as condições postas pelo candomblé, o tempo que ele deveria ficar sem incorporar, tudo isso, e se realmente ele voltaria sem nenhum problema... "Claro que o senhor tem toda a liberdade para vir na hora que o senhor quiser, isso não afeta em nada"... E assim se fez, um ano depois, ele voltou.

O enorme respeito que marca as relações entre o pai de santo de candomblé e o espírito de seu futuro iniciado mostra bem o poder que o representante de uma religião considerada superior e mais poderosa que a umbanda reconhece nesse Exu. Assim, Celinho de Barabô não teve que sofrer as humilhações vividas pela maioria dos médiuns vindos da umbanda, proibidos de receber seus espíritos após a iniciação no candomblé, pois já era na época um médium confirmado. Graças à fama, pôde, "com a autorização do pai de santo", ficar com o terreiro, que se transformou em casa de candomblé. Essa passagem sem ruptura da umbanda para o candomblé, embora em oposição às regras hierárquicas deste, que fixam em sete anos o tempo mínimo para abrir um terreiro independente, é legitimada por um dom outorgado pelos deuses no nascimento: o cargo de pai de santo. Reivindicar esse cargo como um dom de nascimento é, para o novo iniciado, uma estratégia eficaz, a fim de evitar o período de subordinação que o teria situado na parte inferior da escala hierárquica, acarretando a perda de seu poder e de sua autoridade litúrgica. No caso de Celinho, no momento da iniciação, os anos passados na umbanda foram levados em consideração, o que representou um reconhecimento implícito da realidade da aliança entre o médium e seus espíritos.

Mas é preciso notar que, na maior parte do tempo, o reconhecimento da legitimidade dos espíritos e de sua aliança com os iniciados resulta de um longo processo pontuado por conflitos com a hierarquia. É o caso de Waldemar de Oxóssi, pai de santo jeje, que foi possuído pela Pombagira Maria Padilha aos quinze anos de idade, quando já estava iniciado no candomblé. Essa possessão inesperada, por um espírito que não deveria ter se manifestado em um iniciado no candomblé, desencadeou uma verdadeira crise na família de santo e conduziu seu iniciador, Jovino de Omolu, a expulsá-lo do terreiro, marcando assim a desaprovação dos orixás: "Jovino botou o *ibá* [o assentamento da divindade] no barracão, ele falou 'você está virando pai de santo, está recebendo Pombagira, você está aprontando, então você não é mais quisto dentro do axé [do terreiro]'. E ele mandou Oxóssi bater em mim... e o santo me deu uma ximba na frente de todo mundo!"

A intervenção sobrenatural do deus que, após ter possuído o "filho", castiga-o violentamente é o sinal de sua desaprovação diante de um comportamento que desafia o modelo ideal de ortodoxia. Mas também, e sobretudo, sanciona um comportamento que desafia a estrutura hierárquica do terreiro: o jovem iniciado "faz" o pai de santo, quando enfrenta abertamente a autoridade de seu iniciador, ao qual, apesar desse conflito, permanecerá ligado ao longo de sua carreira religiosa por causa de seu Oxóssi, "que só aceita comer [receber os cuidados rituais] de sua mão"[2].

Jovino de Omolu, pai de santo de Waldemar de Oxóssi, resolveu assim o problema:

> Eu ia muito visitá-lo, ele morava até perto de minha casa. Eu ia toda segunda-feira lá, dia em que Waldemar dava essa consulta com essa Maria Padilha. Muitos clientes, ganhava joia, ganhava carro, ganhava dinheiro, essas coisas todas. Um belo dia essa Maria Padilha me chamou, ela disse assim mesmo: "Sinhá Jovino, eu hoje vou fazer uma coisa e depois nós vamos conversar". Ela preparou um fogareiro de

---

[2] Os orixás dependem dos cuidados dos "filhos" para "comer". É pelos sacrifícios de animais e as oferendas de alimentos rituais que os deuses se alimentam, recuperando a energia (o axé) gasta ao proteger os "filhos". Se os iniciados não nutrirem seu orixá, este ficará "fraco" demais para ajudá-los a afastar as influências negativas.

brasa, eu vi, isso eu vi, e tenho provas de pessoas que viram comigo. Aí essa Maria Padilha fez aquele fogareiro, ela vestia essas roupas pretas e vermelhas, ela tirou a calça, sentou em cima do fogareiro e mandou me chamar, assim mesmo. Aí disse: "Você está vendo isso Seu Jovino?". E o fogo estava ali e ela mandava abanar. Aí ela disse: "Olha, se algum dia você ver o Waldemar comigo de novo, eu não sei, porque aqui eu estou indo me embora, porque ele está fazendo muita coisa errada e eu não estou gostando, mas como você não acredita, eu estou te provando isto". Após isso ela mandou um rapaz que estava lá tirar gelo e água gelada da geladeira e botar num balde, e eu estou olhando. Quando ela levantou daquilo, ela ficou em posição assim de curva, levantou a saia e mandou que pegasse aquela água gelada e jogasse em cima. Jogaram e eu estou olhando. Aí ela sentou, conversou, conversou, conversou, e disse: "Agora pode pegar nas nádegas do meu filho para ver se estão queimadas". Não estavam queimadas, ela foi embora, deu adeus, se despediu, e não tinha nenhuma marca de queimado.

Nessa história extraordinária, embora o pai de santo reconheça a realidade e o poder do espírito de seu filho de santo, ele o faz para logo contestar sua legitimidade ao afirmar a ruptura da aliança entre o espírito e seu médium, por causa dos erros cometidos por este. Ele questiona a posição de autoridade de seu iniciado, mais célebre e mais rico que o iniciador, duvidando da veracidade de sua possessão. Maria Padilha de fato estava ali, mas agora se foi para sempre.

O Exu e a Pombagira constituem, por sua simples presença, um desafio direto ao pai de santo de um terreiro que detém o monopólio do sagrado. É ele quem deve garantir a mediação entre as divindades e os indivíduos – clientes ou iniciados. A concorrência "desleal" exercida pelos espíritos dos exus e das pombagiras é, pois, um ataque direto à superioridade do pai de santo, cujo principal meio de comunicação com os orixás é a adivinhação pelos búzios. Os clientes, fonte principal de renda para o terreiro, em geral preferem o contato direto com o espírito, isto é, falar com ele e receber seus conselhos, à consulta ao oráculo em que é um homem (o pai de santo) que fala. Os exus são os espíritos mais procurados pelos clientes, pois "são venais e resolvem os problemas mais rápido"[3]. Para os pais e mães de santo de candomblé, aceitar os exus e as pombagiras significa, portanto, submeter-se a uma dupla obrigação: dar prova de tolerância para com

---

[3] Entrevista com Sérgio de Oxalá, nação efon.

esses espíritos, estrategicamente reafricanizados, para aumentar o número de iniciados do terreiro, e delimitar espaços de culto diferentes – o terreiro para os orixás e o espaço doméstico (ou um terreiro independente) para os exus – a fim de que possam garantir para si o monopólio da mediação com o sagrado.

Todo conflito possível entre iniciador e iniciado assume, então, uma conotação econômica, já que a crítica da estrutura hierárquica do candomblé está intimamente ligada ao processo de ascensão social e ao êxito econômico do médium. Ele precisa dispor frequentemente de aliados sobrenaturais para garantir a sobrevivência. Foi a razão que levou, por exemplo, Palmira de Iansã, mãe de santo da nação ketu, ligada ao Axé Opô Afonjá do Rio, a aceitar a possessão por Pombagira de Edi de Iemanjá, uma de suas filhas de santo:

> Ela foi mãe pequena de umbanda uns oito anos. Ela foi feita de Iemanjá numa casa de angola, mas antes dos sete meses de santo, a Pombagira Mulambo virou porque não tinha sido assentada. Esta Pombagira foi sempre quem deu consulta, sempre quem deu dinheiro, sempre quem sustentava ela, a ela e aos filhos dela. Então não era justo que eu proibisse. Tanto que sempre que a Pombagira queria ir embora, eu dizia não, porque ela tinha ainda quatro filhos menores quando o marido morreu e precisava sustentar os filhos...e ficou com um salário mínimo do INPS... então, eu não vou, como dizer, tirar fonte de sustento!

A Pombagira de Edi de Iemanjá, Maria Mulambo da Figueira, foi, portanto, reafricanizada e recebeu o nome de "nação" (de candomblé) de Leba Mulambo Baraji, tornando-se, assim, "escrava" de Iemanjá. Todas as terças-feiras, Edi dava consultas, ficando possuída das quatro horas da tarde até as três horas da manhã. Recebia uma média de quinze a vinte clientes por sessão, que vinham consultar o espírito tanto por questões de ordem material quanto por brigas conjugais, doenças ou dificuldades profissionais.

As consultas constituem a fonte de renda da maioria dos médiuns oriundos da umbanda que se iniciam no candomblé, ainda que, na verdade, exista aí uma contradição com o ideal de ortodoxia do candomblé[4]. Os médiuns legitimam

---

[4] Deve-se levar em conta também o fato de que a maioria dos médiuns em questão são oriundos das camadas mais pobres da população. Eles fazem parte do grande contingente de trabalhadores da economia paralela, que vive de pequenos trabalhos e do comércio ambulante. A aliança com os exus e as pombagiras permite que entrem em concorrência, no mercado religioso, com as outras instâncias do sagrado. Ter um espírito poderoso equivale, portanto, a garantir os meios de subsistência e, às vezes, a construir a própria fortuna.

FIGURA 6 – AS VIAS ASCENDENTES DE AFILIAÇÃO RELIGIOSA NA MESMA FAMÍLIA DE SANTO

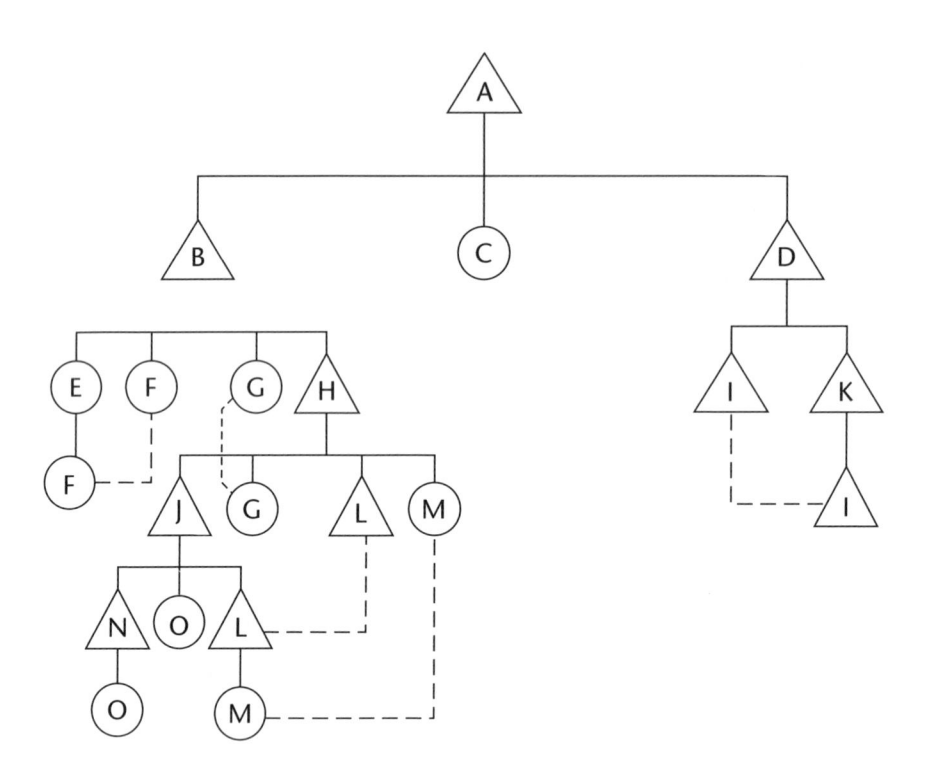

———— iniciação
- - - - filiação por obrigação

A Cristóvão de Ogunjá (†)
B Alvinho de Omolu
C Maria de Xangô
D Baiano de Xangô
E Eliete de Iemanjá
F Edi de Omolu
G Ana de Oxum
H Jovino de Obaluaiê
I Horácio de Logunedé
J Waldemar de Oxossi
K Gamo de Oxum
L Abrão de Oxum
M Sandra de Iemanjá
N Vera de Ogum
O Conceição de Exu

essa utilização dos espíritos pela necessidade de praticar a caridade, tal como é preconizada pela umbanda, pois, dizem eles, "quando se entra na umbanda, faz-se o juramento de nunca fechar a porta aos necessitados"[5].

Nos terreiros em que o chefe já "recebe" um exu ou uma pombagira, os novos iniciados são incitados a entrar em transe com esse espírito, o que nem todos aceitam bem. No caso de Sandra de Iemanjá, iniciada por Abrão de Oxum, filho de santo de Waldemar de Oxóssi, esse constrangimento provocou um drama que levou a uma reestruturação das relações entre o iniciador e a iniciada. No terreiro de Abrão de Oxum, eram muito frequentes as cerimônias durante as quais os filhos de santo eram possuídos por Exu ou Pombagira. Sete meses após sua iniciação, Sandra foi submetida a um ritual para deixar "passar" (manifestar-se) os exus, com a permissão de seu orixá. Como os outros iniciados do terreiro, ela incorporou dois exus, um masculino e um feminino. Todas as terças-feiras, ela devia estar presente no terreiro, "pronta para receber os exus para que os clientes pudessem consultá-los". Essa obrigação de entrar em transe desencadeou a crise que opôs Sandra de Iemanjá a seu iniciador. Ela resolveu procurar Jovino de Omolu, seu bisavô de santo no parentesco religioso, pois havia iniciado o pai de santo (Waldemar de Oxóssi) de seu pai de santo (Abrão de Oxum). Nessa época, entretanto, Jovino de Omolu já se tornara seu avô de santo, pois Abrão de Oxum tinha realizado sua cerimônia dos sete anos de iniciação (*decá*) no terreiro de Jovino, tornando-se, assim, seu filho de santo por obrigação, isto é, por afiliação religiosa[6].

Jovino propôs a Sandra que ela ficasse sob sua proteção espiritual, filiando-se a seu terreiro. Dessa maneira, Sandra de Iemanjá resolveu o conflito com seu iniciador tornando-se sua irmã de santo. A obrigação para a iniciada de se submeter ao iniciador foi neutralizada pela passagem de Sandra para o mesmo nível hierárquico ocupado por ele na família de santo. É graças a essa mobili-

---

[5] Entrevista com Edi de Omolu, nação efon. Na época de minha pesquisa, ela recebia o equivalente a dez dólares por cada consulta com sua Pombagira, sem limite de tempo. Na mesma época, a Vovó Cambinda (preto-velho), outro espírito desta médium, só recebia o equivalente a cinco dólares, a metade do preço da consulta com a Pombagira, pois "esta última era o espírito mais procurado pelos clientes".

[6] Pode-se, com efeito, mudar de terreiro ou de nação realizando as cerimônias rituais (*obrigações*) ligadas ao ciclo de iniciações – depois de um, três, cinco, sete, quatorze e vinte e um anos – com outro pai de santo ou outra mãe de santo. Fica-se, assim, sob a proteção do último, tornando-se seu "filho", embora se guarde a origem. Waldemar de Oxóssi foi iniciado no ritual efon, mas hoje é jeje, em razão "da troca das águas" de seu pai de santo. Ele é, portanto, efon por filiação religiosa e jeje por afiliação.

dade ascendente no seio da mesma família de santo que a ordem hierárquica é negada e que as relações de poder são renegociadas no candomblé[7].

A afiliação a um novo pai de santo, na mesma família de santo ou entre nações diferentes, é, pois, um meio eficaz de negociação. Os erros sempre são recuperáveis, sem que instância alguma ponha um ponto final nas negociações: o adepto simplesmente troca de mediador. A circulação dos médiuns não se limita, portanto, à passagem de uma modalidade de culto a outra; essa passagem também pode ser feita no interior da mesma família de santo. As relações de poder entre iniciador e iniciado, como as categorias religiosas que foram analisadas no capítulo precedente, estão em constante reorganização.

A FALA DOS ESPÍRITOS

A despeito da mudança considerável da imagem que os cultos afro-brasileiros oferecem de si mesmos, ser iniciado no culto de Exu, ou incorporar os exus-eguns, ainda é sinônimo de perigo e poder. A aliança com Exu sempre está cercada de um halo de marginalidade. Esse perigo, inerente a qualquer contato com Exu, reflete-se na percepção que os outros têm dos "filhos" de Exu ou de seus médiuns de umbanda. Ser ligado a Exu significa ocupar um espaço perigoso entre o bem e o mal, que os outros mantêm cuidadosamente à distância, assim como significa ter uma "cabeça quente", um *ori ajó*, com quem é conveniente manter prudência.

Na realidade, o que parece caracterizar melhor os filhos de Exu é que eles são muito diretos e francos, o que frequentemente os leva a infringir a ordem hierárquica do terreiro. Um filho de Exu não mede as palavras, não aceita o código em vigor no candomblé, em que os conflitos, de forma geral, são resolvidos por fuxicos. Ele não tem medo de desencadear um conflito no seio do grupo de culto, pois sua natureza quente, definida pelo "dono da cabeça", deixa uma brecha para a transgressão.

Marca espiritual, portanto, mas que também se traduz fisicamente. Na verdade, em todos os relatos dos "filhos" de Exu, ou de seus médiuns provenientes da umbanda, encontramos um elemento constante: o Exu-orixá ou os

---

[7] Essa estratégia é muito comum. Seis dos médiuns entrevistados tinham resolvido dessa maneira as divergências com seus iniciadores (cf. Figura 6). Véronique Boyer-Araújo (1993a, 195-196) faz referência ao mesmo tipo de estratégia na mina de Belém.

exus-eguns (exus e pombagiras) gostam de marcar seu "cavalo". A facilidade com a qual os médiuns de Exu caem, têm acidentes ou se ferem parece ser uma de suas características: no candomblé, diz-se que Exu gosta de deixar sua marca nos filhos. A primeira manifestação do espírito (Exu ou Pombagira) em geral é caracterizada por uma extrema brutalidade. Assim, a primeira vez que Terezinha de Oxum foi possuída por Maria Mulambo da Calunga, esta a esbofeteou violentamente para marcar sua chegada[8]. Maria Auxiliadora de Xangô traz as cicatrizes de sua aliança com Maria Mulambo:

> A minha Maria Mulambo, quando viveu nessa terra, foi mulher de malandro. Ela diz que era mulher de marginal, para ela qualquer negócio é negócio. No início, logo assim que ela começou a dar em mim, ela me cortava. Tenho os braços todos marcados [mostra as cicatrizes]. Tá vendo os talhos? Ela nunca me explicou por que é que ela me cortava. Um dia, a gente estava na casa de Exu e lá tinha um caco de vidro no chão. Ela [a Pombagira] o pegou e botou as minhas mãos para trás. Quando ela foi embora, que eu soltei os braços que estavam para trás, eu estava toda lavada de sangue. Aí uma outra mulher do terreiro falou: "Um dia que ela estiver aí, eu vou conversar com ela!" Não sei o que elas discursaram, não sei o que ela pediu, o que a outra prometeu, só sei o que a minha irmã [de santo] falou pra mim: "Nunca mais ela vai cortar você!" Graças a Deus, nunca mais ela se esquentou assim. Mas no início ela cortava mesmo, cortava fundo. Não era talhinho superficial, era talhinho fundo, de você olhar e ver aquela carne branquinha.

Como as pombagiras são esposas de marginais, seus médiuns também devem trazer inscritas na carne as marcas dessa marginalidade. Ser mulher de malandro no Brasil significa ser mulher que apanha, mulher que aceita qualquer coisa de seu homem. Os espíritos dos exus e das pombagiras assinalam, portanto, sua aliança com os seres humanos através do castigo físico: aceitar este equivale a estabelecer uma relação de dependência com o espírito, relação em que o sexo não tem qualquer pertinência, pois o espírito, mesmo feminino, reproduz o modelo masculino de dominação sobre um médium que é dominado. É por

---

[8] É sempre muito difícil analisar as histórias de vida dos médiuns de umbanda e dos iniciados no candomblé, pois, em seus relatos, a passagem do "eu" ao "outro" é constante. No momento da entrada em transe, o médium só está presente fisicamente, o que age nele é o espírito. No caso presente, portanto, é a Pombagira Maria Mulambo quem dá uma bofetada em Terezinha de Oxum, para marcar seu "cavalo" e afirmar sua presença.

ter-se dobrado à vontade do espírito que o médium não sofrerá mais violência e obterá riqueza, força e poder.

Outra constante dos relatos dos médiuns possuídos pelos exus e pelas pombagiras no candomblé é a relação de proteção que ligaria o pai de santo aos espíritos de seus filhos de santo. Nesses relatos, o chefe do terreiro aparece sendo forçado a aceitar esses espíritos, pois reconhecer o poder dos espíritos equivale a reconhecer a legitimidade do poder de seus iniciados. Assim, em todos os relatos, os exus e as pombagiras ajudam os iniciadores de seus médiuns, e provam, por isso, sua realidade. Embora devam limitar-se ao espaço doméstico, reafirmam sua autoridade graças a este elemento que está na base de toda conversão no candomblé: a cura mística[9]. A relação de subordinação que liga o iniciado ao iniciador é assim derrubada: se o iniciado precisa do pai de santo para qualquer mediação ritual com as divindades, o pai de santo depende dos espíritos de seu filho de santo para sua proteção. Em outros termos, uma dívida liga o "pai" ao "filho" por meio da afirmação do poder desses espíritos.

Aquele que não reconhece o poder dos espíritos desencadeia um conflito. Ora, embora no candomblé um filho de Exu possa atacar a hierarquia do terreiro de maneira discreta, este não é o caso do médium oriundo da umbanda. Um iniciado no culto de Exu, em razão do papel desempenhado por esse orixá no plano místico e do medo da feitiçaria que ele suscita, não precisa do que se pode chamar o discurso paralelo do candomblé: os fuxicos de santo. Ele não participa dessa dinâmica comum a todos os iniciados em um terreiro de candomblé, a qual consiste em uma submissão aparente à estrutura hierárquica e em sua crítica por meio de um conjunto de acusações organizadas nesse discurso paralelo. Ao contrário, os iniciados que "recebem" os exus e as pombagiras de umbanda, quando não estão possuídos por seus espíritos (*quando estão de cara limpa*), nunca ousariam atacar diretamente a hierarquia do terreiro. Ao se apoiarem na suposta inconsciência do médium durante a possessão, recorrem à fala dos espíritos, únicos responsáveis pelo que é dito. A crítica se torna legítima, pois é um espírito que a profere e não o iniciado. Para impedir esses ataques, o pai de santo contestado deve, então, desacreditar o espírito acusando o médium de simulação[10].

---

[9] Como no caso de Cristóvão de Ogunjá, que é forçado a aceitar os caboclos após a cura feita por esses espíritos.

[10] É o caso de Jovino de Omolu, que responde ao desafio de seu filho de santo, Waldemar de Oxóssi, pondo em dúvida a veracidade de sua aliança com a Pombagira.

ASSENTAMENTO DE POMBAGIRA EM UM TERREIRO DE CANDOMBLÉ.
VÊ-SE A ESTÁTUA MACULADA COM O SANGUE DOS SACRIFÍCIOS

A história de Sandra de Oxum é um bom exemplo dessa estratégia. Na época de sua iniciação no candomblé, ela já incorporava uma Pombagira Cigana, uma húngara chamada Vadinha Ratzá. Depois de longa experiência na umbanda, ela decidiu ser iniciada por Gamo de Oxum, filho de santo de Baiano de Xangô, mas, "vista a dificuldade dos efon de aceitar a possessão por Exu", ninguém cuidou de seu "lado umbanda", de sua Pombagira. Durante o primeiro ano, Sandra se submeteu à regra segundo a qual é proibido incorporar um Exu, mas logo a Cigana voltou a se manifestar, pois "ela queria trabalhar". Sandra então se afastou do terreiro de seu iniciador e se juntou ao de Alvinho de Omolu. Em seu relato, o possível conflito com o pai de santo, causado pela presença de sua Pombagira, é resolvido pela intervenção, durante a adivinhação, dos orixás de Sandra, que pediram ao pai de santo para aceitar os espíritos da médium. Sandra ressalta, assim, a legitimidade de seus espíritos, e principalmente de sua Cigana, reconhecida até por seus orixás. Logo, se os orixás os aceitam, por que um pai de santo não faria igual?

Segundo Sandra, Alvinho de Omolu teria aceitado sua Cigana desde o primeiro contato. Ele teria até infringido a proibição da possessão pelos exus-eguns em seu terreiro, para receber melhor esse espírito, cuja força e eficácia reconhecia, pois teria falado longamente com ele depois de ter sacrificado uma cabra em sua honra. O comportamento excepcional do pai de santo legitima, portanto, o poder do espírito.

No dia seguinte após nossa primeira entrevista, Sandra estava dando consultas com sua Cigana, em seu apartamento. Convidou-me para conhecer o seu espírito e até aceitou que a entrevista fosse gravada. Quando cheguei em sua casa, já eram dez horas da noite e Sandra estava em transe desde a manhã, recebendo, um após o outro, os clientes que uma de suas filhas de santo acolhia no salão. Ao fim de quase três horas de espera, ela me recebeu, toda vestida de branco, com um lenço dourado na cintura e pequenos tamancos brancos nos pés. Nos cabelos, uma grande rosa vermelha de plástico lhe dava ares de cigana. Usava grandes brincos de argola nas orelhas, vários colares dourados, pulseiras e anéis. A Pombagira se apresentou como a "rainha das ciganas" e como a "mulher de Lúcifer e de mais de vinte maridos". Não era mais Sandra quem falava, mas seu espírito: Dona Cigana.

Depois de longa digressão sobre a natureza de sua missão no mundo e sobre sua relação com seu "cavalo", o espírito chegou na relação entre o pai de santo e sua médium. Ao falar a respeito de Exu, "sem o qual o orixá não existiria", a Pombagira Dona Cigana disse que essas palavras provavelmente seriam contrárias às convicções do pai de santo, mas que "é ela [Sandra] quem deve obedecer a ele, não eu!", reafirmando assim a distância que existe entre o espaço dos orixás, monopólio do pai de santo, e o dos espíritos, no qual a relação entre o médium e suas entidades é direta. A Pombagira não precisa de mediação do pai de santo e, portanto, não lhe deve obediência. A Cigana reivindica sua independência até em face do orixá, "dono da cabeça" de sua médium, ao qual no entanto deveria se submeter, pois é sua "escrava": "Quem bate cabeça para o pai de santo é ela [Sandra]. Ela é louca por ele, é grata a ele, sua Oxum é grata a ele, ela gosta do caboclo dele, mas que ele [o pai de santo] goste de mim, não, ele nunca gostou de mim... ele engole... mas eu gosto dele!"

Eis que surge o conflito: o pai de santo não aceita o espírito, apenas o tolera. Apesar da preocupação constante do espírito em evitar o conflito com o pai de santo, pois "ele é importante para seu cavalo", a Pombagira me contou o drama ritual de que foi pivô no terreiro de Alvinho. Durante a cerimônia que marcava seus sete anos de iniciação, Sandra, que se encontrava no quarto das iniciações *(roncó)*, começou a passar mal, sinal da manifestação iminente da Cigana. Segundo o relato do espírito, Alvinho estava ocupado fazendo sacrifícios aos Eguns (ancestrais), na parte externa do terreiro. Sandra foi levada para o barracão onde a *equede* tentou em vão chamar seu orixá, Oxum. Mas o orixá não se manifestou, "pois não era ele quem estava ali". Ela estava possuída por Dona Cigana, e foi então que o conflito estourou. Alvinho de Omolu não admitiu a presença de um exu-egum em seu terreiro e o expulsou rapidamente. A Pombagira teria declarado, naquele momento, que nunca mais voltaria ao terreiro, "pois não ia onde não era aceita". O espírito concluiu seu discurso afirmando que, durante sua manifestação, outros iniciados, presentes no terreiro, também teriam sido possuídos por exus-eguns.

Uns quinze anos mais tarde, o conflito entre o pai de santo e o espírito (Dona Cigana) ainda permanecia sem solução. Sandra, embora ferida pelo não reconhecimento de seu poder místico, não tinha como desafiar a autoridade do pai de santo, pois era ele quem tomava conta de seus orixás e com ótimos resultados. É, pois, seu espírito que ataca. O médium não é responsável pelo que faz ou diz o espírito. Assim, "receber" um Exu parece atender a uma dupla necessidade: melhorar o *status* social, constituindo para si uma clientela ligada ao espírito, e questionar o controle do grupo de culto e o peso da hierarquia religiosa.

Na passagem da umbanda para o candomblé, os papéis desempenhados por Exu e Pombagira passam, todavia, por uma inversão de valor. Na umbanda, a prática dominante continua a ser o exercício da caridade e o trabalho (as sessões de consultas com os espíritos) visa à evolução do espírito e à sua doutrinação.

No candomblé, os exus e as pombagiras dão consultas e ganham dinheiro para seus médiuns, na casa ou no terreiro deles. De um espírito animado pela necessidade de evoluir, e que para fazer isso paga com seu trabalho na terra, passa-se a um espírito livre de qualquer doutrinação, de qualquer subordinação e que assegura a vida material de seu médium[11]. Um "paga" por sua evolução, o outro é pago por seus serviços.

OS PROTETORES DAS MULHERES

O uso político dos exus e das pombagiras, que vimos em ação nos conflitos com as instâncias hierárquicas superiores (os pais ou mães de santo "ortodoxos"), é mais evidente ainda quando o conflito opõe uma médium a seu marido ou companheiro. Os espíritos – e sobretudo as pombagiras – tornam-se, então, os pivôs de uma reorganização profunda das relações de poder no seio do casal: o aliado invisível outorga sua proteção e poder a seu "cavalo" diante de um homem que raramente dispõe das mesmas mediações sobrenaturais. Para que o homem seja aceito, deverá submeter-se à autoridade do espírito protetor de sua mulher, estabelecendo, na maior parte do tempo, um verdadeiro pacto com a entidade espiritual.

Esse pacto sempre é resultado de um longo processo que visa ao reconhecimento e à aceitação do poder místico da mulher. O homem, ao ser dobrado pela força dos espíritos, é forçado a negociar sua relação com a mulher médium, de quem o espírito é o principal dono. Aceitar a supremacia do espírito protetor é condição *sine qua non* para qualquer relação com uma mulher médium. Reconhecer seu "patrimônio espiritual" significa reconhecer seu poder. Assim, a aliança com o espírito se torna o lugar de uma redefinição do papel feminino. Na verdade, se a família patriarcal constitui o modelo ideal no seio da sociedade brasileira, na prática cotidiana esse modelo se revela muito afastado da realidade, ao menos da realidade das classes populares, em que a mulher, em geral, é o verdadeiro sustentáculo da família. Os homens vão e vêm, sem de fato assumirem suas responsabilidades perante os filhos nascidos de suas

---

[11] Os adeptos do candomblé estabelecem uma distinção clara entre vida espiritual e vida material. A primeira é domínio exclusivo dos orixás, ao passo que a segunda tem a ver com os exus e as pombagiras. Como os problemas encontrados na vida cotidiana estão ligados ao lado material da existência, a solução para eles será buscada na intervenção dos exus (ou de outros espíritos, como os caboclos ou os pretos-velhos).

ALTAR DE POMBAGIRA COM SUA BEBIDA E SEUS CIGARROS

uniões. É quase sempre a mulher o chefe de uma família composta de filhos de pais diferentes; é ela quem trabalha duro para garantir a sobrevivência de todos. Sua relação com o homem é condicionada pelo comportamento deste: o homem deve ser trabalhador e generoso, e tem de fazer frente às necessidades da mulher e da família. Quando ele não se dobra a esse ideal, a mulher chega a se separar do companheiro.

Ora, na difícil situação socioeconômica vivida pelas classes menos favorecidas da sociedade brasileira, são os homens que parecem ser os mais frágeis, não conseguindo se afirmar como responsáveis pela sobrevivência material do grupo familiar. Em contrapartida, o acesso das mulheres à carreira religiosa, tanto na umbanda quanto no candomblé, constitui um meio de ascensão social e de acumulação de prestígio que só pode questionar as relações de poder no seio do casal. Nos relatos dos médiuns, encontramos, de modo constante, o tema da difícil aliança entre o espírito e o médium, vivida como uma verdadeira relação de forças. A conversão é o resultado da vitória dos espíritos sobre os seres humanos, mas o médium, embora se submeta à vontade dos espíritos, também impõe essa vontade aos que o cercam: o homem deve aceitar a missão espiritual de sua mulher, sob pena de provocar a cólera das entidades espirituais. Aceitar os aliados da mulher é também aceitar a superioridade mística desta: através dos espíritos e de suas palavras, a mulher pode inverter o papel de submissão em que *a priori* está confinada.

Assim, embora a possessão aja como um espaço de "transformação da marca sexual", onde, seja qual for o sexo atribuído ao espírito, este sempre reproduz o papel dominante masculino diante de um médium que reproduz o papel dominado feminino (Boyer-Araújo 1993a, 108), a aliança das mulheres com os exus – e principalmente com as pombagiras – inverte a posição submissa vivida no cotidiano e impõe, na fala dos espíritos, a vontade das mulheres aos homens. A autoridade espiritual, oposta à autoridade masculina, leva a uma redefinição dos papéis no casal.

Na maioria dos relatos, a relação entre a mulher e seu espírito protetor, Exu ou Pombagira, sempre é vivida como uma aliança que permite às mulheres enfrentar a violência ou a traição dos homens. São, portanto, os espíritos que intervêm diretamente nos momentos mais perigosos da existência de seus "cavalos", para protegê-los e punir os culpados.

A história de Baiana de Omolu é simbólica dessa aliança com um espírito que a protege, mesmo contra a sua vontade. Baiana é uma mulher negra de sorriso largo e comportamento jovial. É vendedora ambulante no subúrbio de Madureira (Rio de Janeiro) e foi, por muito tempo, representante dessa corporação. Por isso, volta e meia tem problemas com a polícia e os fiscais que infernizam a vida dos comerciantes ambulantes. Baiana tem um Exu como espírito protetor, o Malandro, encarnação do boêmio brasileiro ligado ao mundo da marginalidade. Esse Exu gosta muito de pagode e cerveja, e todos os anos, em agosto, Baiana organiza uma grande festa em sua honra, com pagode e muita cerveja para os convidados. Esse espírito, por sua natureza marginal e temível, revela-se precioso quando seu "cavalo" se encontra em perigo. Baiana nunca enfrenta sozinha a polícia ou um assaltante, seu Exu está sempre a seu lado. Assim, em uma disputa, ela consegue dominar os outros "pelo olhar": é a presença de seu espírito que lhe dá esse poder.

Baiana conta até que ponto os espíritos intervêm na defesa de seu "cavalo" da seguinte maneira:

> Eu morei com um rapaz durante anos, um rapaz que não gostava de trabalho, era meio viciado, muito levado e gostava de bater. Malandro vinha falar, conversava com ele, para fazê-lo parar. Mas ele nada. Quando foi no carnaval, ele pegou uma pedra e abriu o meu *adoxu* [cabeça]. E aí o Malandro não perdoou. Eu perdia muito sangue e fui no hospital de Marechal Hermes para levar pontos. Mas o Malandro virou

no hospital, não deixou dar ponto e me trouxe pra casa. Ele fechou a minha cabeça, não levei ponto nenhum! O Malandro ainda abriu a barraca [de camelô] e, com o peso da barraca, o sangue começou a coar novamente. O Malandro me pegou, fechou a barraca, fechou as caixas de mercadorias e me levou pra casa. Quando foi na festa dele em agosto, todo mundo falou que ele virou tão bonito, que ninguém entendeu nada. Ele ficou tranquilo do carnaval até a festa dele. Na festa, ele disse que veio "com o seu bicho de quatro e de dois"[12] e ninguém entendia nada. Quando a festa acabou, de manhã, ele levou o meu marido. Morreu, levou cinco tiros, o rapaz! Eu ainda levei ele para o hospital, botei ele no táxi, enrolei ele num lençol, mas lá ele morreu. O Malandro não ia deixar ele vivo mesmo. Cobrou e ele morreu nas mãos do Malandro... ele morreu duas vezes, porque foi Malandro quem matou ele e quem entrou pra matá-lo foi outro malandro, quem deu os tiros e matou. Ele veio pra cobrar e cobrou muito bem!

Ao me contar sua história, Baiana estava com a voz triste. Tinha sofrido muito com a morte do companheiro, com o qual vivera quinze anos, apesar da violência e dos maus-tratos. A despeito de tudo o que ele lhe fizera passar, ela cuidara dele até a morte. Mas a voz mudou completamente quando começou a falar do poder do Malandro, que pune aqueles que lhe fazem mal. Era como se houvesse duas Baianas: a Baiana apaixonada, "mulher de malandro", que faz tudo para ficar com seu homem, e a Baiana aliada de um espírito poderoso, que não pode aceitar a violência feita contra seu "cavalo" e o vinga de seus inimigos. Assim, o desejo legítimo de vingança, que ela poderia ter nutrido, foi completamente transferido para o Malandro, que se tornou o verdadeiro responsável pela morte violenta de seu companheiro.

O Malandro matou esse homem que não respeitava a mulher, que batera na cabeça dela, a parte mais sagrada do corpo de um iniciado[13]. Malandro discutiu

---

[12] Durante as cerimônias, são sacrificados animais "de quatro patas" (cabras, carneiros etc.) ou "de duas patas" (galinhas, galos etc.). No caso presente, o animal "de quatro e duas patas" simboliza o homem que ele vai levar, causando-lhe a morte.

[13] A maioria dos rituais realizados durante a iniciação dizem respeito ao corpo e, mais especialmente, à cabeça, considerada o lugar onde reside a divindade. Os cabelos são raspados e um entalhe é feito no alto do crânio (*farí*), para que a divindade possa se fixar no corpo do iniciado. É proibido tocar na cabeça de um iniciado (*adoxu*), pois ela é considerada sagrada. Podemos assim entender a gravidade – material e espiritual – do ato cometido pelo companheiro de Baiana.

com o homem, explicou-lhe qual devia ser sua conduta mas, por ter negado a autoridade do espírito, foi punido. Uma vez eliminado o rival, o espírito se torna o verdadeiro marido de seu "cavalo". Está a seu lado sempre que ela precisa de ajuda, é seu protetor e seu apoio econômico: "Malandro é o meu marido! A mulher reclama: 'Quero comprar um sapato, eu não tenho roupa, eu quero comprar isso, eu quero comprar aquilo'... e o marido dá. Então, é ele quem me dá tudo, é ele quem não me deixa faltar nada".

A oposição entre um marido que não cumpre seus deveres – bate na mulher, não trabalha, pertence a um mundo de marginais – e o Exu, marginal por excelência mas que exerce as funções de marido, está assim estabelecida. Os homens devem se dobrar à vontade dos espíritos, pois todo desafio será sancionado com rigor[14].

Mas, se os espíritos punem os homens quando são violentos, eles também intervêm quando estes abandonam as esposas por outras mulheres. Na verdade, os problemas conjugais são uma das principais razões que levam os clientes a consultar uma Pombagira. Este espírito, identificado com a prostituta, torna-se, então, a garantia de um casamento harmonioso. Se a mulher, principalmente aquela que possui protetores místicos, não deve submeter-se à autoridade do homem, este, caso não queira sofrer graves consequências, é forçado a aceitar a mediação dos espíritos.

A história de Rosilene[15] e de sua aliança com a Pombagira Maria Mulambo da Figueira, como ela mesma me confiou, é a ilustração disso: aos sete anos de idade, Rosilene vivia na favela de Manguinhos (subúrbio do Rio de Janeiro), com a mãe, viúva, e seis irmãos pequenos[16]. Na favela, havia muitos crentes, assim como adeptos da umbanda ou do candomblé – os *macumbeiros*. Todos os dias, ela ia buscar comida em uma horta. Certo dia, perto dali, escondido em um porão, ela encontrou dinheiro: primeiro uma moeda, depois outra, enfim um embrulho amarrado. Era uma *macumba* (um trabalho de magia negra). Rosilene perdeu o controle e começou a chorar, sem poder parar. Pensaram que tivesse

---

[14] O temor da intervenção dos espíritos é um elemento de dissuasão muito eficaz contra a violência, sempre latente na sociedade brasileira. O problema das mulheres espancadas não está limitado, como se poderia pensar, às classes populares; está presente em todas as camadas sociais. O grande número de delegacias de mulheres mostra a gravidade do problema.

[15] Os nomes das médiuns foram modificados para preservar seu anonimato nas histórias de vida que se seguem.

[16] Sete (são sete crianças no total) é um número mágico, sempre associado às histórias de Exu ou de Pombagira.

sido estuprada, pois diziam que um homem estava abusando das crianças da favela, atraindo-as com balas ou dinheiro. Foi então levada ao posto de polícia na favela, depois ao posto médico, onde o médico não descobriu nenhuma marca de violência. Mas Rosilene não parava de chorar. A mãe, apesar do terror que sentia da magia negra e do espiritismo, levou-a a um centro de umbanda, "cruzado com a quimbanda", no qual enfim seu orixá, Oxum, manifestou-se. Mas Rosilene ficou doente, pois sua mediunidade não havia sido tratada (desenvolvida). Segundo a mãe, ela sofria de epilepsia ou de "doença dos nervos"[17].

Aos 11 anos, Rosilene foi possuída, pela primeira vez, por Maria Mulambo. Estava paralisada na cama por uma febre reumática, causada por seus problemas nervosos. A Mulambo, após ter possuído Rosilene, disse à mãe que se ela não se decidisse a lhe "dar" a filha, esta ficaria doente para o resto da vida. A mãe cedeu, pois Rosilene ficou paralítica um ano inteiro. Quando ficou boa, começou a dar consultas com sua Pombagira, na casa da mãe. O espírito foi pouco a pouco tendo controle absoluto sobre a jovem e as pessoas à sua volta: quando a mãe de Rosilene queria fazer alguma coisa, devia, primeiro, falar com o espírito; durante a noite, ela ouvia Mulambo e Rosilene discutirem. O espírito fizera um pacto com a mãe de Rosilene: ou ele tomava o controle total da vida de Rosilene, ou esta continuaria sofrendo.

Quando Rosilene fez 16 anos, Mulambo disse à mãe que a jovem se casaria, mas que ela era contra o casamento. Queria que Rosilene vivesse apenas em concubinato, que nunca se casasse e não perdesse seu nome de solteira. Mas a mãe de Rosilene não estava de acordo. Caiu de joelhos diante do espírito e suplicou, chorando, não lhe impor tal vergonha. Acabou por convencer a Mulambo deixar que a filha se casasse.

Nessa época, Rosilene trabalhava em uma fábrica e era a única a trazer dinheiro para casa. Seu futuro marido era filho de um espanhol rico, proprietário de uma casa grande, "como um castelo", no bairro de Bonsucesso, e de seis outros apartamentos no Rio de Janeiro. Rosilene havia encontrado o rapaz na porta da igreja da favela, onde ele viera assistir a um casamento. A mãe de Rosilene desejava que eles se casassem o mais rápido possível, antes que a filha "se perdesse". Dezenove dias antes da data fixada para o casamento, o pai do rapaz morreu repentinamente. Mulambo não queria o casamento e, agora, Rosilene também não queria, a despeito dos pedidos reiterados do noivo. Acabou, no entanto, aceitando, mas sob certas condições: não iria morar

---

[17] Sobre a importância desta noção entre as classes populares no Brasil, cf. Duarte (1986).

no "palácio" da sogra para ser empregada dela e queria o apartamento que o pai do rapaz lhe havia prometido em Bonsucesso. Na véspera do casamento, Mulambo incorporou em Rosilene e disse ao noivo: "Escuta, vou te fazer uma proposta. Eu deixo ela se casar, mas você vai deixar minha 'filha' vir aqui [na casa da mãe] dar consultas toda semana." A Mulambo lhe pediu, então, para fazer um juramento com ela no pé de uma cachoeira, lugar consagrado a Oxum, o orixá de Rosilene. Ele o fez, mas só deixou Rosilene dar consultas duas vezes depois do casamento.

A crise estourou logo após o nascimento, muito difícil, do primeiro filho, quando o marido de Rosilene lhe proibiu categoricamente de frequentar terreiros. Rosilene caiu doente e ficou paralítica durante quatro meses. Mulambo castigava o casal, por ter rompido o pacto. Foi, então, um período de miséria, de "fome negra", segundo as próprias palavras de Rosilene. O marido perdeu tudo o que possuía: o carro, todas as propriedades, dilapidadas pela mãe, que encontrara um homem mais novo. Rosilene não andava mais, as pernas estavam paralisadas. Era a mãe quem lhe trazia comida, para ela e para o filho.

Um dia, Rosilene estava sozinha no apartamento, quando tocaram à porta. Era um homem negro, de cabelos alisados, que queria lhe vender quadros. Ela não estava interessada, mas acabou convencida a olhá-los mais de perto. O homem, "alto e negro, de dentes imaculados", disse-lhe, então, que seu verdadeiro objetivo era "possuí-la". Rosilene começou a chorar e a gritar por socorro, mas ninguém a ouvia. O filho ficou de repente mergulhado em sono profundo. Ela perdeu a noção do tempo, as horas passavam... e o homem não conseguia passar da porta, pois Rosilene pedia socorro a todos os seus espíritos. De repente, ela ouviu o rádio do vizinho anunciar a hora: eram exatamente seis horas. O homem a olhou e lhe disse: "Tchau e até logo". Ele acabara de ir embora quando a mãe de Rosilene chegou. Só havia onze degraus até a porta de entrada e mesmo assim ela não vira ninguém descer. Rosilene desmaiou e a mãe foi falar com uma vizinha que conhecia pessoas ligadas ao "espiritismo"[18]. Foram, então, consultar uma médium de nome Ilka, que morava do outro lado da avenida Brasil, na favela Nova Brasília. Rosilene se arrastou até lá, pois as pernas não lhe obedeciam; no caminho, "todos os homens que passavam convidavam-na pra cama", sinal explícito da aproximação da Pombagira.

---

[18] Espiritismo é utilizado aqui como sinônimo de umbanda, pois no espiritismo não se recebe Exu ou Pombagira. Esse termo, como o de macumba para os cultos afro-brasileiros, pode indicar, na linguagem popular, tudo o que tem a ver com os espíritos.

Ilka lhe examinou as mãos e lhe perguntou quantos homens tinha na vida. Rosilene, esgotada, respondeu que tinha apenas um, o marido Manuel. Foi então que desmaiou e incorporou Mulambo. Esta proibiu a mãe de Rosilene de deixar a médium presente intervir, pois Rosilene estava pagando "o preço da vida", e que ela acabaria, "como todas as outras mulheres", na pele de uma prostituta "tirando prazer" de sua condição. A Pombagira pediu a prova do fogo[19], para mostrar que não era deficiente física: era Rosilene quem continuaria a ser, depois que fosse embora. Então dançou em um círculo de fogo. Antes de sair, Mulambo disse à mãe de Rosilene que tudo aquilo era culpa do casamento, e que ela era de fato a única dona de Rosilene. Depois disso, a mãe disse ao marido de Rosilene: "Escute, Manuel, você tirou minha filha da minha casa, ela que me dava tudo. Você sabia que ela praticava o espiritismo. Você tem que deixar a minha filha voltar lá!". Ele recusou o pedido e Rosilene continuou sem andar.

As relações entre os cônjuges se envenenavam a cada dia. Tinham parado de ter relações sexuais dois meses depois do casamento. Rosilene pensava que era em razão de sua origem modesta ou de sua "pele escura", e se sentia inferior. Conta que só houve uma exceção e que foi justamente dessa vez que ela ficou grávida novamente. O marido não desejava aquele filho: pedira a ela que abortasse, e ela recusara. O primeiro filho tinha então um ano e meio e Manuel trabalhava à noite, como chofer de táxi. Certa noite, Rosilene adormeceu com as mãos juntas; no dia seguinte, não pôde separá-las. A dor era tão grande que Rosilene chamava a morte chorando. De repente, levantou-se e saiu do apartamento, tendo recuperado o uso das pernas, e correu chorando pela rua, desesperada. Pessoas de um terreiro de umbanda a chamaram para lhe dar algo contra a dor, mas ela tinha medo de entrar no terreiro. Acabou aceitando e, quando a mãe de santo, possuída pelo caboclo Sete Estrelas, colocou-lhe as mãos na cabeça, Mulambo incorporou. Logo reclamou cachaça para beber e passou fogo nos braços de seu médium para mostrar sua força. Declarou que se Rosilene não cuidasse dela, sua vida iria de mal a pior. Mas Rosilene partiu após o transe e não voltou mais no terreiro.

Alguns dias mais tarde, Rosilene sonhou que Sete Estrelas a chamava. Dirigiu-se então ao terreiro, onde o caboclo a esperava. Entrou em transe e deu consultas com sua Pombagira a noite inteira. Quando voltou para casa,

---

[19] A prova do fogo é normalmente pedida quando existe uma dúvida sobre a veracidade da possessão. Consiste em entrar em contato com o fogo ou em engolir coisas quentes, sem no entanto se queimar.

Rosilene sentiu-se melhor do que nunca. Um problema, contudo, permanecia: o marido. Um dia, pessoas da família dele vieram à sua casa para humilhá-la, afirmando que, graças a eles, ela tinha saído da favela, desencadeando o drama. Mulambo possuiu Rosilene e chamou o marido para lhe falar. Disse-lhe que se não deixasse a mulher se dedicar à sua missão espiritual, ela, Mulambo, ia separá-los. O marido aceitou deixá-la "trabalhar", mas apenas no terreiro de Dona Alice, onde fora chamada pelo caboclo Sete Estrelas.

Rosilene então começou a frequentar esse terreiro, exceto nos dias em que o marido voltava cedo para casa. Mas o comportamento deste tinha algo de estranho, pois continuava não se interessando sexualmente pela esposa. Rosilene conhecera Luís, um pai de santo de candomblé do bairro de Rocha Miranda, na casa de quem ela havia realizado a primeira cerimônia para seus orixás. Foi ele quem lhe revelou que o marido levava "vida dupla". Rosilene, que estava grávida de seu segundo filho, pediu a Mulambo para ajudá-la a preparar um trabalho mágico, que ela colocou debaixo da cama do casal.

Certa noite, Rosilene estava na casa da irmã, que alugara um apartamento no mesmo edifício, quando o marido voltou. Ela já o encontrou na cama, dormindo. Estava escovando os dentes no banheiro quando a escova lhe escapou das mãos e caiu no chão, ao lado do cesto de roupas. Ela empurrou o cesto e, atrás, descobriu uma revista pornográfica. Ao segurá-la, algo escorreu do papel: o marido acabara de se masturbar sobre a revista. Para Rosilene, foi como se tivesse recebido uma bofetada:

> Minha filha, foi uma decepção! Eu dava gritos, gritos. Meu cabelo era comprido... eu tirei o cabelo todo... Arrancava, arrancava. Fiquei um ano, sem dormir, tomando conta dele. Porque amava... Aí eu falei, se eu tenho santo, se existe Oxum e Mulambo, eu nunca mais vou largar o espiritismo! Mas me desgosta desse homem. Eu quero ter um homem, mas nunca deixarei o espiritismo. Passe o que passar!

A mãe de Rosilene foi à casa da sogra de sua filha para lhe explicar o que estava acontecendo e quais eram os riscos de Rosilene perder o bebê. Juntas, foram a uma cartomante, que lhes revelou que Rosilene também corria risco de vida. Durante a noite, Rosilene começou a perder muito sangue. Arrastou-se até o apartamento da irmã, que a levou ao hospital. O marido, embora estivesse em casa, não levantou um dedo. Quando a mãe de Rosilene foi falar com o genro, este lhe contou enfim a razão de todos aqueles dramas: quando "procurava" a mulher, ela sempre estava na macumba (em um terreiro).

Rosilene, ao sair do hospital, implorou ao marido que a deixasse voltar para a favela com o filho. Não pedia nada, apenas as pobres coisas que trouxera consigo quando se casaram. Mas a mãe de Rosilene não estava de acordo. Rosilene voltou então a viver com o marido e o filho, decidida a pegá-lo "em flagrante delito". O marido continuava preferindo se masturbar a ter relações sexuais com ela. Pouco a pouco, Rosilene foi se dando conta de que gostava de seu "santo" (sua missão espiritual) mais que de seu marido. O casal se mudou para Vila da Penha, outro bairro do subúrbio do Rio de Janeiro. Foi ali que Rosilene conheceu uma mulher, Ondina, que ensinaria a Mulambo o que era "o valor do dinheiro". Na verdade, esta trabalhava muito no terreiro de Dona Alice, mas não aceitava ser paga e o dinheiro ficava então para o terreiro. Por causa de uma desavença, Mulambo quis deixar o terreiro e começou a dar consultas em uma saleta do novo apartamento de Rosilene. Foi a partir daí que Rosilene adquiriu sua independência econômica, o que ela define como "a felicidade de sua vida". Antes de morrer de câncer, a mãe de Rosilene confiou a filha ao espírito Mulambo, que prometeu cuidar dela. Mulambo então revelou a seu "cavalo" que os tempos difíceis ainda não tinham acabado. Disse-lhe que ela ia perder o apartamento e que seria operada do coração (Rosilene já sofreu três intervenções cirúrgicas). Quando o apartamento foi a leilão, Rosilene não se desesperou, pois já possuía o terreno, dado por um cliente, onde depois construiria seu terreiro.

Com a ajuda do espírito, a vida material de Rosilene mudou completamente. Mulambo lhe proporcionou o dinheiro necessário para construir uma bela casa, comprar um carro e tudo o que ela podia desejar. Era independente: "Nunca mais tive marido para me dizer o que eu devia fazer!" Na realidade, este continuava vivendo com ela, mas agora era ele quem dependia economicamente da mulher e de seu espírito. Como estava começando a tratar mal os clientes e os filhos de santo de sua mulher, esta decidiu se separar dele, o que encheu de alegria Mulambo, que nunca aceitara dividi-la com o marido. Mulambo "pagou o advogado", evidentemente com o dinheiro que lhe davam os clientes[20]. Rosilene não teve de fazer esforço algum; tudo lhe foi fácil, pois seu espírito enfim assumira o controle de sua vida.

Depois que o marido foi embora, Rosilene nunca mais se apaixonou. Teve ligações com homens mais jovens, mas sem se comprometer. Livre da dependência amorosa dos homens, recebeu tudo de seu espírito: casa,

---

[20] Lembremos que o espírito sempre é pensado como um sujeito que age diretamente na vida de seu "cavalo". É ele, e não Rosilene, que ganha esse dinheiro, pois é ele quem dá as consultas.

ESTÁTUA DE POMBAGIRA NO MERCADÃO DE MADUREIRA

bem-estar sexual, bem-estar econômico, a aposentadoria como costureira, pois exercera a profissão durante algum tempo, e também um seguro de saúde. Na época de minha pesquisa, Mulambo estava pagando a construção de uma casa para o filho de Rosilene. Todo o grupo familiar vivia graças à ajuda de Mulambo.

Na história de Rosilene, encontramos características comuns a todos os relatos dos médiuns e, antes de tudo, um forte componente sexual, que serve de fio condutor à ação dos espíritos sobre os seres humanos. O primeiro contato de Rosilene com a magia negra é interpretado inicialmente como um estupro. Quando Mulambo quer obrigar Rosilene a respeitar o pacto que elas concluíram, de espiritual o assédio passa a ser sexual: o homem "alto e negro" que tenta entrar em seu apartamento para "possuí-la" é um dos companheiros de Mulambo, um Exu. Além disso, o fato de o marido de Rosilene não querer ter relações sexuais com ela é revelador do lado exclusivo da relação que une o médium a seu espírito.

Uma vez aceito o pacto com o espírito, o sexo deixa de ser problema, mas se a mulher pode fazer amor com um homem, não pode se casar com ele. O ciúme dos espíritos prejudica o bom relacionamento do casal, já que a mulher supostamente é submissa ao marido:

> Mulambo me disse que é muito ciumenta, que eu posso sair com homens, que não tem problema. Mas deixar um homem entrar na minha vida, se meter nos meus assuntos, isso Mulambo não vai deixar! Homem não me falta. Tenho um homem, mas não posso me casar com ele; morar junto sim, casar nunca!

O espírito não pode aceitar a intrusão de um marido na relação com seu médium, que deve ser exclusiva. A única autoridade a que a mulher deve se submeter é a do espírito – masculino ou feminino, pouco importa –, seu único companheiro e senhor. A autoridade do espírito não se dobra diante da autoridade do marido: se este aceitar se submeter à vontade do protetor de sua mulher, poderá preservar sua relação com ela; caso se obstine a desafiá-lo, será forçado a abandonar o lar. Rosilene, por exemplo, levou muito tempo para aceitar a preeminência do espírito sobre o esposo, e seu sofrimento nasceu daí, da dificuldade de aceitar a aliança com seu protetor.

O segundo elemento constante nos relatos dos médiuns é a oposição entre o bem-estar econômico, proporcionado pelos espíritos, e a relativa e precária situação econômica ligada ao casamento. De fato, essa ascensão social (o casamento de Rosilene com o "estrangeiro" rico) implica a aceitação da autoridade do marido, que não aceita a aliança da mulher com o espírito. O marido rico perderá então todos os seus bens e ficará dependente da mulher e de seu protetor místico. Os papéis de produção são assim invertidos. Na realidade, na maioria dos relatos, constatamos forte ambivalência das mulheres casadas em relação a seu papel. A maioria das crises são concomitantes à passagem do *status* de moça ao de mulher casada, manifestando-se os espíritos para expressar sua recusa do casamento. A guerra mística que decorre dessa situação só se resolverá pela submissão do marido ao espírito de sua mulher ou por sua partida definitiva.

O ponto central, todavia, é a negociação constante dos espaços de liberdade da mulher. A carreira religiosa representa uma independência econômica real para as mulheres oriundas das classes menos favorecidas, ainda que essa rápida ascensão social e econômica requeira necessariamente, como vimos, uma divisão dos espaços. Assim, Rosilene abandona o terreiro de Dona Alice, onde sua Mulambo "não conhece o valor do dinheiro", para "trabalhar" em casa e abrir o próprio terreiro. O êxito econômico nunca está ligado a um espaço pertencente a outro, mas ao espaço doméstico ou a um espaço sagrado independente.

Graças ao livre exercício de sua mediunidade, Rosilene ficou completamente independente do marido e de todos os outros homens. É seu espírito sozinho – Maria Mulambo da Figueira – quem lhe oferece tudo o que ela sempre desejou.

O TRIÂNGULO MÍSTICO

Concluir um pacto com o espírito protetor de sua mulher pode levar a um verdadeiro *ménage à trois*, em que o homem é forçado a negociar o papel e as prerrogativas de marido. É a esse preço que o casal pode levar uma vida tranquila. Obviamente, nunca estarão sós; terão que ter em conta o espírito, figura central de um verdadeiro triângulo místico.

Em vez do estereótipo da prostituta ou da cigana encarnado pela Pombagira, a Pombagira Menina oferece a imagem de uma pré-adolescente[21] morta,

---

[21] A falange das Pombagiras Meninas é formada por meninas entre dez e doze anos. As Pombagiras Meninas seriam ligadas ao grupo dos *exus-mirins*, espécie de garotos endiabrados, extremamente perigosos e temidos até pelos demais exus. Recorre-se de preferência a eles para qualquer trabalho de magia negra.

defendendo-se durante uma tentativa de estupro, ou assassinada pelo pai que não aceitava seu amor por um garoto. Não raro é virgem e adota um comportamento edificante.

Durante uma cerimônia em sua honra, a Pombagira Menina dos Campos Verdes de Edna de Omolu me contou sua história. Tinha sido, quando viva, filha da Pombagira Maria Padilha, a qual tinha muitos homens e muitos filhos. Mas os homens não queriam filhos e Maria Padilha os abandonava para ficar com os amantes. Pombagira Menina viveu, então, como uma menina de rua, em um campo de futebol onde hoje recebe suas oferendas. Para sobreviver, teve de trabalhar em uma boate, onde todos os homens ficavam sensíveis a seus encantos. Certo dia, quando tinha apenas 11 anos e ainda era virgem, um homem quis forçá-la a ter relações sexuais com ele. Desesperada, lutou com esse homem, que a matou.

Durante nossa conversa, Pombagira Menina expressou de modo bem claro o ódio e a desconfiança que sentia dos homens. Declarou-me que não gostava deles, pois "eram todos mentirosos", e que sua missão na terra era proteger as mulheres, "pois elas são mais sinceras, e são totalmente enganadas pelos homens". Explicou-me também que existiam duas espécies de pombagira: as que gostam de levar as mulheres à perdição e as que, como ela, não fazem isso, não riem de modo grosseiro e falam com calma. Chegou até a se desculpar por ter usado o termo *safada*, que de todo modo não é o mais chulo para designar uma mulher à-toa. Ela de fato diferia das demais pombagiras.

Era moderada tanto em atos quanto em palavras. Controlava os homens e também as mulheres, de acordo com uma concepção claramente moralizante da vida:

> Eu cuido, vejo onde está o erro e conserto. Aqueles que estão errados, eu castigo. Se um homem foi embora com outra, eu trago de volta. Mas tem mulheres que são, desculpe a expressão, safadas, que quando eu boto direitinho, aí quem bota homem no caminho delas, é elas mesmas. Elas acham tantos, como se diz, homens bananas, aos pés delas, e elas acham que não dá não, querem mais... aí, o meu castigo... eu esfrio elas todas e não conseguem ficar mais com homem nenhum.

Nas palavras do espírito, novamente aparece o aspecto sexual da intervenção dos exus e das pombagiras. Os homens – mas também as mulheres – devem aceitar a mediação dos espíritos para se beneficiarem de uma vida sentimental e sexual harmoniosa. Se recusarem essa mediação, a vida sexual deles será afetada.

A história de Edna de Omolu e de seu relacionamento singular é, a esse respeito, simbólica. Ela é o típico exemplo da médium que passa de um culto a outro. Edna foi possuída pela primeira vez quando tinha vinte e sete anos. A família não praticava nem umbanda nem candomblé, mas a avó era ligada ao espiritismo, e Edna herdara seus "santos"[22]. Iniciou sua carreira religiosa realizando oferendas para os orixás da avó. Em seguida, passou a frequentar um centro de umbanda, onde realizou uma primeira cerimônia (*fazer camarim*) e em seguida o *borí* (ritual para a cabeça). Da umbanda, passou ao omolocô ("uma umbanda mais africanizada"), e daí ao candomblé angola. Mas como seu orixá não aceitava o ritual angola, adotou o ritual efon, o único que se mostrou eficaz para ela[23].

O primeiro espírito que incorporou e que lhe revelou sua mediunidade, aos 27 anos, foi o Exu Tranca-Ruas:

> Ele me deixava sem consciência, desmaiada. Ninguém entendia o que acontecia comigo. Uma mãe de santo me disse que eu era médium e, um dia, quando eu tava inconsciente, fui parar no terreiro dela, e Tranca-Ruas apareceu e me disse qual era a missão dele na terra. Falou também que um dia eu ia ter que ser iniciada.

Edna não sabia muito bem o que fazer e começou buscando o que lhe era necessário para "tratar" seu Exu. Tranca-Ruas possuía Edna em casa, às vezes durante o dia inteiro. A família estava aterrorizada; é preciso dizer que, entre seus membros, ela era a única médium.

Uma das primeiras coisas que Tranca-Ruas disse a seu médium é que ela não devia se casar e prometeu, caso ficasse solteira, dar-lhe tudo o que desejasse. Poderia ter homens, mas não devia se casar com eles. Edna, naquela época, já estava noiva de Murilo, seu atual marido, e tudo ia muito bem com ela: estudava, fazia pequenos bordados ou cozinhava, o que lhe rendia algum dinheiro, até o dia em que decidiu se casar. Foi o fim de sua tranquilidade; os espíritos começaram a intervir em sua vida:

> Já tinha resolvido, na casa tava tudo pronto, tudo pronto. Então eu falei, eu vou casar. Aí eles [os espíritos] começaram a querer descer, e

---

[22] Quando um médium não desenvolve sua mediunidade ou falece, uma pessoa da família pode herdar seus "santos", e deve, então, manter seu compromisso com as entidades espirituais.

[23] Trata-se aqui de uma progressiva africanização, do polo menos tradicional ao polo mais africano do culto.

desceu mesmo e mandou esse recado pra mim. Mandou esse recado pra mim... eu disse e agora, gente, o que é que eu faço? Fui falar com a minha mãe, né? Aí minha mãe: "Que nada! É espírito, espírito é espírito... sua vida é outra coisa! Num casa não, fica aí em casa... porque sua vida é boa, a gente dá tudo pra você..." Aí eu falei: "Mas mamãe, eu tô com 27 anos, eu não vou casar, depois a senhora morre, como é que eu vou ficar... sozinha?" Aí, foi quando eu fui pro terreiro, né, comecei a desenvolver [a mediunidade], aí que desceu. E, com seis meses, eu me casei.

Foi um pouco antes do casamento que Edna começou a ser possuída pela Pombagira Menina, que rapidamente se poria no centro do drama conjugal:

No dia do casamento, a Pombagira ficou tão junto comigo, que eu... muitas coisas eu não me lembro... Que eu num queria casar, enfim, aquelas coisas... meu casamento deu uma briga, meu marido brigou com o meu pai, queria matar ele, que o pai não queria que casasse... gente! Isso tudo, aconteceu muita coisa! Eu me sentia estranha... me sentia grande. Me sentia assim uma... coisa fora do comum!

Na mesma noite, Pombagira possuiu Edna e deixou com Murilo – que agora era seu marido – uma mensagem destinada a seu "cavalo": Edna não podia se casar, pois ela, a Pombagira Menina, não gostava de homens, e Tranca-Ruas tampouco estava de acordo com aquele casamento. Murilo lhe respondeu que era tarde demais, que ele tinha de ter sabido antes. O espírito replicou: "Não quero saber desse casamento. Sou uma Menina e você não pode tocar no meu cavalo!" As primeiras possessões foram muito violentas:

Ela me batia nas paredes, batia pra lá, pra cá, ela querendo queimar meu cabelo todo, que eu tinha cabelo comprido, queimar meu cabelo todo, queria queimar minha roupa! Eu via aquele fogaréu em cima de mim... e eu gritava, gritava!

A noite de núpcias foi a primeira de uma longa série de crises, com o espírito conseguindo impedir o jovem casal de levar uma vida normal. Os repetidos ataques fizeram com que procurassem a mediação de uma mãe de santo. É Murilo quem conta a experiência nestes termos:

Começou que, na primeira noite que casamos, ela tomou o banho dela e, quando foi meia-noite e quinze, ela estava desmaiada. Teve um desmaio e aquilo rendeu, foi durando. Quando foi assim de manhã, um negócio de quatro ou cinco horas, ela voltou em si outra vez, mas a gente conversando com ela, ela tornou a desmaiar. E assim foram três anos, sempre desmaiando. Eu saía pra trabalhar de manhã e quando chegava em casa encontrava ela daquele jeito, desmaiada. Eu chegava e levava pro Pronto-Socorro e, de lá, eu levava no terreiro. Lá eu fazia um trabalhinho pra ela, aí de repente ela melhorava. E aquilo foi daquele jeito. Chegou ao ponto de ela ficar, assim, desmemoriada. Assim, mais ou menos uns três anos, a memória dela fugiu. Então o dia que ela recobrou a memória, ela não sabia nem que estava casada. O nosso filho tava assim com dois anos já e ela não sabia. "O que é que é? Onde eu tô? O que é que aconteceu comigo?" Aí, eu disse "Você está casada". E ela: "Não sei se eu tô, não sei de nada, vocês não me falaram nada!" Era essa Pombagira Menina que fazia tudo isso com ela. Ela queria nos separar, porque ela [Pombagira] era virgem, então ela não aceitava o nosso casamento. Isto durou três anos. Quando não estava fazendo alguma coisa em casa, trabalhando, ela estava desmaiada ou estava no Pronto-Socorro. A criança ficava com ela assim mesmo, não tinha com quem ficar, né? Quando ela ia pro Pronto-Socorro, tinha uma vizinha ao lado que apanhava. Então, chegou ao ponto de às vezes ela desmaiar, eu apanhava ela aqui, saía carregando, botava no carro, era um sufoco. Aí quando não era pro Pronto-Socorro, era pra casa da mãe de santo. Isso aí foi terrível!

O comportamento da Pombagira visava impedir, ou pelo menos dificultar, as relações sexuais entre os esposos. Assim, ainda que Edna fosse casada e mãe de família, ela "não sabia disso". Seu espírito não a deixava levar uma vida normal, como ela mesma conta:

Por causa da Pombagira, eu ficava desmaiada a noite inteira, até de manhã... Porque o Exu, para ninguém tocar a gente, desmaia a gente... e a gente fica imóvel, fica mole... Então ele é o anjo de guarda, ele fica aí, toma conta o tempo todo...

Edna, desesperada, começou a procurar ajuda com outra pessoa, pois sua mãe de santo dizia que tudo aquilo era mentira. Edna e o marido foram então consultar outra mãe de santo, que cumpriu um ritual em uma encruzilhada para "acalmar" a Pombagira. Esta havia pedido sete "mesas" (oferendas), uma por ano, ou seja, sete anos, ao fim dos quais ela deixaria os esposos viverem a vida em tranquilidade. Durante esse período, Murilo foi pouco a pouco aprendendo a se submeter à vontade da Pombagira, não sem conflitos, como relata Edna:

> Ele não aceitava. Quando ela descia, botava a saia na cabeça [risos], Ele não gostava. Então, aí, discutiam os dois, lá dentro. Discutiam os dois... e ela dizia que não gostava dele, porque ele ia acabar me levando, que ia rasgar aquela roupa toda, ia acabar me deixando nua dentro do terreiro...

Uma guerra surda pelo controle da vida de Edna opunha o homem ao espírito, mas uma certa intimidade com o espiritismo fez com que Murilo compreendesse a crise:

> Eu não aceitava tudo isso tranquilamente. A gente brigava muito, a Pombagira e eu, porque um homem, um rapaz casado de novo, que não tem a sua companheira... aquilo pra mim foi uma barra! Os próprios irmãos dela disseram pra mim que, se fosse com eles, largavam a casa e iam embora. Mas é que eu conhecia um pouco do assunto, que a minha tia tinha um terreiro lá em Saracuruna há muitos anos, eu vivi com ela um bocado de anos, lá em Saracuruna e depois em Caxias... Eu vinha do espiritismo, então eu sabia mais ou menos o que é que era. Foi aí que eu segurei o que eu tentava contornar...

Murilo foi forçado então a concluir um pacto com a Pombagira: ele devia respeitar tudo o que tivesse a ver com o trabalho espiritual de sua mulher. Começou a participar da preparação dos rituais para Pombagira e a lhe oferecer sempre uma rosa vermelha, símbolo de seu poder místico. Hoje, Murilo é *cambono* (auxiliar) de umbanda e encarregado da organização das cerimônias para a Pombagira de sua mulher. Ele cuida para que tudo transcorra bem. Murilo é o chefe dos tocadores de atabaques e dirige os cantos rituais de invocação dos espíritos. Todo o grupo familiar está implicado nas cerimônias religiosas em honra da Pombagira Menina.

Entretanto, nos relatos dos cônjuges, revela-se uma tensão que já existia antes da aliança forçada com o espírito. A relação entre os cônjuges já era muito difícil antes, pois Murilo tinha ciúmes doentios:

> Pombagira Menina sempre ajuda a gente. Eu, por exemplo, não posso reclamar, porque eu fui muito castigado por ela, mas já fui ajudado um bocado por ela... ela ajudou assim, em termos da vivência em casa, abriu meus caminhos, meu trabalho. Graças a ela, eu passei a

confiar mais na minha mulher, porque eu era muito ciumento. Ela não podia conversar com ninguém. Até com outra mulher, eu tinha um ciúme terrível, eu era doente. Mesmo antes do casamento, quando eu comecei a falar em ficar noivo, começou essa desconfiança braba... Pra mim, tudo quanto era homem que se aproximava dela já estava querendo tomar ela de mim! Mas isso já era da própria Pombagira, que ela não aceitava que a gente casasse. Mas, depois de ter feito um pacto com a Pombagira, aí que acalmou tudo. Acabou o ciúme, não tem mais ciúme. Edna não gostava das minhas crises de ciúme, a gente tinha problemas seríssimos. Ela chegou ao ponto de querer ir pra casa da mãe dela, de se separar... foi um problema sério. Mas aí a Pombagira conseguiu me acalmar! Hoje, se a Edna me diz que vai num lugar, não tem problema, confio neles [os espíritos]. Ninguém melhor do que eles pra tomar conta dela, eles veem tudo. Falam que Exu é perigoso, que mata... nada disso, ele não mata ninguém, não faz mal a ninguém. É a gente que é mau e que damos muita coisa pra ele complicar a vida dos outros!

O ciúme de Murilo era uma das principais razões de suas brigas com o espírito de sua mulher. Ele achava que a Pombagira gostava demais de ficar no meio dos homens, em atitudes provocantes (saia levantada, pernas à mostra). Paralelamente, a guerra mística que opunha o espírito e o homem se traduzia, para este, em perturbações no plano sexual:

A Pombagira me deixava nervoso, fazia eu brigar com a Edna, que não me queria na cama. Era sempre um sacrifício. A gente brigava muito por causa disso! A Pombagira me castigava deste jeito: a gente tava na cama e, de repente, num estalo, a gente perdia a "concentração" e, pronto, acabava. Mas depois a gente descobriu que era ela quem fazia aquilo. Aí o jeito foi aceitar.

Problemas sexuais, portanto, mas também um relacionamento difícil, pois Murilo não era muito fiel à mulher. Com o tempo, a Pombagira se impôs como a guardiã do casamento, impedindo as traições do marido, como relata Edna:

Ela [a Pombagira] me avisa logo quando tá pra acontecer qualquer coisa, buzina no meu ouvido... que uma vez eu tava operada, tava operada, tava até na casa da minha mãe de santo. Aí, ele [meu marido] tinha um encontro marcado com uma mulher... Ele disse: "Ah, você num vai, você tá doente... pra que que você vai... ah, eu vou a tal lugar assim, assim...", mas não disse que ia encontrar com ninguém, claro, porque ele tinha medo de me dizer. Mas quando ele chegou, lá perto de onde ele ia, na casa da tal mulher, ele disse que encontrou, assim na primeira esquina, uma mulher [a Pombagira] dando gargalhadas, gargalhadas, gargalhadas... e ele ficou desesperado, desesperado, passava outra esquina, aí aquela mulher se apresentava pra ele e dava aquela gargalhada... Quando chegou lá na casa da mulher [a amante], ela estava ardendo em febre! Aí, ele voltou, né? com os olhos arregalados, com aquele medo... Aí eu falei assim: "O que é que houve?" Aí, ele falou: "Você não sabe o que é que aconteceu, vou te contar... você sabe que eu fui a tal lugar assim, assim... tinha uma mulher lá me esperando, tá? Aí, cheguei lá, mas a sua Pombagira estava atrás de mim, e dava aquelas gargalhadas, aquelas gargalhadas, gargalhadas, que eu fiquei louquinho, louquinho, eu tive que voltar pra casa". Aí eu falei: "Bem feito pra você"! [risos] Aí, a partir dessa época, ele ficou mais calmo... A minha Pombagira não fica parada, ela corre atrás!

A Pombagira Menina é, portanto, a protetora da mulher no casamento. Resolve o problema do ciúme excessivo de Murilo da mesma maneira que resolve o problema de sua infidelidade: pela afirmação de seu poder místico. É também o espírito protetor do grupo familiar. Para Murilo, ela é a melhor garantia da fidelidade de sua esposa, pois a protege de qualquer influência perigosa vinda de outros homens. Ao mesmo tempo, impede qualquer infidelidade do marido, assegurando assim a paz do casal.

A maioria dos relatos dos médiuns gira em torno das relações entre os sexos: relações sexuais, potência sexual, ciúme e traição são o lugar da guerra travada entre os espíritos e os homens. Na verdade, o sexo – e principalmente a ausência de vida sexual "normal" – sempre é considerado sinal de uma inadequação na relação dos homens com os espíritos. A mulher não pode ter relações sexuais normais com o marido se, antes de tudo, não tiver aceito a relação que, prioritariamente, liga-a a seu espírito, como mostrou a história de Edna e Murilo. Da mesma forma, na história de Rosilene de Mulambo, a ausência de vida sexual normal – o marido prefere se masturbar a ter relações sexuais com ela – é o sinal explícito de sua missão espiritual. O fim do drama, no entanto, é diferente nas duas histórias, que têm valor de exemplo: no caso de Rosilene, o marido não respeita o pacto com o espírito, o que o leva a se

A ÁRVORE DE IROCO NO ILÊ IFÁ MONGÉ GIBANUÊ

separar da mulher e a perder todos os bens materiais; no caso de Edna, Murilo aceita e respeita o pacto concluído com o espírito, que o ajuda no plano material (sobretudo em seu trabalho) e garante o casamento. Nos dois casos, o sofrimento da médium e das pessoas à sua volta cessa assim que a aliança com o protetor sobrenatural é aceita.

O espírito passa a ser então um aliado da mulher na negociação de seus espaços de liberdade. O homem não deve transpor os limites desse espaço, cujo garante é o espírito. Interrogada sobre o conflito que a opusera ao marido de seu "cavalo", Pombagira respondeu: "Hoje tá melhor entre a gente, mas eu tenho que cuidar do que é meu, para ficar sempre bonita e maravilhosa. Isso tudo [ela mostra o corpo de seu 'cavalo'] é meu... ele [Murilo] não pode passar daqui!"

Tanto na história de Edna quanto na de Rosilene, o conflito entre o espírito e o marido revela uma forte ambivalência da mulher em relação a seu papel de esposa. É sempre pouco tempo antes do casamento que os espíritos se manifestam para mostrar seu desacordo. Nos dois relatos, a Pombagira possui de maneira violenta seu "cavalo", castigando-o até que ele aceite o verdadeiro dono. O interesse dos espíritos também se expressa sob a forma de assédio sexual, como no caso de Rosilene, que recebe a visita de um homem negro e alto que quer "possuí-la", ou no de Edna, em que é visitada por seu Exu (Tranca-Ruas), que toma o lugar do marido:

> Eu sou vidente, eu vejo muita coisa, inclusive eu mandei o pai de santo tirar muito disso, porque eu ficava com muito medo, não queria ficar nessa casa... Eu via mesmo aquela pessoa, aí ele [Tranca-Ruas] entrava por dentro de casa... e eu tinha tanto medo. Eu estava no quarto e ele ficava do lado de fora, só entrava quando meu marido saía... Tranca-Ruas é um padre, por isso que ele conversa muito bem... ele é bem desenvolvido... Ele conversa muito bem, ele traz uma batina, todo de preto, com um chapéu vermelho... Alto, forte, com a cabeleira pretinha... muito bonito ele... Mas ele não me deixava ver o rosto, todas as vezes que eu olhava assim pra ver, ele virava o rosto... Ele foi padre e mataram ele na porta da igreja porque teve um acidente com uma mulher dentro da igreja, mas não foi culpa dele... falaram que ele tinha violentado a mulher e então mataram ele na porta da igreja dele, enforcado na porta da igreja... Mas ele já entrava aqui, ia lá para a minha cama quando era solteira, ele subia as escadas e descia, todo mundo via ele...

A cama de Edna, portanto, era habitada pelos espíritos, antes e depois do casamento com Murilo. Para que possa exercer seu papel de marido, ele tem de aceitar as condições impostas pelos espíritos e estabelecer um pacto com eles. Para isso, é crucial conhecer o universo dos cultos. O marido de Rosilene, por não praticar nenhum culto afro-brasileiro, não possuía os instrumentos que lhe permitiriam decodificar o drama. De fato, ele não reconhece a preeminência dos espíritos e se separa da mulher. Em contrapartida, o conhecimento que Murilo tem do mundo dos espíritos lhe permitiu entender o que estava lhe acontecendo, bem como estabelecer um pacto duradouro com o protetor de sua mulher.

Na realidade, o conflito entre a mulher e o homem sempre se articula em torno da manutenção de um espaço feminino de independência, ligado à prática do culto e ao desenvolvimento de seu capital simbólico. A mulher alcança posição superior àquela do marido, que não se beneficia das mesmas alianças com o sobrenatural. Este deverá, portanto, submeter-se à mediação de sua mulher para todo contato com o sagrado. A aceitação daqueles que Boyer-Araújo (1993a) chama os "companheiros invisíveis" se torna, então, indispensável ao bom funcionamento da relação entre homens e mulheres. Aceitá-los também significa aceitar o poder que a mulher detém e, portanto, sua posição excepcional: ela não é uma mulher como as outras, já que possui protetores sobrenaturais.

A mulher, apoiada por seus espíritos, confronta-se abertamente com o marido e, em muitos casos, afirma sua capacidade de superá-lo no plano econômico ou mesmo sentimental. A elevação de seu *status* social, determinada pela acumulação de um capital simbólico que faz da mulher um ser sagrado, justifica quase sempre a rejeição do homem e a afirmação da independência da mulher: ela não precisa mais da proteção de um homem, pois é protegida pelos espíritos. Uma vez aceita sua aliança com eles, a mulher se torna a figura central do casal. Como no caso de Edna, o marido ocupa posição secundária (*cambono*, auxiliar, ou *ogã*) no seio do grupo religioso centrado em sua mulher.

O estereótipo da Pombagira repousa sobre uma ambiguidade fundamental. Seus poderes estão ligados a atributos femininos – a sedução, a sensualidade, a vaidade – que se tornam perigosos, pois não são mais controlados socialmente. Assim, a imagem da Pombagira é a própria negação do modelo feminino dominante na sociedade brasileira: ela é a prostituta, a mulher da vida, e não se define de maneira complementar aos homens. Pombagira abandona o marido, mata os filhos, usa os homens para seu prazer. Sua sexualidade não está a serviço da reprodução: ela nega, portanto, o papel ideal da mulher[24].

O principal campo de ação da Pombagira é a sexualidade, mas uma sexualidade que não se define em relação ao homem e a seu prazer. Ao contrário, Pombagira controla diretamente a potência sexual do homem que, se quer manter seu papel no casal, deve submeter-se ao espírito e a tudo o que ele representa: uma mulher perdida, que fala alto e usa palavras grosseiras, que ri de maneira obscena; em suma, o oposto da imagem de uma mulher virtuosa. A aliança com a Pombagira não acarreta a submissão da mulher a um modelo dominante masculino, e sim a afirmação de um espaço de liberdade e poder que é exclusivamente feminino[25].

O caráter estratégico da possessão das mulheres por Pombagira é evidente para a maioria dos atores rituais. Assim, os homens que praticam o candomblé ou a umbanda acusam as mulheres de explorarem a credulidade dos maridos:

> Eu acho que tem determinadas mulheres que se aproveitam desse negócio de Pombagira. Dizem que estão com Pombagira para aproveitar e botar cornos no marido. Eu acho que não tem nada a ver: o marido é o marido e o santo é o santo. Você não pode se aproveitar do santo para fazer aquilo que você quiser.[26]

Mas ter consciência do uso político das pombagiras não impede os homens de acreditar na sua existência e de se submeterem a seu poder. Graças a seus protetores espirituais, a mulher pode passar de dominada à posição de dominante, tanto na vida profissional quanto no âmbito familiar.

---

[24] Márcia Contins (1983) analisou um caso jurídico em que uma mulher possuída por Pombagira mata um homem. Nos diferentes testemunhos aparece a oposição entre os homens, impotentes e fracos, e as mulheres, poderosas e corajosas, mas o poder dessas mulheres, aliadas dos espíritos, sempre é perigoso, podendo levar a oposição homem-mulher a consequências extremas. No quadro simbólico definido por Pombagira, não há espaço para homens fortes. São sempre as mulheres que ocupam as posições predominantes.

[25] A Pombagira é um espírito que só possui as mulheres e os homossexuais. Aliás, seria totalmente possível estender essa análise ao casal homossexual, pois neste o espírito parece desempenhar o mesmo papel na definição das relações de poder que é observado no casal heterossexual.

[26] Entrevista com Sérgio de Oxalá. Ouvi as mesmas palavras várias vezes, sempre proferidas por homens ou por mulheres que tinham uma relação muito ambivalente com esse espírito.

TERCEIRA PARTE
A CONSTRUÇÃO DA TRADIÇÃO

CAPÍTULO VI

EXU E OS ANTROPÓLOGOS

Vimos de que maneira Exu continua presente no candomblé com a maioria de suas características africanas. Essas características, no entanto, não foram sublinhadas com a mesma intensidade nos estudos afro-brasileiros que se sucederam ao longo do século XX. Ao contrário, parecem ter sido objeto, como na reinterpretação do Exu da umbanda no candomblé atual, de intenso processo de negociação entre os valores africanos dos cultos e os valores dominantes da sociedade brasileira. Dessa maneira, passa-se de um Exu negado, identificado com o diabo cristão e perigosamente ligado à prática da magia, a um Exu mediador entre os homens e os deuses, elemento central da construção religiosa da "verdadeira" tradição africana.

O deslizamento semântico da figura de Exu está ligado às estratégias de adaptação escolhidas pelos membros dos cultos de origem africana, em função da percepção que a sociedade brasileira tinha deles. Os trabalhos dos antropólogos registram essa variação no tempo, sem no entanto ligá-la às mudanças em curso na sociedade brasileira em relação ao imaginário associado à cultura e à religião "negra". Preocupados em estabelecer o vínculo entre a África e o Brasil, os pesquisadores quase sempre viam o candomblé como uma ilha sem história, cujo único objetivo seria a manutenção da fidelidade a um passado que se queria imutável. Assim, esforçaram-se em reconstruir a forma original das religiões africanas, que provaria a tradicionalidade de ao menos um dos segmentos das religiõe afro-brasileiras: o candomblé nagô.

No entanto, ao fazer uma leitura crítica dos trabalhos desses pesquisadores, deparamo-nos com uma evolução das significações dadas à figura de Exu que não se relaciona com as supostas oposições entre cultos "puros" e cultos "degenerados". Com efeito, desde o fim do século XIX, quase todos os estudos sobre o candomblé foram dedicados ao candomblé nagô, que é apenas uma das modalidades dos cultos afro-brasileiros. Além disso, todos esses estudos foram feitos nos três terreiros da nação ketu, considerados os mais tradicionais: a Casa Branca, o Gantois e o Axé Opô Afonjá. Como veremos, a diferença de percepção do papel de Exu é um dos principais desafios na luta travada entre terreiros no meio dos cultos afro-brasileiros.

A adaptação constante das categorias religiosas mostra uma capacidade de se integrar aos valores da sociedade abrangente, que faz do candomblé nagô o paradigma do culto "africano puro", mesmo quando ele manipula a tradição para negar seus aspectos menos apresentáveis. A aliança entre os pesquisadores e os membros dos terreiros considerados mais tradicionais não é, portanto, a expressão da resistência de uma cultura africana, como gostariam Roger Bastide ou Juana E. dos Santos, e sim o resultado de uma estratégia, de uma prática política de acomodação perante os valores dominantes da sociedade brasileira[1]. Nossa análise das modificações da imagem de Exu nos trabalhos dos pesquisadores – sejam eles médicos ou antropólogos – em função do contexto social e cultural no qual elas aparecem, visa demonstrar o caráter de construção, no plano político, de uma tradição africana em busca de legitimidade.

O NEGRO COMO OBJETO DE CIÊNCIA

Os estudos afro-brasileiros nasceram exatamente no momento em que o negro – ex-escravo – foi admitido no seio da comunidade nacional, após longo caminho para a liberdade. A abolição do tráfico de escravos para o Brasil, em 1850, foi consequência das pressões exercidas pela Inglaterra, que decretara a proibição do tráfico em 25 de março de 1807. O Congresso de Viena de 1815 havia ratificado essa decisão, assinada pelo rei de Portugal, proibindo o tráfico de escravos provenientes de todos os portos da costa africana situados ao norte do Equador. Mas, ao contrário da indústria inglesa nascente, que buscava criar novos mercados para suas mercadorias, a economia brasileira, que dependia diretamente do trabalho escravo, tinha todo interesse em prosseguir o tráfico negreiro com a África.

A Independência do Brasil, proclamada em 7 de setembro de 1822, não foi imediatamente reconhecida pela Inglaterra, que exigia como precondição a

---

[1] Risério (1988, 161) fala de uma "eficácia ressocializadora" na prática religiosa dos nagôs, aliada a uma grande capacidade de tecer vínculos políticos que permitiram ao nagô se afirmar como modelo dominante no mercado religioso. Cita os trabalhos de Rawick (1972) e de Genovese (1976), os quais estão entre os primeiros autores a criticar a visão do negro como vítima passiva da escravidão. Esses dois autores defendem o ponto de vista segundo o qual, mesmo na sociedade mais totalitária, os oprimidos sempre encontram margens de manobra para desenvolver estratégias de sobrevivência tanto física quanto cultural. Silveira (1988, 186) também vê na predominância do candomblé nagô o sinal de uma prática política de adaptação e não de resistência. Essa capacidade de se adaptar e de escamotear os elementos mais incômodos do culto (o vínculo de Exu com a magia negra) não parece ser muito diferente das estratégias de legitimação aplicadas pela umbanda.

total abolição do tráfico de escravos. Em 1825, os governos português e inglês reconheceram, enfim, a Independência e, pouco depois, assinaram um tratado consagrando a abolição do tráfico. Mas as resistências dos negociantes de escravos e dos grandes proprietários de terras brasileiros dificultaram a aplicação desse primeiro tratado. De 1807 a 1835, o Brasil, sobretudo a Bahia, conheceu várias rebeliões de escravos que começaram a minar o sistema escravagista[2]. Foi preciso esperar 1850 e a lei Eusébio de Queirós para que o tráfico de escravos com a África fosse definitivamente abolido, e 1871 para que a primeira lei a favor dos escravos fosse promulgada: a lei do Ventre Livre, a qual concedia a liberdade a todo filho de escrava nascido após essa data. O debate sobre a abolição da escravidão seria pouco a pouco alimentado pelos interesses dos proprietários de terras do Sudeste – notadamente da região de São Paulo –, que pressionavam o governo a fim de facilitar o fluxo de imigração de trabalhadores vindos da Europa. A abolição marcaria o declínio político e econômico dos grandes proprietários de terras do Nordeste, irremediavelmente ligados ao modo de produção escravagista, e acarretaria a emergência do poder dos fazendeiros do Sudeste. A abolição da escravidão, no entanto, só seria decretada em maio de 1888, com a Lei Áurea, um dos últimos atos da Monarquia antes da proclamação da República, em 15 de novembro de 1889.

Essas grandes mudanças foram seguidas, no meio das elites intelectuais, por um debate sobre a realidade brasileira e seus componentes humanos: o branco, o negro e o indígena. Era a época da difusão de teorias sobre as desigualdades raciais, que se impuseram no Brasil ao lado das ideias positivistas, naturalistas e evolucionistas. A partir da segunda metade do século XIX, a literatura e a cultura brasileiras começaram a sofrer a força da influência de modelos europeus, como a história natural e a antropologia, que forneciam os instrumentos necessários à interpretação da natureza tropical e das relações entre raça e cultura no Brasil[3]. Em 1838, o imperador D. Pedro II criou o Instituto Histórico e Geográfico, que tinha por missão repensar a história brasileira com o intuito de consolidar o Estado nacional. Em 1840, o naturalista bávaro Carl Friederich von Martius ganhou o concurso de melhor projeto historiográfico dedicado ao Brasil. Segundo ele, a missão do Brasil era realizar a mistura de raças, sob a tutela atenta do Estado.

---

[2] Sobre as rebeliões na Bahia, cf. Verger (1987, 329-353) e Reis (1986, 1988 e 1992).

[3] Em relação ao debate sobre a influência do meio e das raças no desenvolvimento da cultura nos trópicos, cf. Ventura (1991). Para o debate sobre raça e nação no Brasil, cf. Schwarcz (1993) e Skidmore (1989). Hurbon (1988) analisa a influência das teorias europeias ligadas à antropologia e ao evolucionismo sobre as elites haitianas, no que chama a "barbarização" do negro.

O debate sobre a necessidade da mestiçagem acarretou a questão da degenerescência inevitável do povo brasileiro, obrigado a misturar raças que não ocupavam o mesmo nível na escala evolutiva[4]. Assim, a questão étnica se tornou central na construção de uma identidade nacional brasileira e na passagem do modo de produção escravista ao liberalismo. Tornou-se necessário estudar tudo o que havia contribuído para a especificidade nacional, deixando-se de lado a valorização do indígena, característica do movimento romântico, em proveito da análise da cultura negra. O primeiro a sublinhar essa necessidade foi Sílvio Romero:

> É uma vergonha para a ciência do Brasil que nada tenhamos consagrado de nossos trabalhos ao estudo das línguas e das religiões africanas. Quando vemos homens como Bleek refugiarem-se dezenas e dezenas de anos no centro da África somente para estudar uma língua e coligir uns mitos, nós que temos o material em casa, que temos a África em nossas cozinhas, como a América em nossas selvas, e a Europa em nossos salões, nada havemos produzido neste sentido! É uma desgraça. [...] O negro não é só uma máquina econômica; ele é antes de tudo, e malgrado sua ignorância, um objeto de ciência (Romero 1888, 10-11).

Assim, a antropologia passa a ser elemento indispensável para se pensar o Brasil: o outro não é mais exterior à nação, ele é parte integrante desta.

Ocorre então o que Ventura (1991, 38) chama um autoexotismo, em que o intelectual "periférico" percebe a realidade que o cerca como exótica. Como produto da idealização da Europa e de sua civilização, o intelectual brasileiro só pode reafirmar a inferioridade da cultura popular, resultado da mistura de raças inferiores[5].

---

[4] O *Essai sur l'inégalité des races humaines*, de Gobineau, publicado em 1854, foi muito discutido no Brasil. Gobineau, que passou, na qualidade de ministro da França, uma temporada na corte brasileira, profetizava a decadência da civilização como consequência da mistura de raças. A inaptidão das raças não brancas à civilização não podia ser corrigida pela educação: só a mestiçagem poderia elevar as raças inferiores, mas com o inconveniente de rebaixar as superiores. O conceito de degenerescência foi levado a seus limites extremos por Buffon, cujas ideias sobre a degenerescência derivando da mestiçagem foram adotadas pelos poligenistas, que negavam uma origem comum às raças humanas. O debate entre monogenistas e poligenistas foi uma das principais questões antropológicas do século XIX, tendo levado à dissolução da Sociedade Etnológica de Paris e à formação de dois grupos no interior da Sociedade de Antropologia, fundada em Paris em 1859.

[5] Parece-me interessante pensar no paradoxo desse autoexotismo. Na verdade, a palavra exotismo deriva do grego *exotikós*, isto é, "fora do campo de visão". Ora, nada era mais familiar ao intelectual brasileiro que o negro, como bem evidencia Romero.

Quando foi promulgada a abolição da escravidão, em 1888, o imaginário ligado ao negro já passara da servidão necessária e civilizadora ao "perigo negro" ligado à libertação dos africanos escravizados, o qual ameaçava a civilização e a própria sobrevivência do Estado nacional. As rebeliões da primeira metade do século XIX haviam deixado marcas profundas no imaginário das elites brancas. Tudo indicava a inferioridade do negro: era um vagabundo, um marginal que não queria trabalhar, um alcoólatra, em suma, um elemento perigoso[6].

Foi nesse clima cultural e político que os primeiros estudos "africanistas" se desenvolveram no Brasil. Raimundo Nina Rodrigues foi o pioneiro. Médico--legista, defendeu as teorias evolucionistas, dominantes na época: o negro era culturalmente inferior e sua presença na sociedade brasileira representava um perigo para o conjunto da nação. Assim, em o *Animismo fetichista dos negros da Bahia* (Nina Rodrigues 1935), após afirmar "a incapacidade psíquica das raças inferiores para as elevadas abstrações do monoteísmo", sublinha o perigo que o negro representa para os demais componentes do povo brasileiro: "Não se vá acreditar no entanto que estas práticas limitem e circunscrevam a sua influência aos negros mais boçais e ignorantes da nossa população. [...] na Bahia todas as classes, mesmo a dita superior, estão aptas a se *tornarem negras*" (Nina Rodrigues 1935, 185-186).

O fato de o negro ser inferior não impedia de modo algum, na sua opinião, a existência de negros mais "evoluídos" ao lado de outros que o eram menos. Nina Rodrigues retomou a hierarquia entre as raças estabelecida por Romero, segundo a qual o negro era superior ao indígena, mas inferior ao branco, ele próprio dividido entre a raça ariana, mais propensa ao progresso, e outras "raças", como as raças latinas, que mostravam claros sinais de decadência[7]. Assim, em seu estudo sobre os africanos no Brasil, que teve uma primeira edi-

---

[6] Célia Azevedo (1987) dedica seu estudo à interpretação do negro no imaginário das elites brasileiras no processo de formação do Estado nacional. Analisa a importância desse imaginário quanto à criação da ideologia do branqueamento, a qual ocupa lugar central no desenvolvimento de um projeto de nação. E lembra que Romero, embora tenha sido o primeiro intelectual brasileiro a se interessar pelo negro, também era favorável à sua substituição, no âmbito econômico, pelo branco imigrado. A inferioridade do negro e sua inaptidão para se civilizar deviam, pois, mantê-lo à margem do processo de constituição do Estado nacional: "O Brasil não é, não deve ser, o Haiti" (Romero citado por Azevedo 1987, 70).

[7] A inferioridade relativa dos povos de origem latina, como o português, explicava a inferioridade do povo brasileiro: "O servilismo do negro, a preguiça do índio e o gênio autoritário e tacanho do português produziram uma nação informe, sem qualidades fecundas e originais" (Romero citado por Ventura 1991, 49).

ção incompleta em 1906, afirmou a supremacia dos negros iorubás (os nagôs da Bahia), verdadeira "aristocracia" dos negros trazidos para o Brasil. Isso o conduziu, como mostra Dantas (1984), a desenvolver no Brasil um discurso que conferia ao negro recentemente liberto uma nova inferioridade, desta vez em nome da ciência.

Com efeito, apesar do evidente interesse demonstrado por Nina Rodrigues pela cultura dos negros africanos da Bahia, e a despeito de algumas análises de grande sensibilidade sociológica[8], seus estudos eram animados por um projeto normativo que visava regrar as relações entre as raças. Na obra dedicada à relação entre as raças humanas e o Código Penal no Brasil, publicada em 1894 e, portanto, anterior a seus estudos sobre a religião afro-brasileira, ele propôs que a legislação penal brasileira fosse dividida em códigos diferentes, que seriam adaptados às "condições raciais e climáticas" de cada uma das regiões brasileiras, pois cada raça apresentava um grau de evolução diferente. Propôs igualmente que o negro e o índio, bem como o mestiço, tivessem responsabilidade civil limitada, como ocorre para os loucos e as crianças[9].

A concepção de um negro refratário à civilização foi atenuada, em *Os africanos no Brasil*, pela afirmação de "diferenças de capacidade e graus de cultura" entre os povos africanos que haviam sido trazidos para o Brasil. Não era a realidade ou não da inferioridade social dos negros que estava sendo questionada, já que a incapacidade que tinham de se adaptar à civilização era "orgânica e morfológica", e sim o grau de inferioridade que a presença dos africanos induzia, pela mestiçagem, ao processo de formação do povo brasileiro:

Ora, os nossos estudos demonstram que, ao contrário do que se supõe geralmente, os escravos negros introduzidos no Brasil não pertenciam

---

[8] Eis um trecho do autor que revela uma análise lúcida e sensível dos fenômenos estudados: "Quando, em dias de abril de 1895, as lutas políticas das facções partidárias deste estado chegaram a uma tensão tal que a toda hora se esperava o rompimento da guerra civil [...] na porta do edifício das câmaras amanhecera deposto um grande feitiço ou *coisa feita*. A imprensa diária meteu o caso a ridículo sem se lembrar de que era aquele um modo de intervenção da população fetichista da cidade, tão lógico e legítimo na sua manifestação sociológica, quanto era natural a intervenção do digno prelado arquidiocesano que, conferenciando com os chefes dos dois grupos litigantes, procurava restabelecer a paz e a concórdia na família baiana" (Nina Rodrigues 1935, 194).

[9] Essa ideia da não responsabilidade dos "selvagens" foi aplicada pelo Estado brasileiro aos índios, que ainda não são tratados integralmente como cidadãos. Submetidos à tutela da Fundação Nacional do Índio (FUNAI), organismo governamental expressamente criado para a sua proteção, ainda são considerados menores perante a lei, com a exceção dos índios "integrados".

DANÇA DE LOGUNEDÉ

exclusivamente aos povos africanos mais degradados, brutais ou selvagens. Aqui introduziu o tráfico poucos negros dos mais adiantados e, mais do que isso, mestiços camitas convertidos ao islamismo e provenientes de estados africanos bárbaros sim, porém dos mais adiantados (Nina Rodrigues 1988, 268-269).

Esses africanos menos bárbaros que os outros eram os nagôs, que em sua maioria viviam em Salvador. De verdadeira religião de Estado na África, o culto deles tinha sido reduzido, no imaginário das elites brasileiras, a simples práticas de feitiçaria, "sem proteção nas leis, condenadas pela religião dominante e pelo desprezo, muitas vezes apenas aparente, é verdade, das classes influentes que, apesar de tudo, as temem" (Nina Rodrigues 1988, 238-239).

Nina Rodrigues se ergueu, portanto, contra os abusos perpetrados pelas autoridades na repressão aos cultos afro-brasileiros. Com efeito, o Artigo 157 do Código Penal de 1890 condenava a prática do espiritismo, da magia e da feitiçaria, da mesma forma que o exercício ilegal da medicina (curandeirismo) e a cartomancia, isto é, tudo o que era usado "para fascinar e subjugar a credulidade pública". Essa regulamentação que visava aos fetichistas que praticavam a magia e a feitiçaria estava ausente do Código Penal de 1830, quando ainda vigorava a escravidão. A inquietude suscitada pelo negro "feiticeiro" se tornou clara quando este teve acesso à igualdade, teórica, com os demais cidadãos brasileiros[10].

Nina Rodrigues denunciou a repressão policial – muito forte na época, como demonstram os trechos de jornais por ele citados – e o recurso a "atos violentos, arbitrários e ilegais", levados a cabo contra o culto jeje-nagô, que ele considerava uma verdadeira religião:

> Como o demonstrou todo o estudo aqui feito, corroborado pelos realizados na África, trata-se, no caso do culto jeje-nagô, de uma verdadeira religião em que o período puramente fetichista está quase transposto, tocando às raízes do franco politeísmo. Os nossos candomblés, as práticas religiosas dos nossos negros podem, pois, ser capitulados de um erro, do ponto de vista teológico, e como tais reclamar a conversão dos seus adeptos. Absolutamente elas não são um crime, e não justificam as agressões brutais da polícia, de que são vítimas (Nina Rodrigues 1988, 246).

Nina Rodrigues via na herança das raças inferiores, que haviam colonizado o Brasil, a origem do que ele definia como "um estado rudimentar do senso jurídico", cujo pretexto era um "estúpido terror do feitiço e das práticas cabalísticas" (Nina Rodrigues 1988, 247). Afirmava também que uma feitiçaria tão bem organizada supunha a mesma responsabilidade social, e portanto penal, dos feiticeiros e de seus clientes, que eram frequentemente oriundos das classes superiores[11]. Nina Rodrigues acusava, assim, o conjunto da sociedade brasileira de não ser mais evoluída que seus negros, já que, como eles, acreditava na feitiçaria.

---

[10] A Constituição de 1824 estipulava que a liberdade religiosa no Brasil era restrita à religião católica. Só aqueles que a praticavam podiam usufruir de direitos políticos no Império. O Artigo 5 precisava que todas as outras religiões eram apenas toleradas. Em 1889, a República foi proclamada e uma nova Constituição foi promulgada em 1891, outorgando a plena liberdade religiosa: o Estado não podia mais distinguir os cidadãos conforme suas convicções religiosas. A religião católica não era mais religião do Estado. Foi preciso, então, encontrar outros elementos de discriminação entre cultos religiosos legítimos e ilegítimos: o exercício da medicina e a prática da feitiçaria passaram a ser pretextos para a repressão aos cultos afro-brasileiros.

[11] Yvonne Maggie (1992) analisa 25 processos criminais contra os praticantes de feitiçaria e espiritismo entre 1890 e 1945. Ela evidencia a crença, partilhada por juizes e acusados, na realidade do enfeitiçamento e na possibilidade de um ser humano receber um espírito a fim de produzir malefícios. Como no caso dos processos da Inquisição, perseguidores e perseguidos partilhavam a mesma visão de mundo.

Essa preocupação de deixar o culto jeje-nagô[12] livre de qualquer suspeita de prática de feitiçaria, entretanto, é fato novo neste autor. Nina Rodrigues havia feito suas pesquisas no terreiro do Gantois, que acabava de ser criado em decorrência de uma cisão da Casa Branca, considerado o primeiro terreiro de candomblé. Seu informante, e principal guia no universo das religiões afro--brasileiras, era Martiniano Eliseu do Bonfim, figura histórica que desempenhou papel central na afirmação da tradicionalidade do candomblé nagô[13]. Adivinho (*babalaô*) muito respeitado na comunidade negra baiana, foi o intérprete do universo afro-brasileiro para Nina Rodrigues e coautor da teoria da superioridade nagô.

De *O animismo fetichista dos negros da Bahia* a *Os africanos no Brasil*, redigido antes de sua morte em 1906, a inquietude de Nina Rodrigues diante da repressão aos cultos ocupa pouco a pouco lugar central em sua obra. Assim, se no começo do século XX ele reconhece a coexistência, em um mesmo indivíduo (o pai de santo), dos papéis de feiticeiro, adivinho, sacerdote, médico e sábio, alguns anos mais tarde traça uma nítida fronteira entre a religião do candomblé jeje-nagô e as práticas de feitiçaria, relegadas à categoria dos cultos menos puros. Além disso, enquanto no primeiro livro ele discute a crença no feitiço, que torna o feiticeiro muito procurado pelas classes superiores, no segundo fala da feitiçaria apenas para criticar a repressão que se abate sobre os terreiros que praticam a "verdadeira" religião[14].

Na época, Exu, divindade ligada ao feitiço, era identificado com o diabo pelos "Áfricos-Baianos". No começo do século XX, Nina Rodrigues escreveu que essa confusão era "o produto de uma influência do ensino católico" e que Exu era um orixá como os outros, com sua confraria e seus adoradores (Nina Rodrigues 1935, 40). Alguns anos mais tarde, porém, Exu se tornaria, a seus olhos, a encarnação do mal (Nina Rodrigues 1988, 228), o senhor da magia negra, devendo, portanto, ser negado.

---

[12] Essa denominação foi criação de Nina Rodrigues, com base nas pesquisas do coronel Ellis para designar o sincretismo, anterior à chegada dos escravos da África, entre as crenças religiosas dos iorubás e dos fon (jeje). A expressão jeje-nagô se afirmou, nos estudos afro-brasileiros, como sinônimo de culto tradicional.

[13] Seu papel será analisado no próximo capítulo, quando tratarei da construção da tradição nagô.

[14] Nina Rodrigues faz distinção entre feitiço material e direto (utilização de veneno) e feitiço indireto e simbólico, também chamado "coisa feita ou preparada" (Nina Rodrigues 1935, 87). Essa distinção foi retomada por alguns de seus discípulos. Ele nota, em contrapartida, a enorme difusão da prática do feitiço na sociedade baiana e a presença, entre os clientes dos feiticeiros, de membros da "boa sociedade" (Nina Rodrigues 1935, 91).

Nina Rodrigues morreu em 1906 em Paris, e durante quase vinte anos seus estudos sobre as contribuições culturais dos negros não tiveram continuadores, salvo uma única exceção: Manuel Querino, ele mesmo negro e ligado ao terreiro nagô do Gantois. Em 1916, Querino apresentou, no V Congresso Brasileiro de Geografia, uma monografia sobre a raça africana e seus costumes na Bahia, que foi publicada em 1938, após a sua morte, graças a Arthur Ramos. Republicano, liberal e abolicionista, Querino se dedicou a pesquisas ao lado dos velhos africanos que frequentavam o Gantois, para assim reconstruir os rituais ligados ao candomblé.

De acordo com as indicações de seus informantes, Querino distingue dois tipos de ato mágico *(despacho):* positivo *(ebó)* ou negativo *(feitiço).* O *ebó,* que em iorubá significa sacrifício, é colocado em uma encruzilhada. Satisfaz a objetivos tão diversos quanto pagar uma promessa, realizar um bom negócio ou afastar um inimigo, ao qual também pode trazer algum dano moral. O feitiço, ao contrário, tem por objetivo "causar a morte, aleijar, aborrecer a quem se estima, tirar o uso da razão, entregar a vítima ao vício da embriaguez etc." (Querino 1988, 54). Querino retoma também a oposição entre feitiço direto e feitiço indireto proposta por Nina Rodrigues. E, como este, também identifica Exu como inimigo do homem.

Foi preciso esperar a década de 1930 para que Arthur Ramos retomasse a obra de Nina Rodrigues, atualizando-a. A noção de raça cede lugar à noção de cultura; o esquema interpretativo do animismo de Tylor é substituído pela lei das participações de Lévy-Bruhl; a perspectiva psicanalítica é aplicada ao estudo do sincretismo e às correspondências entre divindades africanas e santos católicos. Sob a direção de Arthur Ramos, médico legista do Instituto Nina Rodrigues da Bahia, as obras do mestre são reeditadas e os estudos afro-brasileiros suscitam novo interesse. Ramos faz também suas pesquisas no terreiro do Gantois, ao qual está ligado, tendo se submetido, "para fins de pesquisa científica", à cerimônia de confirmação dos *ogãs,* com seu amigo e professor da faculdade de medicina da Bahia, Hosannah de Oliveira (Ramos 1951a, 70).

Em 1934, Ramos se dedica ao estudo das contribuições religiosas bantas, mas sem questionar as afirmações de Nina Rodrigues, que declarava não ter encontrado rastro de influência banta na Bahia[15], o que explica pelo fato de que a Bahia

---

[15] A única referência a um culto banto na obra de Nina Rodrigues é a transcrição de uma carta de D. João Correia Nery em que descreve o ritual da cabula (Nina Rodrigues 1988, 255-260). O autor, no entanto, não sublinha a origem banta desse culto.

era uma região de predominância sudanesa. A supremacia dos nagôs na cidade de Salvador estava, assim, reafirmada. No Sul do país, e notadamente no Rio de Janeiro, ao contrário, a presença de religiões de origem banta ainda era muito forte, apesar de sua "deterioração", devida a um extremo sincretismo que dificultava o reconhecimento dos elementos originais (Ramos 1951a, 100). Ainda que não queira contradizer seu mestre, Ramos enuncia de modo bem claro que já não existiam "no Brasil os cultos africanos puros de origem". Se na Bahia ainda subsistiam alguns candomblés nos quais "a tradição gêge-nagô" seria mais ou menos bem conservada, não era possível parar "a avalanche do sincretismo" (Ramos 1951a, 168).

Em seu texto de 1934 sobre *O negro brasileiro*, Ramos estabeleceu pela primeira vez uma distinção nítida entre prática religiosa e prática mágica. Na verdade, enquanto a religião primitiva africana estava intimamente ligada à magia e não podia ser concebida isoladamente, na passagem da África ao Brasil as práticas mágicas teriam pouco a pouco se dividido entre "as que competiam ao culto propriamente dito e as que depois viriam a constituir a feitiçaria", com o babalaô e o pai de santo se opondo ao feiticeiro e ao curandeiro (Ramos 1951a, 61). A religião afro-brasileira escapa assim da repressão policial: os pais de santo ou mães de santo tradicionais não são responsáveis por práticas de feitiçaria ou pelo exercício ilegal da medicina, reprimidos por lei.

Arthur Ramos retoma também a distinção entre feitiços diretos ou materiais e feitiços indiretos ou simbólicos, de que faz parte o enfeitiçamento (Ramos 1951a, 207). Classifica entre estes o ebó ou despacho, "feitiço de procedência gêge-nagô" (Ramos 1951a, 208), que serve para afastar entidades negativas como Exu. Diante de uma lei que as acusa de práticas antissociais e de charlatanismo, Ramos busca defender as religiões afro-brasileiras, ao afirmar que a doença, para o homem primitivo, sempre tem causa sobrenatural. O curandeirismo é fenômeno distinto do charlatanismo, com o qual é confundido erroneamente: "[O charlatão] é um transgressor voluntário, consciente e responsável de um código de classe, ao passo que o curandeiro é um indivíduo inculto, avatar do feiticeiro negro, crente nas virtudes sobrenaturais de suas práticas" (Ramos 1951a, 215). Para ele, as crenças dos negros não eram caso de polícia, mas antes uma questão cultural: com o tempo e os efeitos da aculturação, os descendentes dos africanos abandonariam naturalmente suas práticas negativas[16].

---

[16] Ramos dedica o fim de seu estudo de 1937 sobre as culturas negras nas Américas à análise do problema da aculturação. Faz sua a definição formulada por Redfield, Linton e Herskovits, que viam na aculturação todos os fenômenos "resultantes do contato, direto e contínuo, dos

No sincretismo afro-católico, Exu correspondia ao diabo, entidade maléfica. Ramos, contudo, sublinha pela primeira vez uma ambivalência perante essa figura: se os "afro-baianos" identificam Exu com o diabo dos católicos e o temem, eles "respeitam-no (ambivalência), fazendo dele objeto de culto" (Ramos 1951a, 45). Em 1943, em *Introdução à antropologia brasileira*, o reconhecimento dessa ambivalência leva Ramos a afirmar que "para seus fiéis, Exu não é maléfico" (Ramos 1961, 341). Exu lentamente retomaria seu lugar no universo dos cultos.

O RENASCIMENTO DOS ESTUDOS AFRO-BRASILEIROS

O período que vai de 1910 a 1930, data do fim da República oligárquica, marca a passagem do poder político e econômico das elites agrárias do Nordeste para as elites urbanas do Sudeste. A burguesia paulista, ligada à produção cafeeira, que se tornara a principal fonte de riqueza do país, torna-se a encarnação da modernidade. Nessa época, toma forma o que Werneck Sodré (1974, 50) chama "os dois Brasis": um Brasil cosmopolita, concentrado no litoral, que olha para a Europa e que é receptivo a suas influências, e um Brasil "autêntico", ligado ao interior, em que as antigas raízes teriam conservado a pureza original.

Os anos 1920 foram claramente marcados por mudanças. Foi a época do tenentismo, do início do processo de urbanização e industrialização, e da comercialização da arte popular, com a difusão do disco e do rádio, que fizeram do samba, produto da cultura negra, um dos símbolos da cultura brasileira. Em 1922, em São Paulo, o grupo de Oswald de Andrade, Mário de Andrade e Menotti del Picchia organizou a Semana de Arte Moderna. Embora, em um primeiro momento, o pensamento modernista brasileiro tenha partilhado a visão passadista da cultura negro-ameríndia, logo passou a sofrer a influência das vanguardas europeias que acabavam de descobrir a arte e a cultura dos "primitivos". Assim, o exotismo voltou ao Brasil por intermédio da percepção europeia do Outro, veiculada pelas descrições etnográficas e interpretações antropológicas de Frobenius e Lévy-Bruhl.

grupos de indivíduos de culturas diferentes com as mudanças consequentes nos padrões originais culturais de um ou ambos os grupos" (Ramos 1979, 244). O estudo do sincretismo religioso, portanto, torna-se extremamente importante na análise do fenômeno de adaptação, pelo qual duas culturas se combinavam em um mosaico cultural, forma mais difundida da aculturação negra no Novo Mundo (Ramos 1979, 246).

A descoberta do selvagem leva à escrita de textos tão importantes quanto *Macunaíma*, de Mário de Andrade, e *Manifesto da Poesia Pau-Brasil*, de Oswald de Andrade. Para este, o "bom selvagem" se metamorfoseia em um selvagem devorador de brancos, tornando o Brasil a encarnação de uma civilização antropofágica, produto da ingestão de elementos de proveniências diversas. Os modernistas se transformam em "turistas eruditos", em um verdadeiro esforço antropológico para se aproximarem das demais realidades brasileiras[17].

Em reação à Semana de Arte Moderna de 1922, Gilberto Freyre redige seu *Manifesto tradicionalista* (1926), no qual valoriza a "força da tradição", o "gosto popular", a "arte culinária brasileira", todos elementos que caracterizariam o Brasil tradicional. Em 1933, publica *Casa-grande & Senzala*, análise da formação da sociedade brasileira com base no encontro das três raças, o qual dá origem à ideologia do Brasil-cadinho. Esta ideologia logo se torna o mito fundador do Estado brasileiro moderno e a fonte de outro mito fundador: a democracia racial.

Aluno de Franz Boas, Freyre substitui a noção de raça pela noção de cultura, contesta a tese da inferioridade do negro no plano racial e afirma a extrema importância da contribuição deste à criação da sociedade brasileira. Gilberto Freyre, no entanto, não exalta a pureza africana, pois é a mistura das raças e culturas que, a seus olhos, fez o Brasil nascer. Mas, como sublinha Dantas (1988, 160), além desta ideia de mistura, há também a oposição entre passado e presente, em que o passado é idealizado na noção de tradição e em que o presente é visto como uma forma de decadência e deterioração das formas puras e autênticas do passado. Assim, ainda que essa mistura tenha desempenhado papel central na formação da cultura brasileira, ela agora é elemento negativo, "capaz de corromper e degenerar a autenticidade do produto cultural", pois é também o sinal da ruptura com o passado.

Tradição contra modernidade, portanto, sendo a última percebida como símbolo da cultura "degenerada" da burguesia urbana do Sudeste. Ao passo que o modernismo está ligado à afirmação política e econômica das novas elites urbanas, as teses de Freyre são a expressão do poder aristocrático rural, que vê sua posição hegemônica irremediavelmente ameaçada[18].

---

[17] Risério (1991) sublinha a influência dos etnógrafos no movimento modernista. Couto de Magalhães, Roquette-Pinto, Von des Steinen e Koch-Grunberg alimentaram a "imaginação literária macunaímica".

[18] Dantas (1988) desenvolve essa ideia, ao analisar a eleição da "pureza nagô", encarnada pelos negros tradicionais do Nordeste, como uma marca distintiva local e regional: o Nordeste passa

RITUAL DAS SAUDAÇÕES NA ABERTURA DO XIRÊ

Os anos 1930 são um período de grandes transformações tanto culturais quanto políticas na sociedade brasileira. O Partido Comunista tinha sido fundado e o sindicalismo se mostrava muito ativo nos grandes centros urbanos do Sudeste. Desde 1935, as insurreições (populares e militares) se repetem e a repressão policial era muito forte. O Brasil viveria, dali em diante, em um estado de sítio permanente. Em 1937, o presidente Getúlio Vargas promulgou nova Constituição, baseada na Constituição fascista, e proclamou o Estado Novo. O Congresso foi dissolvido, o estado de emergência declarado e as organizações populares e sindicais controladas por um Estado forte e autoritário. A ditadura de Vargas duraria até 1945[19].

a ser o lugar de reatualização da herança africana. A obra de Freyre foi criticada, desde sua publicação, pelo caráter regional (nordestino e pernambucano) de seus dados, entre outros, por Ramos em 1934 e Donald Pierson em 1947. Na realidade, a generalização do modelo nordestino era a resposta à afirmação do modelo paulista pelos modernistas.

[19] Entre 1930 e 1950, a disparidade entre as zonas urbanas e as zonas rurais aumentou consideravelmente. A desigualdade do desenvolvimento entre as regiões de migração se torna flagrante: os fluxos de imigração interna são a expressão de uma polarização entre as regiões menos desenvolvidas, que se tornam reserva de mão de obra barata, e as regiões produtoras da riqueza

É também a época de forte repressão às minorias. Em São Paulo, o uso da língua italiana é proibido; nas escolas do Rio Grande do Sul, estado de forte imigração estrangeira, as inspeções se tornam rotineiras para impedir o uso de línguas estrangeiras; por toda parte, espalha-se o antissemitismo. Paralelamente, uma forte repressão policial atinge os terreiros, acusados de serem ninhos de propaganda comunista[20]. É nesse contexto que uma nova onda de estudos afro-brasileiros se desenvolve no Brasil.

Discípulo de Nina Rodrigues, Arthur Ramos adotou uma abordagem médica e psicológica que não estava muito afastada da posição de seu mestre, buscando demonstrar a possibilidade da superação da mentalidade pré-lógica dos negros, graças à educação e ao "contato com uma forma religiosa mais evoluída", o catolicismo (Ramos 1951a). A criação do Serviço de Higiene Mental do Rio de Janeiro e as pesquisas feitas nos terreiros locais (as macumbas) atendiam a essa necessidade.

O mesmo tipo de abordagem presidiu à fundação do Serviço de Higiene Mental do Recife, sob a direção do médico psiquiatra Ulysses Pernambuco, outro discípulo de Nina Rodrigues. Assim, como nota Dantas (1988, 173), em nome da psicologia, os intelectuais tentavam libertar os cultos do controle policial para submetê-los a um controle científico. A primeira preocupação das equipes de médicos psiquiatras que se debruçavam sobre o problema dos cultos era analisar as causas de certas "formas de delírio religioso" ligadas à possessão ritual, considerada nessa época fenômeno psicopatológico. Com efeito, o Serviço de Higiene Mental era uma divisão da assistência aos psicopatas de Pernambuco. Seu fundador e seus discípulos (Gonçalves Fernandes, René Ribeiro, Waldemar Valente, entre outros), todos médicos psiquiatras, pesquisavam, além dos fatores biológicos, os fatores sociais que produziam tal comportamento patológico. A inscrição nos registros desse serviço permitia que as casas de xangô de Recife obtivessem licença na polícia e pudessem, assim, funcionar tranquilamente.

---

nacional. A oposição entre o Nordeste e o Sudeste parece perpetuar a antiga oposição entre colônia e metrópole (Werneck Sodré 1974).

[20] Dantas (1984) sublinha a importância, durante esse período, das relações entre os cultos afro-brasileiros e os intelectuais de esquerda. Muitos deles, procurados pela polícia, como Édison Carneiro, são obrigados a se esconder. Em 1938, Carneiro encontra refúgio no terreiro do Axé Opô Afonjá (D. Santos 1988). Vários autores fazem referência à repressão aos cultos, como Gonçalves (1937), Ramos (1951a), Landes (1967) e Ribeiro (1978).

A colaboração dos pais de santo foi, portanto, total, pois dela dependia a legitimação de seus centros como lugares onde se praticava a "religião africana pura"[21].

Segundo a teoria de Freyre, a normalização dos cultos passava pela valorização da tradição, em oposição ao modernismo, considerado degenerado e negativo. Como ocorreu na Bahia, os centros tidos por não ortodoxos passaram a ser a encarnação de práticas de feitiçaria que eram constantemente negadas nos terreiros tradicionais dos nagôs. Ao opor magia e religião, Gonçalves (1937) estabeleceu a fronteira entre lícito e ilícito: os pais de santo tradicionais praticavam a religião, pois detinham o saber africano, ao passo que os pais de santo não ortodoxos, que não detinham esse saber, faziam o mal e exploravam a credulidade popular. Os primeiros não agiam contra a sociedade, não ameaçavam a ordem nem os valores dominantes; os outros, ao contrário, eram marginais que deviam ser reprimidos em nome da pureza africana. A separação entre sacerdote e feiticeiro, que vimos em Ramos, tornou-se então primordial para distinguir os cultos puros dos cultos degenerados.

Nesse contexto, a obra de Édison Carneiro é emblemática. De fato, seu principal interesse parece residir no reconhecimento da hegemonia da religião nagô sobre as outras modalidades de culto. No fim dos anos 1930, Carneiro se interessa pelo candomblé banto, apenas para confirmar sua não tradicionalidade: o sincretismo nele é muito mais forte que entre os "jeje-nagôs", pois os bantos seriam muito mais permeáveis às influências externas. E é no candomblé de caboclo, "último degrau na escala dos candomblés, espécie de ponte para a adesão completa do negro banto ao chamado baixo espiritismo"[22] (Carneiro 1991, 235), que a degradação da pureza original se exprime da maneira mais flagrante.

Essa diferenciação entre bantos degenerados e nagôs puros também se articula em torno da relação entre magia e religião, uma das principais preocupações na normalização dos cultos. É dessa forma que Carneiro afirma a ausência de magia nos cultos nagôs: ainda que nestes se praticasse outrora o feitiço, nos anos 1930 ele era usado exclusivamente nos candomblés de caboclo (Carneiro 1991, 86). A

---

[21] No próximo capítulo, analisarei as estratégias de afirmação dos líderes dos cultos, por intermédio do uso da noção de pureza. Para um aprofundamento da análise desse período histórico, cf. Dantas (1988).

[22] O "baixo espiritismo" era perseguido pela lei, pois era sinônimo de exploração da credulidade popular. Definir o candomblé de caboclo como ligado ao baixo espiritismo legitimava a repressão feita contra ele. Assim, a "pureza" do culto nagô era reafirmada em relação à "degenerescência" dos bantos.

referência a um tempo em que os africanos praticavam a feitiçaria na Bahia revela uma concepção do passado muito seletiva: se a tradicionalidade dos nagôs se legitima por sua fidelidade com um passado africano, a negação desse mesmo passado, pelo escamoteamento estratégico das práticas mágicas, torna-se uma nova marca de "pureza" de um segmento dos cultos, perante a "degenerescência" dos outros.

O mesmo processo se repete quando se analisa a figura de Exu, que encarna as forças inimigas do homem. Carneiro dá uma lista de despachos ou ebós (trabalhos mágicos) em que Exu exerce sua influência diabólica (Carneiro 1991, 169). Contudo a ação negativa de Exu se limita aos candomblés bantos: "Há mesmo quem sustente o caráter benfazejo de Exu. Os feiticeiros, porém, rendem-lhe, como é natural, um culto tenebroso, que intimida as camadas baixas da população" (Carneiro 1991, 145)[23]. Os demais cultos se limitam ao respeito devido "àquele que pode dispor, a seu talante, da vida dos homens", e afastam Exu graças à cerimônia do despacho, para que não lhes possa fazer mal (Carneiro 1991, 144)[24].

Essa negação do culto a Exu nos terreiros nagôs é questionada por Ruth Landes, que fez suas pesquisas na Bahia, entre 1938 e 1939, para a sua tese de doutorado na Columbia University. Ela foi introduzida no universo dos candomblés por Édison Carneiro, que a acompanhou em suas visitas aos terreiros. Seu trabalho, contestável por causa das generalizações quanto à predominância do matriarcado no candomblé (teoria posteriormente retomada e que se tornou, apesar das repetidas críticas, um novo sinal da pureza dos nagôs), é, apesar de tudo, um incrível reservatório de informações sobre a vida do candomblé nos anos 1930 e, sobretudo, sobre os mecanismos políticos de legitimação presentes nos cultos.

Ao contrário de Carneiro, que fez suas pesquisas na Casa Branca e que era muito ligado ao terreiro do Axé Opô Afonjá de Aninha, Ruth Landes encontra uma preciosa informante no terreiro do Gantois: Zezé de Iansã, filha de santo de Menininha do Gantois e esposa de Manuel (Amor), ogã do mesmo terreiro, a quem paga pelas informações (Landes 1967, 159).

---

[23] Vimos como Nina Rodrigues considerava a busca de práticas mágicas o símbolo de uma assimilação das classes superiores, principais clientes dos feiticeiros africanos, à mentalidade primitiva dos negros. Para Carneiro, a crença na feitiçaria se limita às classes inferiores da população baiana. E, aqui, estabelece-se uma diferenciação hierárquica entre os cultos (nagôs e bantos), mas também entre seus clientes, que encontraremos em Bastide (cf. Fry 1984).

[24] O despacho corresponde à cerimônia do padê, analisada no primeiro capítulo. O deslizamento de significação dessa cerimônia, que passa do necessário afastamento de uma potência nociva ao encontro com os ancestrais, de que Exu é o mediador, faz parte da reinterpretação dos elementos rituais segundo estratégias de afirmação e de legitimação que variam ao longo do tempo.

Em um artigo de 1940, Landes define Exu como "uma criatura de espírito trapaceiro envolvida em magia negra [mas] indispensável à prática do culto" (Landes 1967, 300). E, segundo as informações de uma sacerdotisa, acrescenta: "Exu é realmente mais útil que os deuses, pois faz as coisas e não tem vaidades. Jamais pune as pessoas com moléstia ou perda de dinheiro. Está pronto a servir a qualquer momento no seu posto nas encruzilhadas. Há diferentes tipos de Exu, mas todos são encarados deste modo ambivalente"(Landes 1967, 300). Ela fala inclusive da existência de Exus femininos, ligados a Iansã, que era justamente o orixá de sua informante nagô: "Todo deus parece ter um ou mais Exus-lacaios, que fazem os serviços mais pesados por ele; a deusa guerreira Iansã tem uma 'quadrilha' de pelo menos sete dos mais 'brabos', todos fêmeas" (Landes 1967, 301). Enfim, única exceção entre os antropólogos de sua época, Landes sugere que o fato de negar que recorrem à feitiçaria seria, na realidade, uma estratégia de legitimação utilizada pelos terreiros tradicionais:

> As mães dos renomados templos fetichistas negam que utilizem Exu, indicando que se consideram acima de interesses mesquinhos, mas todas conhecem as fórmulas a usar e sem dúvida recorrem a ele particularmente. Visto que a Igreja Católica estigmatiza Exu como diabólico, as sacerdotisas são compelidas a obsequiar os deuses, que são identificados com os grandes santos católicos (Landes 1967, 301).[25]

Mas os anos 1930 também foram marcados pela organização dos congressos afro-brasileiros. O primeiro, ocorrido no Recife em 1934, nasceu do incentivo de Ulysses Pernambuco e de Gilberto Freyre, após o grande sucesso que este obteve em 1933 com sua obra *Casa-grande & Senzala*. A popularidade de Freyre favoreceu a participação de numerosos intelectuais, aos quais se juntaram, graças ao trabalho de Ulysses Pernambuco no Serviço de Higiene Mental, vários babalorixás e ialorixás do Recife. Em uma conferência sobre Ulysses Pernambuco proferida em 1944, em Maceió, Freyre (1966) explica como lhe veio a ideia de organizar um congresso afro-brasileiro:

---

[25] Apesar do grande número de informações presentes em seu livro, a contribuição de Landes aos estudos afro-brasileiros ficou limitada à teoria de uma predominância "natural" das mulheres no candomblé. Sua obra foi considerada por alguns antropólogos brasileiros um exemplo de "jornalismo etnográfico" (Costa Lima 1977). Dantas (1988) foi a primeira a retomar o texto de Landes, para analisar a estratégia de legitimação dos nagôs em relação aos demais cultos. O livro de R. Landes só foi reeditado no Brasil em 2002.

A princípio, pensei em realizar não um congresso principalmente de documentação viva e de estudo panorâmico de assuntos afro--brasileiros, como o que se realizou, mas um congresso de 'seitas' ou 'religiões' de origem africana, que reunisse babalorixás ou delegados das principais seitas chamadas africanas existentes no Brasil. Mas tão forte era o sentimento de ortodoxia da parte de alguns chefes de seita que verifiquei ser impossível o conclave imaginado[26].

Os intelectuais brasileiros mais conhecidos na época (Ramos, Roquette-Pinto, Mário de Andrade, Édison Carneiro) e o americano Melville J. Herskovits, que começava a se interessar pelo estudo das culturas negras no Brasil, participaram do congresso. As intervenções dos conferencistas foram seguidas de uma refeição composta de pratos "afro-brasileiros" e de pratos rituais, após um recital de músicas sagradas do xangô.

Em 1937, Carneiro organizou o segundo congresso afro-brasileiro na Bahia, no mesmo modelo que associava intelectuais e chefes dos cultos. Carneiro obteve a colaboração de Aninha, mãe de santo do Axé Opô Afonjá, e de Martiniano Eliseu do Bonfim, na época interlocutor imprescindível de todos os antropólogos que se interessavam pelo candomblé. Carneiro assim descreve Aninha, que havia encontrado pela primeira vez pouco antes da data do congresso: "[...] em vez de uma simples mãe de santo que se mostrava favorável ao Congresso, encontramos uma mulher inteligente que acompanhava e compreendia os nossos propósitos, que lia os nossos estudos e amava a nossa obra" (Oliveira e Costa Lima 1987, 59).

Aninha, que na época acabara de voltar de longa estada no Rio, pareceu entender de imediato a importância dessa aliança entre chefes do culto e intelectuais. Redigiu um ensaio sobre a cozinha ritual do candomblé, que apresentou no congresso, bem como organizou para os congressistas uma grande festa em seu terreiro. Vivaldo da Costa Lima evoca, com razão, a importância de sua participação: "É bom que se evoquem esses fatos, cinquenta anos depois de ocorridos, quando uma mãe de santo tradicionalista e rigorosa não hesitou em organizar uma festa em seu terreiro, fora do calendário ritual, para uma finalidade que ela

---

[26] Freyre parece subentender o uso político da oposição entre puro e degenerado como estratégia de legitimação no meio dos cultos afro-brasileiros. Eu mesma mostrei como essa categorização nativa, que faz parte do discurso dos membros do culto, transforma-se em uma categorização antropológica que estrutura o campo dos estudos afro-brasileiros (Capone 1996).

considerou (e o Xangô da casa decerto confirmou!) necessária a um propósito válido" (Oliveira e Costa Lima 1987, 59).

A organização do congresso da Bahia foi difícil, pois nele faltava uma personalidade de renome nacional, como Freyre fora para o congresso do Recife[27]. Mesmo assim, foi um sucesso graças à presença dos chefes dos terreiros, "o que conferiu à reunião 'um alto grau de autenticidade' e lhe garantiu uma ampla aceitação popular" (Oliveira e Costa Lima 1987, 28).

Martiniano do Bonfim foi escolhido presidente honorário do congresso, pois era na época a figura mais respeitada dos cultos afro-brasileiros e aquele que mantinha mais relações com os antropólogos. Apresentou uma conferência sobre Os Ministros de Xangô, instituição africana que acabava de introduzir no Axé Opô Afonjá, e primeiro exemplo de reafricanização dos cultos[28]. Martiniano se tornou em seguida o presidente, igualmente honorário, da União das Seitas Afro-brasileiras, da qual Carneiro era o secretário-geral. A União, que originalmente se chamou Conselho Africano da Bahia, tinha por meta obter a liberdade religiosa para os negros, propondo-se a, como escreve Carneiro a Ramos, "substituir a polícia na direção das seitas africanas" (Oliveira e Costa Lima 1987, 152). Ao lado dos pais e mães de santo, tinha entre seus membros vários intelectuais, como Aydano de Couto Ferraz, Álvaro Dória, então diretor do Instituto Nina Rodrigues, e Arthur Ramos, que nele foi admitido como membro honorário. Esses intelectuais colaboraram na afirmação do modelo jeje-nagô como sinônimo de pureza e tradicionalidade, o único que podia ser considerado legítimo pelo conjunto da sociedade. No memorando dirigido ao governador do Estado da Bahia, após a organização do congresso, Carneiro escreveu: "Como têm provado, suficientemente, os mais argutos observadores, notadamente Nina Rodrigues e Arthur Ramos, e os Congressos Afro-brasileiros já realizados, tanto no Recife (1934) quanto na Bahia (1937), nada há, dentro das seitas africanas, que atente contra a moral ou contra a ordem pública" (Ramos 1971, 199-200). Os antropólogos passaram a ser, assim, os garantes da africanidade dos cultos e, por conseguinte, de sua legitimidade.

---

[27] Em uma entrevista dada ao *Diário de Pernambuco*, pouco antes da realização do congresso da Bahia, o mesmo Freyre insinuava que este não teria "seriedade científica" (Oliveira e Costa Lima, 1987, 28). Na realidade, o que estava em jogo na confrontação Recife e Bahia era a hegemonia do "tradicional", ligado à pureza da herança cultural africana. A Bahia, como fora Recife nos escritos de Freyre, tornou-se então sinônimo de "boa terra", de pátria da democracia racial, com base na ideologia nacional preconizada pelo Estado Novo. Essa mitificação de um espaço em que os conflitos não existem, cantada nos romances de Jorge Amado, é o *leitmotiv* da afirmação da tradicionalidade baiana como expressão da verdadeira alma brasileira.

[28] Voltarei a essa instituição no próximo capítulo.

DA MAGIA E DA RELIGIÃO

Em 1942, Melville J. Herskovits, que tinha enviado uma comunicação ao primeiro Congresso Afro-brasileiro do Recife em 1934, deu uma conferência histórica na Faculdade de Filosofia da Universidade da Bahia. Trata-se de uma primeira análise dos principais objetivos que então orientavam as pesquisas antropológicas na Bahia. Herskovits, um dos pioneiros dos estudos sobre os processos de aculturação, considerava os descendentes dos africanos nas Américas um campo privilegiado para o estudo tanto das interpenetrações entre as civilizações quanto das transformações culturais delas resultantes. Em sua conferência, ressaltou o fato de que, à exceção dos estudos de Freyre e de Donald Pierson[29], todas as outras pesquisas tinham sido dedicadas à análise das práticas e das crenças religiosas dos "afro-baianos".

Ele propôs um programa de pesquisas que levasse em consideração todos os elementos da vida dos "afro-baianos", a fim de fazer uma descrição, a mais completa possível, de sua "civilização" (Herskovits 1967, 94). Insistiu na importância do registro das variações no estudo da religião e na necessidade de estudar os terreiros menos conhecidos, pois os mais importantes já haviam sido descritos (Herskovits 1967, 98). Afirmou, além disso, a normalidade do fenômeno da possessão, produto de um processo psicológico que definiu como um reflexo condicionado[30]. Herskovits sublinhou ainda a necessidade de serem feitas pesquisas sobre as contribuições bantas à cultura negra baiana, ao afirmar que "nenhuma exclusiva se justifica na análise das proveniências":

> Difícil é aceitar a resposta usualmente dada – que a mitologia e a organização social dos povos bantos, sendo "mais fracas", "menos elaboradas" e "menos adiantadas" do que as dos sudaneses, suas tradições cederam em face dos modos de vida e crenças destes últimos, mais estreitamente unificadas e de melhor funcionamento. Dentro da área

---

[29] Donald Pierson morou na Bahia de 1935 a 1937, a fim de estudar as relações inter-raciais no Brasil, que tinha se tornado, após o livro de Freyre publicado em 1933, um exemplo de democracia racial. O livro de Pierson, *Negroes in Brazil: a study of race contact at Bahia*, foi publicado nos Estados Unidos em 1942. Durante sua estada de 1938 a 1939, Ruth Landes também teve por objetivo estudar de que maneira raças diversas poderiam coexistir de forma harmoniosa (Landes 1967, 5).

[30] René Ribeiro (1982, 24) afirma que o grupo do Recife ligado a Ulysses Pernambucano foi muito influenciado por Herskovits e por sua afirmação da normalidade do transe, até então considerado a expressão de um comportamento psicopatológico. Isso mudaria para sempre a maneira de encarar os cultos de possessão, retirando-os em definitivo da influência médica que caracterizara toda a primeira fase dos estudos afro-brasileiros.

do Congo acham-se algumas das mais complexas culturas da África; e nenhuma indicação existe de que tivessem sido construídas com um material tão fraco que, por si mesmas, houvessem de curvar-se ante o contato com os sistemas da África Ocidental (Herskovits 1967, 99-100).

Mas Herskovits não fez muitos êmulos. Na verdade, um dos raros estudos dedicados ao assunto foi o de Luís Viana Filho, pesquisador já reconhecido na época, que publicou em 1946 um ensaio sobre a escravidão na Bahia. Neste, demonstrava que os bantos tiveram importância numérica e cultural considerável entre a população negra da Bahia – fato indiscutível, como o próprio Gilberto Freyre (1988) reconheceu em seu prefácio à obra de Viana, mas que não parecia suficiente para vencer a superioridade dos sudaneses[31]. Segundo Freyre, o banto seria "gente mais doce e acomodatícia" que o sudanês, "consciente como nenhum dos valores de sua cultura e, por isso mesmo, mais insubmisso e mais cheio de um sentimento de dignidade africana e mesmo humana, que faz dele o castelhano ou o catalão da África negra" (Freyre 1988, 8). O sudanês – e portanto o nagô – representaria o "elemento aristocrático" da população escrava da Bahia, exemplo de iniciativa e resistência entre os outros negros[32].

Em 1944, Roger Bastide, que chegara ao Brasil em 1938 para ocupar a cadeira de sociologia da Universidade de São Paulo, deixada livre por Lévi-Strauss, empreendeu uma viagem, de mais ou menos um mês, ao Nordeste. Esse primeiro encontro com o mundo dos candomblés parece ter fascinado o autor, que publicou um livro sobre sua curta experiência: *Imagens do Nordeste místico em preto e branco* (1945). Incentivado por Bastide, Pierre Verger, outro francês que marcaria profundamente os estudos afro-brasileiros, chegou à Bahia em 5 de agosto de 1946, e nela ficou até sua morte, em fevereiro de 1996[33].

---

[31] Nessa época, os povos africanos estavam divididos em duas grandes famílias: os sudaneses, que incluíam os iorubás e os fon, e os bantos.

[32] Vimos como essa valorização dos sudaneses é infatigavelmente postulada desde o início dos estudos afro-brasileiros, tornando-se pouco a pouco uma espécie de dogma. Assim, em 1906, Nina Rodrigues escreveu que os negros sudaneses eram os campeões da resistência negra à escravidão e os fundadores das repúblicas dos negros marrons no Brasil, sendo para ele única exceção o quilombo dos Palmares, cuja origem seria banta, em razão da ausência de "culto de animais ou de outras divindades", fato que seria inexplicável se fossem sudaneses (Nina Rodrigues 1988, 89). Ora, o termo quilombo, que designa as aldeias de negros marrons, é de origem banta (quimbundo) e significa "união" (Cacciatore 1977). Os bantos, portanto, só são reconhecidos por sua inferioridade (ausência de um culto organizado) em relação aos sudaneses (cf. Capone 2000).

[33] O papel desempenhado por Verger na construção da tradição nos cultos afro-brasileiros será analisado no próximo capítulo.

FESTA DAS ÁGUAS DE OXALÁ

Em 1948, Édison Carneiro publicou uma obra que se tornaria clássica, *Candomblés da Bahia*, baseada nas pesquisas que fizera no terreiro nagô da Casa Branca. Pela primeira vez, o culto a Exu, sempre negado quando se tratava dos terreiros "sudaneses", encontrou seu lugar no ritual dos nagôs. Para isso, contudo, teve de mudar de sinal. Assim, o ritual do despacho, que sempre fora justificado pela necessidade de afastar uma divindade negativa e diabólica, tornou-se uma invocação feita a Exu para que exercesse sua função de embaixador dos mortais junto aos deuses (Carneiro 1986, 69).

Exu, portanto, era objeto de uma interpretação errônea, pois sua assimilação ao diabo cristão fora determinada pelo fato de que os "feiticeiros" invocavam Exu para prejudicar suas vítimas. Nos candomblés nagôs, ao contrário, Exu era o "compadre", o protetor, o mensageiro. Sua presença era legítima, pois fora atestado "cientificamente" que lá não se praticava a magia, a qual permanecia limitada aos terreiros bantos[34]. Em outros termos, uma vez estabelecida a legitimidade dos terreiros pelos estudos e congressos científicos, Exu pôde se tornar essa nova entidade, nem boa, nem má.

O reconhecimento da presença de Exu nos terreiros "tradicionais" nagôs pouco a pouco se generalizou nos escritos dos etnólogos. René Ribeiro, sob a orientação de Herskovits, desenvolveu em 1952 uma análise dos cultos afro-brasileiros do Recife, em que afirmou que todos os terreiros tinham um ou vários Exus assentados. Mas em razão de Exu ser um "santo difícil de levar", "conhecido de todos e presente na conversação de toda hora dos fiéis do culto", os informantes mostravam muita reticência quando eram questionados sobre suas características e funções (Ribeiro 1978, 56), notadamente quando se tratava de evocar os rituais mágicos no culto:

> A magia está de tal modo ligada aos sacrifícios e oferendas, por exemplo, que poucos sacerdotes permitem a estranhos estarem presentes a mais de uma das etapas dos rituais que dirigem em certas ocasiões. Frequentemente, quando o investigador aborda os detalhes dessas cerimônias, esquivam-se os sacerdotes hábil e polidamente às suas perguntas, ou então, se maior interesse foi demonstrado pelas práticas mágicas, acusam-no em tom de brincadeira de ser um "procurador

---

[34] A questão da revalorização da figura de Exu está presente em todos os escritos de Carneiro. Ele, por exemplo, dedica um artigo a Exu – "Um orixá caluniado" (1950) – em que reafirma a "não maldade" desse orixá. Em 1964, estabelece uma diferença entre o Exu do candomblé e o das macumbas do Rio e de São Paulo, que teriam preservado o caráter fálico de suas danças e o teriam ligado aos mortos e aos cemitérios (Carneiro 1964, 134).

de ebó" – ou seja, estar a averiguar as práticas de curandeirismo e de magia ofensiva (Ribeiro 1978, 67).

Exu, magia ofensiva e curandeirismo estavam ligados de modo indissolúvel: não falar do papel de Exu no ritual significava, portanto, querer se proteger de toda acusação de prática da feitiçaria ou do exercício abusivo da medicina, ambos proibidos pela lei brasileira[35]. Embora a presença de Exu não fosse mais negada mesmo nos terreiros mais tradicionais, estes se distinguiam dos "não tradicionais" pelo fato de que seus membros não eram possuídos por Exu, um orixá que era ainda associado ao diabo do sincretismo afro-católico[36].

Perante o cuidado mostrado pelos iniciados em evitar tudo o que pudesse dar margem a acusações de feitiçaria, os antropólogos limitaram suas análises aos aspectos mais "apresentáveis" dos cultos:

Lidando com um sistema constituído de elementos de religiosidade (harmonia, solidariedade etc.) e atributos de magia (dissensões internas, individualismo e disputas políticas), os intelectuais vão fixar-se no religioso, no ritual público, no coletivo, naquilo que constituiria, por assim dizer, a atividade de palco, enquanto omitem o ritual privado, o individual e o mágico, que integram as atividades dos bastidores. Essa ruptura entre as atividades mágico-religiosas interdependentes de bastidores e de palco é fruto da tentativa feita pelos intelectuais de "limpar" certos terreiros dos aspectos tidos como negativos, torná-los legais, mas termina por constituir-se numa visão romantizada do dominado (Dantas 1984, 111).

---

[35] Foi preciso esperar o Código Penal de 1985 para que as referências explícitas ao exercício da magia fossem suprimidas da lei brasileira. O exercício abusivo da medicina, o charlatanismo e o curandeirismo, todavia, continuam a ser perseguidos como delitos (Maggie 1992, 47-48).

[36] Em 1948, sob a direção de Herskovits, Eduardo Octávio da Costa sublinhou igualmente o apagamento estratégico de tudo o que podia ligar os terreiros à prática da feitiçaria no ritual dos terreiros "ortodoxos" de São Luís do Maranhão, onde, como vimos na primeira parte, o culto a Exu continuava a ser negado: "Membros das duas casas 'ortodoxas' afirmaram que, em sua opinião, muitas pessoas em São Luís consideram suas cerimônias ridículas; também afirmaram terem sido acusados de praticar magia negra. Iniciados nos cultos também sabem que a Igreja se posicionou contra as danças de seus grupos. Esse sentimento tende a levar os membros dos centros daomeano e iorubá a se precaverem. [...] Na casa daomeana, algumas cerimônias caíram em desuso para evitar críticas do público" (O. Costa 1948, 106-107).

Os anos 1950 marcaram importante mudança na perspectiva dos estudos afro-brasileiros. Nessa década, a África não parecia ter a importância epistemológica do passado. O que importava era a reconstrução da história do negro no Brasil, na passagem da escravidão a uma sociedade de classes. Começava assim uma fase sociológica dos estudos do negro no Brasil.

O Brasil havia mudado profundamente sob a pressão desenvolvimentista do presidente Juscelino Kubitschek. O esforço de modernização do país provocara um aumento importante da atividade econômica, graças à abertura ao capital estrangeiro, o que causara igualmente uma forte dependência política. O papel da cultura nacional seria analisado pelos intelectuais brasileiros de outra maneira, tornando-se um elemento capaz de ajudar a transformar o país do ponto de vista socioeconômico (Ortiz 1985). O Instituto Superior de Estudos Brasileiros (ISEB) elaborou, durante esses anos, uma ideologia nacionalista em que eram centrais as noções de cultura popular e cultura alienada. Nessa busca de uma identidade nacional que pudesse distinguir o Brasil do resto do mundo, o conceito de democracia racial teve papel decisivo: passou-se de uma visão pessimista da realidade nacional, que marcara o debate cultural entre os séculos XIX e XX, a uma exaltação da sociedade brasileira, produto harmonioso de três raças, e exemplo para os demais países.

Nesse contexto, em 1951, a UNESCO, cujo Departamento de Ciências Sociais tinha sido brevemente dirigido por Arthur Ramos, antes de sua morte em 1949, comandou uma série de estudos com o intuito de analisar o modelo "harmonioso" das relações raciais no Brasil. Os resultados foram bem diferentes, conforme a localização regional das pesquisas: por exemplo, René Ribeiro, que analisou o papel da religião nas relações raciais, defendeu o mito fundador da democracia racial no Recife, ao contrário da escola sociológica de São Paulo, que denunciou seu papel de controle social. Assim nasceu a polarização entre um Nordeste (notadamente Bahia e Recife), terra da democracia racial, e um Sudeste, espaço dos conflitos de classe e do racismo dos brancos[37].

Bastide, que estudou com Florestan Fernandes as relações raciais entre negros e brancos em São Paulo, advertiu Alfred Métraux, na época membro do Departamento de Ciências Sociais da UNESCO, de que ele seria "obrigado

---

[37] As pesquisas foram conduzidas em São Paulo por Florestan Fernandes e Roger Bastide (1955), no Rio de Janeiro por Luiz Aguiar da Costa Pinto (1953), no Recife por René Ribeiro (1956), na Bahia por Thales de Azevedo (1953) e Wagley, Harris e Zimmerman (1952), pesquisadores da Columbia University, cujo estudo mostrou a existência de um "indicador de antagonismo racial" na "boa terra" da Bahia.

a desmistificar o mito da democracia racial no Brasil, mostrando que ela era apenas outro nome para designar um sistema igualmente discriminatório, embora sob outra forma, 'o paternalismo'" (Morin 1994, 30)[38].

Entretanto, embora Bastide tenha denunciado a irrealidade desse paraíso das relações raciais de que o Brasil se fazia campeão, não teve o mesmo olhar crítico em relação às religiões afro-brasileiras. Em 1953, publicou um estudo sobre a macumba de São Paulo, que foi reeditado em *Estudos afro-brasileiros* (Bastide 1973a). Nesse artigo, Bastide reifica a oposição entre um candomblé nagô "autêntico" e uma macumba "degradada", em razão da pobreza mitológica dos bantos. Como diz Peter Fry (1984, 43), as diferenças entre a pureza dos nagôs e a degradação dos bantos, reafirmadas constantemente por seus predecessores, tornam-se com Bastide "cartesianamente" reais.

Mas é principalmente em suas obras de 1958 e 1960 que Bastide, de volta à França, dá forma a essa idealização de um candomblé puro e autêntico. Ele se tornara adepto do deus Xangô, ligado ao terreiro do Axé Opô Afonjá de Mãe Senhora, que também era a mãe de santo de Pierre Verger. E, como sublinham vários autores, entre eles Monteiro (1978) e Fry (1984), o intelectual e o adepto dificilmente são separáveis na obra de Bastide. Assim, da mesma forma que Verger, seu amigo e guia no universo do candomblé, Bastide acaba trocando um etnocentrismo por outro, ao valorizar ainda mais o segmento nagô dos cultos, cujo modelo passou a ser o Axé Opô Afonjá.

Em *O candomblé da Bahia: rito nagô*, ele reafirma a oposição entre dois tipos de culto, ligados a dois tipos de magia: a branca e a negra. Se a primeira "tende a tomar a forma de amuletos e talismãs", a segunda "tende a tomar a forma do culto de Exu" (Bastide 2001, 164). Mas, citando Édison Carneiro, sublinha que esse uso diabólico de Exu estava limitado ao candomblé banto: "Seus chefes religiosos especializam-se muitas vezes na fabricação de estatuetas de Exu que se tornam seus servidores zelosos, obedecendo-lhes cegamente; sob suas ordens, saem à noite do *peji* e vão por toda parte espalhar desgraça e morte" (Bastide 2001, 164-165).

---

[38] René Ribeiro (1982) critica todas as análises que visam demonstrar a ilusão da democracia racial e a existência do preconceito de cor na mobilidade social: "Atribuímos à modalidade luso-brasileira de cristianismo e à particular formação social e cultural do brasileiro a ausência de ideologia racial fixada, de segregação racial e de formas ostensivas de discriminação racial" (Ribeiro 1982, 13). E acrescenta: "a aderência a formas culturais e a valores diversos dos que dominam na cultura luso-brasileira" é a causa das "explosões de preconceito ou tentativas de discriminação" (Ribeiro 1982, 13). A perda da tradição está, pois, na base do racismo, e o racismo não pode existir no Nordeste, pois é a terra da tradição.

Contrariamente, os candomblés tradicionais, isto é, nagôs, que se recusavam a praticar a magia, evitavam confundir Exu com o diabo. Entre eles, portanto, encontramos "a fisionomia verdadeira dessa divindade caluniada" (Bastide 2001, 165). Nestes, a possessão por Exu era muito limitada e de natureza diferente: ela se tornou uma espécie de punição divina (Bastide 2001, 166), sendo muito mais frequente no candomblé banto.

Essa negação da possessão por Exu obedecia à mesma lógica que determinara a negação do culto de Exu, desde o fim do século XIX, nos terreiros "tradicionais": não entrar em oposição com os valores dominantes da sociedade brasileira. Assim, liberava-se Exu de sua marca negativa, embora fosse deixada de lado uma possessão que poderia ter sido interpretada como diabólica. Não era Exu, pois, que era fixado na cabeça de seu "filho", mas Ogum, deus de aspecto mais apresentável. Essa mudança de atitude se torna mais evidente ainda quando Bastide analisa a função de Exu na tradição africana: ele era o "deus da ordem", aquele que "abre as portas entre os diversos compartimentos do real" (Bastide 2001, 183), "o que quer dizer que é ele, e somente ele, quem representa o princípio da dialética e da intercomunicação" (Bastide 2001, 185). Seu papel é central: "Exu está em toda parte, tanto na linha que vai dos orixás aos mortais, quanto na que vai dos mortais aos orixás" (Bastide 2001, 186)[39].

Mas é em *As religiões africanas no Brasil* que Bastide (1971), ao falar de Exu, naturaliza a oposição entre os nagôs (ou ketu), que praticam a religião, e os bantos, que praticam a magia:

> Os Ketu conservaram fielmente a imagem africana do Exu intermediário, falando pelos búzios em nome dos orixás, divindade da orientação, garoto mais malicioso que mau e, demais, protetor de seu "povo". Em compensação, nas "nações" banto, onde a mitologia de Exu não era conhecida e onde a magia sempre ocupou lugar de destaque, ao contrário de outras "nações", esse elemento demoníaco vai se firmando cada vez mais, acabando por triunfar na macumba carioca (Bastide 1971, 350).

A associação de Exu ao diabo dos cristãos teria sido uma herança do período colonial, encontrada nas perseguições policiais contra as "seitas":

---

[39] Em seu primeiro livro dedicado ao candomblé, Bastide já havia postulado a onipresença de Exu, apresentando-o como "a forma individualizada de Ifá" e "a fragmentação da energia vital", da alma cósmica que encontramos em cada homem e em cada orixá (Bastide 1945, 134).

Todos esses traços e muitos dos mitos que os exprimem passaram para o Brasil, mas alguns se desenvolveram mais que outros. Primeiro, por causa da escravidão. Exu foi usado pelos negros em sua luta contra os brancos, enquanto patrono da feitiçaria e, dessa forma, seu caráter sinistro, como o dissemos, se acentuou em detrimento do seu caráter de mensageiro. O deus fanfarrão tornou-se o deus cruel que mata, envenena, enlouquece. Porém essa crueldade tinha um sentido único, mostrando-se Exu, em compensação, aos seus fiéis negros, como o salvador e o amigo indulgente. A abolição da escravatura, a proclamação da igualdade jurídica entre todos os brasileiros deveriam parar esse movimento para o diabólico, pois que a oposição de castas cessara; contudo as perseguições policiais contra as seitas religiosas africanas, assim como as lutas entre os partidos políticos, agiram no sentido da acentuação da tendência colonial; o *ebó* sacrifício é ainda hoje o *ebó* magia da época servil; a galinha preta que se lhe sacrificava e que se jogava no mato deserto é agora colocada, cheia de tabaco, de milho torrado e de outros ingredientes no caminho daqueles a quem se quer prejudicar (Bastide 1971, 349-350).

Pareceria lógico inferir que esse papel de protetor dos negros, exercido por Exu durante a escravidão, deveria se tornar uma característica exclusiva dos cultos bantos, pois os nagôs "não praticavam a magia ofensiva". Mas como os bantos, sempre considerados mais complacentes, mais fracos que os nagôs, poderiam ter encarnado os valores da nobre luta dos negros contra a opressão? O uso que faziam de Exu e do ebó deveria então se limitar à maldade e à magia negra, de que o Exu nagô era "naturalmente" desprovido. Assim, no caso de Exu, o caráter ambivalente de toda divindade iorubá se polarizou entre o Bem, associado aos nagôs, e o Mal, monopólio dos bantos.

Bastide, fortemente influenciado por Max Weber em sua análise do misticismo, traçou uma nítida fronteira entre religião e magia, ambas presentes no discurso nativo como simples categorias de acusação[40], tanto dentro quanto fora

---

[40] Um exemplo do uso dessas categorias de acusação no interior do grupo de culto é esta citação de Ruth Landes a respeito de um conflito de poder entre duas sacerdotisas do Gantois, dando lugar a acusações de feitiçaria: "[...] me disseram que a substituta imediata de Menininha [mãe de santo do Gantois], Dona Laura, praticava a magia negra, por mais contrário que isto fosse ao código sacerdotal. Mas também se dizia que Dona Laura fazia questão de contrariar os deuses de Menininha, que considerava uma rival, e não era possível contê-la; na verdade, afirmava-se que ela era muito conhecida e tinha inúmeros clientes" (Landes 1967, 203).

SAÍDA DE SANTO DE UM IAÔ DE LOGUNEDÉ

do grupo de culto. Com Bastide, a oposição entre candomblé nagô, sinônimo de religião, e candomblé banto (ou macumba), sinônimo de magia, que era a expressão de um dos fundamentos da lógica interna aos cultos e que fora reproduzida por Carneiro como tal, foi reinterpretada à luz da oposição entre magia e religião decorrente do discurso antropológico. Durkheim (1912) distinguira magia e religião de forma não absoluta, permanecendo seus limites fundamentalmente indefinidos. Da mesma forma, Hubert e Mauss (1902), embora tivessem tentado traçar uma fronteira entre uma religião, caracterizada pelo sacrifício e associada a atividades públicas e solenes, e uma magia, definida pelo malefício e ligada a atividades privadas e secretas, foram obrigados a reconhecer que essa fronteira continuava sendo pouco nítida e que muitas práticas não podiam se ligar exclusivamente a um ou outro desses polos.

Ora, no candomblé, a magia está intrinsecamente ligada à religião, pois crer nas divindades implica crer em suas capacidades de manipular o universo em favor do protegido. A oposição entre magia e religião, constitutiva do discurso antropológico, oferecia um quadro teórico às acusações de feitiçaria, até então usadas como instrumento político e servindo para definir a identidade religiosa no meio dos cultos afro-brasileiros. Bastide e outros depois dele interpretam o que era parte de um discurso político tipicamente africano (as acusações de feitiçaria) como prova da existência de uma diferenciação nítida entre os que praticavam a religião (os nagôs) e aqueles que recorriam à feitiçaria (os bantos)[41].

Em 1970, em seu ensaio sobre "Imigração e metamorfose de um deus", Bastide reafirmou essa oposição entre o Exu positivo dos nagôs, "intermediário obrigatório entre os homens e os deuses", e o Exu negativo, divindade maléfica, dos bantos. Mas foi na macumba que a fusão entre Exu e o diabo se tornou total e que "o dualismo entre o Bem e o Mal triunfou" (Bastide 1970a, 223). A mesma oposição, que servia para delimitar as fronteiras entre o candomblé nagô e o candomblé banto ou o de caboclo, permitia agora traçar os limites entre o candomblé, lugar da tradição, e a macumba, lugar da desagregação causada pela modernidade: "Exu é um dos raríssimos deuses africanos cujo nome foi conservado na macumba, muito desagregada, de São Paulo. Por quê? Porque,

---

[41] A importância da diferenciação entre magia e religião determinou a perpetuação dessa oposição nos estudos afro-brasileiros (cf. Trindade 1985, 25-63), mas certas práticas nos rituais considerados religiosos tornam difícil manter essa distinção. Horton mostrou de que maneira, no "pensamento tradicional africano", os aspectos mágico-religiosos são indissociáveis uns dos outros (Horton 1990a).

em São Paulo, a macumba deixou de ser uma religião para se tornar uma forma de magia; é que o macumbeiro é o feiticeiro, que faz magia negra, e para isso se serve da potência de Exu" (Bastide 1970a, 223).

O dualismo preconizado por Nina Rodrigues no começo do século XX entre o Bem, associado a Oxalá, e o Mal, associado a Exu, transforma-se em dualismo entre um Exu social e um Exu antissocial, tornando-se um dos pivôs da diferenciação interna aos cultos afro-brasileiros.

DO EXU BRASILEIRO AO EXU AFRICANO

A partir do fim dos anos 1950, os trabalhos sobre o negro no Brasil se dividiram entre uma corrente sociológica, ligada à Escola de São Paulo[42], a qual analisava as relações raciais no Brasil, e uma corrente culturalista, ligada ao Centro de Estudos Afro-orientais da Bahia (CEAO), que começara a desenvolver "estudos africanistas". Esse centro, fundado em 1959 e dependente da Universidade Federal da Bahia (UFBA), logo se tornou, segundo um de seus diretores, "o mais ativo centro de formação de africanistas no Brasil" (Oliveira 1976, 115).

Vimos que, nos anos 1960, o processo de descolonização da África despertara o interesse do governo brasileiro na criação de novos mercados. A época, portanto, era propícia para sublinhar o que ao menos uma parte do Brasil havia conservado do legado cultural africano: a herança iorubá. Waldir Freitas Oliveira explica assim o desenvolvimento, a partir dessa década, dos estudos comparativos sobre a cultura negra:

Partia-se do princípio da impossibilidade de obter-se uma compreensão exata da importância cultural do negro brasileiro sem o conhecimento das fontes originais dessa cultura tão viva e presente entre nós. E através de um programa ambicioso e ousado, foram, de logo, enviados à África, às expensas da Universidade da Bahia, Pierre Verger e Vivaldo da Costa Lima (Oliveira 1976, 115).

---

[42] Desde as pesquisas encomendadas pela UNESCO no início dos anos 1950, os estudos sobre as relações raciais se desenvolveram em São Paulo: Ianni (1962, 1966), Cardoso (1962), Fernandes (1965). É importante assinalar também as obras de Alberto Guerreiro Ramos (1954, 1957) no Rio de Janeiro.

Evidentemente, "essa cultura, tão viva e tão presente", era a cultura nagô. Verger e Costa Lima foram enviados ao Benim e à Nigéria, como muitos outros pesquisadores depois deles[43].

Os anos 1960, portanto, foram marcados por grandes mudanças na vida política e cultural brasileira. Os artistas participaram ativamente dessas mudanças, com uma produção teatral muito ligada à problemática social (Nelson Rodrigues e Dias Gomes) e um cinema engajado (o Cinema Novo de Glauber Rocha). Em 1964, instaurou-se a ditadura militar pelo Ato Institucional nº 1, que suspendia todas as garantias constitucionais. Os anos que se seguiram foram de repressão e luta armada, mas também do milagre brasileiro, com um crescimento econômico impressionante. Em 1968, surgiu o Tropicalismo, tanto na música popular quanto no cinema e no teatro. Os fundadores desse movimento – Caetano Veloso, Gilberto Gil, Torquato Neto e José Carlos Capinam – encontraram inspiração no Modernismo para operar uma revisão crítica da cultura brasileira por intermédio das metáforas antropofágicas de Oswald de Andrade. A reapropriação de elementos da cultura popular, iniciada no Nordeste nos anos 1930, tornou-se mais pregnante, com a cultura negra – e, com ela, o candomblé – ocupando lugar central na produção artística[44].

Foi também a época da contracultura, que escolheu a macumba como símbolo da rebelião contra o conformismo e a repressão exercida pela ditadura. O livro *O segredo da macumba*, de Marco Aurélio Luz e de Georges Lapassade marcou época nesse campo: "É preciso parar com o culto à África, às 'origens africanas', com essa devoção africanista. Devemos, ao contrário, marcar a ruptura com a África, afirmar e demonstrar a especificidade, a originalidade do negro brasileiro" (Luz e Lapassade 1972, XIV).

A macumba passou a ser então o lugar de expressão das aspirações libertárias. Ela contava a história da "luta pela libertação dos desejos políticos e sociais", encarnada na quimbanda, e de sua repressão, simbolizada pela umbanda. Exu e Pombagira se converteram em "símbolos de uma proposta libertária"

---

[43] No capítulo seguinte, analisarei o papel de Pierre Verger na fundação dos estudos africanistas na Bahia e no processo de reafricanização dos cultos. Por enquanto, limito-me a ressaltar a importância da publicação, em 1957, de *Notas sobre o culto dos Orixás e Voduns*, a qual incitaria os "africanistas" brasileiros a desenvolver os estudos comparativos, em uma espécie de volta às origens.

[44] Na Bahia, o candomblé inspirou artistas como Carybé, Mário Cravo Júnior, Calazans Neto, Tati Moreno, Waldeloir Rego, Emmanuel Araújo e Manoel Bonfim (Silva 1983). Os romances de Jorge Amado são a melhor expressão dessa influência cultural na literatura brasileira. E, na música, Dorival Caymmi canta o mundo dos terreiros "tradicionais" da Bahia. Para uma discussão da noção de cultura popular e de sua ligação com a ideia de tradição, ver Ortiz (1985).

(Luz e Lapassade 1972, XVI). A quimbanda deixou de ser a encarnação do Mal, tornando-se um "projeto de libertação sexual", em que o sexo livre, a bissexualidade e a "dramatização de todos os desejos homossexuais e heterossexuais" podiam desabrochar (Luz e Lapassade 1972, XXI). Para eles, "A macumba [foi] rejeitada por todas as instituições pois [era] uma contra-instituição e uma contracultura nas quais se expressa uma contrassociedade" (Luz e Lapassade 1972, XXI).

O Exu da macumba, o mais insubmisso de todos os deuses, encarnava assim o desejo de liberdade da sociedade brasileira[45]. Essa nova interpretação de Exu, em clara oposição à corrente de estudos africanistas, está presente, por exemplo, nos escritos póstumos de Bastide:

> Mas a macumba, [...] ao privilegiar Exu, embora transformando a significação de Deus intermediário em anjo da rebelião, permitia à revolta do subproletariado descobrir uma via onde o desejo de uma sociedade "outra", impossível de ser realizada politicamente, pois não estruturada e não pensada conceitualmente, pudesse de qualquer modo se expressar, se não num discurso coerente e construtivo, pelo menos em gritos inarticulados, em gestos sem significação, em suma, em puro desencadeamento de selvageria (Bastide 1975, 224).

Entre os alunos de Bastide, foi Renato Ortiz quem reproduziu de modo mais fiel a visão que seu mestre tinha de Exu. Ele vê nas "sobrevivências religiosas", e notadamente na figura de Exu, a persistência do tradicional no meio urbano. Eliminar Exu, encarnação do mal na umbanda, equivale, portanto, a cortar os vínculos com a tradição:

> Um primeiro significado de Exu pode ser inferido: ele é o que resta de negro, de afro-brasileiro, de tradicional na moderna sociedade brasileira. Eliminar o mal reduz-se, portanto, a desfazer-se dos antigos valores afro-brasileiros, para melhor se integrar na sociedade de classes (Ortiz 1988, 134).

---

[45] Yvonne Maggie (1992, 237), ao descrever o debate que opunha na época os umbandistas aos teóricos da contracultura, lembra que, no início dos anos 1970, a companhia inglesa do Living Theatre visitou os terreiros nas favelas do Rio a fim de "aproximar a experiência com drogas dos rituais dos terreiros". Essa identificação de Exu com o elemento revolucionário do universo religioso ainda é forte. Raul Lody (1982, 11, 14), por exemplo, define Exu como "o sinal da resistência", "o germe do quilombo cultural", "o mais ativo libertador da história e da cultura geral do homem africano no Brasil".

Exu, "única divindade que conserva ainda traços de seu passado negro" (Ortiz 1988, 133), deve ser submetido às entidades de luz umbandistas, a fim de que seu poder de rebelião seja controlado.

Mas é Juana Elbein dos Santos, outra aluna de Bastide, quem muda definitivamente a imagem de Exu nos estudos afro-brasileiros e também, veremos, no meio dos cultos. Antropóloga argentina iniciada no terreiro do Axé Opô Afonjá de Salvador (Bahia), e casada com Deoscóredes M. dos Santos, alto dignitário do culto nagô, cria uma metodologia que consiste em analisar o candomblé "desde dentro", o que permitiria desfazer a armadilha de uma visão etnocêntrica (J. E. Santos 1977a, 18). Desse modo, ser a um só tempo antropólogo e iniciado se torna uma das condições essenciais para uma verdadeira compreensão da cultura estudada[46].

Nos planos social e político, a época era propícia a essa valorização das religiões afro-brasileiras. O candomblé nagô – principalmente os três terreiros tradicionais da Casa Branca, do Gantois e do Axé Opô Afonjá – tornou-se sinônimo de tradição e cultura baiana. Ser iniciado em um desses três terreiros equivalia, e ainda equivale, a um atestado de tradicionalidade. Além disso, em 15 de janeiro de 1976, Roberto Figueira Santos, governador do Estado da Bahia, aprovou o decreto nº 25.059, liberando os terreiros baianos da obrigação de serem inscritos nos registros da polícia. O último estigma acabava de cair![47]

Juana E. dos Santos (1977a), em *Os Nagô e a morte*, que teve um sucesso considerável entre os iniciados até se tornar uma espécie de bíblia do candomblé nagô, analisa o papel de Exu por meio da "tradição africana" dos nagôs. Com ela, Exu (ou Èṣù, como prefere escrever, de acordo com a ortografia iorubá) se tornou "a entidade mais importante do sistema *Nagô*" (Santos 1977a, 171), "o princípio dinâmico de comunicação e de expansão", "elemento dinâmico, não só de todos os seres sobrenaturais, como também de tudo o que existe" (Santos 1977a, 130).

---

[46] Marco Aurélio Luz, como muitos outros depois dele, seguiu esse caminho, mantendo o interesse por uma cultura de resistência. Declara assim que "uma antropologia negra deve focalizar os aspectos do sistema cultural negro-brasileiro, a partir mesmo de uma opção por um desenvolvimento cultural iniciático" (Luz 1983, 19). A passagem de Luz de um discurso "brasileiro", em oposição ao "culto da África", à reivindicação da tradição africana nas comunidades-terreiros que "revitalizam o processo civilizatório negro", foi muito bem analisada por Giacomini (1988).

[47] Os anos 1970 são também a época de uma "mercantilização da cultura popular" (Ortiz 1985). A fundação da Embratursa e principalmente de seu correspondente baiano, a Bahiatursa, demarca a comercialização do candomblé com fins turísticos (Bacelar 1989).

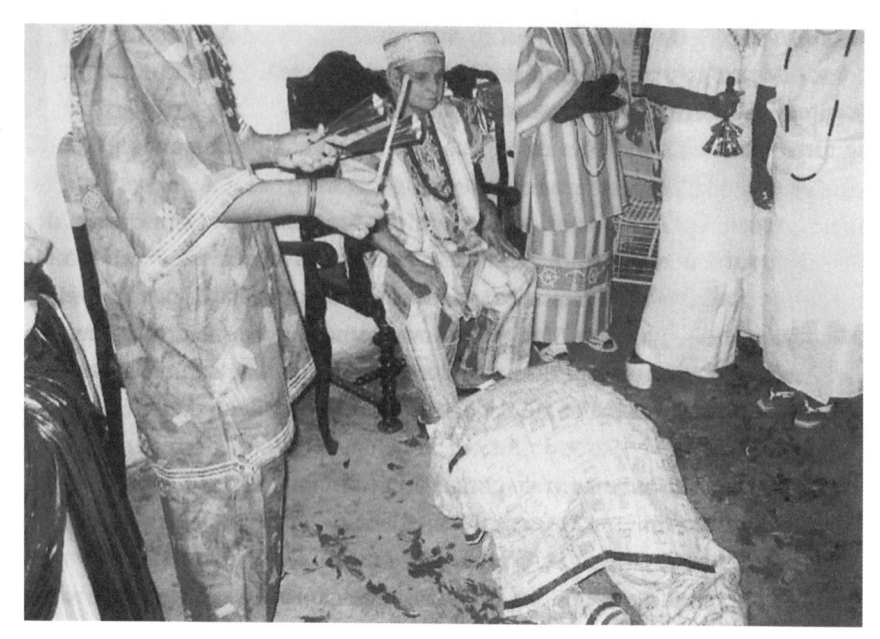

ALVINHO DE OMOLU NA FESTA PELOS SEUS CINQUENTA ANOS DE INICIAÇÃO

Nessa concepção, Exu está estreitamente ligado à noção de *axé*, que Bastide definia como uma energia vital, uma espécie de *mana*[48]. Juana E. dos Santos faz dessa noção o elemento central do culto: "O *àṣẹ* impulsiona a prática litúrgica que, por sua vez, o realimenta, pondo todo o sistema em movimento" (Santos 1977a, 38). É Exu quem põe em movimento a força do *àṣẹ*, por meio da qual se estabelece a relação entre o *aiyé* (o mundo terrestre e a humanidade) e o *òrun* (o mundo sobrenatural e seus habitantes). O *àṣẹ* se torna assim "princípio e força", "poder de realização". Ele também é a base da perpetuação das "comunidades--terreiros. [...] A transmissão de *àṣẹ* através da iniciação e da liturgia implica

---

[48] Carneiro (1986, 135) definiu o *axé* como "os alicerces mágicos da casa de candomblé, a sua razão de existir". Segundo Verger (1999, 38), a palavra *axé* (ou *àṣẹ*) significa "seu poder, seu potencial, sua força sagrada [do orixá]". Yeda Pessoa de Castro (1971, 35) o traduziu por "força ou poder contra influências maléficas", e também por "fundações mágicas da casa de culto". Segundo Ziegler (1977), o *axé* corresponde aos "objetos sagrados dotados de força específica". Bastide (2001, 77) retoma a definição de *axé* de Maupoil, correspondente iorubá do *ye*: "princípio imaterial, força mágica" de quem Legba (o Exu fon) efetua o transporte até as divindades (Maupoil 1988, 334). Essa "força mágica" estaria particularmente ligada ao sangue dos animais sacrificados. Na literatura afro-brasileira, o *axé* normalmente é identificado com uma energia espiritual.

a continuação de uma prática, na absorção de uma ordem, de estruturas e da história e devir do grupo ('terreiro') como uma totalidade" (Santos 1977a, 46).

Como é Exu quem transmite o *àṣẹ*, ele passa a ser, de pleno direito, a entidade mais importante do candomblé nagô[49]. Por ser o *ẹlẹ́bọ*, o transportador do ebó, agora limitado ao sacrifício religioso, ele controla o processo de restituição da força vital, o *àṣẹ*: "O sacrifício em toda a sua vasta gama de propósitos e de modalidades, restituindo e redistribuindo *àṣẹ*, é o único meio de conservar a harmonia entre os diversos componentes do sistema, entre os dois planos da existência, e de garantir a continuação da mesma" (Santos 1977a, 161).

Todo rastro do ebó maléfico foi definitivamente apagado: na tradição nagô, Exu só faz o bem e está no centro do sistema religioso[50]. Juana E. dos Santos, portanto, retoma e amplia a interpretação de Exu como grande comunicador entre os diferentes compartimentos do universo (Bastide 2001). Para ela, Exu não pode ser classificado em nenhuma categoria: "É um princípio e, como o *àṣẹ* que ele representa e transporta, participa forçosamente de tudo" (Santos 1977a, 131). Por conseguinte, interpretar a cerimônia do padê como uma maneira de conjurar a presença nefasta de Exu está em contradição com a função do Exu "guardião e garantia única do bom andamento de toda atividade ritual" (Santos 1977a, 198)[51].

---

[49] Encontramos essa relação entre Exu e *axé* na obra de Abimbola (1976a, 187), em que Exu é dotado de *àṣẹ*, traduzido como *"charm of command"*. Com efeito, em iorubá, *àṣẹ* significa "uma ordem, um comando" (Abraham 1958, 71). O termo também está associado à ideia de autoridade. Em *Magazine of the Orunmila Youngsters of Indigen Faith of Africa*, publicado em Lagos (Nigéria), *àṣẹ* é traduzido por "comando" (Orunmila 1986, 30). E ainda, falando da criação do mundo, Olódùmarè (o criador) "criou a Terra com *àṣẹ* (comando, ordem)". *Àṣẹ* equivale assim a um "instrumento de comando" (Orunmila 1985, 8). Para Juana E. dos Santos (1977b, 30), o *àṣẹ* é o "princípio que torna possível o processo vital".

[50] Essa visão de Exu fez sucesso nas literaturas afro-americana e afro-brasileira. Encontramos a identificação de Exu com o *axé* em Thompson (1984, 5-19), Edward e Mason (1985) e Mason (1992). Esses dois últimos autores estão ligados ao processo de reafricanização nos Estados Unidos. No Brasil, praticamente todas as pesquisas efetuadas depois de Santos repetem fielmente sua interpretação do *axé*, tendo criado o que Motta (1994, 175) chama a "teologia do *àṣẹ*". A reinterpretação de Exu por Juana E. dos Santos também teve grande influência sobre os autores iorubás. Femi Euba (1989) se baseia em um texto de Juana E. e Deoscóredes M. dos Santos (1971) para interpretar Exu não só como mensageiro dos deuses, mas também como uma divindade ligada ao destino. A relação entre Exu e *axé*, definida como "o poder de comando dos deuses, ou o poder da 'palavra'" (Euba 1989, 24), é igualmente sublinhada por esse autor: "Mais que um 'encanto de comando', como Abimbola sugere, *Àṣẹ* é a força vital da eficácia, o poder evocado para realizar algo. Èṣù é não só o 'guardião do *Àṣẹ*' mas também seu 'executor divino', distribuidor do fatídico e fatal poder contido em seu 'Ado-iran', 'a cabaça que contém o poder que se autopropaga" (Euba1989, 24-25).

[51] Essa crítica da velha concepção do despacho, recorrente na literatura afro-brasileira, impõe a reinterpretação do padê como um encontro, conforme a tradução da palavra iorubá. Assim, para

Essa interpretação do papel de Exu causou uma polêmica particularmente virulenta entre Pierre Verger e Juana E. dos Santos. Em 1982, Verger contestou a "probidade científica" de Juana E. dos Santos, acusando-a de ter manipulado seus dados com o intuito de edificar sistemas "de uma lógica impecável, muito bem acolhidos, diga-se de passagem, nos congressos científicos internacionais, mas que, examinados com cuidado, são um tecido de suposições e de hipóteses inteligentemente apresentadas, não tendo nada a ver com a cultura dos Nagô--Iorubás e correndo o risco de contaminar as tradições transmitidas oralmente, ainda conservadas nos meios não eruditos" (Verger 1982b, 10). Com efeito, em 1966, Verger havia publicado na Nigéria um artigo (reeditado no Brasil em 1992) em que identificava o axé com uma forma não antropomórfica de teísmo, fazendo referência ao culto do Sé, ser supremo para os anagôs do Daomé. A ligação de Exu com o axé, proposta por Juana E. dos Santos, equivalia, portanto, a pensar Exu como o deus principal do qual dependia a propagação do axé. A resposta de Juana E. dos Santos (1982) não foi menos violenta, acusando Verger de ser apenas "a expressão residual do colonialismo".

Na realidade, essas acusações parecem expressar tão-somente a luta que travam entre si os pesquisadores-iniciados, para que apenas eles sejam reconhecidos como autoridade em matéria de tradição africana.

justificar as diferenças de interpretação do mesmo ritual na tradição nagô, Costa Lima (1989) recorre à polissemia do verbo *despachar* em português: "enviar, mandar", mas também "servir" ou "cuidar" de alguém.

CAPÍTULO VII

EM BUSCA DAS ORIGENS PERDIDAS

Falar de uma tradição africana "pura" incita a refletir sobre um objeto na maior parte do tempo postulado como algo dado, mas cujos contornos nem sempre são bem definidos. O que é, enfim, uma tradição? Para que serve? Por que as pessoas seriam conservadoras? Ser tradicional significa guardar uma "pureza original", como gostariam alguns, ou então reinterpretá-la diante de novas situações, segundo uma lógica que reafirma as marcas distintivas dessa tradição?

Hobsbawm e Ranger ressaltaram a construção presente em toda tradição. As tradições "inventadas" seriam a resposta a novas situações sob "a forma de referências a situações anteriores", construindo "seu próprio passado através da repetição quase que obrigatória" (Hobsbawm e Ranger 1984,10). Esses autores também sublinham o caráter político dessas tradições, o qual costuma atestar tanto uma continuidade histórica quanto uma identidade cultural e social.

Mas que circunstâncias fazem com que se busque restabelecer a tradição? Isso acontece, na maior parte do tempo, quando a tradição é vista como um ideal perdido em face das mudanças determinadas pelo avanço da modernidade. Como indicam Hobsbawm e Ranger, "não é necessário recuperar nem inventar tradições quando os velhos usos ainda se conservam" (Hobsbawm e Ranger 1984, 16). A perda da tradição seria, assim, o motor dessa busca das origens, cujo objetivo é sempre a reconstrução de um estado original. O movimento em direção ao passado com frequência se torna um instrumento político para legitimar a posição ocupada pelo grupo que reivindica sua tradicionalidade[1] no seio de uma sociedade hierarquizada. Quem possui uma tradição possui um passado, uma continuidade histórica que o metamorfoseia em sujeito de sua própria história: afirmar sua tradicionalidade equivale a se distinguir dos outros, aqueles que não têm mais identidade definida. Construir sua própria

---

[1] Uso o termo tradicionalidade para designar "uma propriedade exclusiva de que seriam dotados os fatos ditos tradicionais" (Lenclud 1987, 113), isto é, uma qualidade inerente ao tradicional e não um comportamento ligado à perpetuação da tradição (tradicionalismo). Na verdade, como veremos, a tradição se torna uma propriedade inata, algo que passa pelo sangue; como na nobreza, trata-se de famílias tradicionais de candomblé que trariam consigo essa tradicionalidade. Assim, a tradicionalidade indica, a meu ver, a essência tradicional de uma prática, mas também de um grupo. Sobre a noção de tradição, ver também Babadzan (1982) e Boyer (1988).

representação do passado – a tradição – passa a ser assim um meio de negociar a posição ocupada na comunidade em questão (Urton 1993, 110).

A constante preocupação com a tradição não se limita ao discurso nativo, animado pela busca das raízes de uma cultura original; ela também estrutura o discurso da antropologia. Assim, tradição e modernidade quase sempre foram interpretadas pelos antropólogos como dois tipos de sociedade, ou dois tipos de mentalidade, bem diferentes uma da outra[2]. Além disso, o emprego do termo "tradicional" em antropologia só faz consolidar um quadro de referência intelectual organizado em torno de uma série de oposições entre tradição e mudança, sociedade tradicional e sociedade moderna. Ora, como mostra Gérard Lenclud (1987), a pertinência desse sistema de oposições binárias é muito problemática. Na realidade, a mudança sempre está presente nos fatos ditos tradicionais. Assim, falar de tradição implica referir-se à mistura de presente e passado na qual ela se funda, à arrumação constante e inconsciente do passado operada pelo presente, com o objetivo de conservar esse passado: "Na realidade, o que há de inconsciente em uma tradição é que ela é precisamente a obra do presente que procura para si uma caução no passado" (Pouillon 1974, 159). Dessa maneira, é a tradição – ou o que está no centro de nossa discussão, a tradição "nagô pura" – que está em jogo em um segmento dos cultos, o qual afirma sua natureza tradicional como um instrumento político para expressar suas diferenças e suas rivalidades no campo religioso, bem como certos antropólogos, que fazem dessa categoria nativa uma categoria analítica, contribuindo assim para a cristalização de um ideal supremo de africanidade. Veremos, aliás, de que maneira os antropólogos, no Brasil talvez mais que em outros lugares, têm considerado tradicionais com muita frequência fenômenos "que eles sabem pertinentemente que não estão de acordo com um original, um original que eles sabem igualmente não existir" (Lenclud 1987, 113).

Não se pode pensar a tradição como um simples reservatório de ideias ou elementos culturais: ela é, antes de tudo, um modelo de interação social. E, por

---

[2] A antropologia esteve durante muito tempo, em face da difusão da modernidade, confrontada com a urgência de recolher as tradições culturais em vias de extinção. Como lembra Gellner (citado por P. Boyer 1990, 113), essa oposição entre tradição e modernidade nunca foi simétrica: a modernidade em geral é identificada com um tipo de pensamento racional, que só raramente é relativizado, e a tradição identificada como uma ideia igualmente vaga que faz referência a uma continuidade com o passado. A passagem de uma a outra é marcada pela perda da tradição e pelo nascimento de uma cultura moderna, em que pessoas "naturalmente tradicionalistas" são forçadas, sob pressão de circunstâncias extraordinárias, a abandonar seu apego "natural" às crenças das gerações passadas (P. Boyer 1990).

isso, torna-se um dos principais instrumentos de construção da identidade, por meio da seleção de um número determinado de características que ajudam a estabelecer as fronteiras entre nós e os outros. O caráter interacional da tradição e seu uso estratégico na afirmação da identidade do grupo que a reclama contribuem para marcar sua especificidade como algo que não é dado, mas continuamente reinventado, sempre investido por novas significações. Portanto, analisarei a tradição nagô de acordo com a posição de que ela é, como todas as outras tradições, interacional, construída e política.

A MEMÓRIA DA TRADIÇÃO

Vimos como a evolução da imagem de Exu e de seu papel no culto acompanha a construção de uma identidade ligada ao candomblé nagô que é marcada por uma tradição e uma pureza opostas à mistura e à degradação presentes nas demais modalidades de culto (as bantas e o candomblé de caboclo). Esse discurso, retomado nas teorias dos antropólogos, reproduz as mesmas categorias que o discurso nativo e visa legitimar uma posição hegemônica por meio de oposições, como puro *versus* degenerado. Vimos igualmente de que maneira na oposição entre magia e religião, durante muito tempo um dos fundamentos da teoria antropológica, estão presentes o discurso nativo (as acusações de feitiçaria), o discurso normativo do Estado (a repressão aos cultos) e o discurso dos antropólogos (a sistematização dos cultos). Essa oposição encontra sua expressão mais acabada nas obras de Roger Bastide.

Ao estabelecer uma classificação das religiões africanas no Brasil, Bastide faz a oposição entre religião e magia equivaler à oposição entre tradição e modernidade. O candomblé nagô encarna um mundo ideal em que não existem conflitos e os valores africanos originais são fielmente conservados:

> O candomblé é mais que uma seita mística, é um verdadeiro pedaço da África transplantado. Em meio às bananeiras, às buganvílias, às árvores frutíferas, às figueiras gigantes que trazem em seus ramos os véus esvoaçantes dos orixás, ou à beira das praias de coqueiros, entre a areia dourada, com suas cabanas de deuses, suas habitações, o lugar coberto onde à noite os atabaques com seus toques chamam as divindades ancestrais, com sua confusão de mulheres, de moças, de homens que trabalham, que cozinham, que oferecem às mãos sábias dos velhos suas cabeleiras encarapinhadas para cortar, com galopadas

de crianças seminuas sob o olhar atento das mães enfeitadas com seus colares litúrgicos, o candomblé evoca bem essa África reproduzida no solo brasileiro, de novo florescendo. Comportamentos sexual, econômico e religioso formam aqui uma única unidade harmoniosa (Bastide 1971, 312-313).

São esses os três comportamentos que opõem os cultos tradicionais aos cultos sincréticos. O candomblé, que para Bastide é sinônimo de nagô, constitui, portanto, um todo coerente e funcional, pois o indivíduo submete suas paixões e desejos à preservação do grupo: "Tudo o que pode separar os indivíduos e, por conseguinte, tentar a desorganização de seu grupo, como o erotismo, o arrivismo, a avareza, encontra-se controlado de modo a não desaparecer, mas a poder associar-se com os impulsos dos outros membros" (Bastide 1971, 313). Assim, se os terreiros "tradicionais" podem recorrer à magia, esta terá uma função de integração, "visto que todos os problemas encontram solução na autoridade dos sacerdotes e na disciplina que esses impõem entre os membros" (Bastide 1971, 317)[3]. Da mesma forma para o "comportamento econômico", que no candomblé nagô, segundo Bastide, está muito mais ligado à noção de prestígio que à noção de lucro. A "exploração desavergonhada da credulidade das classes baixas" (Bastide 1971, 414) decorre, portanto, da perda dos valores africanos:

> É preciso reconhecer que o advento da economia capitalista, com a aspiração de lucro, introduziu-se também na macumba, em certos candomblés ou xangôs, com o fito de comercialização. Mas não devemos julgar as seitas tradicionais a partir dessas caricaturas mais recentes. Para começar, os sacerdotes que dirigem essas "macumbas para turistas" são "sacerdotes não feitos", isto é, não sofreram os longos processos de iniciação e não conhecem os "segredos" das religiões africanas a não ser por informações indiretas, sempre incompletas (Bastide 1971, 317)[4].

---

[3] Vimos de que maneira o uso da magia também estava presente como categoria de acusação nos terreiros ditos tradicionais, como no caso do Gantois relatado por Landes (1967, 203). Esta observação de Ruth Landes, em 1938, ressalta ainda mais a falta de fundamento na distinção entre uma magia integrativa e uma magia negra, ligada à desagregação dos cultos: "[...] lembrei-me também dos jornais do Rio de Janeiro, que várias vezes por semana publicavam notícias sobre a magia negra praticada pelos negros cariocas, chefes de templo. Os jornais da Bahia não divulgavam tais notícias senão raramente, preferindo noticiar os espetáculos religiosos das mães" (Landes 1967, 204).

[4] O texto de Landes também é de grande interesse em razão da diferenciação que estabelece entre a busca do prestígio no candomblé nagô e a simples busca do lucro na macumba e nos cultos

A ÁRVORE DE IROCO DO PANTANAL

Assim, a introdução da economia capitalista teria desencadeado a degradação dos cultos afro-brasileiros. Baseando-se na temática marxista das relações entre infraestrutura e superestrutura, Bastide opõe cultos "tradicionais" e cultos "degradados", na passagem de um mundo de solidariedade e de comunhão para um mundo em que os valores africanos não encontram mais seu lugar. O descendente de africano sob o "efeito desagregador da grande cidade" (Bastide 1971, 407), que o leva a se incorporar em uma sociedade de classes, pertence a dois mundos, "diferentes, se não opostos", o dos candomblés que recriam a África na terra brasileira e o do conjunto da comunidade brasileira. Em cada um desses dois mundos, as relações entre infraestruturas e superestruturas são invertidas: "À medida que o descendente de africano pode cavar um nicho para aí fazer florescer os valores religiosos importados da outra banda do Oceano, são esses os valores que secretam as estruturas; ao contrário, à medida que ele ocupa uma posição nas estruturas da sociedade nacional, são essas estruturas que vão modificar os valores tradicionais" (Bastide 1971, 515).

A macumba acarreta a perda dos valores tradicionais veiculados pelas "religiões africanas", ao passo que o "espiritismo de umbanda" é o reflexo da reorganização do que resta da "África nativa", mas "em novas bases, de acordo com os novos sentimentos dos negros proletarizados" (Bastide 1971, 407)[5]. Nas grandes cidades industrializadas, "a macumba, que já não é retida por uma memória coletiva estruturada, embora permanecendo em grupo, se individualiza" (Bastide 1971, 408). Mas, ao passar da forma coletiva à forma individual, degrada-se, e de religião passa a ser magia. O macumbeiro se torna, então, uma figura "isolada, sinistra" (Bastide 1971, 412). Enquanto o candomblé, ou ao menos certo tipo de can-

---

"degradados". A autora, que fez suas pesquisas no Gantois de Mãe Menininha, escreve que essa mãe de santo "tradicional" cuidava dos doentes que vinham vê-la, somente "até o ponto em que lhe pudessem pagar" (Landes 1967, 169). Tal comportamento teria recebido aprovação divina, pois "todos os clientes e noviças devem pagar adiantado, por ordem dos deuses" (Landes 1967, 170). Esse era o argumento usado por Menininha para atacar uma mãe de santo de candomblé de caboclo, Sabina, acusada de só buscar o lucro pessoal (Landes 1967, 177). A crítica desse "comportamento econômico" é, assim, mais uma categoria de acusação que uma característica específica dos cultos menos tradicionais. Apesar disso, Landes aceita a realidade dessa oposição, descrevendo Sabina como uma simuladora, interessada apenas em dinheiro, ao passo que defende a boa fé das "mães" do Gantois.

[5] Em seu artigo sobre a macumba paulista, escrito em 1953, Bastide trata esse culto de maneira diferente. Embora saliente seu caráter degradado, vê na ação "perversa" do branco, que introduziu "elementos eróticos e sádicos" na macumba, a causa dessa degradação. Na realidade, a macumba e o candomblé eram, na origem, "centros de ligação, de solidariedade, de comunhão e, também, de manutenção dos valores africanos" (Bastide 1973a, 243).

domblé, é visto como meio de controle social, instrumento de solidariedade e de comunhão, a macumba "resulta no parasitismo social, na exploração desavergonhada da credulidade das classes baixas ou no afrouxamento das tendências imorais, desde o estupro, até, frequentemente, o assassinato" (Bastide 1971, 414).

Valendo-se dessa oposição entre um candomblé (nagô), comunidade solidária, e uma macumba (e, com ela, os cultos bantos de onde ela tiraria suas origens), lugar da desagregação dos valores africanos, Bastide constrói uma teoria sobre a interpenetração das civilizações e se interroga sobre as relações existentes entre as estruturas sociais e os valores religiosos. Leva em conta a mudança cultural – expressão que prefere em detrimento do conceito de aculturação (Bastide 1971, 524) – em ação nas "seitas afro-brasileiras", embora respeite a ideia, tornada lugar-comum na literatura antropológica, da tradicionalidade do candomblé nagô[6]. Bastide, portanto, identifica o mundo do candomblé – mas somente o candomblé tradicional – como o lugar onde os valores e as representações coletivas dominam as estruturas sociais. Em compensação, na macumba e nas seitas sincréticas do Sul do Brasil, a perda dos valores "tradicionais" acarreta a dissolução da solidariedade original. Tal degradação também se exprime em uma oposição entre grupo e indivíduo: enquanto nos candomblés mais tradicionais é o grupo que predomina, determinando culturalmente "o conteúdo como a expressão do misticismo africano", na macumba, e principalmente na macumba paulista, "a parte dos complexos individuais tende a predominar sobre a tradição" (Bastide 1971, 520).

[6] É preciso ressaltar que, a despeito dos 16 anos em que morou no Brasil, Bastide só teve uma experiência direta das religiões afro-brasileiras nas curtas viagens que fez ao Nordeste, durante as quais trabalhou principalmente com os especialistas locais. Em *O candomblé da Bahia* (Bastide 2001, 268), ele próprio admite que suas pesquisas pessoais no Brasil se limitaram a nove meses, dos quais cinco no máximo na Bahia, dispersos em sete anos consecutivos (de 1944 a 1951). Com efeito, seu contrato com a Universidade de São Paulo o obrigava a se dedicar a seu trabalho de pesquisa exclusivamente durante as férias escolares. "[...] o resultado é que eu podia bem conhecer um candomblé durante os três meses de férias. Mas não podia conhecer as cerimônias que se desenrolavam durante os meses em que não havia férias" (citado por Cardoso 1994, 72). Essa experiência de campo extremamente reduzida se conjuga com uma colaboração intensa com Pierre Verger, a qual Bastide gostaria de ter concretizado com uma publicação em comum, durante muito tempo recusada por Verger, cuja posição oficial em um dos terreiros tradicionais da Bahia (o Axé Opô Afonjá) o obrigava à "lei do segredo". A influência de Verger parece evidente nessa idealização do culto nagô e na conversão religiosa de Bastide. Em carta datada de março de 1951, Bastide anuncia a Verger sua chegada à Bahia e seu programa de trabalho, pedindo-lhe para preparar a visita, pois não disporia de muito tempo (de julho a agosto de 1951). No programa, indica, como primeira tarefa: "mandar preparar meu colar no candomblé de S. Gonçalo", isto é, no Axé Opô Afonjá (preparar o colar é o primeiro passo para a iniciação). Em seguida, propõe-se a recolher informações sobre a prática adivinhatória com um certo Vidal, provavelmente um membro do mesmo terreiro (Morin 1994).

Bastide acaba assim estabelecendo uma espécie de lei segundo a qual, sempre que o controle do grupo se relaxa, o misticismo passa da expressão dos modelos coletivos à expressão da experiência individual das mudanças sociais, causando modificações no transe: "Ou, se preferirmos empregar expressões psicanalíticas, o [transe] do candomblé é ainda o triunfo do 'superego', isto é, das normas coletivas, enquanto o das seitas sincréticas ou improvisadas é o triunfo do 'si'" (Bastide 1971, 522).[7]

O candomblé tradicional é uma sociedade fechada, que não sofreria muito o "efeito desagregador" da sociedade de classes, ao passo que o espiritismo, oriundo das novas condições de vida no Sul do país, faria do transe místico "um canal de ascensão social ou uma expressão simbólica da luta de classes" (Bastide 1971, 533). Os terreiros tradicionais são, portanto, "comunidades axiológicas" que reproduzem os valores religiosos e as normas de conduta ligadas a eles. É sobre a manutenção dos valores religiosos, ou sobre o que Bastide chama a "restauração" da civilização africana, que se constrói a diferenciação entre sagrado e ideologia: os fatos de aculturação favorecem a distorção dos valores sagrados em ideologias, isto é, a ligação desses valores "aos interesses diferenciais dos grupos" (Bastide 1971, 533).

Se o espiritismo encarna o que Bastide define como ideologia, o candomblé tradicional, como nicho comunitário, torna-se o símbolo do enquistamento cultural perante a sociedade dominante: "[...] quanto mais a integração é do tipo comunitário, ou, se se prefere, quando se processa num certo enquistamento social ou cultural, menos profundo é o sincretismo" (Bastide 1971, 391). Isso, contudo, não impede a integração social dos membros dessas comunidades axiológicas, pois o princípio de corte[8] permite que vivam "em dois mundos diferentes e evitem tensões e choques: o choque de valores,

---

[7] Essa oposição entre candomblé e seitas sincréticas (entre elas, a macumba e o "espiritismo de umbanda") se reflete na própria essência das experiências místicas. Assim, a multiplicidade de personalidades no candomblé consiste em um conjunto de "personalidades socializadas que se impõem ao inconsciente e disciplinam este último, em vez de o deixar dissolver-se em um caos de instintos desenfreados", ao passo que a multiplicidade no espiritismo transforma os deuses em vagos conceitos, "no interior dos quais cada pessoa pode pôr tudo quanto quer, isto é, onde ela porá finalmente seus desejos, seus sonhos, suas ilusões ou seu ressentimento" (Bastide 1971, 522). Ora, essa personalização das potências sobrenaturais também está presente no candomblé mais tradicional, pois os deuses são sempre o instrumento de expressão das tensões ou dos desejos individuais.

[8] Na reedição brasileira do texto de Bastide sobre o candomblé nagô, Maria Isaura Pereira Queiroz traduz a expressão francesa *principe de coupure* por "princípio de ruptura" (Bastide 2001, 262). Para evitar confusão, manteremos aqui a tradução usada na edição brasileira de 1971 do texto de Bastide sobre as religiões africanas no Brasil.

bem como as exigências, no entanto contraditórias, das duas sociedades" (Bastide 1971, 517).

Bastide usara essa noção em 1958, para tornar operante sua interpretação da "filosofia do cosmos" que organizaria o culto nagô (Bastide 2001, 255). Para associar a lei de participação de Lévy-Bruhl às classificações primitivas de Durkheim e Mauss, ele precisava postular a existência de um "pensamento cortante", separando e delimitando os conceitos: o princípio de corte passa a ser, assim, "uma dobradiça unindo o princípio da participação e o princípio do simbolismo" (Bastide 2001, 262).

Ora, em sua tese de 1960, o princípio de corte não se limita à organização da "metafísica sutil" do candomblé. Ele se aplica também às relações que este mantém com a sociedade dominante. Torna-se, portanto, "uma espécie de reação instintiva ou automática, um ato de defesa contra tudo quanto pudesse perturbar a paz do espírito" (Bastide 1971, 529). Mas essa capacidade de viver em dois mundos, sem sentir suas contradições, parece ser monopólio das "famílias tradicionais" ligadas ao candomblé, "em comunidades onde os preconceitos de cor são mínimos", ao passo que, no Sudeste, a luta de classes, a degradação dos cultos e o racismo impedem a manutenção do que deveria ser uma das características do pensamento africano[9].

Graças ao princípio de corte, Bastide postula uma diferença interna nas religiões afro-brasileiras, estabelecida pelas respostas que elas dão em face das mudanças externas. É evidente que se trata aí do produto de um compromisso entre o rigor intelectual, na base da construção de uma teoria da interpenetração das civilizações, e o engajamento pessoal em uma valorização, já legitimada por seus predecessores, de uma modalidade de culto, o nagô, que em seus escritos passa a ser sinônimo de candomblé. Assim, embora em 1958 Bastide não exclua o peso dos interesses dos grupos ou "famílias dominantes" sobre os cultos em geral[10], em 1960 o candomblé é definitivamente apresentado como uma ilha sem história e sem tensões, exemplo supremo de um mundo comunitário

---

[9] Bastide aceita aqui a existência de uma democracia racial brasileira na Bahia, para cuja crítica ele contribuirá em sua análise das relações raciais em São Paulo. A cidade de Salvador passa a ser o lugar onde sobrevive um mundo sem conflitos, irremediavelmente perdido na sociedade industrializada do Sudeste. Para uma crítica dessa teoria, ver a análise das relações raciais em Salvador de Bacelar (1989).

[10] Ao falar do candomblé nagô, ele escreve: "Mesmo se é por toda parte conservadora, a religião não é coisa morta; evolui com o meio social, com as transformações de lugares ou de dinastias, forma novos rituais para responder às novas necessidades da população, ou a interesses diversos das famílias dominantes" (Bastide 2001, 250).

destruído pela sociedade capitalista. A teoria do enquistamento cultural parece reproduzir o mito do paraíso perdido.

Na realidade, as mudanças religiosas, acarretadas pela necessidade de adaptação a novas contingências, estão presentes no candomblé como nas outras religiões afro-brasileiras, consideradas sincréticas: "As mudanças que podem afetar os sistemas religiosos são [...] apenas fenômenos de adaptação e de reequilíbrio em relação a uma realidade que não é de natureza religiosa. São fatos de 'volta' ou de 'repercussão' ou de 'reação em cadeia' numa *Gestalt*" (Bastide 1969b, 9). É, pois, seguindo uma lógica interna que as mutações religiosas se instalam, sempre no interior de uma certa *Gestalt*, "dada pelo estado anterior do sagrado" (Bastide 1969b, 12). Para Bastide, as palavras mutação e mudança estão em contradição com a própria ideia de religião, pois, a seu ver, toda religião se quer comemorativa de uma origem sempre atualizada pelos ritos. Assim, onde existe tradição, ele prefere falar de emergência em vez de mutação, como se cada mutação já estivesse presente, sob forma latente, no "núcleo arcaico do sagrado". Essa noção de emergência tem como função dissimular as descontinuidades sob uma ideia de continuidade (Bastide 1969b, 12).

Para justificar a emergência de novos elementos que preexistiriam na *Gestalt* da religião tradicional, Bastide usa a noção de memória coletiva de Halbwachs. A memória deve estar inscrita em um determinado espaço e ligada a um grupo social, pois "as lembranças coletivas são sempre articuladas a interrelações no seio de uma coletividade organizada" (Bastide 1971, 525). A memória coletiva, portanto, só pode se ativar se as instituições ancestrais tiverem sido preservadas. Na esteira de Halbwachs, Bastide vê o espaço como o análogo para a memória coletiva do que é o cérebro para os fisiologistas: "A transplantação dos africanos no Novo Mundo de fato coloca um problema similar ao das lesões cerebrais; e, é claro, já que a amnésia pode ser apenas temporária, da formação subsequente de novos centros mnemônicos no cérebro" (Bastide 1970b, 85)[11]. Se tudo é conservado na memória coletiva, a reconstituição do passado é possível, recriando-se os laços rompidos com a cultura de origem. Trata-se, pois, de preencher os vazios deixados pelo desenraizamento que foi a escravidão e pela "estrutura do segredo" na base da hierarquia do candomblé, causas do desaparecimento progressivo da memória. Isso não impede a penetração do presente no passado,

---

[11] Roberto Motta (1994, 175) lembra que Arthur Ramos introduziu, ao menos desde 1934, a noção de inconsciente coletivo africano. Essa noção, que de "inconsciente" será transformada em "memória", domina os estudos subsequentes sobre os cultos afro-brasileiros.

pois todas as imagens da tradição não são reativadas, somente aquelas que são coerentes com o presente (Halbwachs 1925, 401).

Bastide traduz essa seleção das lembranças "reavivadas" em outra oposição que distingue o candomblé nagô dos cultos sincréticos. Estes optam pela depuração, que "consiste em eliminar da herança ancestral o que se acha em demasiada contradição com a sociedade moderna, tudo aquilo que choque mediante uma recordação demasiadamente brutal da barbárie"; o candomblé nagô, em contrapartida, opta pela purificação, que tomará "necessariamente a forma de um regresso, para além das formas decadentes, à verdadeira tradição original, à fonte primeira" (Bastide 1971, 468). Assim, foi para resistir às influências sutis do mundo dos brancos que as "seitas africanas" se fortificaram "numa lealdade, tanto mais tenaz e resoluta, aos valores herdados de seus fundadores":

A esta [resistência] Couto Ferraz chamou de "retorno à África", que se traduz nos fatos pela união de todas as seitas tradicionais numa federação e, por ela, a excomunhão de seitas "sincretizadas". Assiste-se atualmente a um movimento de purificação dos candomblés, em reação contra o aviltamento da macumba, bem como a um aprofundamento da fé religiosa de seus membros (Bastide 1971, 238-239).

Esse movimento de volta à África, desde sempre presente no candomblé, é uma reativação, mais simbólica que real, de uma tradição "pura" que deve ser reconstruída em solo brasileiro. A necessidade se faz sentir de modo mais urgente, à medida que os efeitos nefastos do turismo e da participação de brancos e mulatos no candomblé cavam um fosso cada vez mais nítido entre os terreiros "tradicionais" e aqueles que "buscam tanto a estética quanto a religião":

Esse movimento desagregador foi, porém, compensado por uma tendência oposta, na qual assumem papel preponderante os novos meios de comunicação, o fortalecimento das raízes na África, alimentadas pelo vaivém, entre o Brasil e a Nigéria, de homens, mercadorias e ideias. Deparamo-nos, pois, com dois impulsos: um no sentido de uma "americanização" que abrange a grande expansão do candomblé caboclo ou do transe selvagem, contrapondo-se a outro, dirigido no sentido de buscar a reafricanização e ligado à tomada de consciência da parte dos afro-americanos de sua intrínseca condição de afro-americanos (Bastide 1973a, XV).

A viagem "iniciática" à África ganha cada vez mais importância nesse processo de reforço das raízes, até conduzir a uma reafricanização a qualquer preço, por meio dos cursos de língua e civilização iorubás ou dos cursos sobre a prática adivinhatória.

DO BRASIL A UMA ÁFRICA MÍTICA

As primeiras viagens dos descendentes de africanos entre o Brasil e a África remontam à segunda metade do século XIX, quando o movimento de volta aos países da costa ocidental africana começa a se intensificar entre os escravos libertos. Esse movimento, que começara com a repressão das rebeliões do começo do século XIX na Bahia e a expulsão dos rebeldes condenados, logo assumiu aos olhos dos membros do candomblé o caráter de uma viagem simbólica para a terra das origens. Ir à África significava entrar em contato com as fontes do conhecimento religioso, da tradição despedaçada pela escravidão.

Em 1868, uma importante colônia brasileira já estava presente em terra nigeriana. Os escravos libertos, chamados "os brasileiros" na África, concentravam-se em Lagos, onde formavam uma verdadeira comunidade que se distinguia da sociedade local pela fé católica, pela maneira de vestir e pela reprodução do folclore brasileiro. Eram – e se sentiam – diferentes dos africanos, pois se consideravam os agentes do progresso e da civilização em uma África ainda mergulhada na barbárie, terra ingrata e abandonada por Deus. O Brasil, em contrapartida, era uma terra paradisíaca, onde os homens eram felizes, os senhores benevolentes e a natureza generosa. De tragédia coletiva a escravidão se metamorfoseara em mito civilizador (Cunha 1985, 145).

Essa comunidade, cujas dimensões variam conforme os autores[12], tornou-se a referência para os escravos libertos que voltavam para a África, e principalmente para Lagos (Nigéria). Paradoxalmente, a partir da última década do século XIX,

---

[12] Verger (1987, 634) fala de 2.630 passaportes brasileiros expedidos a escravos libertos antes da partida deles do porto da Bahia, de 1820 a 1868, enquanto J. M. Turner (1975, 67, 78) estima em 1.056 os passaportes expedidos entre 1840 e 1880, e em três mil o número de escravos libertos que retornaram à África. Manuela Carneiro da Cunha (1985, 213) avalia em oito mil o número de libertos que chegaram da Bahia entre 1820 e 1889, e dá 1909 como data provável da última partida da Bahia para Lagos. Muitos desses "brasileiros" voltaram para se estabelecer na cidade de Salvador, após períodos mais ou menos longos na África. Sobre as viagens entre o Brasil e a África, ver também Matory (2005).

essa comunidade, que havia feito do catolicismo o símbolo de sua identidade, torna-se o motor de uma volta às raízes da cultura iorubá. Com a adoção de nomes e roupas tradicionais e seu interesse pelas tradições e a história iorubás, os "brasileiros", considerados estrangeiros em terra africana, abrem caminho para o que Cunha (1985, 13) chama um "metatradicionalismo", marcando a emergência do conceito de nação na Nigéria. Paralelamente, no Brasil, a viagem à África feita pelos descendentes dos escravos se transforma, notadamente na tradição oral dos cultos, em viagem "iniciática" que apaga as marcas degradantes da escravidão. Assim, se para os "brasileiros" residentes em Lagos a escravidão se transforma em mito civilizador, a viagem para a terra das origens passa a ser, para os membros do candomblé, uma fonte de prestígio, graças ao contato direto com as raízes que transforma o antigo escravo, ou seu descendente, em verdadeiro "africano".

Várias histórias foram guardadas a respeito do vaivém dos personagens mais famosos do candomblé baiano entre o Brasil e a África. Boa parte do prestígio deles parece provir diretamente do fato de terem feito essa viagem, a qual denota um ganho de tradicionalidade. Essas histórias são os mitos fundadores da pureza e da tradição nagôs.

A primeira dessas viagens teria sido efetuada pela fundadora do terreiro da Casa Branca, Iyá Nassô. As versões a respeito dessa viagem divergem de um autor para outro[13]. O terreiro, que, segundo Carneiro, teria sido fundado em 1830 por três africanas (Iyá Adêtá, Iyá Kalá e Iyá Nassô), deu origem aos dois outros terreiros considerados berços da tradição nagô: o Gantois e o Axé Opô Afonjá. Segundo Verger (1981, 28), os nomes das fundadoras, "originárias de Ketu"[14], seriam Iyalussô Danadana, que teria voltado à África

---

[13] Conservarei as diferentes ortografias utilizadas pelos autores para os nomes das fundadoras dos primeiros terreiros baianos (ver, por exemplo, a diferença de ortografia entre Costa Lima e Verger). Guardarei, todavia, a ortografia iorubá *standard* para os termos nesta língua.

[14] Vivaldo da Costa Lima (1977) contestou o fato de as fundadoras da Casa Branca poderem ser originárias de Ketu, cidade iorubá que faz parte da atual República do Benim. Iyá Nassô é na verdade um *oyè*, título honorífico exclusivo da corte de Oyó, que designa a mulher encarregada do culto de Xangô, divindade da dinastia real dos *Aláàfin*, os reis de Oyó. Aquela que usasse esse título não seria, portanto, originária de Ketu, mas da cidade de Oyó. Da mesma forma, a existência das três fundadoras parece duvidosa, pois Iyá Akalá seria na realidade um dos títulos honoríficos de Iyá Nassô. Com efeito, o *oríkì* (divisa) da fundadora do Engenho Velho era *Iyá Nassô Oyó Akalá Magbô Olodumarê* (Costa Lima 1977, 198), sendo Àkàlà (ou Àkàlàmàgbò), em iorubá, o pássaro (*ground hornbill*, *atíálá*) ligado ao culto de Iamí Oxorongá (Abraham 1958). Quanto a *Adetá*, trata-se de um título, aparentemente masculino, utilizado, por exemplo, pelo Kakanfò (chefe do exército) de Jabata (Johnson 1957, 75). Costa Lima sublinha como essa

ASSENTAMENTOS DE LOGUNEDÉ

para lá morrer, e Iyanassô Akalá ou Iyanassô Oká, que era assistida por "um certo Babá Assiká".

Iyanassô teria feito a viagem a Ketu em companhia de Marcelina da Silva (Obá Tossi), sua filha espiritual ou, segundo outras versões, sua filha biológica ou sua prima[15]. Iyanassô, Obá Tossi e sua filha Magdalena teriam passado sete anos em Ketu, onde a filha de Obá Tossi teria tido três filhos; a caçula, Claudiana, é a mãe de Maria Bibiana do Espírito Santo, Mãe Senhora, de quem Verger foi filho espiritual (Verger 1981, 29). Em seguida, elas teriam retornado à Bahia, acompanhadas de um africano, Rodolfo Martins de Andrade (Bambox é). Obá Tossi foi então a segunda mãe de santo da Casa Branca após a morte de Iyanassô e iniciou Aninha, fundadora do Axé Opô Afonjá.

Bastide retoma a versão de Carneiro, mas cita apenas Iyá Nassô. Sublinha que "o que [Carneiro] não diz, e que para nós é importante, é que Iyá Nassô, se possuía alguma relação com a Bahia, já que sua mãe foi escrava antes de retornar para a África e aí exercer o sacerdócio, nasceu na Nigéria e veio para a Bahia, livre, acompanhada por um *wassa* (que é um título sacerdotal), a fim de fundar um candomblé, justamente o de Engenho Velho"[16] (Bastide 1971, 232). Obá Tossi, ela também vinda "livremente" da África, teria voltado mais tarde a seu país, "sem dúvida para aperfeiçoar seus conhecimentos, iniciar-se mais profundamente nos segredos do culto", tendo retornado ao Brasil ao fim de sete anos, para substituir Iyá Nassô, após sua morte, como mãe de santo do Engenho Velho ou Casa Branca.

---

suposta origem ketu do primeiro terreiro de candomblé resulta "da problemática da supremacia iorubá nagô no estabelecimento do padrão ideal dos terreiros de candomblé da Bahia" (Costa Lima 1977, 24). A hipótese de Verger, que afirma a superioridade e a maior estruturação religiosa dos africanos originários de Ketu, minimiza a contribuição de outras nações iorubás, legitimando dessa maneira a nação ketu, que passa a ser sinônimo de rito nagô. Hoje, falar de culto nagô "tradicional" equivale a falar dos terreiros ketu.

[15] Essa discussão bizantina sobre o grau de parentesco, espiritual mas também biológico, entre a fundadora Iyá Nassô e Obá Tossi é extremamente importante para a legitimação de uma das mais célebres mães de santo da Bahia, Mãe Senhora (Maria Bibiana do Espírito Santo), que declarava ser descendente biológica de Obá Tossi, sua bisavó (Costa Lima 1977, 46). O *oríkì* de Obá Tossi era *Axipá Borogum Elexeca Congo Obatossi* (Costa Lima 1977, 198).

[16] O termo *wassa*, que não foi encontrado em nenhum texto sobre a fundação do Engenho Velho, aparentemente se refere ao termo *waasi*, que em iorubá designa o sermão muçulmano (*aroo-waasi* é o pregador muçulmano). A penetração do islã no reino de Oyó, e na maior parte do país iorubá durante as guerras do século XIX, está na origem da presença na Bahia, até a primeira metade do século XX, dos negros malês (do iorubá, *ìmàle*, "muçulmano").

Ora, embora Bastide escreva, entre parênteses, que o número sete é o número sagrado dos iorubás, ele não sublinha o caráter mítico dessa viagem à África. De fato, nas duas versões, a de Verger e a de Bastide, existem vários problemas no que diz respeito à afirmação da antiguidade do terreiro da Casa Branca, a qual legitima, em virtude do princípio de senioridade, a preeminência do candomblé nagô (ketu). A versão de Verger deixa um vazio de sete anos entre a fundação do terreiro e a volta de sua fundadora ao Brasil. Para ele, as três fundadoras eram escravas alforriadas, membros da confraria de Nossa Senhora da Boa Morte. A viagem à África teria, portanto, "purificado" a fundadora, Iyá Nassô, da mancha da escravidão e legitimado a "pureza" da família de Senhora, cuja mãe teria nascido em solo africano, mais precisamente em Ketu, berço da tradição segundo Verger. Por sua vez, a versão de Bastide (1971, 232) faz de Iyá Nassô uma africana "livre", nascida na Nigéria, cuja mãe foi escrava no Brasil antes de voltar à África para "aí exercer o sacerdócio". A fundadora do primeiro candomblé do Brasil é duplamente legitimada, pois nasceu na terra dos ancestrais e é filha de uma sacerdotisa do culto: ela encarna, portanto, a verdadeira tradição africana. Obá Tossi, também vinda "livre" da África, retornou à sua terra de origem em busca de conhecimentos, antes de se tornar a nova mãe de santo da Casa Branca.

Ora, essa segunda versão é ainda mais problemática que a primeira, pois sugere uma origem desse terreiro muito mais antiga que aquela fornecida pela tradição oral[17]. E como imaginar que a filha espiritual da primeira mãe de santo do Brasil tivesse precisado retornar à África para "aperfeiçoar seus conhecimentos", ela que fora iniciada por uma sacerdotisa africana, "livre", ela própria filha de uma sacerdotisa do culto aos orixás na África?

Esse mito fundador do candomblé no Brasil parece estar construído sobre a ausência de um saber completo e sobre a procura dos segredos, dos fundamentos, que caracteriza a própria origem do culto. A África se torna, assim, o lugar do apagamento simbólico da mancha que a escravidão imprimiu nos africanos e em seus descendentes no Brasil e, ao mesmo tempo, o *locus* de um

---

[17] Vimos que o movimento de volta à África dos libertos começa após as rebeliões do começo do século XIX. O fato de a mãe de Iyá Nassô ter sido escrava no Brasil e, uma vez liberta, ter voltado para a África, onde sua filha teria nascido, para em seguida voltar ao Brasil, livre, e fundar o terreiro da Casa Branca, torna improvável, senão impossível, a datação tradicional da fundação do terreiro. Verger (1981, 29) cita um artigo de um jornal de 1855 que mencionaria o terreiro de Iyá Nassô, mas a única alusão que é feita diz respeito a um candomblé que ficava "no local chamado Engenho Velho", nome que designa um bairro inteiro de Salvador, de onde o terreiro da Casa Branca retira o seu nome mais conhecido.

saber incompleto, desde as origens, que leva os membros do culto a uma busca incessante dos conhecimentos caídos no esquecimento. O mesmo caráter de mito fundador impregna outra história, a da viagem, na mesma época, de Marcos Teodoro Pimentel, fundador do primeiro terreiro dos Eguns (ancestrais) na ilha de Itaparica (Bahia). Ele e o pai, Marcos "o velho", teriam partido para a África, de onde trouxeram o assentamento do Egum Olokotun, "o mais antigo ancestral, pai de todo o povo nagô" (Luz 1993, 86). Aqui também a viagem à África legitima a preeminência no culto daquele que a cumpre[18].

A terceira viagem à África, que também aparece como mito fundador, é a de Martiniano Eliseu do Bonfim, informante e colaborador de Nina Rodrigues e figura legendária do candomblé baiano[19]. Seu pai, da etnia iorubá dos egba, teria sido trazido como escravo para o Brasil em 1820, tendo sido liberto em 1842, e sua mãe em 1855 (Oliveira e Costa Lima 1987, 50). Martiniano nasceu por volta de 1859. Em 1875, foi com o pai pela primeira vez à Nigéria, tendo permanecido em Lagos até 1886. Essa primeira viagem deu a Martiniano do Bonfim muito prestígio entre os membros do candomblé, e ele rapidamente se tornou um babalaô (adivinho) muito procurado (Verger 1981, 32)[20]. Usava o título honorífico de Ojelade, título ligado ao culto dos Eguns e nome dado aos filhos de uma família que venera os ancestrais (Oliveira e Costa Lima 1987, 51). A tradição oral indica que ele teria aprendido os fundamentos do culto aos ancestrais primeiramente com seu pai, Tio Eliseu (Araojé), e depois durante sua estada na África. Teria inclusive sido considerado um mestre por Marcos Teodoro Pimentel, que foi, como vimos, o fundador do culto dos Eguns em Itaparica (Oliveira e Costa Lima 1987, 69).

Ora, os dois terreiros, o de Marcos Teodoro Pimentel em Itaparica e o do Axé Opô Afonjá de Salvador, que Martiniano fundou com Aninha, sempre foram

---

[18] No universo do candomblé, existem duas fontes principais de prestígio: o princípio de senioridade, segundo o qual uma coisa quanto mais é antiga, mais é poderosa, e a origem africana ou, na falta, o contato, real ou imaginário, com a terra africana.

[19] Encontramos referências a Martiniano do Bonfim nos escritos de muitos antropólogos ou intelectuais ligados ao candomblé, como Édison Carneiro, Ruth Landes, Donald Pierson, Aydano de Couto Ferraz, Arthur Ramos e Jorge Amado.

[20] Verger (1981) escreve que, durante o período em que morou em Lagos, Martiniano trabalhou como aprendiz de marceneiro. Oliveira e Costa Lima (1987, 52) sublinham o aspecto comercial das viagens de Martiniano na Nigéria, onde comprava coral e panos da costa, para em seguida vendê-los aos iniciados do candomblé. Bastide (1971, 233), por sua vez, justifica as viagens a Lagos "para aí aprender a arte da adivinhação antes de se tornar o Babalaô mais famoso da Bahia". Da mesma forma, Luz (1993, 86), ligado ao Axé Opô Afonjá, escreve que a primeira viagem a Lagos foi para Martiniano a ocasião de "aprofundar seus conhecimentos e sua iniciação sacerdotal na África".

muito ligados. Em 1921, Aninha (Eugênia Ana dos Santos), que fora iniciada por Obá Tossi e se afastara da Casa Branca, iniciou em Itaparica a filha de José Theodório Pimentel (Balé Xangô de seu terreiro), Ondina Valéria Pimentel, a terceira mãe de santo do Axé Opô Afonjá (D. Santos 1988, 11). Aninha, usufruindo do prestígio e dos conhecimentos de Martiniano, fundou em 1910 o terreiro do Axé Opô Afonjá, que ela confiava à *iamorô* e à *ossi dagan*[21], Senhora de Oxum, durante suas longas estadas no Rio de Janeiro[22]. Ao voltar em definitivo para a Bahia, Aninha retomou sua colaboração com Martiniano, o qual levou à introdução em seu terreiro da "instituição africana" dos Obás de Xangô.

O livro de Ruth Landes oferece um retrato da vida dos cultos extremamente vivo, em que encontramos as figuras mais conhecidas do candomblé tradicional da Bahia. A autora, que morou em Salvador em 1938 e 1939, parece ter assimilado perfeitamente a lógica interna dos cultos, bem como o embasamento nos fuxicos, poderoso instrumento de comunicação no candomblé. De fato, estes costumam ser um meio de adquirir privilégios ligados a um *status:* servem tanto às estratégias individuais de poder quanto à circulação de informações. A maioria das informações veiculadas pela tradição oral resulta dos "mecanismos do *gossip* [em ação nas] estruturas políticas dos terreiros" e devem, portanto, ser analisadas como instrumentos da "ideologia do prestígio" (Oliveira e Costa Lima 1987, 154). Em torno dos fuxicos, de importância extrema no mundo do candomblé, os grupos de interesses se enfrentam e afirmam seu poder. Os fuxicos parecem ser, portanto, um verdadeiro catalisador do processo social (Paine 1967).

Ainda que Ruth Landes nem sempre esteja consciente do uso político que é feito dessas informações, bem como da lógica de acusação entre os terreiros que as sustenta, seu texto é revelador de uma tradição reelaborada e purificada que nem sempre corresponde à realidade ritual.

Ruth Landes encontrou Martiniano quando este tinha oitenta anos. Era considerado "uma instituição na Bahia, e na verdade em todo o Brasil", por ter estudado "as tradições tribais de seus antepassados da selva e [aprendido] inglês nas escolas missionárias" (Landes 1967, 28). Desde a morte de Aninha, em 1938, o velho Martiniano não frequentava mais os terreiros, pois julgava que a tradição estava perdida e que os jovens não queriam mais conhecer a

---

[21] A *iamorô* e a *ossi dagan* são os dois mais altos cargos hierárquicos ligados ao culto a Exu e à cerimônia do padê.

[22] Sobre os períodos que Aninha passou no Rio de Janeiro e a rivalidade entre o terreiro da Bahia e o terreiro de mesmo nome no Rio, cf. Capone (1996).

verdade. Ele estava às voltas com as mesmas acusações de magia negra e de busca de lucro, dirigidas contra o tradicional candomblé do Gantois. A respeito da reputação de feiticeiro que pesava sobre ele, Landes escreveu:

> Os aficionados dos templos supunham que tivesse exercido a magia para Aninha durante o longo período em que servira no templo dela, magia de que ela precisava, mas que os seus votos sacerdotais não lhe permitiam fazer. Ele lhe era na verdade indispensável, mais do que qualquer ogã, e o êxito de Aninha cresceu com esta associação. Ela era a sacerdotisa, ele o feiticeiro (Landes 1967, 233).

Evidentemente a autora ouviu essas acusações em outros terreiros, e principalmente no Gantois, onde fazia suas pesquisas. Elas são um exemplo dos fuxicos que visam contestar a legitimidade dos adversários. Mas Ruth Landes procurou descobrir se Martiniano praticava ou não a magia. Foi até ele em companhia de uma cabeleireira que fora instruída para pedir um despacho, que na época era associado à prática da magia negra. Martiniano aceitou, mas, durante a adivinhação, exigiu uma grande soma de dinheiro: "À primeira pergunta eu respondi de graça; mas, agora, só pagando" (Landes 1967, 239). Ruth Landes guardou dele a imagem de um "velho feiticeiro acuado". Nunca mais o encontrou[23].

Nos anos 1930, as viagens à África, que de mitos fundadores se tornaram simples mecanismos de legitimação, continuaram a ser, para os membros dos cultos afro-brasileiros, um meio de melhorar seu *status* religioso. Foi esse o caso, no Recife, de Pai Adão, que empreendeu tal viagem "para aí se submeter ao ritual de iniciação" (Bastide 1971, 233). O prestígio que retirou disso lhe permitiu pretender legitimamente o poder no seio de seu terreiro: "De volta, tendo pelo prestígio, assim adquirido, logrado assumir o controle do grupo de culto onde fora iniciado, contrariando as normas de sucessão, introduziu uma série de inovações nas práticas desse grupo que alteraram consideravelmente o ritual ali seguido até então. Aliás, a influência contra-aculturativa desse personagem está a merecer estudo detalhado"[24] (Ribeiro 1978, 108).

---

[23] Esse comportamento pouco "tradicional" lembra o de Menininha do Gantois (cf. nota 4, cap. VII). Na realidade, a prática da magia ou a busca de lucro são usadas como categorias de acusação entre terreiros ou membros de um mesmo terreiro em conflito.

[24] Não é só a viagem à África que é fonte de prestígio, mas sobretudo o deslocamento para uma terra mítica ligada à tradição africana, que pode ser a África ou a Bahia dos terreiros tradicionais, como sublinha Ribeiro para a cidade do Recife: "Certa sacerdotisa, que em consequência

Mas a viagem "iniciática" à África não significava querer se tornar "africano", pois, como indica Gilberto Freyre (citado por Lody 1979), ao falar de Pai Adão, os membros do candomblé que viajavam para a África mantinham sua identidade de brasileiros: "Ele próprio me disse, certa vez, ter se sentido sempre entre africanos – sua permanência na África foi de algum tempo e não borboleteantemente turística – um estranho. Um saudoso do Brasil" (Lody 1979, 14).

Assim, aqueles que empreendiam essas viagens visavam fundamentalmente adquirir conhecimentos, pensando no prestígio que daí resultaria na volta ao Brasil. As viagens eram, e continuam sendo, formidáveis instrumentos políticos.

PIERRE VERGER OU "O PAPEL DE MENSAGEIRO"

A figura mais emblemática desse movimento que buscou estabelecer vínculos entre o Brasil e a África foi sem dúvida Pierre Verger. Ele chegou ao Brasil em 1946, após longo périplo na América Latina. Em São Paulo, encontrou Roger Bastide, que lhe recomendou ir à Bahia "para reencontrar a África", a qual já conhecia por lá ter trabalhado como fotógrafo. Verger chegou a Salvador em 5 de agosto de 1946. Apaixonou-se pela cidade e por seus cultos religiosos, e não mais partiu[25].

Verger procurou, pela comparação entre a África e a Bahia, fazer sobressair a fidelidade dos negros baianos à África. Filho espiritual da mãe de santo do Axé Opô Afonjá, Senhora de Oxum, que sucedera Aninha, falecida em 1938, Verger não se interessava muito pelo trabalho de antropólogo; durante as sucessivas viagens à África, tomava notas apenas para "cumprir seu papel de mensageiro" e poder assim "contar a África" aos amigos baianos (Métraux e Verger 1994, 62).

Em 1952, chegou em Porto Novo (Benim), de onde partiu para breves incursões na Nigéria. Em uma delas, obteve uma carta do rei de Oshogbó para Senhora. Ele o relata a Métraux, em carta datada de 27 de janeiro de 1953: "Voltei ontem da Nigéria rico de algumas novas fórmulas de saudações aos Orixás, de seis seixos do rio Oshun, de algumas bugigangas divinas e de uma carta de saudações de um rei, endereçada à Senhora, minha mãe da Bahia" (Métraux

---

da repressão policial aos cultos afro-brasileiros desencadeada em 1937 tivera de se refugiar na Bahia, derivou dessa estada forçada o maior prestígio e concomitante afluência de fiéis ao reabrir seu centro, embora suas práticas estejam longe de ortodoxas e acusem-na seus rivais do Recife de largo sincretismo ameríndio e espiritualista" (Ribeiro 1978, 106).

[25] Sobre o itinerário de Pierre Verger entre Brasil e África, ver, entre outros, Métraux e Verger (1994).

e Verger 1994, 158)[26]. Contudo a maior marca de reconhecimento que Verger trouxe da África para sua mãe de santo baiana foi uma carta do Aláàfin de Oyó dirigida a ela, com o título de Ìyá Nasó, que, como vimos, era o *oyè* da mulher encarregada do culto a Xangô no palácio real de Oyó, na Nigéria, mas também o nome da fundadora da Casa Branca. Deoscóredes M. dos Santos, filho de Senhora, lembra desse acontecimento com estas palavras:

> Em agosto de 1952, chegou da África Pierre Verger, trazendo um xéré e um Edun Ará Xangô, que lhe foram confiados na Nigéria por Onã Mogbá [sacerdote de Xangô], por ordem do Obá Adeniran Adeyemi, Alafin Oió, para serem entregues a Maria Bibiana do Espírito Santo, Senhora, acompanhados de uma carta dando a ela o título de Iya-nassô, confirmado no barracão do Opô Afonjá, em 9 de agosto de 1953, com a presença de todos os filhos da casa, comissões de vários terreiros, intelectuais, amigos da seita, escritores, jornalistas etc. Este fato marca o reinício das antigas relações entre a África e a Bahia, posteriormente ampliadas, mantendo Mãe Senhora um intercâmbio permanente de presentes e mensagens com reis e outras personalidades da seita na África[27] (D. Santos 1988, 18-19).

O valor simbólico dessa missiva, que o descendente direto do deus Xangô na África[28] endereçava a Senhora, foi essencial para que ela reforçasse sua autoridade, pois era mãe de santo de um terreiro cujo orixá protetor era Xangô. Além disso, com esse título, Senhora se tornava a sucessora legítima da "verdadeira" tradição dos nagôs: "Senhora, abolindo o tempo passado graças a esta distinção, tornou-se espiritualmente a fundadora dessa família de terreiros de candomblé da nação Kêto, na Bahia, todos originários da Barroquinha [Casa Branca]" (Verger 1981, 30).

---

[26] Em seu livro de fotos de 1982, Verger escreve: "O Ataojá de Oshogbó, cuja dinastia está ligada ao culto de *Oxum*, ficou feliz em saber que existia um culto fervoroso daquela divindade no Brasil e enviou para Senhora, por meu intermédio, pulseiras de cobre e seixos de rio provenientes do altar de *Oxum*" (Verger 1982a, 258).

[27] O *xéré* e o *edu ara*, trazidos da Nigéria, são atributos do deus Xangô, respectivamente o sino ritual e a pedra ligada a seu culto. O título de Ìyá Nassô, outorgado a Senhora de Oxum, estava ligado à sua função de chefe de um terreiro dedicado a Xangô, pois Ìyá Nasó (de acordo com a ortografia iorubá) era a responsável por esse culto no palácio do rei de Oyó.

[28] O Aláàfin de Oyó é considerado o descendente de Xangô que, segundo a tradição oral, teria sido o terceiro rei dessa cidade, transformado, em seguida, em orixá. O culto a Xangô é, portanto, o culto ao ancestral da dinastia real de Oyó. A estreita relação entre o Aláàfin (o rei de Oyó) e a Ìyá Nasó (a sacerdotisa de Xangô) é ressaltada pela obrigação, na morte do rei, de proceder a uma série de mortes rituais, entre as quais a da Ìyá Nasó (Johnson 1957; Abraham 1958, 19).

OGÃS DO ILÊ IFÁ MONGÉ GIBANAUÊ

A consagração de Senhora foi completa durante a festa de celebração de seus cinquenta anos de iniciação para Oxum, em novembro de 1958, quando um número impressionante de personalidades baianas, mas também do Rio e de São Paulo, bem como representantes do presidente da República Juscelino Kubitschek e do ministro da Educação participaram das comemorações[29]. Zora Seljan, jornalista e "amiga do terreiro", apresentou Senhora como a "dama da nação Ketu", acrescentando que "a herança da cultura nagô está guardada religiosamente em suas mãos, sendo que a história do candomblé no Brasil é a própria história de sua família" (citado por D. dos Santos 1988, 20). Na reconstrução da genealogia de Mãe Senhora, Marcelina da Silva (Obá Tossi), sua bisavó, torna-se então a filha, não mais espiritual e sim biológica, de Ìyá Nassô, fundadora do candomblé nagô (ketu) na Bahia e "membro de uma linhagem real": "Assim, é

---

[29] Estavam presentes, entre outros, Jorge e Zélia Amado, Antônio Olinto, Mário Cravo, Jenner Augusto, Carybé, Vasconcelos Maia, Glauber Rocha, Vivaldo da Costa Lima. Pascoal Carlos Magno fez um discurso em nome do presidente Kubitschek.

Senhora, por direito de sangue, parente de príncipes e reis africanos, que com ela se correspondem e enviam-lhe presentes" (D. Santos 1988, 20). A consagração de Senhora se viu confirmada pelos numerosos intelectuais ligados a seu terreiro, que lhe prestaram homenagem e que, enaltecendo as raízes africanas, contribuíram para a valorização de uma Bahia "tradicional" (D. Santos 1988, 26)[30].

Em 1965, Senhora foi eleita "Mãe preta do ano" durante cerimônia solene que aconteceu no estádio do Maracanã, no Rio de Janeiro. Em 1966, o governo do Senegal a condecorou com a ordem dos Cavaleiros do Mérito "por sua atividade constante em favor da conservação da cultura africana" (Santos e Santos 1993a, 161). Seu enterro, em 22 de fevereiro de 1967, mobilizou multidões. Deoscóredes dos Santos (Mestre Didi), seu filho, não compareceu à cerimônia, pois, como outros antes dele, tinha partido para a África em companhia da mulher, Juana Elbein dos Santos, e de Pierre Verger.

Verger passou muitos anos entre o Brasil e a África, onde em 1953 foi iniciado no culto de Ifá e se tornou babalaô, sob o nome ritual de Fatumbi: "Ifá me pôs de volta no mundo". Com suas idas e vindas, veiculou um fluxo de informações que ligam simbolicamente a terra brasileira à terra africana[31]. Em 1959, foi fundado o Centro de Estudos Afro-orientais (CEAO) em decorrência das pesquisas de Verger. Os antropólogos, então, substituíram os iniciados dos cultos nas viagens à África: eles também partiam em busca dos "segredos", dos fundamentos das religiões africanas.

Em 1959, ano do 4ª Colóquio Luso-brasileiro da Bahia, decidiu-se criar uma cadeira de ensino de língua iorubá na Faculdade de Filosofia da Universidade da Bahia, ocupada durante dois anos pelo nigeriano Ebbenezer Latunde Lashebikan, com o intuito de, ao transportar a África para o Brasil, "purificar os cultos", como indica Verger em sua correspondência com Métraux, de 1º de outubro de 1960:

---

[30] Deoscóredes dos Santos apresenta uma longa lista de intelectuais e artistas, baianos ou não, ligados à casa do Axé Opô Afonjá durante o "reinado" de sua mãe. Pierre Verger recebeu o título de Oju Oba (os olhos do Rei), ligado ao culto de Xangô.

[31] Quando começou, Verger não tinha vocação alguma para o trabalho antropológico, como ele próprio declara: "Eu fazia aquela pesquisa para mim mesmo e para meus amigos da Bahia. A ideia de publicar os resultados para um público mais extenso não tinha me ocorrido. Foi Monod que me obrigou a redigi-la" (Verger 1982a, 257). Théodore Monod, que nos anos 1950 foi diretor do Instituto Francês da África Negra (IFAN), convidara Verger a preparar um estudo sobre os cultos no Brasil e na África, publicado em 1957. Verger integrou o Centre National de la Recherche Scientifique (CNRS) em 1962 e foi, de 1963 a 1966, *research associate* do Institute of African Studies da Universidade de Ibadan, na Nigéria.

Temos na Universidade da Bahia um curso de iorubá, dado pelo Mestre Ebbenezer Lashebikan, nativo da Nigéria, especialmente vindo para esse fim, chamado pelo Magnífico Reitor. Estamos na sexta aula, e há uma bela afluência de descendentes de nigerianos para reaprender a falar uma língua que ainda sabiam cantar. Todo o Gotha da Seita Afro-brasileira lá está presente. Mas quantas cóleras em perspectiva para o Senhor Melville J. Herskovits e a Senhora Frances, sua esposa, quando souberem que o campo de experiência enculturesca (*enculturesque*) que era essa boa cidade é assim tão ferozmente "*damaged*" (Métraux e Verger 1994, 294)[32].

Durante os anos 1960, os pesquisadores do CEAO foram, em sua maioria, para a África ocidental. Foi o caso, em 1967, de Deoscóredes M. dos Santos, que recebeu uma bolsa da UNESCO, "com o objetivo de adquirir, através das suas observações, uma visão mais exata e profunda do processo de evolução e aculturação do negro brasileiro, essencialmente no campo das religiões" (Oliveira 1976, 116). Deoscóredes dos Santos e sua mulher, a antropóloga Juana E. dos Santos, iniciada por Senhora em 1964 (J. Santos 1977a, 15), partiram para o Daomé (atual Benim), a fim de visitar o rei de Ketu, em companhia de Verger, "conhecido por todos como Babalaô Fatumbi e amigo do Rei" (D. Santos 1988, 35). Apresentado ao rei por Verger, Deoscóredes recitou seu oríkì, isto é, a divisa de sua linhagem africana: *Aṣipá Borogun Elesé Kan Gongôô*. Teria sido então reconhecido como descendente da família Aṣipá, "uma das sete principais famílias fundadoras do reino de Ketu" (D. Santos 1988, 36).

Ora, esse oríkì faz referência a um título honorífico muito difundido em país iorubá: *Aṣipá*. Na origem, era o título de um dos sete membros do Òyọ́-Mèsì, o conselho formado pelas linhagens não reais dominantes da cidade de Oyó. Johnson (1957, 72), que escreveu uma história monumental de Oyó, assim o definiu: "Ele executa as tarefas dos mais jovens. Ele é chamado *'Ojùwá'*, aquele que distribui todo e qualquer presente ofertado ao *Òyọ́-Mèsi*." Mas o título se espalhou na maioria

---

[32] Verger explica desta forma a desaprovação do casal Herskovits em relação a seu trabalho de mensageiro: "Herskovits, o grande patrão da Northwestern University em Evanston, Illinois, não gostava de mim. Fui para ele um terrível desmancha-prazeres, pois o Brasil e a África eram para ele áreas, 'campos' de predileção para neles exercer suas observações sobre (empreguemos seus termos) os fenômenos de enculturação ou de aculturação de povos em seu lugar de origem e transportados alhures... e cometi o erro imperdoável de dar notícias de uns aos outros!" (Métraux e Verger 1994, 294).

dos reinos iorubás que, na época do império de Oyó, calcavam sua organização político-militar naquela exercida pela metrópole: "O Aṣípa é um título tomado emprestado de Òyó para satisfazer um chefe guerreiro que possui tantos méritos quanto os Ọtun e Òsì, e no entanto por pouco não logrou tornar-se um deles" (Johnson 1957, 133).

O Aṣipá (cuja pronúncia em iorubá equivale à transcrição portuguesa Axipá) era, portanto, um título honorífico, e não hereditário, de um chefe de guerra, o quarto na hierarquia, após o Balógun (Lord in war), o Ọtun e o Òsì Balógun. Smith (1969, 74) menciona um chefe de guerra que teria sido nomeado governador de Lagos no início do século XVII, quando a cidade era apenas um campo militar. Ele devia representar os interesses do Ọba (rei) do Benin (um grande reino a leste do país iorubá que não corresponde ao Benim atual): "O homem escolhido é chamado Aṣipá tanto na tradição de Lagos quanto na de Benin" (Smith 1988, 74). O Aṣipá teria fundado a dinastia que governou Lagos, usando o título de Ológun (contração de Olóríogun, "guerreiro") ou de Eleko. Além disso, Chief J. B. Akinyele (citado por Costa Lima 1966, 31), em sua História de Ibadan, cita Aṣipá Kakanfò (título do chefe dos exércitos) como um dos nomes ou títulos militares muito comuns em Ibadan, localidade que, em sua fundação no início do século XIX, era um campo militar. Johnson (1957, 379, 551) alude também a um Aṣipá chefe de exército durante a guerra que opôs os ibadan aos ijeṣa em 1869, e de um outro Aṣipá dos ekitiparapos, refém nas mãos dos ibadan em 1886. Abraham (1958, 176) cita igualmente o Aṣipá de Owu a respeito das guerras tribais dos egba.

Assim, o oríkì apresentado por D. M. dos Santos podia ser facilmente entendido em qualquer reino iorubá como a divisa de um chefe militar (o resto do oríkì dificilmente é traduzível por causa da ausência dos tons, mas Borogun parece fazer referência à guerra: ogun). Se fosse um título hereditário, teria sido ligado à cidade de Oyó (as linhagens não reais dos Òyó-Mèsi) e não à cidade de Ketu. Além disso, em sua História de Ketu, Parrinder (1956) fala apenas de cinco linhagens reais nessa cidade. Parece, portanto, que o mito fundador dessa família de candomblé resulta de um bricolage da história dos reinos iorubás com o intuito de eliminar os elementos menos tradicionais. Na verdade, o oríkì recitado diante do rei de Ketu era o de Obá Tossi[33], bisavô de Senhora, mãe de Deoscóredes M. dos Santos, "purificado" de qualquer marca de origem pouco tradicional.

---

[33] Com a diferença que o Congo se transforma aqui em Gongôô (cf. nota 15, cap. VII).

Três anos mais tarde, em 1970, Deoscóredes M. dos Santos retornou à Nigéria e foi confirmado em seu cargo de Balé Xangô (chefe do culto de Xangô) no templo principal de Oyó, cerimônia organizada para ele pelos professores nigerianos Wande Abimbola e Aderibingbe. De volta ao Brasil, tornou-se o "continuador das obras realizadas por [Senhora] para a preservação e o engrandecimento da cultura afro-brasileira" (D. Santos 1988).

Mais recentemente houve as viagens, igualmente prestigiosas, da quarta e atual mãe de santo do Axé Opô Afonjá, Mãe Stella (Stella de Azevedo Santos), conhecida pelo nome africano de Odekayodé ("Oxóssi faz chegar a alegria"), mas também de Olga de Alaketu (Olga Francisca Regis), "descendente da família real de Ketu" (Costa Lima 1977, 28) e de Obaraín (Balbino Daniel de Paula) do terreiro do Axé Opô Aganjú (cujo terreiro-mãe é o Axé Opô Afonjá), que recebeu o nome ritual africano de Gbobagunle, "o rei desce na terra" (Verger 1981). Graças ao apoio de Pierre Verger e de outros antropólogos, como Júlio Braga (1988, 20), iniciado como Ona Mogba nesse terreiro, e também filho de santo de Senhora, o Axé Opô Aganjú se tornou um dos terreiros mais tradicionais da Bahia.

A mesma lógica que considera a viagem à África um meio de aumentar o prestígio no meio dos cultos mais que de adquirir conhecimentos perdidos, se torna central no movimento de reafricanização do candomblé de São Paulo e incentiva vários pais e mães de santo a empreender a peregrinação à terra mítica. Eles partem, então, em busca de cargos honoríficos que os distinguirão dos confrades quando voltarem ao Brasil: são, entre outros, os casos de Abdias de Oxóssi, Idérito de Oxalufã, Walter de Ogum e Léo de Logunedé (Gonçalves da Silva 1992, 234).

Com essas viagens, os terreiros reafricanizados de São Paulo se distanciam do candomblé brasileiro, mesmo o mais tradicional, à medida que criam vínculos diretos com a cultura de origem: é o caso do terreiro de Sandra de Xangô (Sandra Medeiros) que, em 1983, filiou-se ao babalaô nigeriano Epega, com o qual criou um rito ketu reafricanizado: "Tentando eliminar de suas práticas todo tipo de sincretismo ou desenvolvimento considerado não adequado ao culto dos orixás e tomando como modelo deste o que se pratica na África atualmente, esses sacerdotes têm 'reconstituído' a nação queto, desconsiderando as transformações que decorrem de sua instalação no Brasil" (Gonçalves da Silva 1992, 89).

Os efeitos da volta desses "sacerdotes" à "pureza" africana, isto é, os títulos honoríficos, mas também o reconhecimento de sua legitimidade pelos antropólogos, refletem-se diretamente no sucesso de seus terreiros, em geral honrados com o que Gonçalves da Silva chama "as atestações de competência outorgadas pelas obras eruditas", como no caso de Pai Idérito de Oxalufã legitimado por Verger (1981, 31). Segundo Gonçalves da Silva (1992, 243), a crescente demanda de viagens à Nigéria – e em menor medida ao Benim – fez com que empresas de turismo do Rio de Janeiro e de São Paulo organizassem viagens destinadas aos membros do candomblé. Como no tempo de Martiniano do Bonfim, Lagos se tornou a Meca das religiões afro-brasileiras.

OS OBÁS DE XANGÔ: UM PRIMEIRO CASO DE REAFRICANIZAÇÃO

As modificações rituais que os pais e mães de santo "reafricanizados" introduzem nos terreiros são uma das consequências mais evidentes dessas viagens à África em busca da tradição perdida. Essas inovações não deixam de criar tensões com os terreiros-matriz, que nem sempre as aceitam de bom grado. Qual tradição, afinal, respeitar e perpetuar? A que é transmitida pelos terreiros "tradicionais" ou a que é buscada diretamente em terras africanas? O que está em jogo aqui é a própria legitimidade da mediação dos grandes terreiros da Bahia.

Vimos como a "tradição africana pura" se constrói, graças aos antropólogos e aos viajantes que vão à África, em torno de um tronco religioso comum que, partindo da Casa Branca e passando pelo Gantois, cristaliza-se no terreiro do Axé Opô Afonjá. Foi justamente este que, pela primeira vez, modificou seu ritual ao introduzir nele a instituição dos Obás de Xangô. Trata-se de um grupo de *olóyè*, isto é, de dignitários do culto, detentores de títulos honoríficos, ligados ao culto de Xangô, divindade padroeira do terreiro do Axé Opô Afonjá. Essa instituição teria sido trazida da África por Martiniano do Bonfim, colaborador mais próximo de Aninha, a fundadora do terreiro. Suas inúmeras viagens à Nigéria lhe teriam proporcionado um tal prestígio que ele se tornou, aos olhos tanto dos iniciados no culto quanto dos eruditos, o intérprete da África em terra brasileira.

Foi durante o 2ª Congresso Afro-brasileiro, em 1937, antes mesmo que fosse oficialmente posta em prática no Axé Opô Afonjá (Costa Lima 1966, 6)[34], que o mesmo Martiniano do Bonfim revelou a existência, neste terreiro, da instituição

---

[34] Deoscóredes dos Santos (1988, 12) data de 1935 a entronização dos Obás no Axé Opô Afonjá, o que não é coerente com as transformações dessa instituição, implantadas após a comunicação apresentada por Martiniano no Congresso de 1937.

africana dos Obás ou Ministros de Xangô. Ele relatou a tradição oral iorubá relativa à morte e à divinização de Xangô, terceiro *Aláàfin* (rei) de Oyó: Xangô era o poderoso senhor de um grande reino, mas dois de seus vassalos, Timi e Gbonka, ameaçavam seu poder. Diante disso, Xangô tentou fazer com que se matassem um ao outro, mas ambos saíram ilesos de todas as provas. Xangô então fugiu do palácio com uma de suas mulheres, Iansã (Oyá), enforcando-se em uma árvore na floresta[35]. Uma tempestade de violência inaudita se abateu então sobre a cidade de Oyó, seguida de trovões, relâmpagos e raios: era o sinal de que Xangô se tornara uma divindade. Seu culto foi instituído na cidade e o relâmpago passou a ser o símbolo de Xangô.

Segundo a versão de Martiniano do Bonfim (1950) retomada por Verger, os Ministros de Xangô, os Mangbas[36], formaram um conselho encarregado de manter seu culto, "organizado com os doze ministros que, na terra, o haviam acompanhado, seis do lado direito, seis do lado esquerdo". Estaríamos, assim, diante de uma instituição africana reproduzida fielmente na Bahia: "Esses ministros, antigos reis, príncipes e governantes dos territórios conquistados pela bravura de *Ṣàngò*, não permitiram que se extinguisse a lembrança do herói na memória das gerações. É por esse motivo que, num terreiro da Bahia, consagrado a *Ṣàngò Afonjá*, doze *ogan*, protetores do templo, têm o título de ministros de *Ṣàngò*" (Verger 1999, 326).

A lista que foi apresentada por Martiniano no Congresso de 1937 era diferente da que se conhece hoje. Segundo Vivaldo da Costa Lima (1966, 34), ele mesmo Obá de Xangô do Axé Opô Afonjá, a modificação dos nomes dos Ministros de Xangô teria acontecido porque Martiniano fora "instado pelos organizadores a apresentar uma comunicação [no congresso]" e só depois teria elaborado a repartição dos Obás em dois grupos, os da direita e os da esquerda.

---

[35] Segundo essa versão do mito, retomada em várias obras teatrais e literárias iorubás (como a peça de Duro Ladipo: *Qba Kò so*), Xangô teria sido transformado em seguida em divindade e seus adeptos teriam negado sua morte por enforcamento (*Qba Kò so*: "O rei não se enforcou"). Verger (1999, 326) apresenta outra versão, segundo a qual Xangô teria misteriosamente desaparecido, para em seguida assumir sua natureza divina. Seja como for, o mito de Xangô evidencia com clareza sua origem evemerista.

[36] O termo iorubá *Móngbà*, ou *Mangba*, como o transcreveu Martiniano, transforma-se, no Axé Opô Afonjá, em *Obá* (que significa "rei" em iorubá). Os *Móngbà* (cuja pronúncia em iorubá é próxima da transcrição em português *Mangba*) são os sacerdotes de Xangô na Nigéria. Seriam, segundo Verger (1981, 38), os "responsáveis pelo bom andamento do culto e guardiães do axé", e não entrariam em transe.

Essa polarização entre direita (*òtun*) e esquerda (*òsì*) é encontrada na organização religiosa e política dos iorubás[37]. No terreiro do Axé Opô Afonjá, os nomes dos Obás da direita são Obá Abiodum, Obá Aré, Obá Arolu, Obá Telá, Obá Odofim e Obá Cacanfó; os da esquerda se chamam Obá Onanxocum, Obá Areçá, Obá Elerim, Obá Onicoí, Obá Olugbom e Obá Xorum (Costa Lima 1966, 7)[38]. Todos esses nomes são encontrados na *História dos iorubás*, do reverendo Samuel Johnson, publicada pela primeira vez em 1921 na Nigéria. Costa Lima (1966) retraça a origem de cada um desses termos, os quais formam um conjunto de nomes e títulos honoríficos (*oyè*) que reproduzem no Brasil a história de Oyó. Assim, Abiodun é o nome do 29º Aláàfin de Oyó, que reinou de 1789 a 1796; Aré e Cacanfó, juntos, fazem referência ao chefe dos exércitos, Are-Ònàn-Kakanfò[39]; Arolu seria um título dos Ogboni[40]; Telá designa um membro da linhagem real de Oyó; Odofim seria, como Aro, um título dos ibolo, que viviam em uma das províncias do império de Oyó; Onanxocum deriva de Ònòn-Ìṣokún, um dos "três pais" do rei, escolhido no ramo da linhagem real de onde o novo rei era oriundo; Aresa (ou Areça) era o chefe de Iresa, parte da província metropolitana de Oyó (Èkún Òsì), assim como Onicoí era o chefe de Ikoyi e Olugbom, de Igbon; Elerim designa o chefe da cidade de Erin. O último dos Obás de esquerda é Oba Xorum, cujo nome faz referência ao Baṣòrun, o chefe do Òyó-Mèsi, o conselho de Oyó. Espécie de primeiro-ministro, tinha grande poder e estava ligado às linhagens

---

[37] Por exemplo, os três principais chefes dos eunucos do palácio de Oyó, que executavam tarefas administrativas e rituais importantíssimas, eram *ònà-ìwèfà*, *òtun-ìwèfà* (da direita) e *òsì-ìwèfà* (da esquerda). Este era executado à morte do rei (o *Aláàfin*), como o *àrèmo* (o herdeiro real), o *olókún èṣin* (o escudeiro do rei) e o *Baba ìyajì* (o "irmão" oficial do rei), bem como várias sacerdotisas, entre elas a Ìyá Nasó.

[38] A lista de Bonfim (1950) era diferente: Abiodun, Onikoyi, Aressa, Onanxokun, Obá Tela e Olugba, para os da direita; Aré, Otun Onikoyi, Otun Onanxokun, Eko, Kaba Nfo e Ossi Onikoyi, para os da esquerda. A presença de dois ministros da esquerda com um nome que começa pelo termo iorubá *òtun* (direita) surpreende em alguém que, como escreveu Nina Rodrigues (citado por Verger 1999, 325), foi durante anos o tradutor dos textos iorubás para os antropólogos brasileiros.

[39] Costa Lima (1966, 29) escreve que esses dois termos podem ser usados separadamente, pois se refeririam a altos dignitários da corte do Aláàfin de Oyó, "onde ocupavam cargos específicos na organização militar do império". Abraham (1958, 63) nota que *ààrẹ*, usado com *àgòrò*, é o "primeiro título ostentado por um jovem chefe promissor que, como herdeiro de um grande chefe guerreiro, acabou de lhe suceder na liderança de uma grande casa".

[40] Sociedade secreta, ligada ao culto da terra e à administração da justiça, muito importante entre os egba. Foi muito mais importante na nova Oyó, a partir de 1835, que na antiga (Òyó-ilé), destruída por guerras. Os Ogboni eram intermediários entre o Òyó-Mèsì (conselho dos chefes) e os guardas do palácio real.

dominantes da cidade. Exercia funções rituais e políticas muito importantes; era ele quem confirmava a escolha do novo Alááfin e quem apresentava ao rei, caso a conduta deste não fosse satisfatória, ovos de papagaio, sinal da obrigação de suicidar-se. Tratava-se, portanto, de um dos mais importantes cargos no império de Oyó[41].

Está claro, portanto, que os títulos dados na lista de Martiniano resultam de um *bricolage* da história iorubá, como Vivaldo da Costa Lima já sugeriu[42]. Na verdade, todos os títulos dos Obás de Xangô estão recenseados na obra de Johnson (1957), escrita antes de 1887, reeditada em 1921 e que constituía o texto de referência sobre a história iorubá, estudado nas escolas dos missionários na Nigéria. A influência das estadas nigerianas de Martiniano, portanto, é mais que certa: "As leituras de Martiniano em Lagos sobre as tradições iorubás, além do vasto corpo de tradição oral com que sem dúvida se familiarizara, é que lhe permitiram recriar com Aninha os títulos dos Obás de São Gonçalo [Axé Opô Afonjá], evocando os nomes e os *oiês* de 'reis, príncipes e governantes' da nação iorubá" (Costa Lima 1966, 8-9).

Os Obás de Xangô, fruto da reconstrução de um passado destinado a reforçar a origem iorubá (nagô) desse terreiro, passaram a ser para Aninha, sua fundadora, o sinal de sua proximidade com a terra das origens e, portanto, de sua maior tradicionalidade, como declarou a Donald Pierson: "Minha seita é puramente nagô, como o Engenho Velho [Casa Branca]. Mas eu tenho ressuscitado grande parte da tradição africana que mesmo o Engenho Velho tinha esquecido. Eles têm uma cerimônia para os doze ministros de Xangô? Não! Mas eu tenho!" (Oliveira e Costa Lima 1987, 53).

---

[41] Johnson (1957, 71) fala do título Osoorun ou Iba Osorun ("o senhor que executa o Orun"). Ele, entretanto, estabelece uma nítida distinção entre esse título e o de rei: "O Alààfin é Oba (um rei), ele é Iba (um senhor)". É estranho que tão alto título tenha sido relegado ao último dos Obás de esquerda, que não têm as mesmas prerrogativas rituais que os de direita (cf. Costa Lima 1966, 15).

[42] Em sua reconstrução do passado iorubá, Martiniano parece ter sido influenciado também por suas origens egba. Vimos que os Ogboni eram muito importantes no reino egba, que no século XIX se libertou do controle de Oyó. Muitos dos títulos reativados no Brasil, como Aro e Odofin, estão ligados à sociedade secreta dos Ogboni na cidade de Abeokutá (país egba) (Johnson 1957, 78). Da mesma forma, o título de Tela está associado aos egba, que o teriam criado, em 1857, para o chefe da cidade de Ilaron, que estava sob o domínio deles (Johnson 1957, 250). Johnson explica a predominância do culto dos Ogboni entre os egba deste modo: "Entre os egbas e ijebus, os Ogbonis são os chefes executivos, eles têm o poder da vida e da morte, e o poder de implementar ou vetar leis, mas nas províncias de Oyo os Ogbonis não têm tal poder; são mais propriamente um corpo consultivo, sendo o Bale o reinante supremo, e lhes são entregues somente casos de derramamento de sangue para julgamento ou execução de acordo com o desejo do rei" (Johnson 1957, 78).

Na política dos terreiros, o orgulho de Aninha por essa tradição ressuscitada mostra a importância dessa instituição, uma vez que ela permite alegar a pureza nagô. Aninha fundou seu terreiro, o Axé Opô Afonjá, após uma cisão da Casa Branca. Precisava, então, distinguir-se da casa-matriz, bem como do outro terreiro oriundo dessa casa, o Gantois, por uma maior tradicionalidade. O 2ª Congresso Afro-brasileiro de 1937 foi, assim, uma ocasião perfeita para estabelecer essa diferença, com a bênção dos intelectuais presentes[43]. A maioria dos autores que criticam a valorização do modelo nagô atribui à ação consciente dos intelectuais a imposição de um modelo de pureza que serviria para controlar melhor os cultos (Dantas 1988; Matory 2005). Parece necessário, todavia, sublinhar a habilidade política dos líderes do candomblé baiano, notadamente aqueles ligados ao terreiro em questão, que conseguiram impor sua versão da tradição aos intelectuais.

O caráter político da instituição dos Obás de Xangô é manifesto. Poderíamos definir os Obás como a elite dos ogãs, título honorífico masculino. Como estes, são os protetores do terreiro e sua fonte primeira de prestígio: "Aninha escolheu os seus Obás entre ogãs e 'amigos da Casa', pessoas cujo comportamento ela apreciava e cuja posição social e prestígio decorrente pudessem se refletir no Terreiro. Os primeiros Obás foram, dessa maneira, escolhidos entre os Ogãs mais esclarecidos, de mais alta posição no grupo, estáveis e prósperos em seus negócios e profissões, conceituados e bem relacionados na sociedade global de Salvador"[44] (Costa Lima 1966, 9).

Os primeiros Obás de Xangô foram escolhidos na comunidade "afro-baiana", como Miguel Santana (Obá Aré), que era ogã do Engenho Velho, ou Jacinto Souza (Obá Odofim) (D. Santos 1988, 13). Um e outro se tornaram, respectivamente, vice-presidente e tesoureiro da Sociedade Beneficente Cruz

---

[43] Costa Lima também sublinha a capacidade política de Aninha e Martiniano: "Nessas duas figuras singulares bem se poderiam identificar as clássicas categorias weberianas da legitimação do poder, no caso, do poder teocrático exercido pelos pais e mães dos terreiros da Bahia: eram eles pessoas que conheciam suas origens étnicas e culturais" (Oliveira e Costa Lima 1987, 46).

[44] O primeiro a ter sublinhado o papel fundamental dos ogãs na proteção dos terreiros diante da repressão dos cultos afro-brasileiros foi Nina Rodrigues (1935), que assinalou a presença de um senador e de um chefe político entre os ogãs dos terreiros. Silveira revela inclusive a existência, nas confrarias católicas dos descendentes de africanos do início do século XIX, de uma categoria de protetores, "membros puramente honoríficos", escolhidos entre os brancos. Ele acrescenta que "tudo indica que o título de protetor, já existente nas irmandades católicas, foi aproveitado quando foram fundados os primeiros candomblés nagôs" (Nina Rodrigues 1988, 183). Esses aliados brancos fazem parte de um vasto projeto político que faz do candomblé nagô "um novo modelo, melhor estruturado e mais enraizado na sociedade local" (Nina Rodrigues 1988, 186).

Santa Opô Afonjá, sociedade civil que representava a comunidade religiosa junto às autoridades.

Com a morte de Aninha, em 1938, abriu-se um "período de tensões criado pelas disputas mais ou menos ostensivas no plano da sucessão sacerdotal do terreiro" (Costa Lima 1966, 10). Senhora, a nova mãe de santo, teve dificuldades para impor sua autoridade, pois, havia muito tempo, a maior parte dos cargos na hierarquia religiosa do terreiro era ocupada por *ebômis* (iniciadas há mais de sete anos), teoricamente todas igualmente candidatas à sucessão de Aninha, como Ondina Pimentel, que foi a terceira mãe de santo do Axé Opô Afonjá. Senhora tinha menos de quarenta anos quando foi escolhida, embora fosse uma das mais antigas filhas de santo do terreiro, iniciada aos oito anos de idade. Ela mantinha laços religiosos estreitos com Aninha, pois sua bisavó (Obá Tossi) fora a mãe de santo de Aninha. Essa escolha difícil produziu também efeitos sobre a instituição dos Obás de Xangô: "Daí o fato de alguns Obás, antigos ogãs da Casa e a ela ligados por laços de amizade íntima ou de parentesco, se terem afastado gradualmente ou de uma vez do Axé, precisamente para não aceitarem a supremacia ritual e total de uma nova ialorixá de forte personalidade como Senhora de Oxum" (Costa Lima 1966, 11).

Como os Obás eram membros vitalícios, o afastamento deles causava problemas. Senhora decidiu então lhes dar substitutos e também lhes modificar o número. Cada um dos Obás, que já estavam divididos entre os de direita e os de esquerda, ganhou um Otun Obá e um Ossi Obá, isto é, um substituto da direita e um da esquerda. Dessa maneira, de doze membros originais, passou-se a trinta e seis. Foi graças a essa mudança que Senhora conseguiu afirmar seu poder no terreiro, isto é, no seio de uma instituição que concebia como um verdadeiro instrumento político: "os primeiros Otuns foram ainda 'amigos da Casa', alguns Ogãs do terreiro, todos ainda do 'tempo da finada Aninha', mas que eram também amigos da [nova] ialorixá ou a ela favoráveis durante a fase de estabilização sucessória do terreiro" (Costa Lima 1966, 12).

As tensões criadas davam lugar a fuxicos em que se falava o tempo todo com saudade da "ortodoxia dos 'velhos tempos'"[45]. A escolha dos novos Obás se concentrou, portanto, nos amigos do terreiro – e "seus visitantes eventuais" –, que pertenciam às classes superiores, mas que nem sempre estavam ligados ao culto por um verdadeiro compromisso religioso: "O corpo dos Obás, então,

---

[45] Vimos como qualquer modificação ritual, ainda que vise a uma purificação da tradição, sempre é pretexto para uma nova negociação das relações de poder no seio do grupo religioso.

gradativamente vem se transformando, de um corpo auxiliar da Casa nos planos religioso-ritual e socioeconômico, num suporte apenas socioeconômico do terreiro" (Costa Lima 1966, 23)[46].

O que para os velhos Obás foi uma inovação inaceitável, já que acreditavam na real origem africana dessa tradição, mostrou ser para Senhora um instrumento político para consolidar seu poder. O recrutamento dos Obás e de seus substitutos entre os intelectuais mais importantes da Bahia (mas também entre alguns estrangeiros) permitiu que ela legitimasse sua posição[47].

Vimos como a chegada de Pierre Verger e suas seguidas viagens à África representaram um formidável apoio para Senhora. Os títulos africanos que ela recebeu por intermédio de Verger lhe deram tal prestígio que, muito tempo depois de sua morte, seu filho escreveu, em sua história do terreiro do Axé Opô Afonjá, que Senhora se tornara ialorixá do terreiro, "como era de direito, devido à sua tradicional família da nação Ketu" (D. Santos 1988, 16)[48]. Vemos agora como o poder de Senhora repercutiu em todo o terreiro, prefigurando

---

[46] Costa Lima (1966) sublinha que mesmo o ritual de confirmação dos Obás foi modificado para se adaptar ao *status* social dos novos membros do grupo, e em particular o que dizia respeito à mediunidade, faculdade que o Obá não deve possuir sob pena de não poder cumprir suas funções. Esse risco não existia aos olhos de Senhora, pois "os novos Obás têm sido escolhidos nas classes sociais que possuem poucos compromissos culturais com os fenômenos de possessão religiosa verificados nos candomblés" (Costa Lima 1966, 25). O fato de ele mesmo ser um Obá de Xangô (ele era Ossi Odofim) não impediu Costa Lima de criticar discretamente os critérios de escolha de sua mãe de santo: "Ultimamente, os próprios Obás já confirmados apresentam seus amigos a Ialorixá, que eventualmente os tem escolhido para os postos vagos da Roça" (Costa Lima 1966, 25).

[47] Assim, entre os membros cujos nomes figuram nos escritos sobre o Axé Opô Afonjá, encontramos Jorge Amado (Otun Arolu), confirmado em 1959 (D. Santos 1988, 24); Carybé (Otun Onanxocum), pintor argentino que residia na Bahia desde 1950 e que lá faleceu em 1997; Vivaldo da Costa Lima (Ossi Odofim), professor na UFBA e ex-diretor de pesquisa no CEAO; Muniz Sodré (Obá Areça), professor de ciências da comunicação na UFRJ/RJ, confirmado em seu cargo em 1977 pela atual mãe de santo, Mãe Stella (D. Santos 1988, 24). O título de Oju Obá, igualmente ligado ao culto de Xangô, outorga àquele que o porta os mesmos privilégios que o de Obá. Pierre Verger recebeu esse título, da mesma forma que seu substituto de esquerda, o antropólogo Marco Aurélio Luz.

[48] Vivaldo da Costa Lima (1966) escreve que Pierre Verger controlou a lista dos Obás na Nigéria, mas a única referência de Verger a esse respeito é a transcrição de um mito brasileiro que apresenta os doze Mongbá como os defensores da causa de Xangô (Verger 1999, 326). Bastide, ao falar de Martiniano e de suas viagens na África, escreve que ele "empregou toda sua autoridade, que era grande, para impedir a degeneração dos cultos africanos, e mesmo para reformar o candomblé de Opô Afonjá para dar-lhe certas instituições que não existiam no Brasil mas que vira *ou acreditava haver visto* na África" (Bastide 1971, 233) (grifo meu). E, em nota, cita uma carta de Verger de 21 de dezembro de 1953, que afirma a heterogeneidade extrema dos títulos ligados aos doze Obás.

um caso típico do que Hobsbawm e Ranger (1984) chamam tradição inventada, na qual a história sempre é explorada com o intuito de consolidar a coesão do grupo e legitimar suas ações.

A recriação de uma tradição baseada em dados históricos sempre é apresentada, principalmente no caso dos Obás de Xangô, como a reatualização de um passado, de uma tradição original momentaneamente perdida[49]. Na realidade, como afirma Horton (1999a, 86), até um membro de uma comunidade das mais tradicionalistas molda como lhe convém a visão de mundo que herdou, "no momento em que a aplica à vida cotidiana, conforme seus interesses". Essa adaptação, contudo, deve permanecer escondida sob a aparência da fidelidade às origens. Assim, a modificação ritual trazida por Senhora (os Obás Otun e Ossi) se tornou uma "complementação lógica da nova associação" (Costa Lima 1966, 13), encontrando a mudança sua legitimidade na reprodução de uma lógica ritual que é "originalmente" nagô[50].

Essa reinterpretação no quadro da lógica ritual – que sustenta, como diria Bastide, uma *Gestalt* claramente africana – visa sublinhar um conjunto limitado de elementos (por exemplo, a polarização entre otun e ossi) como marcas distintivas da tradição africana. Ora, como vimos, as inovações no ritual, apresentadas obrigatoriamente como uma redescoberta de parte da tradição esquecida, obedecem a fins claramente políticos, tanto dentro quanto fora do grupo de culto: consolidar o poder do chefe no seio do terreiro ou o do terreiro (e, mais comumente, de sua família de santo) sobre os outros.

---

[49] Outro caso de invenção de tradições reside na política dos administradores ingleses na África, os quais, a partir do fim do século XIX, começaram a criar tradições africanas para os africanos, transformando costumes flexíveis em prescrições rígidas (Ranger 1984). Esse processo se traduziu na criação da noção de "religião tradicional africana", pensada como algo imemorial e imutável, em que se acentuavam os rituais de continuidade e estabilidade. Os missionários anglicanos começaram a recolher informações a respeito das ideias religiosas dos africanos para entender a relação deles com a sociedade tradicional, o que levou a uma busca de correspondências entre as crenças locais e a religião cristã, ilustrada sobretudo na tradução da Bíblia em língua nativa. Dessa adaptação e de sua reinterpretação pelos intelectuais africanos nasceu a invenção da "religião tradicional africana" (Ranger 1984, 260).

[50] Essa dificuldade de pensar a mudança fica evidente quando se trata de conservar a memória do grupo. Tomarei como exemplo a apresentação, em *Monumento*, revista do Instituto de Patrimônio Artístico e Cultural da Bahia (IPAC), do museu Ilê Ohum Lailai (que pode ser traduzido por "Casa da voz imortal"), inaugurado em 14 de fevereiro de 1982 no Axé Opô Afonjá de Salvador, e que foi concebida pelos membros do terreiro: "[No museu] são dadas informações contextuais indicativas de variações culturais que nos atingem, pois, apesar de não estarmos aculturados, desde que somos uma continuação idêntica e íntegra da religião iorubá, estamos em outra cultura, outra realidade, outra época" (Monumento 1982, 33).

As estratégias políticas no universo do candomblé durante muito tempo foram ocultadas, principalmente por causa da relação existente entre os antropólogos e os terreiros. Com efeito, os antropólogos, na maior parte do tempo ligados ao terreiro que estão estudando por vínculos religiosos, têm à disposição informações que lhes são necessárias, mas que não podem usar se quiserem manter boas relações com seus interlocutores. Devem respeitar um código de comportamento que os obriga a ocultar todos os acontecimentos que possam desmitificar a visão romântica de um candomblé tradicional em que reina a harmonia.

Na realidade, e qualquer pesquisador que se interesse pelos cultos afro-brasileiros sabe bem disso, o poder e o prestígio estão no centro do universo do candomblé[51]. Tal prestígio depende do *status* social, econômico e político do indivíduo, da posição herdada ou adquirida que ele ocupa na hierarquia do culto. A acumulação de prestígio (que resulta, por exemplo, de uma legitimação pelos antropólogos) faz com que uma família de santo "tradicional" reforce seu poder, ou até funde nova tradição[52]. Mas, para se dizer superior, é preciso demonstrar a inferioridade do outro: como diz Balandier (1967), não há poder sem dessimetria nas relações sociais. A construção de uma "tradição africana pura", encarnada por certos terreiros, torna-se assim a marca de uma diferença – um ganho de tradicionalidade e, portanto, de prestígio – diante dos demais terreiros.

As viagens à África e as modificações que elas acarretam no ritual são, portanto, um poderoso instrumento de prestígio para os indivíduos e para os terreiros em questão. Essas viagens seriam motivadas por uma perda da tradição no lugar de partida (o Brasil) que forçaria os membros mais preocupados com

---

[51] Herskovits (1967, 21-23) chamou a atenção para o fato de que uma das principais funções do candomblé é permitir, a um só tempo, a satisfação de um desejo de prestígio e a melhoria do *status* social. Mas, pelo menos até os anos 1990, o estudo político dos terreiros de candomblé ainda não tinha sido feito; as análises desse tipo se limitando à umbanda, que nunca gozou da mesma discrição por parte dos antropólogos.

[52] A importância dessa aliança entre terreiros e antropólogos pode ser bem percebida no meio das religiões afro-brasileiras. Durante um encontro das nações de candomblé, um participante de um terreiro angola lançou um apelo aos pesquisadores para que estudassem o ritual de sua nação, pois "não há livros sobre o angola. E tem mais terreiros de angola na Bahia do que de queto, de jeje, de qualquer outra 'nação'" (Costa Lima 1984, 41). Segundo um membro do candomblé de caboclo, a omissão dos pesquisadores seria causada pela "proximidade" dos candomblés ketu, localizados na Cidade Alta de Salvador, e pelo "afastamento" dos candomblés de caboclo na Cidade Baixa, cercada de "muito mato" e situada "longe do centro" (Costa Lima 1984, 59). Assim, uma metáfora espacial dá conta da invisibilidade das nações "não tradicionais".

FESTA DO OLUBAJÉ PARA OMOLU

a "pureza perdida" a buscá-la na terra das origens (a África). Uma das razões fundamentais dessa perda seria a "estrutura do segredo", ou seja, a difícil e incompleta transmissão dos conhecimentos dos iniciadores para os iniciados[53]. O mais importante na iniciação, que marca a entrada do indivíduo no grupo de culto, não são, contudo, as competências ou os conhecimentos rituais transmitidos, e sim a formalização do contato com as entidades espirituais conforme as regras de um modelo ideal de ortodoxia. Com efeito, o caráter obrigatório da iniciação parece ter a mesma função que as viagens à África: ela é fonte de legitimação e prestígio mais que descoberta de um *corpus* de conhecimentos. Estes são adquiridos, à medida que os anos passam, durante um longo processo que depende da boa vontade do iniciador. O saber, submetido à lei do segredo, não é, portanto, dispensado na mesma medida para todos os iniciados: ele também é instrumento de poder nos terreiros.

A ausência de iniciação, aliás, não implica necessariamente a ignorância de um *savoir-faire* ritual: é o caso dos pais e mães de santo de umbanda que, uma vez iniciados no candomblé, imediatamente retomam a posição de comando em seus terreiros. Como escreve Costa Lima sobre eles, assim como a respeito daqueles que não terminaram o período de sete anos e não obtiveram o *decá:*

> Não há, na ideologia desses *pais* e *mães*, nada que possa colocar os seus grupos na categoria de *seitas* que divergissem essencial ou parcialmente do sistema religioso de que pretendem participar. O contrário é o que acontece pois esses líderes procuram, com o zelo igual ao dos convertidos fervorosos, manter os padrões rituais que escolheram como normativos e cumprir os postulados essenciais da doutrina (Costa Lima 1977, 137).

Se o conhecimento do culto não é condição necessária à iniciação, não mais que o cumprimento de todas as etapas da hierarquia, para que serve, então, a iniciação? Para adquirir uma autoridade, que distingue aqueles que sabem daqueles que não sabem (Boyer 1990, 20). Se os conhecimentos não são uniformemente partilhados, então apenas o segredo pode criar diferenças entre os iniciados[54].

---

[53] Sobre a utilização dessa "estrutura do segredo" como novo sinal de tradicionalidade, cf. Capone (1998).

[54] Se a iniciação dá autoridade à fala do iniciado, o que Boyer (1990, 60) define como um "discurso sob medida", imaginamos muito bem de que autoridade se beneficia a fala dos antropólogos iniciados, que conjugam a legitimidade da ciência e da religião.

A experiência da iniciação confere *status* de veracidade às palavras e aos atos do iniciado; a simples mediunidade não basta para isso. A necessidade da iniciação encontra sua formalização em uma espécie de teologia do axé: "A transmissão do *àṣẹ* através da iniciação e da liturgia implica a continuação de uma prática, a absorção de uma ordem, de estruturas e da história e devir do grupo ('terreiro') como uma totalidade" (J. Santos 1977a, 46). O axé (ou *àṣẹ*, de acordo com a ortografia iorubá usada por Juana E. dos Santos para demarcar a africanidade do Axé Opô Afonjá, onde fez parte de suas pesquisas) é transmitido diretamente "das mãos e do hálito dos mais antigos". A fala, então, torna-se central, já que "ultrapassa seu conteúdo semântico racional para ser instrumento condutor de *àṣẹ*, isto é, um elemento condutor de poder e realização" (J. Santos 1977a, 46). Os conhecimentos têm assim valor porque são vividos na experiência ritual, ao serem incorporados de modo ativo.

Se é a fala que veicula o axé, base de toda a construção religiosa do candomblé, ao menos a partir da obra de J. E. Santos (1977a), o único meio de ter acesso aos conhecimentos rituais é buscá-los onde o axé está concentrado: nos três terreiros "tradicionais" da Bahia ou diretamente na África, como fizeram os fundadores dos primeiros terreiros. Mas essa mesma África que legitimou a tradição nagô sofre uma metamorfose na boca da atual mãe de santo do Axé Opô Afonjá, Mãe Stella, e vira simples objeto de curiosidade, como se pode ver neste discurso feito em São Paulo, em 1987:

> As raízes existem mas já estão tão velhas! [...] Eu estive na África duas vezes, fui em Lagos e Benim, mas não essa coisa de buscar raízes porque eu sou descendente de africanos mas não africanista; então eu acho isso fanatismo, sair buscar raízes, não tem por que buscar raízes, pode ir até lá para ver se tem um lugar ainda que funcione as coisas pra aprender, que é bom aprender, mas as raízes estão conosco, nós somos galhos das raízes. Se as raízes morrem, os galhos não resistem. Então nossas raízes estão aqui. É moda [ir à África] (citado por Gonçalves da Silva 1992, 247).

Assim, são os que não têm raízes que partem para buscá-las em outra parte – na África ou na Bahia (a África encarnada nos terreiros tradicionais), pouco importa. Na verdade, de acordo com o que dizem os representantes do Axé Opô Afonjá, para entender de verdade a "África", é preciso olhar o Brasil, onde a "verdadeira" tradição africana se conservou. Só o Brasil – o dos terreiros nagôs tradicionais – é que pode, hoje, restituir a tradição perdida pelos africanos. Como nesta descrição de Marianno Carneiro da Cunha, que relata uma reafricanização ao avesso:

[...] quando eu cheguei em Ifé, em 1974, ninguém conhecia mais o Paxoró [cajado ritual de Oxalufã]. "Ah!" – o rei me diz – "muito bem, existia, meu pai falava, que de fato Oxalufã tem um emblema chamado Paxoró, que é assim, assim, assim. Mas não sabemos mais como fazer." "Isso não tem importância, vou voltar para o Brasil de férias e vou lhe trazer um Paxoró". E, de fato, quando vim de férias, fui na Bahia e com Pierre Verger compramos um Paxoró, e quando eu voltei guardei comigo até que Pierre Verger viesse à Nigéria, e juntos nós levamos o Paxoró de presente ao Olufó [Ooni], rei de Ifé, centro de culto de Oxalufã, de Oxalá o velho (Cunha 1984, 11).

A África tradicional, então, parece existir apenas no Brasil, encarnada nos guardiões da tradição, sejam eles chefes de terreiros ou antropólogos. O debate sobre o berço da "verdadeira" tradição está no centro do atual movimento de reafricanização, dividido entre a busca direta da tradição africana na África e a mediação dos descendentes de africanos que a trouxeram para o Brasil. O que está em jogo aqui é o monopólio dessa África mítica, bem como o direito de explorar seus fundamentos para afirmar sua fidelidade à tradição.

CAPÍTULO VIII

QUAL ÁFRICA? QUAL TRADIÇÃO?

Viagens à África, cursos de língua e civilização iorubás, luta contra o sincretismo, reapropriação da técnica esquecida da adivinhação pelos *odùs*, redescoberta de um "complexo cultural de base" que unifica as diferentes experiências religiosas de origem africana são múltiplas respostas para uma mesma questão: como reconstruir os vínculos rompidos com uma cultura africana original e assim afirmar sua tradicionalidade? Se, no Sudeste, o movimento de reafricanização acontece principalmente através dos cursos de língua iorubá e de adivinhação, muito difundidos tanto no Rio quanto em São Paulo, no Nordeste, é o debate sobre o sincretismo no candomblé que predominou na luta pela preeminência que opõe os terreiros entre si.

A partir do fim dos anos 1970, com o reconhecimento definitivo do candomblé como culto religioso, o espírito que animara os primeiros congressos afro-brasileiros nos anos 1930 ressurge, mesmo fora das fronteiras brasileiras. Em 1981, a 1ª Conferência Mundial sobre a Tradição e a Cultura dos Orixás (COMTOC) foi organizada em Ilê-Ifé, na Nigéria. Segundo o *Boletim* do Instituto Nacional da Tradição e Cultura Afro-brasileira (INTECAB), um dos organizadores desses encontros, a COMTOC reuniu os chefes religiosos da África, da América do Norte, da América do Sul e do Caribe em torno de um mesmo objetivo: unificar a tradição dos orixás por meio da "luta contra a fragmentação da religião africana no mundo" (Gonçalves da Silva 1992, 241).

Em face desse novo interesse pelas religiões negras, os antropólogos redescobrem a velha fórmula dos congressos afro-brasileiros que reuniam de maneira simbólica "antropólogos, artistas, líderes negros e pais de santo" (Motta 1985). De 20 a 24 de setembro de 1982, a Fundação Joaquim Nabuco organizou no Recife o 3º Congresso Afro-brasileiro. Em 1983, foi realizada em Salvador a 2ª COMTOC, que teve, entre seus participantes, o rei de Ejibo, cidade iorubá associada ao culto de Oxaguiã. Segundo Luz (1993, 84), essa visita constituiu "um momento marcante na continuidade transatlântica dos valores da tradição dos orixás nas Américas". Em 1986, em razão de divergências internas, foram organizadas duas versões da 3ª COMTOC, uma em Ilê-Ifé (Nigéria), outra em Nova Iorque. Em 1990, foi a vez de São Paulo.

Paralelamente, essa efervescência, que reunia pesquisadores e chefes dos cultos em um mesmo projeto, encontrou um canal de expressão bem particular nos cursos de língua iorubá que se multiplicavam no Sudeste: aprender a língua africana torna-se uma etapa indispensável para a reafricanização da prática ritual.

DA LÍNGUA IORUBÁ NO BRASIL

No início do século XX, Nina Rodrigues (1988, 129) já ressaltava o papel de língua veicular desempenhado pelo iorubá (o nagô) entre a população escrava da Bahia. Ele criticava o fato de, no Brasil, as línguas bantas serem consideradas as únicas a merecer a atenção dos linguistas, e acrescentava que, se o quimbundo predominava no Norte e no Sul do país, era o nagô (iorubá) que prevalecia na Bahia. As contribuições linguísticas do iorubá, no entanto, nem sempre eram claramente identificáveis, e o próprio Nina Rodrigues reconheceu que confiar totalmente na memória dos descendentes de escravos podia às vezes induzir a erros nos planos cultural e linguístico:

> Tão conhecido é o fato da importância da língua nagô na Bahia que se tem chegado mesmo ao exagero. Quando em 1899 estiveram nesta cidade [Salvador] os missionários católicos que percorriam o Brasil angariando donativos para a catequese africana, foram eles aconselhados a dirigir-se à população de cor da cidade em língua nagô. O sermão pregado na igreja da Sé no dia 4 de janeiro teve completo insucesso, reunindo apenas alguns curiosos. [...] era um erro supor que entre nós se mantivesse na população crioula uma língua nagô tão pura que lhe permitisse entender o missionário; os que falam a língua antes se servem de um *patois*, abastardado do português e de outras línguas africanas (Nina Rodrigues 1988, 132)[1].

Mesmo assim, isso não impediu o autor dessas linhas, que colaborava com Martiniano do Bonfim, seu principal informante, de ressaltar a superioridade da língua iorubá: "Ela possui, mesmo entre nós, uma certa feição literária que

---

[1] A linguista Yeda Pessoa de Castro revela situação idêntica para o iorubá tal como é falado nos dias de hoje nos terreiros: "Essa suposta 'língua-nagô' falada entre os candomblés não passa de uma terminologia operacional, específica das cerimônias religiosas e rituais [...], e apoiada em um sistema lexical de diferentes línguas africanas que foram faladas no Brasil durante a escravidão." (Castro 1981, 65)

eu suponho não ter tido nenhuma outra língua africana no Brasil, salvo talvez o *haussá*, escrito em caracteres árabes pelos negros muçulmis" (Nina Rodrigues 1988, 132). Assim, ainda que ele reconheça o abastardamento do nagô, demonstrado pelo fracasso dos missionários, é para logo voltar "à importância, ao predomínio da língua nagô ou iorubana no Brasil", e disso deduzir, por conseguinte, a supremacia dos povos que a falam (Nina Rodrigues 1988, 133).

Trinta anos mais tarde, Édison Carneiro reafirmou a necessidade de estudar a língua nagô, que, "conforme a expressão do babalaô Martiniano do Bonfim", era "a língua latina do Sudão", "a mais importante do grupo egbê ou guineano (gás, tshi, jeje e nagô) (divisão de Hovelacque)" (Carneiro 1991, 110). Em 1933, Guilherme Dias Gomes e Édison Carneiro haviam começado a aprender o nagô com Martiniano do Bonfim e a ajuda do *Guia prático em francês, inglês e iorubá ou nagô, língua mais difundida na costa ocidental da África*, da Sociedade das Missões Africanas de Lyon (Carneiro 1991, 113).

Aprender a língua das origens é um sonho que perdura desde então. Em 1959, o 5º Colóquio Luso-brasileiro deu origem a uma cadeira de ensino de iorubá na Bahia, no Centro de Estudos Afro-orientais (CEAO) da Universidade Federal da Bahia, a qual foi ocupada por Ebbenezer Latunde Lashebikan, professor vindo especialmente da Nigéria. Como previsto, todo o Gotha dos terreiros afro-brasileiros assistiu ao curso. Em dezembro de 1964, os primeiros estudantes de iorubá obtiveram o diploma e, a partir de 1965, um ensino regular foi ministrado pelos professores do CEAO (Oliveira 1976, 115).

Paralelamente, esse Centro, que começara a colaborar com o Ministério das Relações Exteriores na qualidade de assessor para a África, promoveu a vinda ao Brasil de estudantes do Senegal, de Gana, do Benin, da Nigéria e da República dos Camarões, aos quais concedeu bolsas para seus estudos universitários. Em 1974, foi assinado um acordo entre o governo brasileiro, a Universidade Federal da Bahia e a prefeitura de Salvador, para criar um Programa de Cooperação Cultural entre o Brasil e os países africanos, e estimular o desenvolvimento dos estudos afro-brasileiros (Oliveira 1976, 117).

Esse acordo facilitou a vinda ao Brasil de vários nigerianos, como estudantes ou como professores. Foi o caso, em 1976, de Olabiyi Babalola Yai, "docente do Departamento de Línguas Africanas e Literatura da Universidade de Ifé, que durante a minha visita estava no Brasil como professor de língua iorubá na Bahia" (Abimbola 1976b, 619). A importância dada aos cursos de língua iorubá pelos iniciados no candomblé é a resposta ao que Abimbola definiu como um problema linguístico: "É uma situação dolorosa para muitos devotos dos orixás que pagariam qualquer preço para adquirir a habilidade linguística necessária para uma compreensão de seu próprio repertório" (Abimbola 1976b, 634). A Universidade de Ifé decidiu então enviar professores de iorubá que eram recebidos no CEAO. O objetivo era dar competência linguística aos iniciados no candomblé, a fim de que pudessem entender a significação de suas cantigas sagradas. Mas os iniciados no culto dos orixás no Brasil tinham ficado muito tempo separados de seus correspondentes africanos: um problema espacial se acrescentava ao problema linguístico. Abimbola sugeriu então facilitar, mediante ações privadas ou públicas, estadas regulares que permitissem aos iniciados da América e da África entrarem em contato uns com os outros (Abimbola 1976b, 635)[2].

Em 1977, a Universidade de São Paulo (USP) e o Centro de Estudos Africanos organizaram o primeiro curso de língua e cultura iorubás em São Paulo, no Departamento de Ciências Sociais. Durante dez anos, mais de seiscentos alunos, na maioria pais e mães de santo de candomblé, fizeram esse curso. Os estudantes nigerianos encarregados das aulas não demoraram a perceber que os alunos estavam mais interessados nos "segredos" do culto que na língua: "Com o tempo, aprender a língua passou para segundo plano e para o primeiro veio o ensino dos mitos e ritos das divindades iorubanas" (Prandi e Silva 1989, 235)[3].

Concomitantemente ao ensino oficial do iorubá, os mesmos estudantes nigerianos começaram a dar cursos sobre o culto aos orixás. Para isso, baseavam-se

---

[2] Durante sua breve estada de quatro semanas na Bahia, em 1976, Wande Abimbola foi acompanhado por Olabiyi Babalola Yai e Pierre Verger, e assistiu à cerimônia de confirmação do título de *alapini* do culto dos Eguns de Deoscóredes M. dos Santos (Mestre Didi), o qual ele já conhecia bem, pois fora a pessoa "que em 1968 orquestrou a condecoração de Didi como Baale Şango da Bahia sob as instruções do Governo Federal da Nigéria" (Abimbola 1976b, 620). Visitou, com os amigos, o terreiro Axé Opô Aganjú, de Balbino Daniel de Paula, "que recebeu enorme ajuda de Pierre Verger em suas atividades" (Abimbola 1976b, 622). Essa colaboração entre iniciado e pesquisador parece ter sido frutuosa, pois Abimbola escreve que, nesse terreiro, "o canto e a dança do qual participamos (Olabiyi Yai, Verger e eu) eram expressos em um iorubá muito mais claro do que aqueles que eu tinha gravado em outros lugares" (Abimbola 1976b, 622).

[3] O fato de não se buscar uma verdadeira competência linguística e sim o contato com um africano, que por isso mesmo deve conhecer os "segredos" do culto, parece ter marcado essa experiência "contra-aculturativa" desde o seu início. Abimbola escreve a respeito do singular aprendizado ao avesso a que foi submetido Lashebikan, primeiro professor de iorubá da Bahia, e "conhecido estudioso da língua iorubá": "Mas Lashebikan ignorava profundamente os procedimentos do orixá, uma vez que na Nigéria ele se considerava um cristão. Portanto, quando chegou ao Brasil, não conseguia compreender as pessoas as quais ele fora enviado para educar. Mas se adaptou rapidamente, e acabou aprendendo mais sobre os orixás enquanto ensinava a língua iorubá a seus estudantes, formados em sua maioria por babalorixás e ialorixás" (Abimbola 1976b, 634-635).

nas obras dos africanistas, que traduziam do inglês – remanejando-os – para o público brasileiro. Passou-se assim da antiga transmissão oral, que era a base do aprendizado no candomblé, para o estudo de um conjunto de obras "sagradas", escritas, em sua maioria, por antropólogos brancos.

Vagner Gonçalves da Silva, que participou dos cursos da USP, descreve assim o choque causado por essa nova fonte de conhecimentos entre os iniciados mais ligados à tradição brasileira:

> No curso, descobre-se com grande entusiasmo a existência de livros que descortinam informações consideradas muitas vezes tabu no interior dos terreiros. A possibilidade de aulas e contatos com africanos, além de fornecer os rudimentos do iorubá (que podem ser utilizados na tradução de cantigas e nomes dos orixás), permite relativizar questões que até então se apresentavam como dogmáticas ou mesmo descaracterizar um conhecimento tido até então como "seguro". Vi em muitos dos meus amigos de curso, principalmente aqueles mais velhos no santo, um olhar de decepção com relação à distância que havia entre o culto brasileiro aos orixás (ao menos da forma como era praticado em seus terreiros, mesclado com outras nações, como a angola, ou tributários de influências católicas) e aquele praticado na África, segundo as descrições dos nigerianos. Estes alunos logo abandonavam as aulas prevendo a impossibilidade de compatibilizar os ensinamentos recebidos no terreiro com aqueles das lições na sala de aula. Já os mais novos, ou aqueles que de certa maneira discordavam de algumas práticas brasileiras como o sincretismo, puderam, a partir deste curso, redefinir alguns de seus conceitos religiosos e legitimá-los também "via acadêmica" (Gonçalves da Silva 1992, 237-238).

Outro exemplo da maneira como foi sentida essa contradição entre a tradição brasileira e a tradição africana é o de Márcio Pereira, pai de santo ketu do Rio de Janeiro: "Muita coisa que você bota na África, bota aqui no Brasil e o próprio orixá não aceita. Eu acho que já se acostumou com aquilo. Depois de quatrocentos anos aqui no Brasil, será que ele já não aprendeu a falar brasileiro?"

Apesar dessas dúvidas legítimas, participar dos cursos de língua e civilização iorubás, bem como dos cursos paralelos sobre os fundamentos do culto, tornou-se sinônimo de cultura e aperfeiçoamento na carreira sacerdotal. Os antigos pais de santo eram, em sua maioria, analfabetos ou sem grande instrução; hoje, os jovens iniciados são cultos, fazem estudos universitários e conhecem

ASSENTAMENTO DO CABOCLO

várias línguas. A divisão clássica entre pesquisador e iniciado aos poucos se atenua: é preciso fazer verdadeiras pesquisas para conhecer a religião e poder beber a "verdadeira" África nas fontes bibliográficas. Assim, nos terreiros mais africanizados, como o de Sandra de Xangô em São Paulo, essa identificação entre iniciação e pesquisa se torna evidente. Gonçalves da Silva nos explica que, nesse terreiro, pratica-se um candomblé "intelectualizado", pois todos os seus adeptos, a começar pela mãe de santo, têm formação universitária: "[No terreiro], usávamos largamente as fontes escritas etnográficas e a pesquisa era muito valorizada como forma de aumentar o conhecimento religioso e fundamentar certas práticas rituais" (Gonçalves da Silva 1992, 14)[4].

Os cursos paralelos se desenvolvem pouco a pouco nos terreiros mais reafricanizados, como o de Sandra de Xangô e de Gilberto de Exu, ou em estabelecimentos criados especialmente para esse fim. É o caso, em São Paulo, da Associação da Casa da Cultura Afro-brasileira (ACACAB), que tem por objetivo promover "aspectos da cultura negra e de sua identidade", e o da Fundação de Apoio ao Culto e à Tradição Iorubás no Brasil (FUNACULTY), fundada por Aulo Barretti, ex-aluno da ACACAB, onde lecionou mitologia dos orixás durante seis anos. A FUNACULTY também oferece aos alunos uma biblioteca especializada em história, religião e cultura dos iorubás.

O caso mais interessante talvez seja o do Centro Cultural Oduduwa, fundado em São Paulo pelo nigeriano Sikiru Salami. Nascido em Abeokutá (Nigéria), ele chegou ao Brasil em 1982; em 1990 (conforme as informações apresentadas em seu livro), fazia doutorado em ciências sociais na Universidade de São Paulo, na qual, paralelamente, ensinava a língua e a cultura iorubás. O Centro Cultural Oduduwa organizava cursos de língua iorubá, além de um curso intitulado "adivinhação, ebó, feitiço e magia", ilustrados com filmes, e a Editora Oduduwa publicava livros sobre o tema, escritos por brasileiros e nigerianos.

Na introdução de seu livro, dedicado à mitologia dos orixás africanos, Salami declara que não se considera um simples pesquisador, pois tem por missão "reencontrar a cultura dos africanos iorubás": "A fé e o interesse dos

---

[4] Saber onde encontrar essas fontes e como consegui-las é, atualmente, o novo segredo da religião. Por exemplo, o ogã Sérgio de Oxalá, de um terreiro ketu, perguntou-me com insistência onde podia encontrar um exemplar de *Notas sobre o culto dos Orixás e Voduns* (1957), de Pierre Verger, que só foi traduzido para o português em 1999, para tirar xerox. Quando lembrei a ele que o texto era em francês, respondeu-me que iria "se virar" para traduzi-lo. A maioria dos meus interlocutores estava muito interessada por toda literatura que pudesse lhes dar informações complementares sobre a África e sobre o culto aos orixás na Nigéria.

brasileiros estão entre os principais motivos que me levaram a escrever uma série de livros a respeito dos orixás" (Salami 1990, 18). Foi a forte demanda no mercado religioso, essa sede de novos conhecimentos sobre os cultos, que fez o sucesso dos cursos e da editora.

ESTUDAR OS ODÙS OU A REAFRICANIZAÇÃO NO RIO DE JANEIRO

O primeiro curso de cultura afro-brasileira foi organizado no Rio de Janeiro, em 1976, pelo babalorixá carioca Ornato José da Silva, autor de livros sobre os fundamentos do culto aos orixás, e teve a colaboração do jovem nigeriano Benjamin Durojaiye Ainde Kayodé Komolafe (Benji Kayodé), estudante de medicina na Universidade do Estado do Rio de Janeiro (UERJ). Kayodé se apresentava como um *awo*[5] que acabara de chegar da Nigéria.

Esse "primeiro curso de base para a formação dos seminaristas nos cultos afro-brasileiros" foi dado na Congregação Espiritualista Umbandista do Brasil (CEUB), na época dirigida por Tancredo da Silva Pinto[6] e associada à assim chamada Sociedade Instituto Sanatório Espiritual do Brasil. O primeiro grupo de alunos, todos iniciados no culto, tinha em suas fileiras dois personagens que trabalharam muito na difusão desse tipo de curso no Rio de Janeiro, Ruth Moreira da Silva e José Beniste, ao lado de Ornato José da Silva (coordenador do curso da CEUB), Tata Martinho Mendes Ferreira (presidente da CEUB) e Geraldo de Freitas Assumpção (secretário da CEUB). Benji Kayodé dava, paralelamente, um curso de iorubá na sede do Afoxé Filhos de Gandhi[7], no centro do Rio, experiência que não durou muito tempo.

Também em 1976 foi fundada a Sociedade Teológica Iorubá de Cultura Afro-brasileira, dirigida por Eduardo Fonseca Jr. No prefácio de seu *Dicionário yorubá (nagô)-português* (Fonseca Jr., 1988), ele próprio se define como "professor de Ciências Políticas e Economia e Expansão do Continente Africano, professor de Teologia e Cultura Afro-negra [...], africanólogo". Jornalista de formação,

---

[5] Iniciado no culto de Ifá. "Os adivinhos de Ifá são mais comumente chamadas babalaô ou 'pai que tem segredos' [...] ou simplesmente awo, segredos ou mistérios" (Bascom 1969a, 81).

[6] Vimos, no terceiro capítulo, como Tancredo da Silva Pinto promoveu a umbanda "africana". Ele era também o chefe do culto omolocô, mistura de umbanda e de rituais do candomblé angola.

[7] A Associação Cultural Recreativa Filhos de Gandhi do Rio de Janeiro foi fundada em 12 de outubro de 1951 e declarada de interesse público em 10 de outubro de 1968 pelo decreto municipal nº 685. Seu primeiro presidente foi o ogã La Paz do Axé Opô Afonjá do Rio de Janeiro.

Fonseca organizou, em 1976, a I Semana da Cultura Afro-brasileira, realizada de 9 a 11 de novembro no auditório da Associação Brasileira de Imprensa. Em seu discurso de encerramento, o embaixador da Nigéria Olajide Alo sublinhou a importância de tais iniciativas para o desenvolvimento das relações entre a África e o Brasil.

Em 1977, a Sociedade Teológica Iorubá de Cultura Afro-brasileira contratou como professor de iorubá outro jovem nigeriano, Joseph Olatundi Aridemi Osho, aluno da Escola de Engenharia da Universidade do Estado do Rio de Janeiro. Essa experiência durou até o início de 1979, data em que ele começou a dar cursos no Centro de Estudos e de Pesquisas de Cultura Iorubá, dirigido por Fernandes Portugal.

No prefácio que redigiu em 1983 ao *Dicionário yorubá (nagô)-português*, de Eduardo Fonseca (1988), Austregésilo de Athayde, então presidente da Academia Brasileira de Letras, apresenta o autor da obra como um pioneiro, como o primeiro a ter aberto uma "rota turística" para a África, "a fim de que os brasileiros pudessem se aproximar de seus ancestrais", e criado um verdadeiro "marketing" da cultura negra.

Em 2 de janeiro de 1977, Fernandes Portugal fundou o Centro de Estudos e de Pesquisas Afro-brasileiras, que se tornaria em seguida o Centro de Estudos e de Pesquisas da Cultura Iorubá. Esse centro tinha um projeto ambicioso, que já fora o do CEAO, na Bahia: pôr em contato os iniciados nos cultos e os pesquisadores em ciências sociais especialistas do estudo da cultura afro-brasileira. Com esse fim, eram dadas conferências nos terreiros, nas associações e na universidade Estácio de Sá. Cursos de iorubá foram ministrados no próprio centro, cujo público sempre era composto por iniciados que buscavam aprofundar seus conhecimentos da cultura iorubá. Queixavam-se de que eram forçados a isso porque "os antigos" não haviam transmitido às novas gerações todo o saber de que dispunham e de que, por causa disso, era preciso ir buscar os conhecimentos perdidos em outro lugar.

Benji Kayodé participou do centro como professor de iorubá em março de 1977. Como os outros nigerianos que o seguiram, ele se apresentava como um alto iniciado no culto da Nigéria e evidentemente suscitava o interesse dos alunos, ávidos de *fundamentos*, ou seja, dos conhecimentos rituais. Vimos que, em São Paulo, cursos específicos tinham por tema os verdadeiros fundamentos do culto africano. Uma das práticas rituais que haviam sido esquecidas no Brasil era a adivinhação pelos *odùs*, isto é, as configurações na base do sistema divinatório de Ifá. Os 16 *odùs* principais formam 256 combinações possíveis, ligadas, cada uma delas, a uma história (*itan*) do *corpus* de conhecimentos de Ifá. O objetivo da adivinhação, portanto, é, por meio da identificação do *odù* e do *itan* (história) correspondente a cada situação particular, revelar aos homens os sacrifícios que devem cumprir para restaurar a harmonia entre o mundo terrestre e o mundo espiritual.[8]

Os primeiros cursos sobre a adivinhação com o sistema de Ifá incluíam o aprendizado do *corpus* de conhecimentos das histórias de Ifá, que então se combinou com o estudo da língua. A criação desses cursos paralelos não deixou de provocar conflitos com os organizadores dos cursos oficiais de língua. Fernandes Portugal, por exemplo, não demorou a questionar a legitimidade dos professores nigerianos: "Hoje há uma corrente que afirma, e até é procedente, que parte desses nigerianos não era iniciada. Eram anglicanos, alguns eram muçulmanos, e nada sabiam [do culto dos orixás]. O certo é que eles iniciaram algumas pessoas". Ou, ainda a respeito dos discípulos dos africanos, que eram os antigos alunos dos cursos organizados em seu estabelecimento: "Alguns brasileiros não esclarecidos, deslumbrados, convergem a essas pessoas [os africanos] e tendem a colocar em dúvida todo o seu passado histórico, todo o seu acervo cultural em baixa, fazendo críticas sucessivas a babalorixás brasileiros, dizendo que nada sabem. Algumas pessoas até saíram das casas para fazer obrigações com esses africanos." A colaboração entre o centro de Fernandes Portugal e Benji Kayodé teria acabado em decorrência desses desentendimentos.

Em 14 de janeiro de 1978 houve a cerimônia de encerramento do primeiro curso de adivinhação africana, assim como a confirmação do título de *omo Ifá* (filho de Ifá) pelo professor Benji Kayodé e pelo babalaô Richard Yinka Alabi Ajagunna, também estudante nigeriano da Faculdade de Medicina do Rio de Janeiro. Tornar-se *omo Ifá (awo fakan)* equivale a ter recebido a primeira confirmação da "mão de Orunmilá" (Ifá), primeiro grau no processo de iniciação do novo babalaô, o sacerdote que pratica a arte adivinhatória. Segundo Fernandes Portugal, que já passou por essa etapa, é nesse momento que o candidato recebe o colar e a pulseira de Ifá, os assentamentos de Oxóssi e de Ogum, de Orunmilá (Ifá) e do Exu que o acompanha, *Oseturá,* bem como o livro dos *odùs* e o dos *ewo* (os interditos rituais).

---

[8] Os *odùs* também são chamados de "caminhos" pelos quais "vêm" os orixás, influenciando, de modo positivo ou negativo, suas ações sobre os homens. Os odùs são considerados entidades vivas e ativas que se deve alimentar e tornar propícias pelos sacrifícios. Seriam os filhos de Ifá, dos quais os mais "velhos" são considerados os mais "poderosos". Os *odùs* "respondem" pelo *opelê*, a corrente de adivinhação, os *ikin*, as nozes de palmeira, ou pelo jogo dos búzios.

Em *A linguagem correta dos orisa*, Kayodé (1978) cita 14 alunos que participaram dessa cerimônia final; entre eles, o ogã dos Filhos de Gandhi, Caetano Pereira de Souza, que recebeu o nome ritual (*orunko Ifá*) de Odusina, e José Nilton Vianna Reis, mais conhecido como Torodê de Ogum, que recebeu o nome de Ifasaiyo.

Torodê foi iniciado em 1957, aos 14 anos de idade, por Joãozinho da Gomeia. Vimos como, no fim dos anos 1950, este mudou seu axé, sua tradição de origem – "tinha trocado as águas", como se diz no jargão do candomblé –, dando obrigação com Mãe Menininha do Gantois, a mãe de santo mais conhecida do Brasil, representante do candomblé nagô tradicional. Com efeito, Torodê de Ogum revive essa passagem da tradição angola à tradição dita mais pura dos nagôs como uma perda de pureza: "Isso em 1958 ou 1960, não me lembro exatamente. Daí ele passou para ketu, mas não deixava de ter determinadas festividades dentro do ritual de angola, por exemplo, na prática da feitura [iniciação]. Então se tornou um terreiro mesclado de nação. Alguns, aqueles que gostavam do angola, ele fazia, outros que eram ketu, ele fazia".

Em 1974, após a morte de seu iniciador, Torodê foi à Nigéria, "para ver a coisa de perto". A partir desse momento, dirigiu-se periodicamente à África: "Depois de ter feito obrigação lá, me desvinculei de pai de santo no Brasil. Passei a ser independente, mesmo porque o meu pai de santo faleceu e eu já tinha casa aberta, já tinha toda a minha equipe formada, os ogãs, as equedes. Eu não vou ficar a vida toda dependendo de pai de santo!"

Para entender a importância dessas palavras, é preciso levar em conta a obrigação que é imposta a muitos iniciados de completar o ciclo das iniciações pela cerimônia dos 21 anos de iniciação. Em 1974, Torodê tinha apenas dezessete anos de iniciação. Teoricamente, ainda estava submetido à hierarquia do candomblé e deveria ter tido um pai ou mãe de santo em substituição a seu iniciador falecido. Referir-se a uma tradição mais pura – a tradição africana – permitiu que ele afirmasse sua independência e sua supremacia sobre os sacerdotes que tinham ficado ligados à prática "misturada" brasileira.

Em 1977, Torodê organizou cursos de língua iorubá e de mitologia dos orixás em seu terreiro, o Ilê Axé Ogum Torodê, no bairro do Méier, no Rio de Janeiro. Os cursos eram dados por Benjamin Kayodé e Richard Yinka Alabi Ajagunna. Torodê participava deles como aluno. Dava-se mais importância ao sistema de conhecimentos de Ifá, ao método adivinhatório, e especialmente ao estudo dos *odùs*.

Torodê de Ogum exprime assim a dificuldade encontrada por vários alunos de se adaptarem ao ensino dos africanos:

Nessa época, o nosso grupo era composto de 14 pessoas, mas a maioria dessas 14 pessoas não entendia, não aprendia, não foi aproveitável quase nenhum deles. Eles preferiram ficar no método do Brasil, o método de jogar búzios por intuição. Eu nunca admiti isso. Porque se existe um método, vamos aprender e vamos executar dentro daquela mecânica. E não ficar adivinhando. Para você adivinhar, você pode jogar com palito de fósforo, com caroço de milho ou feijão!

Após sua confirmação como *omo Ifá*, em 1978, Torodê prosseguiu sua iniciação para se tornar babalaô, procedendo às cerimônias anuais com os africanos. O resto do grupo se dispersou. Após nove anos de estudos, Torodê recebeu de Kayodé o título de babalaô, "para dar continuidade ao trabalho". A partir de 1984, Torodê começou a ensinar ele mesmo a prática divinatória de Ifá, assim como a cultura e o ritual iorubás, em seu próprio terreiro. A cada ano seguinte, organizou um ou dois grupos de estudo, compostos de quarenta ou cinquenta pessoas. Tratava-se, em geral, de iniciados interessados pela tradição africana, mas, segundo o próprio Torodê, ser iniciado não era um fator decisivo para ser aceito no curso, "pois é possível ser sacerdote de Ifá sem ser iniciado no culto dos orixás"[9].

O ensino da língua e da cultura iorubás repousava em textos da literatura nigeriana e em estudos antropológicos, tais como *Sixteen Cowries*, de Bascom. Como essas obras não estavam traduzidas para o português e eram de acesso difícil para os iniciados, os jovens estudantes nigerianos traduziam trechos delas, modo pelo qual foram pouco a pouco divulgadas. Torodê fala das consequências desses cursos no meio do candomblé:

> Houve um choque devido aos costumes afro-brasileiros estarem sincretizados com os santos da Igreja Católica. Quando [os africanos] tentaram cortar, desvincular essa situação, os mais radicais, que achavam que Santa Bárbara era Iansã e que Ogum era São Jorge, não se conformaram. [...] Eu achava absurdos no Brasil, não podia entender

---

[9] Na verdade, um babalaô não poderia ser possuído pelos orixás, ao passo que os iniciados no candomblé (exceto se ogãs ou equedes) são todos possuídos por suas divindades. Embora, segundo a tradição cubana, na qual o culto a Ifá foi preservado, as mulheres estejam proibidas de serem iniciadas no mesmo nível que os babalaôs, os cursos de Torodê recebiam tanto mulheres quanto homens. Em Cuba, onde encontramos muitos babalaôs, a mediunidade não é condição indispensável à iniciação no culto dos orixás e as mulheres só podem receber o "kofa", primeiro nível de iniciação a Ifá (ver Capone 2011).

por que Ogum teria que ser, para o baiano, Santo Antônio, que era português. Ou São Jorge, que era Jorge da Capadócia, sírio, e foi para o exército romano. Foi por isso que, quando o meu pai de santo morreu em 1971, eu tive uma curiosidade incrível de procurar a matriz na África.

Se, por um lado, Torodê afirma a importância desse contato direto com as fontes, por outro, reconhece que partir em busca da pureza perdida pode ser uma armadilha: "Ir à África é muito relativo. Pode-se ir lá, mas se ficar na capital não vai encontrar nada. É preciso entrar em contato com os mais velhos". E ainda, ao falar dos jovens nigerianos que davam os cursos no Brasil e que foram seus iniciadores:

> A vantagem é que eles conheciam a língua [inglesa e iorubá]. Eu já tinha muitos livros. Então fizemos juntos um trabalho interessante. Eles traduziam, e com os meus conhecimentos rituais organizamos tudo. [...] Minha irmã de santo Gisèle [Binon-Cossard] me dizia: "Escute, não se iluda com os africanos. São só garotos, são jovens e não conhecem os ritos. O pai, a mãe, os avós deles, estes sabiam". Mas isso não é importante. Pelo menos, graças a eles, conhecemos a língua... Na verdade, muitos deles nem conheciam o processo de iniciação. Eles assistiram a isso tudo aqui, no Brasil.

O fim dos anos 1970 foi marcado por uma mudança nos cursos de língua iorubá. Acima de tudo, eles se revelaram do ponto de vista comercial menos interessantes do que se havia imaginado. Os organizadores achavam que os professores africanos eram muito caros. Na realidade, já estava claro que os iniciados que faziam os cursos não estavam verdadeiramente interessados pelo aprendizado da língua, e sim pelo aprendizado de um saber secreto, o que se traduziu por uma demanda crescente de informações, conhecimentos, fundamentos. Em 1980, José Beniste, animador de programas de rádio, inaugurou o *Programa Cultural Afro-brasileiro* na rádio Roquette Pinto. Ele começou sua carreira em 1970 na rádio Rio de Janeiro, fundada pelos kardecistas, com o programa *Umbanda em sua casa*. Em 1980, já frequentava o Axé Opô Afonjá do Rio de Janeiro, em Coelho da Rocha, onde recebeu o título de ogã em 1983. Foi nessa mesma época que começou a organizar cursos com Richard Ajagunna na

Tenda Espírita Pai Jerônimo[10], centro de umbanda situado na zona norte do Rio de Janeiro. Em um primeiro momento, teve a colaboração de Ruth Moreira da Silva, aluna na CEUB, em 1976, do "primeiro curso básico para a formação dos seminaristas nos cultos afro-brasileiros". Esta também organizou, com Beniste, um curso no Instituto Brasil-Nigéria. Havia também cursos na sede do Centro de Estudos e de Pesquisas da Cultura Iorubá[11], de Fernandes Portugal.

Segundo as informações de Fernandes Portugal, em 1990 e 1991, Michael Kayodé Owolabi e Michael Oluyemi, dois outros estudantes nigerianos, publicaram um dicionário de nomes rituais. Michael Kayodé redigiu também *A língua do Axé*, entre outros trabalhos sobre a língua iorubá, como material para os cursos.

Desde 1990, um curso sobre a prática divinatória foi dado por Adilson Antônio Martins, que foi iniciado em 1968 no culto de Oxalá pelo pai de santo Zezinho da Boa Viagem, ele mesmo iniciado pelo babalorixá Tata Fomotinho, da linhagem jeje de S. Félix (Cachoeira, Bahia). Adilson aprendeu o ofício de ferreiro de candomblé com Amor, um velho ferreiro muito conhecido e respeitado, e que durante muito tempo possuiu uma loja de utensílios sagrados no Mercadão de Madureira. Adilson começou a se interessar pelo culto de Orunmilá (Ifá) com a chegada dos estudantes africanos. Ficou amigo de Benji Kayodé e de outros nigerianos, e juntos empreenderam um trabalho de pesquisa bibliográfica (seu livro preferido sobre o assunto era *A geomancia na antiga Costa dos Escravos*, de Maupoil). Mas ele sentia a necessidade de ir adiante. Iniciou-se, então, com o babalaô cubano Rafael Zamora Díaz (Ogunda Keté), que vivia no Rio de Janeiro desde o começo dos anos 1990. Na época da minha pesquisa, ele tinha cumprido somente a iniciação de *omo Ifá* (ou *awo fakan*), o primeiro nível da iniciação de babalaô, quando se recebe a primeira "mão de *ikin*". Na opinião de Fernandes Portugal e Adilson Martins, no começo dos anos 1990, só havia dois babalaôs da tradição cubana no Rio de Janeiro: Rafael Zamora e Alberto Chiamarelli Filho, iniciado em Havana por Zamora em 1992, segundo a *Regla de Orula* (nome pelo qual se chama Ifá em Cuba) (Capone 2014, 2016b).

---

[10] A respeito desse centro de umbanda, O. J. da Silva (1988, 28) informa que seu fundador, Pai Jerônimo, foi iniciado no espiritismo aos 12 anos de idade, passou em seguida ao culto da "linha das Almas" (umbanda), depois ao do omolocô (umbanda africanizada), para terminar com uma iniciação para Xangô Aira com Nezinho do Gantois, do célebre terreiro ketu. Exemplo típico de reafricanização (ou purificação) progressiva no meio dos cultos afro-brasileiros.

[11] Anteriormente, Centro de Estudos e de Pesquisas Afro-brasileiros. O termo "afro-brasileiro" foi trocado por "iorubá", evidenciando assim a reafricanização do estabelecimento.

Torodê de Ogum e Fernandes Portugal (Babaláwo Sàngótola) foram dois representantes do candomblé reafricanizado no Rio de Janeiro. Fernandes Portugal definia seu terreiro como "ijexá reafricanizado". De fato, ele tinha sido iniciado, em 1970, na nação ijexá, por Zezito de Oxum, filho de santo de Eduardo de Ijexá, pai de santo muito conhecido na Bahia. Em seu terreiro, reafricanizado após suas viagens à África, não havia mais a obrigação ao fim dos sete anos de iniciação, e sim cerimônias anuais: conforme a adivinhação e a capacidade de aprendizado de cada iniciado, o babalorixá podia proclamar o iniciado *ebômi* (com mais de sete anos de iniciação) antes mesmo do fim desse período. A substituição das grandes saias com anágua engomada, habitualmente usadas no candomblé, por roupas africanas foi outra modificação introduzida. Hoje em dia, o uso de panos e turbantes africanos é sempre mais difundido no meio do candomblé. Torodê de Ogum também justificava a mudança das roupas rituais em razão de suas viagens à África e dos "conhecimentos certos" que lá teria encontrado. Mas essas mudanças muitas vezes dão lugar a críticas, pois a tradição africana entra inevitavelmente em conflito com a tradição afro-brasileira.

A UNIDADE NA DIVERSIDADE

A proliferação dos cursos de língua iorubá e a transformação deles em cursos sobre a adivinhação ou sobre o ritual levanta um problema: quem está autorizado a falar em nome da tradição? A presença dos estudantes nigerianos que, apenas por serem africanos, focalizam o interesse e a esperança de grande parte da comunidade dos iniciados não podia passar despercebida de outras instâncias que lutavam pela supremacia no meio das religiões afro-brasileiras.

No número 5-6 de *Siwaju*, jornal do Instituto Nacional da Tradição e Cultura Afro-brasileira (INTECAB), há um artigo de Juana Elbein dos Santos, de outubro de 1990, no qual a antropóloga se insurge contra os africanos que vêm ao Brasil para ensinar a tradição africana:

> Existe uma grande parte da população negra da Bahia, brasileiros que [...] fazem da África Negra e dos africanos paradigmas idealizados de conhecimentos, de sabedoria, de poderes extraordinários. [...] Isso faz com que, sem discriminação nenhuma, qualquer estudante da Nigéria, de Benim ou de qualquer outra região [da África ocidental] seja transformado em ídolo reverenciado, fonte de valores e conhecimen-

tos que permitirão valorizar suas posições na comunidade. Abrem suas casas e seus bolsos – geralmente em dólares – para esses "entendidos", duvidando de suas próprias heranças e ensinamento, este último aqui transmitido de geração em geração. [...] Não serão esses "novos entendidos" africanos que aportaram na última década às nossas plagas produtos eles mesmos de uma outra experiência histórica colonialista e de repressões culturais, que poderão interferir em nossa tradição, apontando, corrigindo, publicando livros leigos, realizando "jogos" oraculares mirabolantes, inventando conhecimentos. A nossa tradição se realizou e continua se recriando a partir de princípios inaugurais, mas com uma dinâmica própria, participando dialeticamente do tecido social brasileiro (*Siwaju* 1991-2).

Singular visão de uma África que a um só tempo reconhece a autoridade de uns (os antropólogos que fizeram suas pesquisas na África e os membros do candomblé tradicional) e questiona a legitimidade de outros (os africanos ligados aos cursos): "Acontece que mal enxergam nossos irmãos brasileiros que a África Negra sofreu um terrível processo de colonização, de desestruturação de seus mais significativos valores tradicionais" (*Siwaju* 1991-2).

Mas nem por isso Juana Elbein dos Santos contesta a existência de "ilhas de resistência e continuidade", autenticadas pelas diversas viagens que ela mesma e seus predecessores efetuaram à África. A questão, portanto, é saber quais são essas ilhas de resistência. A África não pode ser o instrumento de legitimação de qualquer um; ela deve continuar sendo monopólio dos antropólogos e dos membros das famílias de santo ligados aos terreiros tradicionais. Paradoxalmente, os organizadores dos cursos do Rio de Janeiro sustentam o mesmo tipo de discurso. Depois de terem sido formados pelos africanos, contestam a legitimidade daqueles que os legitimaram em suas posições. A reafricanização não deve, pois, passar mais pela África, ela não é mais um retorno às raízes africanas (Capone 2016b): ela passa pela busca dos "princípios inaugurais" da religião, que, "no nível religioso, equivalem ao *axé* e, no nível filosófico, ao *arkhé*".

A noção de *arkhé* foi amplamente utilizada nos trabalhos de Muniz Sodré, Juana E. dos Santos e Deoscóredes M. dos Santos. De acordo com o casal Santos, *arkhé* significa tanto "princípio-começo-origem" quanto "princípio-poder-comando": "O sentido de *arkhé* não deve ser entendido apenas como algo que aponta a anterioridade e a antiguidade. O conceito de *arkhé*, nas comunidades iniciáticas, envolve a ideia de princípio inaugural, constitutivo, recriador de toda a experiência" (Santos e Santos 1993b, 46). Para Marco Aurélio Luz[12], "o *arkhé*, todavia, não se restringe a um princípio inaugural histórico-social e cultural, mas engloba a energia mística constituinte da ancestralidade e das forças cósmicas que regem o universo na interação dinâmica de restituição de *axé* do *aiyé* e do *orun,* deste mundo e do além" (Luz 1992b, 67).

O *axé* se torna, então, a materialização, no plano religioso, do *arkhé,* espécie de núcleo arcaico do sagrado na origem do "complexo básico civilizatório" africano. Mas quem diz complexo básico diz unidade da cultura negra. Ora, no Brasil, esta é uma cultura plural, nascida da contribuição de diferentes etnias. As contribuições de cada uma estariam assim ligadas por um pacto semântico, que "deve elaborar as contradições e polêmicas em relação aos outros segmentos da sociedade, criando a partir de sua identidade estratégias de contato e relações" (Santos e Santos 1993b, 42). É preciso, pois, estabelecer uma "ação descolonizadora", cujo objetivo é "recompor e conscientizar o complexo pacto semântico, sua memória e continuidade" (Santos e Santos 1993b, 42).

Mas o que está em questão ao se falar de ação descolonizadora? Trata-se aqui do problema do sincretismo, que desde o fim dos anos 1970 anima o debate das vanguardas da comunidade negra[13]. A teoria da máscara se tornou predominante: os africanos fingiram aceitar os valores do catolicismo para escapar à repressão colonial. É a teoria de Bastide que, em razão do princípio do corte, via o mundo ocidental e o mundo africano como incompatíveis e incapazes de se misturarem. E ali onde o mundo africano foi preservado, o contato com o mundo ocidental teria determinado apenas uma simples justaposição de elementos culturais. O sincretismo, portanto, teria sido menor nas comunidades tidas como símbolos do enquistamento cultural perante a sociedade dominante (Bastide 1971, 389). Esses nichos comunitários eram representados pelos terreiros tradicionais da Bahia.

---

[12] Luz foi o responsável nacional pelo Conselho Consultor do INTECAB, cujo coordenador-geral foi D. M. dos Santos, e a responsável nacional pela Comissão de Ciência e Cultura, Juana E. dos Santos, que foi ao mesmo tempo a coordenadora-geral da SECNEB, criada em Salvador em 1974. Estas duas instituições tiveram um papel central no debate sobre a tradição. No fim de 1993, o endereço da Editora Arembepe Ltda., que publicava *Siwaju,* o jornal do INTECAB, também era o endereço da sede da SECNEB.

[13] Embora o candomblé não possa mais ser definido como uma religião de negros, em razão da presença de numerosos brancos no culto, ele se define (principalmente o candomblé dito tradicional) como a expressão central da cultura negra. Assim, antropólogos brancos, como Marco Aurélio Luz ou Juana E. dos Santos, graças à sua iniciação no culto, erigem-se em representantes dos negros brasileiros e com eles se identificam.

SACERDOTES NIGERIANOS, DA COMITIVA DO OONI DE IFÉ,
COM MÃE MÁRIA DE XANGÔ NO AXÉ PANTANAL, 13 DE JUNHO DE 2018 (FOTO DE ARTHUR LIMA).

Afirmar que o mundo africano e o mundo ocidental não podem se misturar equivale a afirmar a irrealidade do sincretismo, ao menos no que diz respeito aos terreiros tradicionais, em que a pureza do mundo africano foi preservada. O movimento de dessincretização visa então eliminar todos os elementos de origem católica que não têm mais razão de existir, pois o contexto histórico hoje é muito diferente do que existia outrora, como defende D. M. dos Santos:

> Estamos em uma democracia e temos uma Constituição que garante a nossa liberdade de culto no Brasil. Chegou a hora em que todos os responsáveis pelos terreiros das diversas nações existentes no Brasil devem se pronunciar e decidir de uma vez por todas acabar com esse "sincretismo" que os católicos dizem que existe nos cultos afro-brasileiros (*Siwaju* 1991-2).

Bastaria, portanto, retirar a máscara para que se revele, como que por milagre, a África primordial em toda a sua pureza. À frente desse movimento de dessincretização encontramos a ialorixá do Axé Opô Afonjá, Mãe Stella, que empreendeu uma verdadeira cruzada contra o sincretismo durante a 2ª Conferência Mundial sobre a Tradição e a Cultura dos Orixás, organizada em Salvador em 1983: "Poderíamos chamá-la da nova líder espiritual da religião afro-brasileira, quando ela [não teve] medo das consequências que poderiam advir depois de seu pronunciamento frio, porém duro e oportuno, de que a religião afro não tem nada a ver com a religião católica" (Silva 1988, 27).

Não por acaso essa declaração foi feita durante a primeira COMTOC no Brasil. Com efeito, o movimento de dessincretização é oriundo da Sociedade de Estudos da Cultura Negra no Brasil (SECNEB), fundada em 1974 pelo casal Santos, que estava também entre os organizadores das primeiras COMTOC. Foi neste círculo que se definiu uma nova interpretação antropológica das religiões afro-brasileiras, a qual reverberou intensamente nos terreiros. Os diretores da SECNEB, que gozavam de grande prestígio nos meios religiosos afro-americanos em geral e mantinham boas relações com as autoridades políticas e os sacerdotes tradicionais da Nigéria, organizaram um movimento visando não só constituir uma espécie de internacional dos ritos da tradição dos orixás, como também estruturar uma organização "ecumênica" das religiões afro-brasileiras.

Ora, o projeto da SECNEB atendia a uma mudança na percepção da cultura negra, causada pela explosão pan-africanista dos anos 1970 que, no Brasil, assumiu a forma da valorização da cultura afro. "Afro" se aplicou, então, ao negro que tomou consciência de suas origens e de sua própria identidade cultural, e cultura negra, afro, tornou-se assim o estandarte do movimento negro brasileiro, que passou de um discurso integracionista, em que o negro queria ser aceito como igual – discurso dominante nos anos 1930 – a um discurso radical, em que o negro afirmava sua diferença[14].

Mas, para ser porta-voz desse movimento oriundo do pan-africanismo, era preciso postular uma unidade de base do mundo negro que incluísse não só os diferentes povos africanos, mas também os negros da diáspora. Um exemplo dessa mudança de perspectiva é dado por Marco Aurélio Luz (1983) em *Cultura negra e ideologia do recalque*, ao sublinhar a unidade do que chama a "religião negra" por intermédio do culto comum a um Deus supremo. Sua principal preocupação é demonstrar que existe uma continuidade entre a religião africana e

---

[14] Foi a partir do fim dos anos 1970 que o movimento negro começou a defender a ideia de um etnocentrismo negro. Na Bahia, a identidade negra cada vez mais passava pela cultura afro--brasileira, preservada nos terreiros do candomblé tradicional.

a religião afro-brasileira. Luz classifica as religiões negras conforme a "vocação" que elas têm de atualizar sua origem africana no Brasil e de "dar continuidade ao processo civilizatório negro-africano". Ora, essa vocação só pode se encarnar nas comunidades religiosas que preservaram do modo mais estrito "os sistemas simbólicos e rituais que elas herdaram", isto é, os terreiros tradicionais do candomblé nagô da Bahia. Os outros terreiros, por sua vez, quanto mais próximos estão dos tradicionais, "mais a complexidade do sistema religioso de origem se mantém, apresentando maior integridade e poucos saltos ou lacunas, e, portanto, estando ausentes variáveis simbólicas e rituais exógenas ao contexto original" (Luz 1983, 31). Assim, os terreiros nagôs tradicionais são, por excelência, os centros em que se exprime essa nova cultura de resistência, os símbolos da construção de uma identidade afro, ativamente buscada pelo movimento negro[15].

O negro volta a ser então o protagonista de sua própria história, capaz de criar estratégias que lhe permitam "atuar nos interstícios do sistema". A conversão ao catolicismo, longe de ser uma simples fachada para os africanos escravizados, é vista como um meio estratégico de jogar com as ambiguidades do sistema: "A cultura negro-brasileira emergia tanto de formas originárias quanto dos vazios suscitados pelos limites da ordem ideológica vigente" (Sodré 1988, 124). Ou, ainda, para melhor salientar o caráter de resistência dessa suposta adaptação: "A originalidade negra consiste em ter vivido uma estrutura dupla[16], em ter jogado com as ambiguidades do poder e, assim, ter podido implantar instituições paralelas" (Sodré 1988, 132). Logo, se o negro pode jogar politicamente com o sistema, o sincretismo, que sempre constituiu um problema na busca da pureza do culto, deve necessariamente mudar de rosto: ele se torna, então, uma "resposta dialética de um longo processo de resistência-acomodação" (J. Santos 1977b, 23).

Como o negro no Brasil é evidentemente um mestiço, fruto de diferentes contatos culturais, acaba-se buscando os elementos comuns aos diferentes cultos

---

[15] Barreto (1989, 104) sublinha a aliança existente entre os terreiros tradicionais e o movimento negro, a qual se torna fonte de prestígio para os chefes de culto. Para esse movimento negro, a religião afro-brasileira é importante por várias razões: ela contribui para unificar "a etnia"; desempenha papel revolucionário ao opor seus próprios valores aos da religião dos brancos; permite ao negro reatar com seu passado, uma vez que soube preservar seus mitos e seus heróis; é uma das principais fontes de inspiração para os projetos políticos do movimento negro.

[16] Essa estrutura dupla lembra claramente o princípio do corte caro a Bastide. É preciso dizer que este formou toda uma geração de intelectuais no Brasil e que foi também o orientador de Juana E. dos Santos na Sorbonne. É sobre sua teoria da separação entre o mundo africano e o mundo ocidental, nas "ilhas de resistência" do candomblé tradicional, que a afirmação do processo de dessincretização repousa, ao lado da vocação hegemônica de um certo segmento do candomblé nagô (Capone 2001).

religiosos de origem africana, "a analogia de seus conteúdos estruturais básicos comuns e a continuidade – com saltos e vazios – de um sistema que inovou elementos essenciais de uma herança mística ancestral" (J. Santos1977b, 24). Nessa ótica, os sincretismos são apenas "mecanismos ao serviço das variáveis", expressões da continuidade e da expansão do "processo civilizatório negro" (J. Santos1977b, 24).

Ora, onde se concentra esse processo? Na religião, que desempenha um "papel histórico" na criação dos grupos comunitários que se constituem como "centros organizadores de resistência cultural". Sentimos ecoar a teoria de Bastide (1971, 542-543), segundo a qual só existem duas reações possíveis à exploração de uma "raça" por outra: a rebelião ou a aceitação. No primeiro caso, a resistência se cristalizaria quase sempre em torno dos sacerdotes africanos; no segundo, haveria uma aceitação, ao menos aparente, da cristianização. Mas aqui essa resistência estava limitada ao "suicídio, aborto, viver como quilombolas, assassinatos dos senhores ou revoltas armadas das 'nações'", ou seja, à etapa que precede a necessária adaptação à sociedade brasileira, da qual um dos produtos será o candomblé. Bastide vê o "espiritismo de umbanda" – e não os terreiros tradicionais da Bahia, lugares de harmonia e não de conflito político – como a religião que poderia, um dia, tornar-se messiânica.

Ora, Juana E. dos Santos (1977b) faz de Bastide o garante da missão hegemônica dos chefes do culto tradicional. Bastide teria reconhecido, por "honestidade intelectual" e apesar de tudo o que escreveu sobre o candomblé, que "a lei do amadurecimento", fundamental a toda religião iniciática, condenava-o a ser apenas um profano, bem como a dar apenas uma simples introdução à visão negra do mundo (J. Santos 1977b, 26).

Bastide teria também definido a verdadeira negritude como a "afirmação existencial" e a "expressão do *ethos* da comunidade negra". Ora, é na religião que ela se encarna, pois é "o mais poderoso transmissor dos valores essenciais dessa negritude ou negrismo brasileiro" (J. Santos 1977b, 26). Os valores essenciais dessa negritude teriam sobrevivido a todo tipo de pressão, graças ao "dialético processo de resistência-acomodação" que deu nascimento aos diferentes cultos, ou seja, àquilo que Juana E. dos Santos (1977b, 26) definiu como a "descontinuidade na continuidade". Mesmo o sincretismo se torna, então, uma forma de resistência, pois veicula, em sua diversidade, a unidade de base da comunidade negra[17].

---

[17] No fim da vida, Roger Bastide modificou sensivelmente sua posição quanto à noção de enquistamento cultural. Assim, ao falar da "sociedade dos negros", escreveu: "Só se pode entender

Eis propostos os fundamentos do futuro discurso do Instituto Nacional da Tradição e Cultura Afro-brasileira (INTECAB), fundado em 1987 após uma divisão interna da comunidade afro-brasileira durante a COMTOC de 1986, do qual o casal Santos será membro fundador. O INTECAB[18] se apresenta como "a representação de diversas tradições continuadoras do legado dos ancestrais africanos no Novo Mundo", e reúne os terreiros afro-brasileiros que procuram, por seu intermédio, pôr ordem em um campo (o religioso) que nunca conheceu instâncias superiores[19]. Seu objetivo é "preservar e expandir o legado espiritual dos ancestrais africanos, que constitui o âmago de nossa identidade e de nossa existência", bem como fazer reconhecer o "direito à identidade própria do mais significativo contingente populacional do Brasil", sendo esse direito o "ponto fundamental para a plena liberação integral do povo brasileiro". Para o INTECAB, essa identidade se baseia na tradição, "entendida como renovação contínua e dinâmica dos princípios inaugurais do processo civilizatório negro"[20].

Nessas palavras, seguimos os rastros de um debate que nasceu no círculo da SECNEB (cf. Santos 1977b; Luz 1983) e foi formalizado nos escritos de Muniz Sodré (1988), Luz (1992b, 1993) e Santos e Santos (1993a, 1993b). A "descontinuidade na continuidade" encontra eco na divisa do INTECAB: "a unidade na diversidade". Candomblé e umbanda são, então, apenas simples variantes, decorrentes das estratégias de "resistência-acomodação", assim como instrumentos de continuidade do mesmo "complexo cultural de base". A diferença entre candomblé e umbanda se reduz à mera diferença das variáveis que os cultos incorporaram: variáveis homogêneas que deram origem a um "sincre-

---

essa sociedade recolocando-a na dialética comunidade negra *versus* comunidade não negra; mais precisamente, chegamos à conclusão de que não existe no fundo cultura afro-americana, mas um processo contínuo de adaptação cultural dos negros às vicissitudes da vida social, econômica e política do Novo Mundo" (Bastide 1970b, 68).

[18] O INTECAB era dirigido, na época da minha pesquisa, por um Conselho Religioso Nacional, formado por 22 sacerdotes de alto nível pertencentes às diferentes nações (nagô, jeje, congo, angola etc.) e representantes do culto aos ancestrais. Dividia-se em diferentes comissões executivas: ciências e cultura, intercomunidade, comunicação e relações públicas, secretariado de administração e finanças. Existia também um conselho consultor, formado por representantes do conselho religioso e das diferentes comissões, cujo responsável nacional, em 1992, era Marco Aurélio Luz.

[19] As diversas federações dos cultos que se sucederam nunca proporcionaram verdadeiros resultados quanto à normalização dos cultos. O INTECAB ocupa um espaço que, há muito tempo, foi deixado livre, atendendo, dessa maneira, a uma forte demanda de organização na comunidade de culto.

[20] As últimas citações foram extraídas dos folhetos de propaganda do INTECAB.

tismo intertribal" para o candomblé, variáveis heterogêneas provenientes de outros complexos culturais para a umbanda.

Essa ideia de continuidade na descontinuidade foi desenvolvida por Bastide durante um colóquio organizado em 1970, na Jamaica, pelo Comitê sobre as Sociedades e Culturas Afro-americanas do *Social Science Research Council*, no qual retomou a noção de "continuidade descontínua" ou de "descontinuidade contínua" de G. Gurvitch:

> Mas G. Gurvitch limitava-se a notar a existência de um duplo movimento dialético entre a continuidade e a descontinuidade; gostaríamos aqui de ir além e de ver se o exemplo dos afro-americanos não nos permitiria descobrir um modelo explicativo (e não apenas descritivo) dessa interpenetração da continuidade nas rupturas, bem como da descontinuidade no que se pretende pura manutenção do passado (Bastide 1996b, 77).

Embora não deixe de salientar a dimensão ideológica dessa continuidade[21] bem como seu caráter de construção cultural[22], Bastide afirma a existência de "conservas culturais" no Nordeste brasileiro que impõem a continuidade cultural como resposta à descontinuidade social. É nessas ilhas de resistência que a "verdadeira negritude" encontra sua expressão: uma negritude que não tem mais a ver com uma ideologia política, e se torna uma "afirmação existencial". É a iniciação religiosa nessas conservas culturais, esses pedaços de África transplantados no Brasil, que encarna a verdadeira negritude: a palavra, então, é dada aos membros dos terreiros tradicionais[23], cuja missão é reatar os vínculos

---

[21] "Pode de fato acontecer [...] de a 'continuidade' não existir realmente, de ser uma simples ideologia, ou da classe branca (para melhor se separar da classe das pessoas de cor) ou da classe negra (para melhor afirmar sua originalidade), embora o que exista, por baixo, no domínio dos fatos, seja, ao contrário, a descontinuidade – a ruptura pura e simples com a tradição. [...] Em todo caso, em todos os momentos de ruptura e por toda parte onde a descontinuidade explode nos fatos, uma ideologia de compensação, valorizando o enraizamento no passado, surge, paralelamente" (Bastide 1996a, 78).

[22] "Assim, as ideologias que querem manifestar a continuidade que liga a cultura do afro-americano de hoje à cultura do afro-africano de outrora só fazem ressaltar os cortes e as descontinuidades (a cultura do afro-americano é uma construção, não uma 'sequência', uma 'continuação', e essa construção chega mesmo até a traição, fazendo assim melhor sobressair, para os africanistas, o elemento de descontinuidade que essas ideologias revelam quanto mais querem escondê-lo)" (Bastide 1996a, 85).

[23] "Só um sacerdote do culto e ocupando lugar elevado na hierarquia podia nos dar a obra que eu desejava que acontecesse, o que mostra a importância que dou à obra de Deoscóredes M.

com o "processo civilizatório negro". Para encontrar esse processo civilizatório, comum aos diferentes cultos que reivindicam uma origem africana, é preciso, portanto, que as religiões menos puras, como a umbanda, reafricanizem-se, tomando como modelo as religiões mais puras, ou seja, o candomblé nagô:

> Os cultos de umbanda professam um profundo e verdadeiro respeito pelos terreiros que perpetuam os cultos tradicionais. Apesar das diferenças litúrgicas, das variantes e dos elementos vindos de outros sistemas culturais, fundamentalmente, por sua estrutura e sua forma de vida, os cultos de umbanda participam e derivam diretamente do legado africano. Assim o entendem os dirigentes mais esclarecidos da Federação de Umbanda que tentam manter bons contatos com os cultos tradicionais e se esforçam em estabelecer uma liturgia umbandista unificada reforçando os elementos de tradição africana que ela contém (Santos e Santos 1993a, 162-163).

Os autores fazem referência aqui a Tata Tancredo da Silva Pinto como o chefe espiritual da umbanda que teve a "consciência da necessidade de unificar num organismo central os cultos afro-brasileiros" (Santos e Santos 1993a, 162-163). Ora, Tancredo da Silva Pinto era o presidente da CEUB, a primeira instituição a organizar cursos de língua e cultura iorubás no Rio de Janeiro. Ele reconhecia a supremacia nagô, mas afirmava que os crentes bantos eram capazes de compensar a deficiência inicial, determinada pela perda de suas tradições, pela "aplicação estudiosa" (Boyer 1996). Tata Tancredo era também o chefe do culto omolocô (segundo Francisco Dalmir, de origem luanda--kioko), apresentado como uma forma de umbanda "africana". Dalmir, que fez parte do Conselho Consultor Nacional do INTECAB desde sua fundação em 1987, salienta o caráter de construção da tradição afro-brasileira: "Recriada e reelaborada no Brasil, a religião e a cultura afro-brasileiras são fruto de trocas culturais, de verdadeiros acertos político-religiosos, político-culturais e estritamente políticos entre lideranças e dirigentes das 'nações' ketu, nagô, gege, angola congo, luanda-kioko" (Dalmir 1992, 186).

Para se reforçarem, os cultos mais afastados do "complexo cultural de base", como a umbanda, devem então se aproximar das formas mais puras. A respeito

---

dos Santos, *West African Sacred Art and Ritual In Brazil*, 1967, e de sua esposa, Juana Elbein dos Santos, *Os Nagô e a morte*, 1977, ou aos escritos em que eles colaboraram, como *Esu Bará Laroyé*" (Bastide 1996a, 19).

FESTA DOS CABOCLOS

do sincretismo entre umbanda e candomblé, denominado umbandomblé, Luz (1993, 106) afirma: "Desse modo, a umbanda procura se reforçar através da cosmogonia de religiões irmãs, pertencentes ao mesmo processo civilizatório negro-africano no Brasil". Assim, se o sincretismo com o catolicismo é apenas a expressão da ideologia da mestiçagem, e por isso deve ser denunciado como uma falsa solução para os afro-brasileiros, o sincretismo entre "religiões irmãs" se torna inteiramente desejável... contanto que seja em direção à forma mais próxima das origens africanas![24]

Mas quais são os pontos comuns que formariam esse complexo cultural de base do processo civilizatório negro? O culto às forças cósmicas (orixá, baculo, inkice, vodum), aos ancestrais (egum, preto-velho, caboclo), assim como o fundamento de toda religião afro-brasileira, ou seja, o *axé* para os nagôs e o *nguzu* para os bantos (Dalmir 1992, 183).

O núcleo da cultura negra não é mais apenas o *ethos*, próprio às comunidades-terreiros, mas também e sobretudo seu *eidos*, "sua dimensão transcendente" atualizada nas comunidades religiosas (Luz 1992a, 68). Essa cultura é fundamentalmente distinta da cultura ocidental; a cultura negra é, segundo Sodré (1988, 136), uma "cultura das aparências", que faz referência não a um espaço dirigido para uma "linearidade irreversível", mas "à hipótese de um espaço curvo, que comporte operações de reversibilidade, isto é, de retorno simbólico".

Essa noção de aparência confunde-se com a noção de *axé* (à qual, vimos, Juana E. dos Santos dá atenção particular) e com a estrutura do segredo:

Quando o segredo é institucionalizado – como é o caso do *auô* [awo] na cultura negra – a comunicação é o próprio processo iniciático, constituído por um conjunto de atos ritualísticos, através dos quais se transmite gradualmente, ao longo dos tempos, conteúdos secretos. A

---

[24] A posição diante do sincretismo parece ter sido uma das razões da divisão no terreiro de onde provém o casal Santos. De fato, Mãe Stella, ialorixá do Axé Opô Afonjá de Salvador, foi a primeira a se opor ao sincretismo, condenando o culto ao caboclo, que era extremamente difundido, mesmo em terreiros "tradicionais", como culto não africano. Sua posição foi contestada por outros terreiros e pelo INTECAB, que defende o culto ao caboclo, pois ele representa o "dono da terra de nosso Brasil" (*Siwaju* 1991-2). Segundo Ordep Trindade Serra (1995, 63-64), que visivelmente tomou o partido de Mãe Stella, se esta não está de acordo com a linha política do INTECAB, é porque seus "irmãos de fé" (o casal Santos) propõem uma organização dos cultos de origem africana sob a autoridade dos iorubás. O autor conclui afirmando que a "produção ideológica" do casal Santos não tem unanimidade entre os nagôs da Bahia, "nem mesmo nos terreiros que eles consideram os mais representativos da tradição pura" (Serra 1995, 63-64). Evidentemente, está em jogo aqui a liderança sobre as religiões afro-brasileiras.

tensão é mantida viva em todo o grupo, graças à *aparência* do segredo, *exibida* tanto através de sinais de ritos secretos quanto através de ritualização pública (por exemplo, as "festas" de terreiro) das vicissitudes míticas dos orixás ou dos ancestrais (Sodré 1988, 138-139).

Mas esse segredo é vazio, ele não existe, a não ser por sua função de redistribuidor de *axé:*
No *auô* [*awo*], no segredo nagô, não há nada a ser dito que possa acabar com o mistério, daí a sua força. O segredo não existe para, depois da revelação, se reduzir a um conteúdo (linguístico) de informação. O segredo é uma dinâmica de comunicação, de redistribuição de *axé*, de existência e vigor das regras do jogo cósmico. Elas circulam como tal, como *auô*, sem serem "reveladas", porque dispensam a hipótese de que a Verdade existe e de que deve ser trazida à luz (Sodré 1988, 142-143).

A identificação da noção de *axé* (no plano religioso) com a de *arkhé* (no plano filosófico) inclui, portanto, um terceiro termo: o segredo "vazio"[25]. Assim, o *arkhé* se torna "o vazio que se subtrai às tentativas puramente racionais de apreensão" (Santos e Santos 1993b). Para conhecer o *arkhé,* os princípios inaugurais do processo civilizatório negro, é preciso retomar contato com aqueles que guardaram e preservaram seu princípio transcendente, o *axé*. Ora, são os chefes das comunidades religiosas os receptáculos do *axé*[26], do poder de realização (J. Santos 1977b*).*

Por conseguinte, se a religião é a expressão da negritude, do *arkhé* negro, os depositários do *axé* passam a ser, a justo título, os representantes legítimos

---

[25] Pascal Boyer afirma que "todo e qualquer conhecimento místico que é transmitido parece estar centrado em um segredo ou sem importância ou vazio [...] Em alguns casos a transmissão dos segredos pode ser adiada indefinidamente. O que é aprendido em cada etapa é que os segredos essenciais, as explicações fundamentais, serão dadas no próximo passo" (Boyer 1990, 95). O segredo seria, assim, uma espécie de gaiola vazia. A perda da tradição não é, portanto, causada pela estrutura do segredo, como afirma Carvalho (1987); é o próprio "vazio" do segredo que está na base da tradição (o "processo civilizatório negro"), pois ele alimenta a circulação de *axé*. Não há segredo algum a ser revelado: o processo iniciático e a submissão hierárquica são os únicos meios de entrar em contato com os fundamentos da cultura negra.

[26] Lembremos que, em iorubá, *àṣẹ* significa "comando, autoridade", e *Aláàṣẹ* ", pessoa encarregada de autoridade". No deslizamento semântico de *àṣẹ*, "poder de comando", a *àṣẹ*, "poder religioso", torna-se lógico atribuir aos altos dignitários do candomblé tradicional, depositários do axé, a vanguarda "natural" da cultura negra.

dessa negritude. Dessa maneira, os altos iniciados do culto, pouco importa se negros ou brancos (como Juana E. dos Santos e Luz), poderiam se transformar em líderes da nova luta política dos negros. A iniciação religiosa, que permite a acumulação de *axé*, patrimônio dos antigos terreiros tradicionais da Bahia, apagaria, portanto, as diferenças de cor ou de classe. Tudo é questão de conhecimento da verdadeira tradição: "Quanto mais o conhecimento do dogma e da liturgia é profundo, mais o *axé* se desenvolve e a tradição se preserva" (Santos e Santos 1993a).

O dogma! Eis pela primeira vez evocada a doutrina estabelecida e fixada, a ortodoxia pronta-para-impor que as religiões afro-brasileiras, em razão da liberdade e da dinâmica que têm, pareciam ignorar. Os mentores do INTECAB, portanto, pregam o respeito ao dogma para desenvolver o *axé*, base do processo civilizatório negro. Resta, assim, determinar qual tradição deve ser preservada.

EXU ENTRE REAFRICANIZAÇÃO E UNIFICAÇÃO DOS CULTOS

Um bom exemplo da multiplicidade das tradições é oferecido uma vez mais por Exu. Como vimos, esse deus conheceu uma série de modificações que, ao longo da história das religiões afro-brasileiras, transformaram-no de entidade demoníaca em elemento central da metafísica africana. O movimento de reafricanização, principalmente nos cursos de língua, busca restabelecer uma verdadeira comunicação entre homens e deuses, na qual Exu, na condição de mensageiro, tem papel central. Segundo um iniciado no candomblé, ele próprio aluno de iorubá, o aprendizado da língua tem consequências importantes sobre a prática do culto: "Quando conheci Torodê, ele me ensinou *oríkì* para aproximar-me de Exu. Por exemplo, se estou preocupado, se tenho um problema que quero resolver, sem sacrifício de animais, sem nada, posso ir na frente do assentamento de Exu e conversar com ele. Posso, enfim, fazer com que ele me ouça."

Portanto, falar iorubá é necessário para ser ouvido pela divindade. Todavia, se nos terreiros brasileiros a importância de Exu nunca é posta em dúvida, este não é o caso nos meios reafricanizados, nos quais ele foi objeto de uma nova diabolização, como no livro do professor Dopamu (1990), *Exu, o inimigo invisível do homem*, publicado pela Editora Oduduwa. Essa pequena editora, fundada por um nigeriano que foi professor de iorubá na Universidade de São Paulo, tem por objetivo declarado a difusão da "verdadeira" tradição africana.

O autor, "nascido e residente na Nigéria", é responsável pelo departamento de religião na Universidade de Ilorin (Nigéria), no qual ensina a "religião africana e o estudo comparado das religiões". O livro, recomendado a todos os adeptos ou simpatizantes das religiões afro-brasileiras, procura estabelecer a verdadeira natureza de Exu "à luz da tradição africana":

A controvérsia a respeito desse ser decorre, principalmente, da ignorância por impossibilidade de acesso ao conhecimento autêntico das tradições africanas. É necessário o conhecimento das origens para que nossa prática e nosso discurso sejam coerentes e bem fundamentados. É das raízes que deve vir a seiva nutridora (Dopamu 1990, contracapa).

Dopamu quer, pois, levar o leitor a refletir sobre a real natureza desse deus por meio de um estudo comparativo entre o Exu da religião tradicional iorubá e o diabo das tradições cristã e muçulmana. Pretende assim demonstrar a legitimidade da tradução, na Bíblia e no Alcorão (na Nigéria), da palavra diabo pelo termo Exu: "Esse procedimento levou-me a descobrir, inevitavelmente, que Exu é o inimigo invisível, o inimigo espiritual do homem" (Dopamu 1990, 11). Apesar do grande número de autores iorubás contemporâneos que definem Exu como uma entidade nem totalmente boa, nem totalmente má, Dopamu vê nele a encarnação do Mal: "defini-lo aqui, como completamente mau, é nossa preocupação primordial" (Dopamu 1990, 34). Assim, se uma das características de Exu continua a ser o conhecimento, este é, segundo ele, sempre mal dirigido; e se Exu recebe sacrifícios, é unicamente para manter os homens e as divindades perpetuamente sob seu controle[27].

Evidentemente, essa visão negativa de Exu se opunha àquela valorizada nos trabalhos de Bastide (2001) e de Juana E. dos Santos (1977a). Na realidade, não

---

[27] Essa demonstração a qualquer preço leva Dopamu a cometer uma série de erros, dificilmente compreensíveis por parte de um autor iorubá. Por exemplo, Exu Odara é, segundo ele, "outro epíteto usado para descrever Exu e suas qualidades de ser mau" (Dopamu 1990, 98). Ora, o termo *odára* significa em iorubá tudo o que é bom, belo e positivo. É preciso notar que o fato de atribuir a Exu uma essência negativa é muito criticada atualmente na Nigéria. Assim, no jornal da associação dos jovens praticantes da religião tradicional iorubá, lê-se: "Exu Odara é um multiplicador de ideias e um conselheiro. Qualquer coisa que alguém deseja fazer (ser humano ou Irunmale), seja boa ou ruim, deve ser sancionada por Exu Odara. Ele faz a análise crítica de tudo o que se deseja fazer; por exemplo, se alguém quer cometer um crime, Exu Odara analisará as possíveis consequências de tal ato. Após a análise, a decisão será então sancionada por Exu Odara. Por isso o argumento de que Exu Odara levou alguém a cometer alguma crueldade não é convincente no que concerne ao conhecimento espiritual iorubá. Èsú é só um analista" (*Orunmila* 1986, 30).

se deve subestimar a influência dos escritos dos antropólogos sobre os adeptos das religiões afro-brasileiras. São raros os iniciados, especialmente pais e mães de santo, que não possuem algumas cópias dos livros mais conhecidos acerca das religiões afro-brasileiras. O mais lido e o mais respeitado é, sem dúvida alguma, o de Juana E. dos Santos, *Os Nagô e a morte,* pois "ele expressa a tradição do Axé Opô Afonjá", como afirmaram muitos de meus interlocutores[28]. Como, então, aceitar essa visão de um Exu identificado com o diabo, fruto da "verdadeira" tradição africana, quando Exu constitui o núcleo, o elemento dinamizador da construção religiosa dos terreiros tradicionais?

De fato, Exu é não apenas o transportador dos sacrifícios, o Ẹ̀lẹ́bọ (J. Santos 1977a, 161), como também o propagador do *axé,* que, segundo os teóricos do INTECAB, como vimos, representa o correspondente, no plano religioso, do *arkhé,* os princípios inaugurais da cultura negra. Assim, Exu pode inclusive metamorfosear-se em símbolo de uma "cultura negro-brasileira", como a definiu Joel Rufino:

> As seitas afro-brasileiras, especialmente o candomblé jeje-nagô, por conservarem relativamente inteiras uma visão de mundo e uma teogonia africanas, ocupam o primeiro plano dessa imagem que a inteligência negra busca, dramaticamente, construir. Ela se essencializa, por exemplo, em Exu – o que tudo assimila, o que tudo comunga, o multiforme, o amoral, o que abre caminhos, o mensageiro entre deuses e homens (Rufino 1989, 69).

Exu símbolo múltiplo da cultura negra, mas também Exu símbolo de resistência à "repressão neocolonial":

> Em uma civilização onde a expansão da vida é o valor maior, tanto no plano individual quanto no comunitário e no plano natural, é lógico que o orixá Exu se torne o mais solicitado nas dinâmicas religiosas. Talvez aí esteja a razão por que seu culto foi e ainda é até hoje combatido

---

[28] Vários autores chamaram a atenção para a influência da literatura antropológica sobre a reafricanização dos cultos afro-brasileiros (Ramos 1951a; Ribeiro 1978; Leacock e Leacock 1972; Dantas 1988; Gonçalves da Silva 1992). Bastide escreveu: "Eles leem os livros que se escrevem sobre eles e pode haver influência dos mesmos sobre suas crenças ou religiões, principalmente na medida em que esses livros cotejam os fatos brasileiros com os fatos africanos, pois, na impossibilidade de ir à África, como se fazia outrora, o zelador de hoje estuda a África através dos livros para reformar sua própria religião" (Bastide 1973a, 168). Essa situação é ainda mais evidente nos dias de hoje, em razão da grande circulação de pais e mães de santo nos meios acadêmicos.

pelas forças da repressão colonial escravista, ou neocolonial genocida da política de branqueamento, que procuram desvirtuar o seu significado próprio, tentando estereotipá-lo como "diabo" ou coisas que tais, a fim de justificarem-se dizendo estar atacando "o mal" (Luz 1993, 71).

Ora, existe tal repressão porque os agentes dessa repressão ("os padres missionários") compreenderam o papel central de Exu, "entidade que movimenta o sistema religioso e cosmogônico negro" (Luz 1993, 96). Além disso, como vimos, por ser a única divindade presente em todas as modalidades de culto, Exu constitui um eixo de comunicação entre as religiões afro-brasileiras. As religiões menos puras têm de apelar para as "religiões irmãs", mais próximas da verdadeira tradição africana, para que possam corrigir os erros decorrentes do sincretismo.

Assim, em um artigo dedicado às oferendas nos cultos, Tateto Nelson Mateus Nogueira, coordenador do INTECAB no Estado de Minas Gerais, escreve a respeito de Exu:

Nas encruzilhadas, como em qualquer outro espaço, a oferenda exige a convocação do agente dinamizador de todas as relações e da natureza que é Exu – que, mais uma vez, repetimos, não tem nada a ver com o "capeta" ou o "diabo" ou qualquer ser mítico "representante do mal". A invocação de Exu é necessária, porque ele, Exu, é o transportador de tudo, das homenagens ou dos pedidos (*Siwaju* 1991-2).

Ora, o autor, que, a julgar por seu título (Tateto), deve fazer parte de um terreiro de origem banta (ou de uma forma africanizada de umbanda), adota sem restrições a visão de Exu legitimada pelas pesquisas de Juana E. dos Santos: "É sabido que cada Orixá (ou Vodum, ou Bakulo, ou Inkice) representa e é patrono de uma força cósmica, força sagrada da natureza. Assim, Exu [...] é patrono das forças que dinamizam todas as relações, patrono da comunicação" (*Siwaju* 1991-2).

Por meio do INTECAB, e de seu esforço de unificação dos cultos, defende-se uma versão da tradição africana, que deve ser tomada como exemplo pelas outras religiões afro-brasileiras para que possam se beneficiar, ao preço de uma improvável homogeneização dos cultos, da legitimação da África reconstruída no Brasil.

CONCLUSÃO

Voltemos às questões que pontuaram nossa viagem ao universo das religiões afro-brasileiras. Quais são os mecanismos que agem na construção da tradição? Quais as relações de poder que estruturam o campo religioso afro-brasileiro?

Parece doravante impossível apor um rótulo de tradicionalidade sobre uma ou outra das modalidades de culto, quando o deslizamento entre "tradicionalidade" e "degenerescência", como vimos, permanece constante, mesmo nas nações de candomblé consideradas mais puras. Assim, uma instituição completamente inventada, como os Obás de Xangô do Axé Opô Afonjá, torna-se o símbolo de uma tradição redescoberta, e sua modificação, inaceitável para os tradicionalistas, é reinterpretada – e legitimada – segundo uma lógica africana. É em nome de uma maior proximidade com uma África mítica que um segmento do culto reivindica sua hegemonia sobre os outros. E são os antropólogos que, ao reconhecer a tradicionalidade de uma família religiosa, legitimam sua posição. Graças ao domínio que têm tanto do saber ritual quanto do saber acadêmico, eles de certo modo são os guardiães dos cultos e os garantes da ortodoxia, mediadores únicos entre estes e a sociedade[1].

É definitivamente impossível, portanto, considerar o candomblé uma realidade bem definida que distinguiria com nitidez aqueles que praticam a religião africana daqueles que se deixam contaminar pelas influências externas. O que durante muito tempo foi apresentado como uma entidade monolítica, de onde surgiria a própria essência de um passado imutável, revela-se uma nebulosa em perpétuo movimento. Com efeito, apesar da elaboração de um modelo de ortodoxia decorrente da aliança entre um segmento do culto e os antropólogos, a análise da prática ritual mostra uma realidade bem diferente, na qual o modelo ideal de ortodoxia entra em conflito com os múltiplos arranjos rituais praticados com o objetivo de se conformar a esse mesmo modelo.

Passamos assim de uma visão essencialista da cultura, dominante no movimento de volta às raízes, para outra em que a cultura é pensada como sendo

---

[1] A esse respeito, recomendo a leitura do artigo de Tabor (1976).

sempre reinventada, recriada, recomposta em torno de novas significações. Eis o paradoxo a que chega nossa análise das religiões afro-brasileiras: o que é apresentado pelos antropólogos como realidades aparentemente bem definidas e bem delimitadas (os cultos tradicionais e os cultos sincréticos) esbarra na constante negociação, pelos terreiros e membros dos cultos, de sua identidade religiosa. As diferenças parecem ser instituídas pelos discursos dos atores religiosos, mais que por uma oposição real nas práticas rituais. As denominações religiosas – e as oposições hierarquizantes que elas implicam – estão muitas vezes ligadas a um discurso político (no sentido mais amplo do termo), em que as diferenças em termo de pureza têm por função confirmar uma posição no "mercado religioso". Toda mudança, toda mutação religiosa, não resulta sistematicamente de uma degenerescência, e deve ser novamente situada em um sistema de transformações no seio de uma mesma *Gestalt,* para retomar um termo caro a Bastide. Exu, o "construtor de pontes", a encarnação do "pensamento em movimento" (Bastide 1970c), torna-se, então, o avatar típico dessa realidade: suas múltiplas metamorfoses revelam como, na prática ritual, as categorias religiosas estão em perpétua negociação.

A análise da figura de Exu no conjunto dos cultos dá a estes uma imagem bem diferente daquela que os estudos afro-brasileiros costumavam sugerir: no lugar de um mundo em que reina a harmonia, em que a mudança não pode nem deve encontrar lugar, descobre-se um universo também baseado em manipulações e estratégias políticas, um universo que por muito tempo ficou inexplorado, já que os vínculos que uniam os antropólogos aos cultos proibiam as análises desse tipo. Assim, se um modelo de tradição foi privilegiado em relação aos outros, não é apenas por causa dos intelectuais, como afirma Dantas (1988); os membros do candomblé, cujas capacidades políticas eu quis evidenciar aqui, souberam muito bem manipulá-las para chegar a seus fins. Como explica Muniz Sodré (1988, 169-170): "Na Bahia, os descendentes de escravos, donos de terreiro, ainda hoje comentam: 'O branco faz letra, o negro faz treta'. *Treta* significa estratagema, astúcia ou habilidade na luta. Significa, para o negro brasileiro, atuar nos interstícios das relações sociais".

E é essa capacidade política que é posta em ação para transformar a mudança em continuidade. A manipulação da tradição permite a emergência de um núcleo arcaico, de um "complexo cultural de base", ao qual é preciso voltar para reencontrar, *ipso facto,* a pureza do passado. Assim, o problema não é mais purificar-se do sincretismo, como se, pela eliminação das marcas do passado colonial e da experiência infame da escravidão, uma África pura pudesse surgir, mas sim deixar emergir a base comum – o processo civilizatório negro – que unificaria todos os cultos afro-brasileiros. Ora, se a existência de uma base comum parece evidente, sobretudo no que chamo de *continuum* religioso das religiões afro-brasileiras, ela na realidade aparece muito mais misturada do que gostariam os teóricos de uma "unidade na diversidade". Reivindicar uma proximidade maior com a África é, mais do que nunca, um instrumento político nas mãos daqueles que lutam pela preeminência de uma tradição sobre as outras.

Por isso, a análise das redes de comunicação entre os iniciados brasileiros, cubanos, norte-americanos, e os representantes da tradição africana na Nigéria, cuja importância no contexto brasileiro é hoje evidente, revela um alcance que poderia ser qualificado de continental. No Brasil, o movimento das Conferências Mundiais sobre a Tradição e a Cultura dos Orixás se dividiu em duas correntes: uma, que reivindica sua legitimidade ao se referir à terra das origens (ou seja, o país iorubá e, sobretudo, Ilê-Ifé, berço mítico dos iorubás), e a outra, que procura perpetuar uma supremacia historicamente instaurada pela aliança entre chefes religiosos e antropólogos.

Em 1990, a 4ª Conferência Mundial foi organizada em São Paulo pelos representantes dos terreiros mais reafricanizados. Com efeito, é nessa cidade que o mal-estar ocasionado pela preeminência dos terreiros da Bahia era mais forte. O movimento de reafricanização, que se baseia na aliança religiosa e política com os iorubás, esconde, na verdade, o desejo de legitimação de certos grupos de culto considerados novos convertidos no universo da tradição afro-brasileira. Assim, a cidade de São Paulo, vista como a pátria da umbanda e até então desprovida de qualquer atestado de autenticidade e de tradicionalismo, pretende ser hoje o novo berço da tradição. Por isso é que, durante a 5ª Conferência Mundial sobre a Tradição e a Cultura dos Orixás, realizada em São Francisco em agosto de 1997, um representante do movimento de reafricanização de São Paulo, fortalecido por suas sucessivas viagens à Nigéria e por suas alianças, reivindicou publicamente o papel de defensor da tradição africana no Brasil, em oposição aberta aos terreiros de Salvador.

Essa mesma oposição é encontrada nos Estados Unidos entre uma tradição ligada à terra africana e outra modelada no seio da diáspora, em que os adeptos da religião dos orixás criticam as "traições" dos *santeros*[2] cubanos. Com efeito, a partir dos anos 1960 e em consequência da migração de um grande número

---

[2] Adeptos da *santería*, religião afro-cubana muito próxima do candomblé.

de cubanos que fugiam da revolução castrista, as religiões afro-cubanas começaram a se espalhar por todo o território americano. As migrações sucessivas de porto-riquenhos, adeptos do espiritismo, e a chegada de nigerianos (iorubás), que praticavam a "religião tradicional africana", estabeleceram as bases de um movimento de reafricanização que parece reproduzir os mesmos desafios ocorridos no Brasil (Capone 2011).

Os estudos clássicos sobre as culturas negras do Novo Mundo durante muito tempo fizeram dos Estados Unidos o típico exemplo de país em que os mecanismos de aculturação teriam apagado os traços originais das culturas negras. Os Estados Unidos, entretanto, são atualmente um dos laboratórios religiosos mais interessantes das Américas. A reinterpretação incessante da herança cultural de origem afro-cubana, à luz do movimento de volta às raízes africanas, permitiu a difusão dos cultos de origem africana em terra americana. Essa renovação se apoia no encontro de uma religião, que se quer ancestral, com as tecnologias mais avançadas, como mostram os numerosos *sites* dedicados às religiões afro-americanas na Internet (cf. Capone, 1999b). Como no exemplo brasileiro, embora Cuba continue a ser a referência em matéria de tradição para os adeptos americanos da *santería*, a crítica do sincretismo afro-católico e a busca de uma pureza dos cultos levam um número cada vez maior de novos iniciados a olhar para uma África mítica que, em Cuba ou nos Estados Unidos, assim como no Brasil, torna-se o símbolo de um processo de construção identitário.

Nos Estados Unidos, encontramos recorrentemente o movimento, observado no Brasil, que sempre vai do culto considerado menos africano àquele identificado com a "verdadeira tradição africana". Assim, os adeptos porto-riquenhos do espiritismo não hesitam em conjugar diferentes práticas rituais, a fim de se aproximarem do ideal de africanidade encarnado pela *santería* cubana. Como na passagem da umbanda ao candomblé no Brasil, essa passagem do espiritismo à *santería* é considerada pelos iniciados o meio de aperfeiçoar seu trabalho espiritual, assimilando dessa maneira a doutrina espírita ao primeiro nível da carreira religiosa. Foi assim que, nos anos 1960, apareceu nos Estados Unidos uma nova religião, chamada *santerismo* – variante do espiritismo porto-riquenho sob a influência da santería cubana –, que se difundiu principalmente no bairro do Bronx, em Nova Iorque (Brandon 1993). Não se tratava de um simples movimento pela preservação de uma tradição africana, tal como conservada nos países de forte cultura negra (como Cuba), mas antes de um processo de revitalização das raízes africanas. Com base na *santería* cubana, considerada a expressão da tradição iorubá, foram integrados na prática religiosa elementos oriundos da religião de origem fon, do vodu haitiano e da egiptologia.

A partir dos anos 1970, alguns afro-americanos partiram para a redescoberta das religiões de origem africana, mas, segundo Brandon, nem sempre foram bem acolhidos pelos cubanos, que teriam considerado que, para ser iniciado na *santería*, era preciso ser latino. Na realidade, os afro-americanos não podiam aceitar a submissão ritual a brancos[3], ainda que fossem os altos dignitários de uma religião africana. A difícil situação racial nos Estados Unidos esteve, portanto, na origem da fusão da *santería* cubana com as ideias do nacionalismo negro. O culto *orisha-voodoo* nasceu desse encontro e do desejo de reviver as raízes culturais africanas por meio da purificação dos cultos afro-americanos de toda influência católica. O fundador desse movimento, Walter King, rebatizado Oba Adefunmi I e legitimado por sua iniciação em país iorubá, onde recebeu o título de "Rei dos iorubás da América", fundou em 1970, perto de Beaufort, na Carolina do Sul, uma aldeia de iniciados, chamada Oyotunji Village[4]. Seus habitantes vivem de acordo com o modo de vida e as tradições religiosas dos iorubás, como o casamento polígamo e os festivais dedicados aos Egungun, as máscaras dos ancestrais.

O *orisha-voodoo*, contudo, é apenas um dos aspectos desse grande movimento de volta às raízes africanas que deu origem a um número considerável de centros, como o Awo Study Center de Detroit ou o Yoruba Theological Archministry do Brooklyn, em que o estudo da língua iorubá se mistura à prática da religião. Esse movimento concentra seus esforços na revitalização das raízes africanas, livrando-as ao mesmo tempo de toda influência cristã, o que só podia criar um profundo mal-estar na comunidade "tradicional" dos *santeros*, cuja tradição é oriunda historicamente do encontro das divindades africanas com os santos católicos. Essa purificação obriga os iniciados a seguir um percurso religioso que gradualmente os aproxima da verdadeira tradição. Trata-se do mesmo processo de construção de uma identidade africana observado no Brasil e que, aqui e lá, passa pelo aprendizado da língua iorubá, língua sagrada, *laissez-passer* simbólico para o mundo da tradição africana.

---

[3] As primeiras ondas de imigração cubana nos Estados Unidos se constituíram de uma maioria de brancos, entre os quais praticantes da *santería* e de outras religiões afro-cubanas.

[4] Tenho analisado este processo de reafricanização em outro trabalho (Capone 2011). Sobre Oyotunji, ver também Clarke (2004).

O Yoruba Theological Archministry teve papel pioneiro na organização dos cursos de iorubá nos Estados Unidos. Com efeito, com a difusão das religiões afro-americanas fora dos bairros latinos (de maioria cubana e porto-riquenha) e o engajamento cada vez mais importante dos afro-americanos, mas também de americanos brancos, o problema linguístico se tornou inevitável. Nos centros de *santería*, o ensino religioso tradicionalmente é dado em espanhol ou em *lucumí* (nome dado em Cuba aos iorubás), que já é bem diferente da língua iorubá. Entre os objetivos do Yoruba Theological Archministry estão purificar a língua de tudo o que nela evoca a dolorosa experiência da escravidão e "purificar os conceitos religiosos" para reafirmar a herança africana e apagar os santos católicos, a água benta, as peregrinações, ou seja, todos os sinais de uma cultura colonizada. Essa operação de purificação não é desprovida de preocupações científicas, que se exprimem por uma verdadeira reinterpretação do sistema religioso em busca de uma lógica que, como no Brasil, teria sido temporariamente perdida (Edwards e Mason 1985).

Encontramos, pois, a mesma oposição entre uma valorização da identidade religiosa iorubá, eleita como o modelo da tradição, e a perpetuação da tradição religiosa ligada à diáspora. A 5ª Conferência Mundial sobre a Tradição e a Cultura dos Orixás pôs em cena as cisões no interior desse movimento, prefigurando a criação de redes religiosas, mas também políticas, entre a África, identificada com o país iorubá, e certos grupos religiosos oriundos da diáspora. Assistimos então ao confronto entre os novos convertidos, os afro-americanos, que procuravam construir para si uma nova identidade africana, e os iniciados nos cultos afro-cubanos, que defendiam sua própria ideia de tradição. Essa oposição tampouco é desprovida de desafios políticos e tensões raciais, que se articulam, como no Brasil, em torno do monopólio da verdadeira tradição.

As reivindicações do estatuto de *World Religion* para o culto dos orixás e as tentativas de unificação dos diferentes cultos afro-americanos (candomblé, umbanda, *santería* ou vodu, para citar apenas os mais conhecidos) sob a tutela iorubá não conseguem esconder os desafios políticos que as sustentam. A análise das redes que unem os iniciados brasileiros, cubanos e norte-americanos a seus correspondentes africanos em país iorubá faz parte doravante da atualidade de todo estudo relativo ao devir das religiões de origem africana no continente americano. Mas as transformações destas também decorrem da busca incessante de uma legitimação que só os trabalhos dos antropólogos parecem poder oferecer. As reivindicações de uma supremacia religiosa e política ganham aparência científica graças às fronteiras movediças entre pesquisador e iniciado. Esse problema, manifesto no Brasil há alguns anos, ganha atualmente, com a propagação do movimento de volta às raízes de uma ponta à outra do continente americano, uma dimensão bem diferente.

As religiões afro-americanas, assim, pouco a pouco assumem um novo caráter, principalmente nos Estados Unidos, uma vez que a passagem contínua de uma a outra (umbanda, omolocô, candomblé, no Brasil; espiritismo, *santería*, *orisha-voodoo*, nos Estados Unidos) faz com que se considerem esses cultos não como realidades distintas, e sim como elementos de um *continuum* religioso, em que cada um deles se constrói em relação ao outro, na busca incessante de uma verdadeira legitimação.

A análise dos cultos afro-americanos como *continuum* religioso, entretanto, não parece ainda ser objeto de um verdadeiro consenso, em razão da dificuldade de pensar o "misturado", pela maioria dos iniciados e por certos antropólogos[5]. No campo religioso afro-brasileiro, o candomblé ainda é frequentemente considerado representativo de uma pureza africana, em oposição à umbanda, cuja dupla filiação espírita e africana permite pensar a mudança ritual e o sincretismo. No Brasil, assim como nos fóruns internacionais, a celebração de um candomblé baiano, identificado com os terreiros tradicionais, continua a ser o modelo de pureza e tradição africanas, do qual os antropólogos baianos (mas não só eles) seriam os porta-vozes. Nagô (ou iorubá, se preferirem) é sinônimo de "africano" e continua sendo o termo mais usado para qualificar tudo o que tem a ver com a afirmação das raízes africanas de uma identidade negra brasileira[6].

Mas ser nagô não significa necessariamente ser negro: a identidade religiosa afro-brasileira, como vimos, não é exclusiva dos negros, pois inclui todos aqueles que se reconhecem no universo religioso afro-brasileiro, assim como em seus grupos de culto. O pertencimento à religião "negra" não passa pela cor: qualquer iniciado, mesmo branco, pode reivindicar sua inscrição em uma tradição africana, como o fez Roger Bastide. O candomblé e as religiões afro-brasileiras

---

[5] Ver a esse respeito o texto de James Clifford (1996). Recentemente, a mistura tem sido valorizada por representantes do candomblé angola. Assim, no dia 20 de setembro de 2018, durante a cerimônia de tombamento pelo IPHAN do Tumba Junçara, um dos primeiros terreiros de nação angola, a *milonga*, ou seja, a mistura, foi considerada um valor positivo, "estratégia criativa" e "traço de união entre todas as outras tradições".

[6] Basta abrir um jornal de Salvador para se dar conta da banalização de todas essas noções na linguagem diária.

em geral pretendem ser universais, no sentido de que constituem um conjunto de crenças partilhado por negros e brancos, e até por nisseis, como acontece em São Paulo. Todos se reconhecem como praticantes de uma religião "africana", pois o *locus* de legitimação continua a ser uma África mítica. A noção de pureza está ligada não à noção de raça, e sim a uma origem cultural que valoriza os grupos de culto ditos tradicionais. Essa origem cultural é buscada na África, uma África que legitima tanto brancos quanto negros, uma África que não parece mais ser patrimônio exclusivo dos descendentes de africanos.

Além disso, considerar que os cultos afro-brasileiros formam um *continuum* religioso real faz com que se deva encarar o estudo do que é misturado. Existe, de fato, todo um universo que nunca foi analisado, já que não é considerado um objeto de estudo suficientemente nobre: é o caso do omolocô ou mesmo do umbandomblé, essa mistura de umbanda e de candomblé tão presente nas periferias das grandes cidades brasileiras. Esse estudo, contudo, é necessário, pois se os cultos de possessão constituem um sistema de transformações, a análise de suas diferentes formas e também das formas misturadas se torna incontornável[7]. As diferenças rituais poderiam, portanto, ser analisadas como variações na montagem de elementos religiosos oriundos de sistemas distintos. Dessa maneira, em vez de uma uniformização dos cultos sob a direção de uma tradição legitimada pelos intelectuais, seria possível salvaguardar a enorme riqueza oferecida por práticas rituais em constante transformação.

Essa dificuldade de pensar o "misturado" obriga a refletir sobre os próprios fundamentos da antropologia, a qual, com excessiva frequência, concedeu à tradição lugar central normativo. O campo afro-brasileiro leva a questionar toda uma série de noções e de práticas que estão na base dessa disciplina. Assim, a análise da construção da tradição africana no Brasil se revela exemplar em face da tentação, cada vez mais forte, de um certo idealismo metodológico que junta os discursos esparsos de nossos interlocutores em unidades notavelmente estruturadas, nas quais tudo encontra seu lugar e todas as contradições são apagadas para dar vida a fascinantes metafísicas "africanas".

Mas esse trabalho de polimento de materiais demasiado brutos, muito pouco nobres, operado por antropólogos nem sempre conscientes das ma-

---

[7] O umbandomblé costuma ser reduzido a uma forma de umbanda, considerada por certos autores uma categoria inclusiva do campo religioso afro-brasileiro. Não é o caso do Sudeste, em que os termos "macumba" e "espiritismo", conforme o caso, fazem referência, na linguagem popular, ao conjunto das religiões afro-brasileiras. Assim, as formas intermediárias do *continuum* religioso continuam a ser reduzidas ao polo de referência considerado o domínio da criação sincrética.

nipulações e das armadilhas que seu objeto lhes prepara, só faz confirmar o que seus interlocutores buscam: uma releitura "científica" que, ao organizar os fragmentos de um universo africano, legitime suas reivindicações de uma pureza que nunca existiu. No caso exemplar dos cultos afro-brasileiros, assistimos a uma queda de braço epistemológica entre os detentores locais do saber religioso e os antropólogos, nova instância de legitimação dos grupos sociais estudados[8]. Os iniciados encontram no discurso dos antropólogos conceitos que lhes são familiares, já que oriundos de seu próprio universo, e dos quais se reapropriam uma vez legitimados no plano científico: é o caso, por exemplo, da oposição entre puro e degenerado, ou entre magia e religião, cujo trânsito entre o discurso nativo e o discurso erudito só pode lançar dúvidas quanto à pregnância de noções ainda amplamente utilizadas nos dias de hoje na antropologia religiosa.

O caso afro-brasileiro também revela uma das mudanças mais importantes de nossa disciplina: não se escreve mais sobre um Outro afastado no tempo e no espaço, e sim para um Outro que é, antes de tudo, o principal público do antropólogo. O Outro legitima o discurso do antropólogo, como o antropólogo legitima o discurso do Outro. Se o informante ganha em legitimidade e autoridade graças ao interesse que o antropólogo tem por ele, o antropólogo também ganha em autoridade científica ao "descobrir" universos tradicionais, últimos bastiões do autêntico e da relação harmoniosa entre o homem e o universo.

Essa questão se torna ainda mais complexa porque, no universo das religiões afro-brasileiras, a legitimidade daquele que fala sempre é questionada. Vimos o jogo incessante entre os discursos dos iniciados, de seus iniciadores e dos espíritos que os habitam, todos em busca de uma fala que seja poderosa, já que legitimada por uma África imaginada e imaginária. Mesmo a iniciação, instância de legitimação por excelência, não parece bastar: a origem religiosa ou o procedimento ritual que sustenta a iniciação podem ser contestados a qualquer momento. As discussões bizantinas nos terreiros sobre a "verdadeira" maneira de fazer as coisas, em que sempre se encontra um detalhe que permitirá a diferenciação e a crítica da legitimidade de um iniciado (e, é claro, de seu iniciador), só fazem mostrar a extrema dificuldade de um campo muito fragmentado, no qual a própria ideia de ortodoxia constitui um paradoxo. Mesmo a fala dos espíritos (ou dos deuses) pode ser questionada, graças às acusações de simulação.

---

[8] Conferir a esse respeito Buchholtzer (1993) e Urton (1993).

Negar a legitimidade de um pesquisador também é muito fácil, já que ele está preso entre duas opções: não divulgar certas partes de seu trabalho que poderiam ser desagradáveis (não traduzi-lo, não torná-lo conhecido do público "nativo") ou assumir o risco de ver irremediavelmente deterioradas suas relações privilegiadas com seus interlocutores. Ora, não se deve subestimar a capacidade do "objeto" de se reapropriar do trabalho do antropólogo. Sempre que voltava ao Brasil, tinha longas discussões com Alvinho de Omolu, meu principal interlocutor, sobre a tradicionalidade da nação efon. Na realidade, para ele, o simples fato de eu ter me interessado por seu grupo de culto já implicava a tradicionalidade deste, escondida até que uma antropóloga viesse a descobri-la. Meus protestos e meus esforços para explicar que toda tradição era construída e constantemente reinventada de nada adiantaram: o fato de eu haver lançado meu olhar sobre a nação efon só podia ser a prova de sua tradicionalidade.

O caso afro-brasileiro é igualmente um bom exemplo da maneira como o antropólogo aborda seu campo. Na maioria das vezes, o jovem pesquisador é introduzido no universo que quer estudar por outro antropólogo (cf. Tabor 1976). No caso do candomblé baiano, ele é levado quase obrigatoriamente a trabalhar nos três terreiros considerados detentores da tradição africana. Vimos como eles atraíram várias gerações de antropólogos, todos ligados, de uma maneira ou outra, a esses grupos religiosos. Encontramos até casos em que antropólogos cresceram nesse universo, pois suas mães eram filhas de santo de candomblé. Logo, antropólogos que conhecem muito bem o universo dos cultos, mas que deles com muita frequência são membros ativos.

O fato de um antropólogo poder ser visto como "pesquisador" e como "informante" só faz tornar ainda mais complexa a tarefa daquele que entra pela primeira vez nesse universo. Daí a necessidade de uma boa preparação para o trabalho de campo, quando se trata dos cultos afro-americanos e das religiões iniciáticas em geral. As armadilhas são múltiplas, ligadas não só ao engajamento religioso, mas também às relações mantidas com seus predecessores: ao se inscreverem em uma tradição de estudos, os antropólogos legitimam essas tradições e as perpetuam.

Iniciação forçada, observação participante, fascinação pelo objeto de estudo: quais são os limites de um trabalho de pesquisa em que as fronteiras perigosamente se confundem? O pesquisador se torna iniciado e o iniciado se torna pesquisador, em um jogo de espelhos que pode ser perturbador. A única muralha contra essa vertigem do abismo, contra essa "antropologia das profundezas" (Morin 1975), parece ser a constante relativização das categorias que estruturam tanto o discurso nativo quanto o discurso científico. A análise dos mecanismos que permitiram a construção de um modelo de tradição africana, bem como dos discursos que o sustentam, revela-se, pois, indispensável a uma real compreensão das mudanças em curso no campo religioso afro-atlântico.

POSFÁCIO

Depois de Herskovits e a obsessão de seus discípulos dos anos 1940 pelas "sobrevivências" africanas nas Américas, seguido pelo fascínio da década de 1950 por um Brasil visto como a encarnação de uma suposta "democracia racial" que curaria magicamente as cicatrizes persistentes do colonialismo europeu, o mundo do "Atlântico Sul" tinha sido largamente realocado às margens das Ciências Sociais. Neste mundo, as pessoas eram demasiado urbanas, demasiado industrializadas para estar em sintonia com a inclinação antropológica pelo "selvagem" e, ao mesmo tempo, demasiado primitivas (ou demasiado negras) para serem percebidas como intermediários influentes dos "Universais do Atlântico Norte", para citar apenas duas importantes questões levantadas pelo pesquisador haitiano Michel-Rolph Trouillot (1995, 2003).

Além disso, a maior parte dos especialistas da religião ainda estava muito presa à ideia de tradições "puras", imemoriais, na África ou no Sul da Ásia, para desperdiçar sua energia com lugares como o Brasil. Da mesma maneira que toda a bacia caribenha, o Brasil era percebido como um lugar sem raízes, marcado por um caos religioso indecifrável, um lugar onde toda tradição autêntica tinha sido, há muito tempo, erradicada pela dominação portuguesa e pelos quatro séculos de escravidão nas plantações. Nada de original poderia ser encontrado no Brasil ou nas Caraíbas, no que Antonio Benitez-Rojo (1992) chama de "ilhas da repetição", um arquipélago em que cada ilha é o espelho da outra, perdendo assim a singularidade que a antropologia está sempre procurando. De tal sorte que, a menos que se queira desaparecer no interior da Amazônia, ou nos volumes embolorados dos arquivos católicos dos portugueses, o Brasil parecia um mero derivado, praticamente sem alma.

Se as raízes, a tradição e as origens são a verdadeira pedra de toque das práticas religiosas, a conclusão se impõe: um lugar como o Rio de Janeiro seria a última escolha para uma pesquisa. Esta perspectiva aparece notadamente em *Tristes Trópicos*, de Claude Lévi-Strauss, um texto no qual as cidades brasileiras são levadas a desempenhar o papel de prostitutas, vestidas com roupas baratas, comparadas às profundezas das selvas, onde o amor verdadeiro do mestre pôde enfim se revelar sob a forma do *indígena* "autêntico". E se desejássemos realmente estudar as religiões afro-brasileiras, então Salvador, na Bahia, seria o único destino legítimo, já que somente ali as práticas iorubás ortodoxas teriam sido preservadas – como foi escrito pela geração de Pierre Verger e Roger Bastide.

É neste ambiente, ainda assombrado por essas figuras tutelares, que se inscreve o trabalho de Stefania Capone. Quando seu livro foi publicado pela primeira vez em 1999, ele fazia parte do que se poderia chamar de uma pequena *"nouvelle vague"*, uma nova leva de livros sobre as religiões afro-brasileiras e caribenhas. Dezenove anos mais tarde, graças ao trabalho de Stefania Capone e alguns outros raros autores, o estudo das religiões afro-brasileiras e caribenhas está agora no centro das reflexões acerca da religião e sua "fábrica". Assim como ocorreu com a linguística, onde o estudo das línguas crioulas provou ser essencial para compreender a construção da linguagem, o estudo das interseções, *assemblages* e transculturações (um termo originalmente cubano, Ortiz 1940) tornou-se, em matéria de religião, um campo crucial para compreender, entre outras coisas, a construção da "tradição religiosa".

Para ser fiel à escrita de Stefania Capone, é preciso insistir na palavra *making* (construção), ao invés de um termo como *invenção*, mesmo que os escritos sobre a invenção da "religião" ou da "tradição" tenham se tornado parte de uma indústria acadêmica. Uma das razões é que *making* é uma expressão chave no candomblé – a iniciação é simultaneamente "fazer a cabeça" e "fazer o Santo", uma mistura potencialmente fecunda entre os termos da prática religiosa e dos estudos eruditos. E nós queremos insistir no termo *making* para afirmar que o projeto de Stefania Capone não deve ser confundido com a proposta de Eric Hobsbawm e Terence Ranger (1984) sobre a "invenção das tradições". Mesmo que Stefania Capone coloque igualmente a questão crucial de saber como a transformação se converte em tradição, seu trabalho mostra bem que a "tradição" não é somente, nem primeiramente, uma maquinação de estrategistas cínicos.

A "tradição afro-brasileira" não foi imposta do alto; ela emana na verdade de uma rede transatlântica de atores religiosos, de pesquisadores, de objetos e de práticas. A política e o poder estão imbricados, como S. Capone mostra de maneira convincente: ela demonstra que a forma particular de autoridade do candomblé não emerge somente dos debates e conflitos internos da religião, mas também de um regime estatal repressivo, que legisla sobre a situação jurídica das religiões afro-brasileiras, e das publicações de pesquisadores que trabalharam com essas religiões ao longo de todo o século XX. Ela nos mostra como as descrições eruditas da religião africana tradicional alimentaram a busca da ortopraxia dos praticantes do candomblé, que devoraram com avidez os livros acadêmicos sobre o assunto. Em resumo, a Lei, a Antropologia e o Candomblé foram constituídos de maneira interativa. E Stefania Capone traz provas abundantes das relações destes três quadros de legitimação da religiosidade africana: o Estado, a Academia e os próprios terreiros. Dessa maneira, a originalidade deste trabalho repousa sobre a revelação das uniões incestuosas entre o templo, o palácio de justiça e a universidade, cujos genes reunidos engendraram uma criança muito especial chamada "Tradição".

Mas a "tradição" afro-brasileira é também uma forma de poder e de política, um recurso habilmente controlado pelos líderes religiosos e seus devotos, bem como pelos políticos, juízes e criminologistas. É isso que torna o livro de S. Capone uma obra à parte. Bem mais que as restrições políticas que fazem a religião, ela mostra que "a tradição afro-brasileira" é plástica, criativa, vibrante, vivaz e, sobretudo, necessária para as vidas cotidianas de seus usuários, no Brasil como em qualquer outro lugar. É uma coisa viva, com uma força transformadora, algo que cresce com o *axé* – para adotar a linguagem do candomblé. Nesse sentido, a "tradição" se parece mais com uma planta tratada com carinho, podada com delicadeza por numerosos jardineiros, do que uma ferramenta bruta, de ferro rígido, forjada pelas elites para o controle daqueles que caem sob seus golpes.

De meu ponto de vista, nenhum especialista das religiões afro-brasileiras mostrou a reciprocidade criativa e a maleabilidade multivocal da "tradição" de forma tão convidativa e consistente como o fez Stefania Capone. Ela ilustra sua análise magistral primeiramente através do deus de múltiplas faces e múltiplos nomes, Eshu-Elegbara-Eleguá, que como sabem muitos pesquisadores/iniciados, é um deus imprevisível, um *go-between* (um intermediador) e um *trickster* (um trapaceiro), que fala várias línguas e usa gorros de inúmeras cores (aliás, se posso me autorizar a fazê-lo, como a própria Stefania Capone: poliglota, nascida na Itália, formada no Brasil, vivendo, ensinando e escrevendo na França, e realizando suas pesquisas em Cuba, nos EUA e no Brasil).

Stefania Capone, assim como Exu, faz com que as coisas aconteçam. Ela se coloca na contracorrente, rompendo com três décadas de pesquisas, durante as quais os especialistas retomaram como categorias analíticas de seus estudos científicos, as categorias do próprio discurso religioso, que considera as casas de candomblé que puseram maior ênfase em suas origens iorubás como as mais "puramente africanas", em comparação com aquelas que colocaram à frente suas raízes bantas, indígenas ou plurais. Ela sustenta que, validando as pretensões etnocêntricas dos iorubás, reivindicadas por alguns iniciados do candomblé, os pesquisadores legitimaram e amplificaram a voz de uma certa hierarquia religiosa, mais do que a de seus críticos. Voltando seus olhos de maneira reiterada para as mesmas casas de candomblé, consideradas "autênticas", os antropólogos fortaleceram e sedimentaram essas diferenças, concedendo autoridade ao seu reconhecimento jurídico e financeiro, o que permitiu valorizar alguns dos praticantes afro-brasileiros enquanto outros foram marginalizados ou submetidos à implacável ação repressora do Estado.

Stefania Capone nos brinda com tudo isso em seu trabalho. Mas ela ainda vai além dessa visão, demonstrando que os praticantes têm seus usos particulares para cada uma destas distinções – ao nível do prestígio, do ganho financeiro, do poder, do carisma, do número de seguidores e mesmo da atenção alcançada pelas pesquisas estrangeiras – e mostrando como eles manipularam brilhantemente os pesquisadores para seus próprios fins. O livro mobiliza assim, sem cessar, os escritos acadêmicos, as práticas e os contextos do meta-nível político, em que as diferentes posturas concernentes à africanidade religiosa são reprimidas ou valorizadas, interrompidas ou recompensadas por sua contribuição ao patrimônio cultural.

Este estudo tráz consigo a extensa história de um século de investigações sobre o candomblé (na realidade, um "longo século", que vai dos anos 1890, com criminologistas, como Raimundo Nina Rodrigues, até à efervescência do presente), ao mesmo tempo em que seu olhar se estende aos debates e controvérsias atuais no interior dos terreiros. Fundamentalmente S. Capone mostra como a produção de uma África autêntica não é apenas o "xodó" de eruditos, de juízes ou políticos. Ela é constantemente crítica em relação à busca das origens africanas, mas igualmente atenta aos desafios que essas questões impõem no cotidiano, tomando a decisão crucial de deslocar a agência dessa busca para os próprios líderes do candomblé. Se a procura das origens instáveis e evanescentes dá lugar a interpretações equivocadas e à redefinição da tradição, o que Stefania Capone faz é sublinhar a importância desse tumulto discursivo.

A tensão entre a religiosidade "realmente africana" e a realidade da prática cotidiana no Novo Mundo constitui a propulsão e o fermento do candomblé, como também da *santería* afro-cubana e outras tradições de origem africana. Estabelecer e preservar a "tradição" é o enigma a ser resolvido, um tema para a conversação cotidiana, que motiva um debate sem fim e estimula a competição e a inovação estratégica para melhor definir e fixar a reputação da ortopraxia. Nessa perspectiva de revivificar e renovar a discussão desses temas, o trabalho recente de S. Capone (2014, 2016a, 2016b) atualiza sua análise de 1999, levando em consideração os movimentos que ninguém melhor do que ela conhece, como é o caso dos *babalaos* cubanos e seus discípulos brasileiros, iniciados no culto de Ifá, que estão agora sacudindo as concepções de autoridade no seio do espaço religioso afro-brasileiro.

Para concluir, devo dizer que este livro está ligado ao coração pulsante de seu objeto. Ele mergulha fundo no problema da autenticidade, da autoridade e da legitimidade do candomblé, submetendo essas questões a um exame crítico implacável, ao mesmo tempo em que é, ele mesmo, parte desses debates. Como colega de pesquisas sobre o candomblé, posso testemunhar que este livro é encontrado não só nas estantes dos intelectuais, mas também sobre os altares dedicados aos orixás e, muitas vezes, nas mesas de cabeceira de sacerdotes e sacerdotisas do candomblé. Alguns o consultam quando estão enfrentando a difícil situação de terem de iniciar ou de zelar por membros de outras religiões afro-brasileiras, como a umbanda, e precisam dar conta da espinhosa questão de saber como "converter", de maneira correta, uma espiritualidade como o *trickster* Exu de uma tradição para outra. O trabalho de S. Capone agora já faz parte da construção e desconstrução da "tradição afro-brasileira", o que diz muito sobre a intensidade e a profundidade de sua abordagem etnográfica.

Com tudo isso em mente, eu espero, caro leitor, que você dedique um olhar atento a este livro que está agora no aconchego de suas mãos. Ele é menos "domesticado" do que aparenta ser, porque goza de uma vida aventureira. Como um objeto transnacional, este livro percorreu um longo itinerário, que vai da versão francesa original à sua publicação brasileira em português, chegando à tradução para o inglês, na edição americana. Agora, depois de ter tido uma nova encarnação em francês, ele retorna para uma segunda vida também em português.

Esta trajetória testemunha a ambição do projeto intelectual de Stefania Capone, do qual este livro é apenas uma parte. A força indescritível chamada "tradição africana" é moldada através de múltiplos ambientes atlânticos, que não podem ser considerados simplesmente "ilhas da repetição", porque cada um desses lugares transforma a tradição. Ela possui raízes que crescem no Brasil, Cuba, África, Europa e Estados Unidos, se alimentando das redes de troca transatlânticas – materiais, estéticas, intelectuais, e mesmo "religiosas" (mas porque só esta palavra deveria estar entre aspas?). "A tradição" é feita de múltiplos tipos de autoridade – autoridades jurídicas, religiosas e acadêmicas. Mas ela é também feita e desfeita por praticantes comuns e sem autoridade, que se apropriam dos objetos e dos gestos, em relação às suas necessidades diárias e suas expectativas.

Este livro acabou por se tornar um *"actant"*, um ator que tem sua própria agência. Ele tem *axé*, possui vida própria. Poucos trabalhos de especialistas chegam a esse nível, vivendo múltiplas vidas em espaços plurais. O que mais pode esperar um autor, artista ou inventor, além da alegria de ver o trabalho de sua vida em caminhos e lugares a que ele jamais havia imaginado chegar?

PAUL CHRISTOPHER JOHNSON
UNIVERSITY OF MICHIGAN, ANN ARBOR

REFERÊNCIAS BIBLIOGRÁFICAS

ABIMBOLA, Wande
(1973) "The Yoruba concept of human personality". In: *La notion de personne en Afrique noire*. Paris: Éditions du CNRS, p. 73-89.
(1976a) *Ifa: An Exposition of Ifa Literary Corpus*. Ibadan: Oxford University Press.
(1976b) "Yoruba religion in Brazil: problems and prospects", *Actes du XLIIe Congrès international des américanistes*, vol. VI, p. 619-639.

ABRAHAM, R. C.
(1958) *Dictionary of Modern Yoruba*. London: University of London Press.

AGUESSY, Honorat
(1992) *Cultures Vodoun: manifestations, migrations, métamorphoses (Afrique, Caraïbes, Amériques)*. Cotonou: Institut de Développement et d'Échanges Endogènes (IDEE).

ANDRADE, Mário de
(1991) *Macunaíma*. Belo Horizonte: Villa Rica. (1. ed. 1928)

ANDRADE, Oswald de
(1972) "Manifesto da poesia Pau-Brasil". In: *Do Pau-Brasil à antropologia e às utopias*. Rio de Janeiro: Civilização Brasileira. (1. ed. 1924)

ANTOLOGIA DO NEGRO BRASILEIRO
(1950) *Trabalhos apresentados no II Congresso afro-brasileiro, Bahia, 1937*. Rio de Janeiro: Civilização Brasileira.

APTER, Andrew
(1995) "Notes on Orisha Cults in the Ekiti Yoruba Highlands. A tribute to Pierre Verger", *Cahiers d'études africaines*, 138-9, XXXV, 2-3, p. 369-401.

AREIA, M. L. Rodrigues de
(1974) *L'Angola traditionnel. Une introduction aux problèmes magico-religieux*. Coimbra: Tipografia da Atlântida.

AUBRÉE, Marion & LAPLANTINE, François
(1990) *La table, le livre et les esprits: magies et médiums*. Paris: Éditions J.-C. Lattès.

AUGÉ, Marc
(1982)   *Génie du paganisme*. Paris: Gallimard.
(1988)   *Le dieu objet*. Paris: Flammarion.

AUGRAS, Monique
(1983)   *O duplo e a metamorfose: a identidade mítica em comunidades nagô*. Petrópolis: Vozes.
(1987)   "Quizilas e preceitos: transgressão, reparação e organização dinâmica do mundo". In: MOURA, Carlos Eugênio Marcondes (org.). *Candomblé: desvendando identidades*. São Paulo: EMW Editores, p. 53-86.
(1989)   "De Yiá Mi a Pomba Gira: transformações e símbolos da libido". In: MOURA, Carlos Eugênio Marcondes (org.). *Meu sinal está no teu corpo*. São Paulo: EDICON/ EDUSP, p. 14-33.

AUGRAS, Monique & GUIMARÃES, Marco Antônio
(1990)   "O assento dos deuses: um aspecto da construção da identidade mítica no candomblé", *Religião e Sociedade,* 15 (2-3), p. 122-135.

AUGRAS, Monique & SANTOS, João Baptista dos
(1985)   "Uma casa de Xangô no Rio de Janeiro", *Dédalo,* 24, p. 43-62.

AZEVEDO, C. M. Marinho de
(1987)   *Onda negra, medo branco: o negro no imaginário das elites (século XIX)*. Rio de Janeiro: Paz e Terra.

AZEVEDO, Stella & MARTINS, Cléo
(1988)   *E daí aconteceu o encanto... Axé Opô Afonjá*. Salvador: s/e.

AZEVEDO, Thales de
(1996)   *As elites de cor numa cidade brasileira: um estudo de ascensão social, classes sociais e grupos de prestígio*. Salvador: EDUFBA. (1. ed. 1953)

BABADZAN, Alain
(1982)   *Naissance d'une tradition: changement culturel et syncrétisme religieux aux îles Australes (Polynésie française)*. Paris: ORSTOM (Travaux et documents de l'ORSTOM, 154).

BACELAR, Jefferson
(1989)   *Etnicidade: ser negro em Salvador*. Salvador: PENBA/Ianamá.

BALANDIER, Georges
(1967)   *Anthropologie politique*. Paris: PUF.

BARBER, Karin
(1989)   "Como o homem cria deus na África Ocidental: atitudes dos Yoruba para com o Òrìṣà". In: MOURA, Carlos Eugênio Marcondes (org.). *Meu sinal está no teu corpo*. São Paulo: EDICON/ EDUSP, p. 142-173.

BARRETO, M. A. Pereira
(1989) "Cultos afro-brasileiros: o problema da clientela". In: LANDIM, Leilah (org.). *Sinais dos tempos: tradições religiosas no Brasil*. Rio de Janeiro: ISER, p. 87-105.

BARROS, J. F. Pessoa de
(1993) *O segredo das folhas: sistemas de classificação de vegetais no candomblé jeje-nagô do Brasil*. Rio de Janeiro: Pallas/UERJ.

BARTH, Fredrik
(1969) *Ethnic Groups and Boundaries*. London: George Allen & Unwin.

BASCOM, William R.
(1969a) *Ifa Divination: Communication between Gods and Men in West Africa*. Bloomington: Indiana University Press.
(1969b) *The Yoruba of Southwestern Nigeria*. New York: Holt, Rinehart and Winston.
(1980) *Sixteen Cowries: Yoruba Divination from Africa to the New World*. Bloomington: Indiana University Press.

BASTIDE, Roger
(1945) *Imagens do Nordeste místico em branco e preto*. Rio de Janeiro: Seção de livros da empresa gráfica "O Cruzeiro".
(1952) "Le Batuque de Porto Alegre", reeditado para circulação interna. Publicado originalmente em TAX, Sol. *Acculturation in the Americas,* vol. II, *Proceedings and Selected Papers of the 29th International Congress of Americanists*. Chicago: The University of Chicago Press, p. 195-206.
(1969a) "État actuel et perspectives d'avenir des recherches afro-américaines", *Journal de la Société des Américanistes,* vol. LVIII, p. 7-29.
(1969b) "Le problème des mutations religieuses", *Cahiers Internationaux de Sociologie,* vol. XLVI, p. 5-16.
(1970a) *Le prochain et le lointain*. Paris: Éditions Cujas.
(1970b) "Mémoire collective et sociologie du bricolage", *L'Année Sociologique,* IIIème série, vol. XXI, p. 65-108.
(1970c) "Le rire et les courts-circuits de la pensée". In: POUILLON, J. & MARANDA, P. (org.). *Échanges et communications. Mélanges offerts à Claude Lévi-Strauss*. Paris/La Haye: Mouton, p. 953-963.
(1971) *As religiões africanas no Brasil. Contribuição a uma sociologia das interpenetrações de civilizações*. São Paulo: Livraria Pioneira Editora. (1. ed. 1960)
(1972) *Le rêve, la transe et la folie*. Paris: Flammarion.
(1973a) *Estudos afro-brasileiros*. São Paulo: Perspectiva.
(1973b) "Le principe d'individuation (contribution à une philosophie africaine)". In: *La notion de personne en Afrique noire*. Paris: Éditions du CNRS, p. 33-43.
(1974a) *As Américas negras: as civilizações africanas no Novo Mundo*. São Paulo: DIFEL/ EdUSP. (1. ed. 1967)
(1974b) *La femme de couleur en Amérique latine*. Paris: Éditions Anthropos.

(1975) *Le sacré sauvage et autres essais*. Paris: Payot.
(1996a) "Continuité et discontinuité des sociétés et des cultures afro-américaines", *Bastidiana*, 13-4, p. 77-88.
(1996b) "État actuel des recherches afro-américaines en Amérique latine", *Bastidiana*, 13-4, p. 11-28.
(2001) *O candomblé da Bahia: rito nagô*. São Paulo: Companhia das Letras. (1. ed. 1958)

BASTIDE, Roger & VERGER, Pierre
(1981) "Contribuição ao estudo da adivinhação em Salvador (Bahia)". In: MOURA, Carlos Eugênio Marcondes (org.). *Olóòrisa: escritos sobre a religião dos orixás*. São Paulo: Agora, p. 57-85.

BAUDIN, Noël
(1884) *Fétichisme et féticheurs*. Lyon: Séminaire des Missions africaines.

BEIER, Ulli
(1958) "Gelede Masks", *Odu*, 6, p. 5-23.

BENITEZ ROJO, Antonio
(1992) *The repeating island: the Caribbean and the postmodern perspective*. Durham, N.C., London: Duke University Press.

BEYLIER, Charles
(1978) "Itinéraire d'un chercheur". In: BASTIDE, Roger (org.). *Images du Nordeste mystique en noir et blanc*. Paris: Pandora, p. 212-240.

BINON-COSSARD, Gisèle
(1970) "Contribution à l'étude des candomblés au Brésil: le candomblé Angola". Tese de doutorado. Paris: Sorbonne.

BIRMAN, Patrícia
(1980) "Feitiço, carrego e olho grande, os males do Brasil são: estudo de um centro umbandista numa favela do Rio de Janeiro". Dissertação de mestrado. Rio de Janeiro: Museu Nacional/UFRJ.

BONFIM, Martiniano Eliseu do
(1950) "Os ministros de Xangô". In: CARNEIRO, Édison (org.). *Antologia do negro brasileiro*. Rio de Janeiro: Civilização Brasileira, p. 347-349.

BOUCHE, P.-B. (abade)
(1885) *Sept ans en Afrique occidentale: la côte des Esclaves et le Dahomey*. Paris: Plon, Nourrit & Cie.

BOURDIEU, Pierre
(1971) "Genèse et structure du champ religieux", *Revue française de sociologie*, XII (3), p. 295-334.

BOYER, Pascal
(1988) *Barricades mystérieuses et pièges à pensée. Introduction à l'analyse des épopées fang.* Nanterre: Société d'ethnologie (Sociétés africaines, 8).
(1990) *Tradition as truth and communication: a cognitive description of traditional discourse.* Cambridge: Cambridge University Press.

BOYER, Véronique
(1996) "Le don et l'initiation: de l'impact de la littérature sur les cultes de possession au Brésil", *L'Homme*, 138, p. 7-24.

BOYER-ARAÚJO, Véronique
(1993a) *Femmes et cultes de possession au Brésil: les compagnons invisibles.* Paris: L'Harmattan.
(1993b) "Les traditions risquent-elles d'être contaminées? Paradigmes scientifiques et ortodoxie religieuse dans les cultes de possession au Brésil", *Journal de la Société des Américanistes,* 79, p. 67-90.

BRAGA, Júlio Santana
(1988) *O jogo dos búzios: um estudo da adivinhação no candomblé.* São Paulo: Brasiliense.

BRANDON, George
(1993) *Santeria from Africa to the New World: The Dead Sell Memories.* Bloomington: Indian University Press.

BROWN, Diana
(1985) "Uma história da umbanda no Rio", *Cadernos do ISER,* n. 18, *Umbanda & Política,* p. 9-42.
(1986) *Umbanda: religion and politics in urban Brazil.* Ann Arbor, Mich.: UMI Research Press.

BRUMANA, Fernando Giobellina & MARTINEZ, Elda González.
(1991) *Marginália sagrada.* Campinas: Editora da Unicamp.

BUARQUE DE HOLANDA, Sérgio
(1984) *Raízes do Brasil.* Rio de Janeiro: José Olympio. (1. ed. 1936)

BUCHHOLTZER, Guy P.
(1993) "Quelles mémoires? Quelles traditions? La côte nord-ouest du Pacifique". In: BECQUELIN, Aurore & MOLINIÉ, Antoinette (org.). *Mémoire de la tradition.* Nanterre: Société d'ethnologie, p. 161-186 (Recherches thématiques, 5).

BUFFON, G.-L. Leclerc, comte de
(1824) *Histoire naturelle de l'Homme.* In: *Œuvres choisies,* 3 vols. Paris: Doguin.

CACCIATORE, O. Gudolle
(1977) *Dicionário de cultos afro-brasileiros.* Rio de Janeiro: Forense-Universitária.

CAMARGO, C. P. Ferreira
(1961)   *Kardecismo e umbanda: uma interpretação sociológica.* São Paulo: Livraria Pioneira Editora.

CAMPOS, Haroldo de
(1983)   "Da razão antropofágica: diálogo e diferença na cultura brasileira", *Boletim bibliográfico da Biblioteca Mário de Andrade,* São Paulo, vol. 44, 1-4, p. 107-130.

CAPONE, Stefania
(1991)   "A dança dos deuses: uma análise da dança de possessão no candomblé Angola Kassanje". Dissertação de mestrado. Rio de Janeiro: PPGAS/Museu Nacional/UFRJ.
(1996)   "Le pur et le dégénéré: le candomblé de Rio de Janeiro ou les oppositions revisitées", *Journal de la Société des Américanistes,* 82, p. 259-292.
(1998)   "Le voyage initiatique: déplacement spatial et accumulation de prestige", *Cahiers du Brésil Contemporain,* 35-6, p. 137-156.
(1999a) *La quête de l'Afrique dans le candomblé. Pouvoir et tradition au Brésil,* Paris: Karthala.
(1999b) "Les dieux sur le Net : l'essor des religions d'origine africaine aux États-Unis". *L'Homme* 151, p. 47-74.
(2000)   "Entre Yoruba et Bantu: l'influence des stéréotypes raciaux dans les études afro-américaines", *Cahiers d'études africaines,* 157, p. 55-77.
(2001)   "Regards croisés sur le bricolage et le syncrétisme. Le syncrétisme dans tous ses états". *Archives de sciences sociales des religions,* 114, p. 42-50.
(2004)   *A busca da Africa no candomblé. Poder e tradição no Brasil.* Rio de Janeiro: Contracapa/Pallas (primeira edição brasileira).
(2005)   *Les Yoruba du Nouveau Monde. Religion, ethnicité et nationalisme noir aux États-Unis.* Paris: Karthala.
(2007)   "Transatlantic dialogue: Roger Bastide and the African American religions", *Journal of Religion in Africa,* 37, pp. 1-35.
(2010)   *Searching for Africa in Brazil. Power and tradition in Candomblé.* Durham, N.C., London: Duke University Press.
(2011)   *Os Yoruba do Novo Mundo. Religião, etnicidade e nacionalismo negro nos Estados Unidos.* Rio de Janeiro: Pallas.
(2014)   "Les *babalawo* en quête d'une Afrique 'universelle' ou le syncrétisme revisité", In: CHANSON, Ph., DROZ, Y., GEZ, Y. et SOARES, E. (org.), *Mobilité religieuse: Retours croisés des Afriques aux Amériques,* Paris: Karthala, p. 95-114.
(2016a) "The pai-de-santo and the babalawo. Religious interaction and ritual rearrangements within orisha religion", In: OLUPONA, J. K. et ABIODUN, R. O. (org.), *Ifá Divination, Knowledge, Power, and Performance,* Bloomington: Indiana University Press, p. 223-245.
(2016b) "Reafricanization in Afro-Brazilian Religions. Rethinking Religious Syncretism", In: ENGLER, S. et SCHMITD, B. (org.), *The Brill Handbook of Contemporary Religions in Brazil,* Leiden: Brill, p. 472-488.

CARDOSO, Fernando Henrique
(1962) *Capitalismo e escravidão no Brasil meridional*. São Paulo: DIFEL.

CARDOSO, Irene
(1994) "Entretien avec Roger Bastide", *Bastidiana*, 7-8, *Roger Bastide: Claude Lévi-Strauss. Du principe de coupure aux courts-circuits de la pensée,* juil.-déc., p. 69-73.

CARNEIRO, Édison
(1937) *Os mitos africanos no Brasil*. São Paulo: Companhia Editora Nacional.
(1950) "Um orixá caluniado". In: *Antologia do Negro Brasileiro*. Rio de Janeiro: Civilização Brasileira, p. 344-349.
(1964) *Ladinos e crioulos: estudos sobre o Negro no Brasil*. Rio de Janeiro: Civilização Brasileira.
(1986) *Candomblés da Bahia*. Rio de Janeiro: Civilização Brasileira. (1.ed. 1948)
(1991) *Religiões negras/Negros bantos*. Rio de Janeiro: Civilização Brasileira. (1.ed. 1936 e 1937)

CARVALHO, José Jorge de
(1987) "A força da nostalgia: a concepção do tempo histórico dos cultos afro-brasileiros tradicionais", *Religião e Sociedade,* 14 (2), p. 36-61.
(1990) "Xangô". In: LANDIM, Leilah (org.). *Sinais dos tempos: diversidade religiosa no Brasil*. Rio de Janeiro: ISER, p. 139-145.
(1993) "Antropologia: saber acadêmico e experiência iniciática", *Anuário Antropológico 90,* Rio de Janeiro: Tempo Brasileiro, p. 91-107.

CASCUDO, Luís da Câmara
(1972) *Dicionário do folclore brasileiro*. Rio de Janeiro: Edições de Ouro. (1. ed. 1954)

CASTRO, Yeda Pessoa de
(1971) "Terminologia religiosa e falar cotidiano de um grupo-de-culto afro-brasileiro". Dissertação de mestrado. Salvador: UFBA.
(1981) "Língua e nação de candomblé", *África,* 4, São Paulo, p. 57-77.

CLARKE, Kamari M.
(2004) *Mapping Yorùbá Networks. Power and Agency in the Making of Transnational Communities*. Durham, London: Duke University Press.

CECCALDI, Pierrette
(1979) *Essai de nomenclature des populations, langues et dialectes de la République populaire du Bénin*. Paris: CARDAN/CNRS.

CLIFFORD, James
(1996) *Malaise dans la culture: l'ethnographie, la littérature et l'art au XXe siècle*. Paris: École Nationale Supérieure des Beaux-arts.

COHEN, Emma
(2012) "Review of *Searching for Africa in Brazil: Power and Tradition in Candomblé* by Stefania Capone". *Critique of Anthropology,* 32(2), p. 217–220.

CONCONE, Maria Helena Villas Boas & NEGRÃO, Lísias Nogueira
(1985) "Umbanda: da representação à cooptação. O envolvimento partidário da umbanda paulista nas eleições de 1982", *Cadernos do ISER,* n. 18, *Umbanda & Política,* p. 43-79.

CONTINS, Márcia
(1983) "O caso da Pomba Gira: reflexões sobre crime, possessão e imagem feminina". Dissertação de mestrado. Rio de Janeiro: PPGAS/Museu Nacional/UFRJ.

CORREA, Ana Maria
(1976) "Descrição de uma tipologia mítica: os orixás do candomblé". Dissertação de mestrado. Rio de Janeiro: PUC.

COSTA, E. Octávio da
(1948) *The Negro in Northern Brazil: A Study in Acculturation.* New York: American Ethnological Society.

COSTA, Valdeli Carvalho da (padre)
(1980) "Alguns marcos na evolução histórica e situação atual de Exu na umbanda no Rio de Janeiro", *Afro-Ásia,* 13, p. 87-105.

COSTA LIMA, Vivaldo da
(1966) "Os Obás de Xangô", *Afro-Ásia,* 2-3, p. 5-36.
(1976) "O conceito de 'nação' nos candomblés da Bahia", *Afro-Ásia,* 12, p. 65-90.
(1977) "A família de santo nos candomblés jeje-nagô da Bahia: um estudo de relações intra-grupais". Dissertação de mestrado. Salvador: UFBA.
(1984) "Nações-de-candomblé". In: COSTA LIMA, Vivaldo da (org.). *Encontro de nações-de--candomblé.* Salvador: Ianamá/UFBA/CEAO/CED, p. 11-26 (Estudos Documentos, 10).
(1989) "Nomes: o nome", *Padê,* 1, p. 7-9.

CROWTHER, Samuel (bishop)
(1852) *A vocabulary of the Yoruba Language.* London: Seeleys.

CUNHA, Manuela Carneiro da
(1985) *Negros estrangeiros: os escravos libertos e sua volta à África.* São Paulo: Brasiliense.

CUNHA, Marianno Carneiro da
(1984) "A feitiçaria entre os Nagô-Yoruba", *Dédalo,* 23, p. 1-16.

DALMIR, Francisco
(1992) "Ancestralidade e política da sedução: a pluralidade étnico-cultural brasileira". In: SANTOS, Juana Elbein dos (org.). *Democracia e diversidade humana: desafio contemporâneo*. Salvador: SECNEB, p. 179-205.

DAMATTA, Roberto
(1979) *Carnavais, malandros e heróis. Para uma sociologia do dilema brasileiro*. Rio de Janeiro: Zahar Editores.
(1981) "The ethic of Umbanda and the spirit of messianism: Reflections on the Brazilian model". In: BRUNEAU, T. & FAUCHNER, P. (org.). *Authoritarian Capitalism: Brazil's Contemporary Economic and Political Development*. Boulder: Westview Press, p. 239-265.

DANTAS, Beatriz Góis
(1982) "Repensando a pureza nagô", *Religião e Sociedade*, 8, p. 15-19.
(1984) "De feiticeiros a comunistas: acusações sobre o candomblé", *Dédalo*, 23, p. 97--116.
(1988) *Vovó nagô e papai branco: usos e abusos da África no Brasil*. Rio de Janeiro: Graal.

DENNETT, Richard E.
(1910) *Nigerian Studies, or the Religions and Political System of the Yoruba*. London: McMillan and Co.

DOPAMU, Ade P.
(1990) *Exu, o inimigo invisível do homem: um estudo comparativo entre Exu da religião tradicional iorubá (nagô) e o demônio das tradições cristã e muçulmana*. São Paulo: Oduduwa.

DREWAL, Henry John & DREWAL, Margaret Thompson
(1983) *Gelede: Art and Female Power among the Yoruba*. Bloomington: Indiana University Press.

DUARTE, Luiz Fernando Dias
(1986) *Da vida nervosa nas classes trabalhadoras urbanas*. Rio de Janeiro: Jorge Zahar Editor.

DUMONT, Louis
(1992) *Homo Hierarchicus: o sistema das castas e suas implicações*. São Paulo: EDUSP.

DURKHEIM, Émile
(1912) *Les formes élémentaires de la vie religieuse*. Paris: Alcan.

EDWARDS, Gary & MASON, John
(1985) *Black Gods: Orisa Studies in the New World*. New York: Yoruba Theological Archministry.

ELLIS, A. Burton
(1894) *The Yoruba-Speaking Peoples of the Slave Coast of West Africa: Their Religion, Manners, Laws, Language, etc.* London: Chapman and Hall.

EPEGA, Onadele D. (rev.)
(1931) *The Mistery of Yoruba Gods.* Lagos: The Hope Rising Press.

ESTUDOS AFRO-BRASILEIROS
(1988) *Trabalhos apresentados ao I Congresso afro-brasileiro, Recife, 1934.* Recife: Fundação Joaquim Nabuco/Editora Massangana, 2 vols.

EUBA, Femi
(1989) *Archetypes, Imprecators, and Victims of Fate: Origins and Developments of Satire in Black Drama.* New York/London: Greenwood Press.

EVANS-PRITCHARD, Edward Evan
(1978) *Bruxaria, oráculos e magia entre os Azande.* Rio de Janeiro: Zahar Editores. (1. ed. 1937)
(1986) "A religião e os antropólogos", *Religião e Sociedade,* 13 (1), p. 4-19. (1. ed. 1959)

FARROW, Stephan S.
(1926) *Faith, Fancies and Fetich, or Yoruba Paganism.* London: Society for Promoting Christian Knowledge.

FAVRET-SAADA, Jeanne
(1991) "Sorcellerie". In: BONTE, P. & IZARD, M. (org.). *Dictionnaire de l'ethnologie et de l'anthropologie.* Paris: PUF, p. 670-673.

FERNANDES, Florestan
(1965) *A integração do negro na sociedade de classes.* São Paulo: Dóminus Editora/USP.

FERNANDES, Florestan & BASTIDE, Roger
(1955) *Relações raciais entre negros e brancos em São Paulo.* São Paulo: Unesco/Anhembi.

FERRETTI, Mundicarmo
(1993) *Desceu na guma: o caboclo do tambor da mina no processo de mudança de um terreiro de S. Luís (a Casa Fanti-Ashanti).* São Luís: SIOGE.

FERRETTI, Sérgio F.
(1986) *Querebentam de Zomadonu: etnografia da Casa das Minas.* São Luís: EDUFMA.

FONSECA JR., Eduardo
(1988) *Dicionário yorubá-nagô-português.* Rio de Janeiro: Civilização Brasileira.

FREYRE, Gilberto
(1966) "Um quase político". In: *Quase política.* Rio de Janeiro: José Olympio.

(1988) "Prefácio". In: VIANA FILHO, Luís. *O negro na Bahia: um estudo clássico sobre a escravidão*. Rio de Janeiro: Nova Fronteira.
(1990) *Casa-grande & senzala*. Rio de Janeiro: Record. (1. ed. 1933)

FRIGERIO, Alejandro
(1989) "With the Banner of Oxalá: Social Construction and Maintenance of Reality in Afro-Brazilian Religions in Argentina". Tese de doutorado. Los Angeles: University of California.

FROBENIUS, Leo
(1913) *The Voice of Africa*. London: Hutchinson & Co.

FRY, Peter
(1982) *Para inglês ver: identidade e política na cultura brasileira*. Rio de Janeiro: Jorge Zahar Editor.
(1984) "Gallus africanus est, ou como Roger Bastide se tornou africano no Brasil", *Folha de São Paulo*, 15 de julho, *Folhetim*, p. 7-10.

GALLET, Luciano
(1934) *Estudos de Folclore*. Rio de Janeiro: Carlos Wehrs e Cia.

GENOVESE, Eugene
(1976) *Roll Jordan Roll: The World the Slaves Made*. New York: Vintage Books.

GIACOMINI, Sônia Maria
(1988) "Uma dupla leitura: macumba, cultura negra e ideologia do recalque", *Comunicações do ISER*, 28, p. 55-71.

GOBINEAU, J. A. Comte de
(1854) *Essai sur l'inégalité des races humaines*. Paris: Firmin Didot.

GONÇALVES, Fernandes
(1937) *Xangôs do Nordeste: investigações sobre os cultos negro-feitichistas do Recife*. Rio de Janeiro: Civilização Brasileira.

GONÇALVES DA SILVA, Vagner
(1992) "O candomblé na cidade: tradição e renovação". Dissertação de mestrado. São Paulo: FFLCH/USP.
(1995) *Orixás da metrópole*. Petrópolis: Vozes.

GOODY, Jack
(1979) *La raison graphique: la domestication de la pensée sauvage*. Paris: Éditions de Minuit.

HALBWACHS, Maurice
(1925) *Les cadres sociaux de la mémoire*. Paris: Félix Alcan.

HARDING, Rachel
(2000)   *A refuge in thunder. Candomblé and alternative spaces of blackness*. Bloomington: Indiana University Press.

HARTIKAINEN, Elina
(2012)   "Review of *Searching for Africa in Brazil: Power and Tradition in Candomblé* by Stefania Capone", *American Anthropologist*, 114 (3), p. 544–545.

HAYES, Kelly Black
(2011)   *Holy Harlots Femininity, Sexuality, and Black Magic in Brazil*. Oakland: University of California Press.

HERSKOVITS, Melville Jean
(1937)   *Life in a Haitian Valley*. New York: Knopf.
(1938)   *Dahomey: an Ancient West African Kingdom*. New York: J. J. Augustin.
(1965)   "African gods and Catholic saints in New World religious belief". In: *Reader in Comparative Religion*. New York: Harper & Row, p. 541-547. (1. ed. 1937)
(1967)   "Pesquisas etnológicas na Bahia", *Afro-Ásia*, 4-5, p. 89-105.

HERSKOVITS, Melville Jean & HERSKOVITS, Frances S.
(1958)   *Dahomean Narrative*. Evanstone: Northwestern University Press.

HESS, David J.
(1992)   "Umbanda and Quimbanda magic in Brazil: Rethinking aspects of Bastide's work", *Archives de Sciences Sociales des Religions*, 79 (juil.-sept.), p. 135-153.

HOBSBAWM, Eric & RANGER, Terence
(1984)   *A invenção das tradições*. Rio de Janeiro: Paz e Terra.

HOCH-SMITH, Judith
(1978)   "Radical Yoruba female sexuality: The witch and the prostitute". In: HOCH-SMITH, J. e SPRING, A. (org.). *Women in Ritual and Symbolical Roles*. New York: Plenum Press, p. 245-267.

HORTON, Robin
(1990a) "La pensée traditionnelle africaine et la science occidentale". In: *La pensée métisse: croyances africaines et rationalité occidentale en question*. Paris/Génève: PUF/ IUED, p. 45-67.
(1990b) "La tradition et la modernité revisitées". In: *La pensée métisse: croyances africaines et rationalité occidentale en question*. Paris/Génève: PUF/IUED, p. 69-124.

HUBERT, Henri & MAUSS, Marcel
(1902)   "Esquisse d'une théorie générale de la magie", *L'Année Sociologique*, VII, p. 1-146.

HURBON, Laënnec
(1988)   *Le barbare imaginaire*. Paris: Éditions du Cerf.

IANNI, Octávio
(1962) *A metamorfose do escravo*. São Paulo: DIFEL.
(1966) *Raças e classes sociais no Brasil*. Rio de Janeiro: Civilização Brasileira.

INSTITUTO BRASILEIRO DE GEOGRAFIA E ESTATÍSTICA (IBGE)
(1990a) *Estatísticas históricas do Brasil. Séries econômicas, demográficas e sociais de 1550 a 1988*. Rio de Janeiro: IBGE.
(1990b) *Participação político-social, 1988*, vol. III. *Dados sobre a religião*. Rio de Janeiro: IBGE.

IDOWU, E. Bolaji
(1962) *Olódùmarè: God in Yoruba Belief*. London: Longmans.

JOHNSON, Paul C.
(2002) *Secrets, gossip, and gods: the transformation of Brazilian Candomblé*. Oxford, New York: Oxford University Press.
(2011) "Review of *Searching for Africa in Brazil: Power and Tradition in Candomblé* by Stefania Capone". *Journal of the American Academy of Religion*, 79 (4), p. 1085-1088.

JOHNSON, Samuel
(1957) *The History of the Yorubas*. London: George Routledge & Sons.

KAYODÉ, Benji & SILVA, O. J. da
(1978) *A linguagem correta dos orisa*. Rio de Janeiro: s/e.

KIDDY, Elizabeth
(2012) "Review of *Searching for Africa in Brazil: Power and Tradition in Candomblé* by Stefania Capone". *Nova Religio*, 16 (2), p. 112-113.

KITI, G. (abade)
(1926) "Le fétichisme au Dahomey", *La Reconnaissance Africaine*, 21, Cotonou, 2ᵉ année.

LANDES, Ruth
(1940) "A cult matriarchate and male homosexuality", *The Journal of Abnormal and Social Psychology*, XXXV, 3, p. 386-397.
(1967) *A cidade das mulheres*. Rio de Janeiro: Civilização Brasileira. (1. ed. 1947)

LEACH, Edmund R.
(1958) "Magical Hair", *Journal of the Royal Anthropological Institute*, LXXXVIII, p. 147-165.

LEACOCK, Seth & LEACOCK, Ruth
(1972) *Spirits of the Deep: A Study of an Afro-Brazilian Cult*. New York: The American Museum of Natural History.

LE HÉRISSÉ, A.
(1911) *L'ancien royaume du Dahomey: mœurs, religion, histoire*. Paris: Larose.

Lenclud, Gérard
(1987) "La tradition n'est plus ce qu'elle était... Sur les notions de tradition et de société traditionnelle en ethnologie", *Terrains*, 9, p. 110-123.

Lépine, Claude
(1978) "Contribuição ao estudo do sistema de classificação dos tipos psicológicos no candomblé ketu de Salvador". Tese de doutorado. São Paulo: FFLCH/USP.

Lewis, Oscar
(1963) Les *enfants de Sanchez: autobiographie d'une famille mexicaine*. Paris: Gallimard.

Lody, Raul
(1979) *Santo também come: estudo sócio-cultural da alimentação cerimonial em terreiros afro-brasileiros*. Recife: MEC/Instituto Joaquim Nabuco de Pesquisas Sociais.
(1982) *Sete temas da mítica afro-brasileira*. Rio de Janeiro: Altiva Gráfica e Editora.
(1992) *Tem dendê, tem axé: etnografia do dendezeiro*. Rio de Janeiro: Pallas.

Lopes dos Santos, M. C.
(1984) "Caboclo: da África ou do Xingu", *Centro de Estudos folclóricos*, Recife: Fundação Joaquim Nabuco.

Luz, Marco Aurélio
(1983) *Cultura negra e ideologia do recalque*. Rio de Janeiro: Achiamé.
(1992a) *Cultura negra em tempos pós-modernos*. Salvador: SECNEB.
(1992b) "Da porteira para dentro, da porteira para fora: a tradição africano-brasileira e a pluralidade nacional". In: Santos, Juana Elbein dos (org.). *Democracia e diversidade humana: desafio contemporâneo*. Salvador: SECNEB, p. 57-73.
(1993) *Do tronco ao opa exin: memória e dinâmica da tradição africano-brasileira*. Salvador: SECNEB.

Luz, Marco Aurélio & Lapassade, Georges
(1972) *O segredo da macumba*. Rio de Janeiro: Paz e Terra.

Maggie, Yvonne
(1977) *Guerra de Orixá: um estudo de ritual e conflito*. Rio de Janeiro: Zahar Editores.
(1989) "Cultos afro-brasileiros: consenso e diversidade". In: Landim, Leilah (org.). *Sinais dos tempos: igrejas e seitas no Brasil*. Rio de Janeiro: ISER, p. 77-82.
(1992) *Medo do feitiço: relações entre magia e poder no Brasil*. Rio de Janeiro: Arquivo Nacional.

Marques Pereira, Nuno
(1939) *Compêndio narrativo do Peregrino da América*. Rio de Janeiro: Academia Brasileira de Letras.

MARY, André
(1994a) "Bastide, Lévi-Strauss et le dieu intermédiaire", *Bastidiana*, 7-8, *Roger Bastide: Claude Lévi-Strauss. Du principe de coupure aux courts-circuits de la pensée*, p. 7-51.
(1994b) "Bricolage afro-brésilien et bris-collage post-moderne". In: LABURTHE-TOLRA, Philippe (org.). *Roger Bastide ou le réjouissement de l'abîme*. Paris: L'Harmattan, p. 85-98.

MASON, John
(1992) *Orin Òrìṣà: Songs for Selected Heads*. New York: Yoruba Theological Archministry.

MATORY, Lorand J.
(2005) *Black Atlantic Religion: Tradition, Transnationalism, and Matriarchy in the Afro-Brazilian Candomblé*. Princeton: Princeton University Press.

MAUPOIL, Bernard
(1988) *La géomancie à l'ancienne côte des esclaves*. Paris: Institut d'Ethnologie. (1. ed. 1938)

MAUSS, Marcel
(1950) *Sociologie et anthropologie*. Paris: PUF.

MÉRIMÉE, Prosper
(1994) *Carmen*. Paris: Librio. (1. ed. 1845)

MÉTRAUX, Alfred & VERGER, Pierre
(1994) *Le pied à l'étrier: correspondance 1946-1963*. Paris: J.-M. Place.

MEYER, Marlyse
(1993) *Maria Padilha e toda a sua quadrilha: de amante de um rei de Castela a Pomba Gira de umbanda*. São Paulo: Livraria Duas Cidades.

MONTEIRO, Douglas Teixeira
(1978) "Roger Bastide: religião e ideologia", *Religião e Sociedade*, 3, p. 11-24.

MONTERO, Paula
(1985) *Da doença à desordem: a magia na umbanda*. Rio de Janeiro: Graal.

MONTERO, Paula & ORTIZ, Renato
(1976) "Contribuição para um estudo quantitativo da religião umbandista", *Ciências e Cultura*, 28 (4), p. 407-416.

MORIN, Françoise
(1975) "Roger Bastide ou l'anthropologie des gouffres", *Archives de Sciences Sociales des Religions*, 40, p. 99-106.
(1994) "Les inédits et la correspondance de Roger Bastide". In: LABURTHE-TOLRA, Philippe (org.). *Roger Bastide ou le réjouissement de l'abîme*. Paris: l'Harmattan, p. 21-42.

MOTT, Luiz
(1986) "Acotundá: raízes setecentistas do sincretismo religioso afro-brasileiro", *Revista do Museu Paulista*, n.s., vol. XXXI, p. 124-147.

MOTTA, Roberto
(1985) *Os Afro-brasileiros. Anais do III Congresso afro-brasileiro, Recife, 1982*. Recife: Fundação Joaquim Nabuco/Editora Massangana.
(1994) "L'apport brésilien dans l'œuvre de Bastide sur le candomblé de Bahia". In: LABURTHE-TOLRA, Philippe (org.). *Roger Bastide ou le réjouissement de l'abime*. Paris: l'Harmattan, p. 169-178.

MOURA, Roberto
(1983) *Tia Ciata e a Pequena África no Rio de Janeiro*. Rio de Janeiro: FUNARTE.

NADEL, Siegfried Frederick
(1942) *A Black Byzantium: The Kingdom of Nupe in Nigeria*. Oxford: Oxford University Press.
(1970) *Nupe Religion*. New York: Schocken Books. (1. ed. 1954)

NINA RODRIGUES, Raimundo
(1935) *O animismo fetichista dos negros bahianos*. Rio de Janeiro: Civilização Brasileira. (1. ed. 1900)
(1938) *As raças humanas e a responsabilidade penal no Brasil*. São Paulo: Editora Nacional. (1. ed. 1894)
(1988) *Os Africanos no Brasil*. São Paulo: Editora Nacional.

NUNES PEREIRA, Manoel
(1979) *A Casa das Minas: culto dos voduns jeje no Maranhão*. Petrópolis: Vozes.

OLIVEIRA, J. Souto de (org.)
(1993) *O traço da desigualdade social no Brasil*. Rio de Janeiro: IBGE.

OLIVEIRA, Lúcia E. Garcia de; PORCARO, Rosa M. & ARAÚJO COSTA, Tereza Cristina N.
(1985) *O lugar do negro na força de trabalho*. Rio de Janeiro: IBGE.

OLIVEIRA, Waldir Freitas
(1976) "Desenvolvimento dos estudos africanistas no Brasil", *Cultura*, MEC, VII, 23, p. 110-117.

OLIVEIRA, Waldir Freitas & COSTA LIMA, Vivaldo da
(1987) *Cartas de Édison Carneiro a Arthur Ramos: de 4 de janeiro a 6 de dezembro de 1938*. São Paulo: Corrupio.

ORTIZ, Fernando
(2002) *Contrapunteo cubano del tabaco y el azúcar*. Madrid: Cátedra. (1. ed. 1940)

Ortiz, Renato
(1985) *Cultura brasileira & identidade nacional*. São Paulo: Brasiliense.
(1988) *A morte branca do feiticeiro negro: umbanda e sociedade brasileira*. São Paulo: Brasiliense.

Paine, Robert
(1967) "What is gossip about? An alternative hypothesis", *Man* (n.s.), II, p. 278-285.

Palmié, Stephan
(2013) *The Cooking of History: How not to Study Afro-Cuban Religion*. Chicago: The University of Chicago Press.

Parés, Luis N.
(2006) *A formação do Candomblé: história e ritual da nação jeje na Bahia*. Campinas: Editora da UNICAMP.

Parrinder, E. Geoffrey
(1950) *La religion en Afrique occidentale*. Paris: Payot.
(1956) *The Story of Ketu. An Ancient Yoruba Kingdom*. Ibadan: Ibadan University Press.

Peel, J. D. Y.
(2000) *Religious Encounters and the making of the Yoruba*. Bloomington, Indianapolis: Indiana University Press.

Pelton, Robert D.
(1980) *The Trickster in West Africa: A Study of Mithic Irony and Sacred Delight*. Berkeley: University of California Press.

Pemberton, John
(1975) "Eshu-Elegba: the yoruba trickster god", *African Arts*, vol. IX, p. 20-27, 66-70 e 90-91.

Perrone, Charles A.
(1993) *Pau-Brasil, antropofagia, tropicalismo e afins: o legado modernista de Oswald de Andrade na poesia e canção brasileira dos anos 60/80*. Salvador: Documento Exu/Fundação Casa de Jorge Amado.

Pierson, Donald
(1971) *Brancos e pretos na Bahia*. São Paulo: Companhia Editora Nacional. (1. ed. 1942)

Pinto, Luís de Aguiar Costa
(1953) *O negro no Rio de Janeiro*. São Paulo: Companhia Editora Nacional.

Pouillon, Jean
(1974) *Fétiches sans fétichisme*. Paris: Maspero.

PRANDI, Reginaldo
(1990) "Linhagem e legitimidade no candomblé paulista", *Revista Brasileira de Ciências Sociais,* 14, p. 18-31.
(1991) *Os candomblés de São Paulo.* São Paulo: HUCITEC/EDUSP.

PRANDI, Reginaldo & GONÇALVES DA SILVA, Vagner
(1989) "Axé São Paulo: notas preliminares de pesquisa sobre as origens e mudanças do candomblé na região metropolitana de São Paulo". In: MOURA, Carlos Eugênio Marcondes (org.). *Meu sinal está no teu corpo.* São Paulo: EDICON/EDUSP, p. 220-239.

QUERINO, Manuel
(1988) *Costumes africanos no Brasil.* Recife: Fundação Joaquim Nabuco/Editora Massangana. (1. ed. 1938)

RAMOS, Alberto Guerreiro
(1954) "O problema do negro na sociologia brasileira", *Cadernos do nosso tempo,* 2.
(1957) *Introdução crítica à sociologia brasileira.* Rio de Janeiro: Andes.

RAMOS, Arthur
(1942) "Pesquisas estrangeiras sobre o negro brasileiro". In: RAMOS, Arthur (org.). *A aculturação negra no Brasil.* Rio de Janeiro: Biblioteca Pedagógica Brasileira, p. 183-195.
(1951a) *O negro brasileiro.* São Paulo: Companhia Editora Nacional. (1. ed. 1934)
(1951b) *The Negro in Brazil.* Washington: The Associated Publishers. (1. ed. 1939)
(1961) *Introdução à antropologia brasileira,* 3 vols. Rio de Janeiro: Casa do Estudante do Brasil. (1. ed. 1943)
(1971) *O negro na civilização brasileira.* Rio de Janeiro: Casa do Estudante do Brasil. (1. ed. 1939)
(1979) *As culturas negras no Novo Mundo.* São Paulo: Editora Nacional. (1. ed. 1937)

RANGER, Terence
(1984) "A invenção da tradição na África colonial". In: HOBSBAWM, Eric e RANGER, Terence (org.). *A invenção das tradições.* Rio de Janeiro: Paz e Terra, p. 219-269.

RAWICK, George P.
(1972) *From Sundown to Sunup: The Making of the Black Community.* Westport: Greenwood.

REGO, Waldeloir
(1980) "Mitos e ritos africanos na Bahia". In: CARYBÉ. *Iconografia dos deuses africanos no candomblé da Bahia.* Salvador: Fundação Cultural do Estado da Bahia/Instituto Nacional do Livro/UFBA, p. 269-277.

REIS, João José
(1986) *Rebelião escrava no Brasil: a história do levante dos malês (1835).* São Paulo: Brasiliense.

(1988) "Um balanço dos estudos sobre as revoltas escravas da Bahia". In: REIS, João José (org.). *Escravidão e invenção da liberdade*. São Paulo: Brasiliense, p. 133-140.

(1989) "Nas malhas do poder escravista: a invasão do candomblé do Accu". In: REIS, João José & SILVA, Eduardo (org.). *Negociação e conflito: a resistência negra no Brasil escravista*. São Paulo: Companhia das Letras, p. 32-61.

(1992) "Recôncavo rebelde: revoltas escravas nos engenhos baianos", *Afro-Ásia*, 15, CEAO, p. 100-126.

RIBAS, Oscar

(1958) *Ilundo*. Luanda: Museu de Angola.

RIBEIRO, René

(1956) *Religião e relações raciais*. Rio de Janeiro: MEC/Departamento de Imprensa Nacional.

(1957) "Religiões negras no Nordeste", *Para todos, Quinzenário da cultura brasileira*, ano II, n. 31.

(1978) *Cultos afro-brasileiros do Recife: um estudo de ajustamento social*. Recife: MEC/Instituto Joaquim Nabuco de Pesquisas Sociais. (1. ed. 1952)

(1982) *Antropologia da religião e outros estudos*. Recife: Editora Massangana/Fundação Joaquim Nabuco.

RICKETTS, Mac Linscott

(1965) "The North American Indian Trickster", *History of Religion*, 5, p. 327-350.

RIO, João do

(1976) *As religiões do Rio*. Rio de Janeiro: Nova Aguilar. (1. ed. 1904)

RISÉRIO, Antônio

(1988) "Bahia com 'H': uma leitura da cultura baiana". In: REIS, João José (org.). *Escravidão e invenção da liberdade*. São Paulo: Brasiliense, p. 143-165.

(1991) *Os fios da meada*. Salvador: Exu Documento/Fundação da Casa de Jorge Amado.

ROMERO, Sílvio

(1888) *Estudos sobre a poesia popular do Brasil*. Rio de Janeiro: Laemmert.

RUFINO DOS SANTOS, Joel

(1989) "Para que serve o negro?", *Padê*, 1, p. 59-70.

SALAMI, Sikiru

(1990) *A mitologia dos orixás africanos*, vol. I. São Paulo: Oduduwa.

SANTOS, Deoscóredes M. dos

(1988) *História de um terreiro nagô*. São Paulo: Max Limonad. (1. ed. 1962)

SANTOS, Juana Elbein dos

(1977a) *Os Nagô e a morte*. Petrópolis: Vozes.

(1977b) "A percepção ideológica dos fenômenos religiosos: sistema nagô no Brasil, negritude versus sincretismo", *Revista de Cultura Vozes*, 71 (7), p. 23-34.

(1979) "Résistance et cohésion de groupe: perception idéologique de la religion négro-africaine au Brésil", *Archives de Sciences Sociales des Religions*, 47 (1), p. 123-134.

(1982) "Pierre Verger e os resíduos coloniais: o 'outro' fragmentado", *Religião e Sociedade*, 8, p. 11-14.

Santos, Juana Elbein dos & Santos, Deoscóredes M. dos

(1969) "Ancestor worship in Bahia: the Egun-cult", *Journal de la Société des Américanistes*, LVIII, p. 79-108.

(1971) *Esu Bara Laroye*. Ibadan: Institute of African Studies, University of Ibadan.

(1973) "Esu Bara, principle of individual life in the Nago system". In: *La notion de personne en Afrique noire*. Paris: Éditions du CNRS, p. 45-60.

(1993a) "La religion Nago génératrice et reserve de valeurs culturelles au Brésil". In: *Vodun: les religions africaines comme source de valeurs de civilisation*. Paris: Présence africaine, p. 157-173.

(1993b) "A cultura nagô no Brasil: memória e continuidade", *Revista da USP*, 18, *Dossiê Brasil/África*, p. 40-51.

Santos, Maria do Rosário Carvalho & Santos Neto, Manoel dos

(1989) *Boboromina: terreiros de São Luís, uma interpretação sócio-cultural*. São Luís: SECMA/SIOGE.

Schwarcz, Lilia Moritz

(1993) *O espetáculo das raças: cientistas, instituições e questão racial no Brasil (1870-1930)*. São Paulo: Companhia das Letras.

Segato, Rita L.

(1991) "Uma vocação de minoria: a expansão dos cultos afro-brasileiros na Argentina como processo de reetnicização", *Dados*, 34 (2), p. 249-278.

(1992) "Um paradoxo do relativismo: discurso racional da antropologia frente ao sagrado". *Religião e Sociedade*, 16 (1-2), p. 114-135.

Seiblitz, Zélia

(1985) "A gira profana", *Cadernos do ISER*, 18, *Umbanda & Política*, p. 122-156.

Serra, Ordep Trindade

(1978) "Na trilha das crianças: os erês num terreiro angola". Dissertação de mestrado. Brasília: UFB.

(1995) *Águas do Rei*. Petrópolis: Vozes.

Silva, A. Vieira da

(1983) "Reflexos da cultura iorubá na arte e nos artistas brasileiros", *Afro-Ásia*, 14, p. 174-185.

SILVA, Ornato J. da
(1988) *Ervas: raízes africanas*. Rio de Janeiro: Rabaço Editora.

SILVEIRA, Renato da
(1988) "Pragmatismo e milagres da fé no Extremo Ocidente". In: REIS, João José (org.). *Escravidão e invenção da liberdade*. São Paulo: Brasiliense, p. 166-197.

SJØRSLEV, Inger
(1989) "The myth of myths and the nature of ritual: Ideology and practice in Afro--Brazilian religion", *Folk,* 31, p. 105-123.

SKIDMORE, Thomas E.
(1989) *Preto no Branco: raça e nacionalidade no pensamento brasileiro*. Rio de Janeiro: Paz e Terra.

SMITH, Robert S.
(1988) *Kingdoms of the Yoruba*. London: James Currey.

SODRÉ, Muniz
(1979) *Samba, o dono do corpo*. Rio de Janeiro: Codecri.
(1988) *A verdade seduzida: por um conceito de cultura no Brasil*. Rio de Janeiro: Francisco Alves.

SOUZA, Laura de Mello e
(1986) *O diabo e a terra de Santa Cruz*. São Paulo: Companhia das Letras.
(1993) *Inferno Atlântico: demonologia e colonização (séculos XVI-XVIII)*. São Paulo: Companhia das Letras.

TABOR, Daniel
(1976) "The savage and the innocent: anthropological involvement in possession cults", *Journal of the Anthropological Society of Oxford,* VII (2), p. 87-98.

TELES DOS SANTOS, Jocélio
(1922) *O dono da terra: o caboclo nos candomblés da Bahia*. Salvador: Sarah Letras.

TEMPELS, Placide (rev.)
(1969) *Bantu Philosophy*. Paris: Présence africaine.

THOMPSON, Robert Farris
(1984) *Flash of the Spirit: African & Afro-American Art & Philosophy*. New York: Vintage Books.

TOURE, Abu J.
(2011) "Review of *Searching for Africa in Brazil: Power and Tradition in Candomblé* by Stefania Capone". *Journal of Religion in Africa* 41 (1), p. 131-133.

TRINDADE, Liana M. S.
(1982) "Exu: reinteipretações individualizadas de um mito", *Religião e Sociedade*, 8, p. 29-36.
(1985) *Exu: símbolo e função*. São Paulo: FFLCH/USP.
(1991) "Construções míticas e história: estudos sobre as representações simbólicas e relações raciais em São Paulo do século XVIII à atualidade". Tese de livre docência em antropologia. São Paulo: FFI.CH/USP.

TROUILLOT, Michel-Rolph
(1995) *Silencing the Past: Power and the Production of History*. Boston: Beacon Press.
(2003) *Global Transformations: Anthropology and the Modern World*. London: Palgrave Macmillan.

TURNER, Jerry M.
(1975) "Les Brésiliens: The Impact of Former Brazilian Slaves upon Dahomey". Tese de doutorado em História. Boston University.

URTON, Gary
(1993) "Contesting the past in the Peruvian Andes". In: BECQUELIN, Aurore & MOLINIÉ, Antoinette (org.). *Mémoire de la Tradition*. Nanterre: Société d'ethnologie, p. 107-144 (Recherches thématiques, 5).

VENTURA, Roberto
(1991) *Estilo tropical: história cultural e polêmicas literárias no Brasil (1870-1914)*. São Paulo: Companhia das Letras.

VERGER, Pierre
(1953) "Le culte des voduns d'Abomey aurait-il été apporté à Saint Louis de Maranhon par la mère du roi Ghézo?", *Les Afro-Américains,* Dakar: IFAN, p. 157-160.
(1965) "Grandeur et décadence du culte de Iyami Osoronga (ma mère la sorcière) chez les Yoruba", *Journal de la Société des Américanistes,* 35 (1), p. 141-243.
(1981) *Orixás*. Salvador: Corrupio.
(1982a) *50 anos de fotografia*. Salvador: Corrupio.
(1982b) "Etnografia religiosa iorubá e probidade científica", *Religião e Sociedade,* 8, p. 3-10.
(1987) *Fluxo e refluxo do tráfico de escravos entre o Golfo do Benin e a Bahia de todos os Santos: dos séculos XVII a XIX*. Salvador: Corrupio.
(1992) "O Deus supremo iorubá: uma revisão das fontes", *Afro-Ásia,* 15, CEAO/Ianamá, p. 18-35.
(1995) *Dieux d'Afrique*. Paris: Revue Noire. (1. ed. 1954)
(1999) *Notas sobre o culto aos Orixás e Voduns na Bahia de Todos os Santos, no Brasil, e na antiga Costa dos Escravos, na África*. São Paulo: EDUSP. (1. ed. 1957)

VIANA FILHO, Luís
(1988)   O negro na Bahia: um ensaio clássico sobre a escravidão. Rio de Janeiro: Nova Fronteira. (1. ed. 1946)

WAFER, James W.
(1991)   The taste of blood: spirit possession in Brazilian Candomblé. Philadelphia: University of Pennsylvania Press.

WAGLEY, Charley (ed.)
(1952)   Race and Class in Rural Brazil. Paris: UNESCO.

WERNECK SODRÉ, Nelson
(1974)   Síntese da história da cultura brasileira. Rio de Janeiro: Civilização Brasileira.

WESCOTT, Joan
(1962)   "The sculpture and myths of Eshu-Elegba, the Yoruba trickster: Definition and interpretation in Yoruba iconography", Africa, 32, p. 336-53.

ZIEGLER, Jean
(1977)   Os vivos e a morte: uma sociologia da morte no Ocidente e na diáspora africana no Brasil e seus mecanismos culturais. Rio de Janeiro: Zahar Editores.

LITERATURA UMBANDISTA

ALVA, Antônio de
(s/d.)   Exu: gênio do bem e do mal. Rio de Janeiro: Editora Espiritualista.

FONTANELLE, Aluízio
(1952)   O espiritismo no conceito das religiões e a lei da umbanda. Rio de Janeiro: Editora Espiritualista.
(s/d.)   Exu. Rio de Janeiro: Editora Espiritualista.

FREITAS, B. T. & PINTO, T. da Silva
(1970)   Doutrina e ritual de umbanda. Rio de Janeiro: Editora Espiritualista.

KARDEC, Allan
(1984)   Le Livre des esprits. Paris: Dervy. (1. ed. 1857)
(1985)   L'Évangile selon le spiritisme. Paris: Dervy. (1. ed. 1864)
(1986)   Le Livre des médiums. Paris: Dervy. (1. ed. 1861)

MAGNO, Oliveira
(1952)   Umbanda e ocultismo. Rio de Janeiro: Editora Espiritualista.

MOLINA, N. A.
(s/d.a)   *Pontos cantados e riscados de Exu e Pomba Gira*. Rio de Janeiro: Editora Espiritualista.
(s/d.b)   *Saravá Maria Padilha*. Rio de Janeiro: Editora Espiritualista.
(s/d.c)   *Saravá Pomba Gira*. Rio de Janeiro: Editora Espiritualista.

RIBEIRO, José
(s/d.)   *Pomba Gira (Mirongueira)*. Rio de Janeiro: Editora Espiritualista.

JORNAIS E PUBLICAÇÕES

Bahia, Análise & Dados, Salvador, CEI, III, n° 4, março de 1994, "Mãe Stella: sacerdotisa e guardiã do candomblé na Bahia", p. 42-46.

Monumento, Salvador, ano II, n. 18, julho-setembro de 1982.

Orunmila, Magazine of the Orunmila Youngsters of Indigen Faith of Africa, Lagos, 1985 e 1986.

Publicação do Departamento de Cultura e Informação do Ministério Brasileiro de Relações Exteriores para O Primeiro Festival das Artes Negras em Dacar, "The African Contribution to Brazil", 1966.

Serepegbé, Boletim da SECNEB, Salvador, 1975-1978.

Siwaju, Boletim do INTECAB, Salvador, SECNEB, 1988-1992.

GLOSSÁRIO

A

abiã: noviço, candidato à iniciação no candomblé.
acaçá: oferenda preparada com milho branco enrolado em uma folha de bananeira. Tem o poder de acalmar as energias e está presente na maioria das oferendas e nos rituais de iniciação.
adjuntó: segundo orixá protetor de um indivíduo.
adô iran: cabaças de pescoço comprido simbolizando o poder de Exu.
adoxu: iniciado no candomblé; ver *oxu*.
aiyé: mundo natural.
ajé: feiticeira, do iorubá *àjé*. Transforma-se em pássaro durante a noite. Simboliza o poder feminino.
Aluvaiá: divindade correspondente a Exu nos terreiros bantos.
assentamento ou assento: representação material da força sagrada da divindade, constituída de recipientes de barro cozido, de cerâmica ou de madeira, contendo vários ingredientes, entre elas uma pedra (*otá*).
assentar o santo: fixar a força sagrada do orixá em sua representação material e na cabeça do iniciado.
atakan: faixas de pano amarradas nos ombros que compõem as vestes do orixá.
awo: segredo, mistério. Um *awo* também é um alto dignitário da religião iorubá, ligado ao culto de Ifá.
axé: força sagrada, que pode ser inscrita nas pessoas iniciadas ou em objetos rituais. Um *axé* também é uma tradição religiosa, ligada a um terreiro considerado a matriz de todos os que pertencem à mesma família de santo. Do iorubá *àṣẹ*: "ordem, comando, autoridade".
axexê: ritual funerário no candomblé.
axogum: sacrificador dos animais ofertados às divindades. Cargo cerimonial confiado a um *ogã*.

B

baba kekerê: ver *pai pequeno*.
babalaô, babalawo: adivinho, sacerdote de Ifá. Do iorubá, *babaláwo* (*baba ní awo*: "pai do segredo").

babalorixá: chefe de um terreiro de candomblé. Termo correspondente a *pai de santo*. Do iorubá *babalóòrìṣà* (*baba ní òrìṣà*: "pai da divindade").

babalosaniyin ou *babalossaim*: sacerdote especialista das folhas, elementos indispensáveis a todo ritual de candomblé.

baculo: espírito dos ancestrais entre os bantos.

Bará-aiyé: representação do Exu existencial do iniciado.

barracão: salão das cerimônias no terreiro.

Bombonjira (ou Bombogira): um dos nomes de Exu nos terreiros bantos.

borí: cerimônia dedicada à cabeça e que precede a iniciação. Do iorubá *bọ orí*: "venerar a cabeça".

C

caboclo: espírito "indígena", presente na umbanda, no candomblé de caboclo e na maioria dos terreiros da Bahia considerados tradicionais.

calunga: cemitério (*calunga-grande*: "oceano").

cambono: assistente do *pai pequeno* na umbanda. Seu correspondente feminino é *samba*.

carrego: carga, peso. Noção ligada a *despacho*. Designa a carga negativa que resulta de um "trabalho mágico" e que é neutralizada ao ser abandonada em determinado lugar. É igualmente uma obrigação ritual recebida em herança após o falecimento de um membro da família.

centro de mesa: centro kardecista, também chamado *mesa branca*, "*caridade*": trabalho espiritual que os espíritos devem realizar para cumprir sua "evolução", sob a forma de consultas concedidas aos seres humanos.

cavalo: iniciado possuído por uma divindade ou um espírito.

contra-eguns: fios de palha trançados, amarrados nos braços do novo iniciado para protegê-lo do contato com os espíritos dos mortos (*eguns*).

crianças: espíritos infantis na umbanda.

cuia: meia-cabaça usada no candomblé como recipiente ritual. A cerimônia do *decá* também é chamada "entrega da cuia", pois é essa cabaça que simboliza a emancipação que o iniciado obtém de seu iniciador. "Rodar a cuia" é outra expressão que designa o *padê*.

curandeirismo: prática ilícita da medicina.

D

dagã: cargo ritual ligado ao ritual do *padê*. Ela é assistida pela *sidagã* (ou *ossi dagã*, do iorubá *òsì*: "esquerda").

decá (receber o): cerimônia que marca o fim dos sete anos de iniciação e torna o iniciado, agora *ebômi*, apto para abrir seu próprio terreiro.

demanda: lutas, ataques mágicos entre pessoas do mesmo terreiro de umbanda.

despacho: ritual dedicado a Exu, antes de toda cerimônia religiosa, com sacrifício de animais e oferendas de alimentos. Também chamado *padê*. Esse termo designa igualmente os restos das oferendas que são abandonadas no mato, nas encruzilhadas ou nas beiradas de um rio.

dilogun: método de adivinhação com búzios que substituiu, no Brasil, a adivinhação com o *opelê*. Também chamado *jogo dos búzios*.

dobalé: saudação ritual para os orixás que é feita prosternando-se no chão.

E

ebó: oferenda ou sacrifício de animais para os orixás. Exu é o transportador do ebó (ẹlẹ́bọ). Ato mágico positivo.

ebômi: iniciado há sete anos. Segunda etapa hierárquica do *iaô*. Do iorubá ègbọ́n mi: meu irmão mais velho ou minha irmã mais velha.

egum: espírito de um morto. Seu contato pode ser nocivo ao indivíduo.

Egungun ou Egum: ancestral venerado na Ilha de Itaparica (Bahia). Do iorubá *Egúngún*. Chamado também *Baba Egum*.

encantado: espírito ligado à natureza (rios, mar ou mato). Termo usado no Maranhão, sob a influência dos cultos indígenas (*pajelança* amazônica).

encosto: contato com um espírito obsessor, um *quiumba*, que pode deixar um ser humano doente ou louco, e mesmo levá-lo ao suicídio.

equede: cargo ritual exclusivo das mulheres que não entram em transe. Auxiliar dos filhos de santo em transe.

erê: espírito "infantil" ligado ao orixá "dono da cabeça" do iniciado no candomblé. Trata-se de uma possessão menos profunda, em que o indivíduo fala como uma criança e se comporta como tal.

essa: ancestral fundador de um terreiro invocado durante o *padê*.

Èṣù-Ẹlégbéra: nome dado a Èṣù entre os iorubás. O termo ẹlégbéra (que também pode ser contraído em ẹlẹgbá) significa "aquele que tem a força, o poder (agbára)".

"evolução": no kardecismo e na umbanda, noção que organiza o mundo dos espíritos em função da maior ou menor "evolução" deles. Essa evolução, isto é, o desligamento do mundo material, faz-se graças à doutrinação dos espíritos e à prática da "caridade".

exés: partes do animal sacrificado carregadas da força divina, o *axé*. São depositadas diante do *assentamento* da divindade.

Exu: deus mediador, mensageiro e intérprete dos orixás. Do iorubá Èṣù.

Exu-Bará: Exu existencial, ligado à vida individual do iniciado.

Exu "da porteira": Exu guardião do terreiro.

Exu-egum: Exu de umbanda, espírito desencarnado. Termo usado pelos médiuns que passam da umbanda ao candomblé, para diferenciá-lo do Exu-orixá.

Exu-escravo: Exu "servidor" do orixá.

Exu-orixá: divindade iorubá. Termo usado para distingui-lo das demais funções de Exu.
Exu "pagão": Exu de umbanda que ainda não foi doutrinado e que se tornará Exu "batizado".

F

"falange": grupo de espíritos que, na umbanda, "trabalham" na mesma "linha".
família de santo: grupo de culto. Não se restringe a um único terreiro, mas tece genealogias complexas entre os diferentes terreiros de um mesmo *axé*. Parentesco religioso.
farí: entalhe praticado no alto do crânio raspado durante a iniciação.
farofa: mistura de farinha de mandioca e azeite de dendê ofertada a Exu.
"fazer": dar nascimento a um novo iniciado (*feitura de santo*) ou a um novo orixá no corpo do iniciado. Dessa maneira, alguém é "feito" uma vez que foi submetido aos rituais da iniciação. Da mesma forma, o iniciador "faz" o orixá do noviço, estabelecendo o vínculo entre este e seu dono da cabeça, que assim passa a ser *seu* orixá.
feitura ou feitura de santo: iniciação (*fazer o santo*: "iniciar um noviço para seu orixá").
ferramenta: ferro forjado que simboliza nos *assentamentos* uma determinada "qualidade" de Exu. Também pode ser usada nos *assentamentos* de Ogum, de Oxóssi ou de Ossaim.
filho ou filha de santo: nome dado ao iniciado ou à iniciada no candomblé, na terminologia do parentesco religioso. Marca a filiação de um iniciador e de um terreiro.
fundamento: segredo religioso. Tudo o que contém *axé*.
fuxico de santo: fofocas. Instrumento de controle político muito importante nos terreiros. Os conflitos são canalizados nesses comentários paralelos, críticas incessantes de tudo o que se opõe ao modelo dominante de tradição.

G

gameleira: árvore sagrada que é a morada do deus Iroco (*Ficus doliaria Martins, moracea*).
geledé: máscaras simbolizando o poder ancestral feminino.
guias: espíritos que se encarnam nos médiuns de umbanda.

I

iá kekerê: ver *mãe pequena*.
ialorixá: sacerdotisa, chefe de um terreiro de candomblé. Termo correspondente a *mãe de santo*. Do iorubá *iyálóòrìṣà* (*iyá ní òrìṣà*: "mãe da divindade").

iamí: ancestral feminino. Detém o poder ancestral feminino e domina as artes mágicas. Identificada com a feiticeira, a *ajé*.

Iamí Oxorongá: chefe das mães ancestrais iorubás, detentoras das artes da feitiçaria. É invocada na cerimônia do *padê*, em sua qualidade de ancestral feminino.

iamorô: cargo ritual ligado ao *padê*.

iaô: iniciado no candomblé. Do iorubá *ìyàwó*: "esposa". Ao contrário do termo genérico "filho de santo", marca a posição hierárquica do iniciado, inferior àquela de um *ebômi* ou de um *ogã*.

inkice: divindades bantas, correspondentes aos orixás iorubás.

itan: história do *corpus* de Ifá, ligada aos *odùs*.

J

jogo de búzios: prática de adivinhação com a ajuda de conchas. Também chamada *dilogun*.

L

laguidibá: colar ritual de Omolu e de Oxumarê, de chifre preto.

Leba: nome dado às pombagiras reafricanizadas. Também chamadas Exua ou Lebará.

Legba: nome de Exu nos terreiros jeje.

linha: grupo de espíritos na umbanda, que pode reunir várias "falanges".

M

mãe de santo: iniciadora e chefe do terreiro. Termo correspondente a *ialorixá*.

mãe pequena: assistente direta do chefe do terreiro. Também chamada *iá kekerê*.

mesa branca: ver *centro de mesa*.

N

"nação": divisão interna do candomblé. O conceito perdeu sua conotação étnica e possui hoje um significado mais político que teológico. São "nações" de candomblé: ketu, ijexá, jeje, efon, angola, congo, caboclo.

nagô: nome dado no Brasil aos escravos iorubás. O termo se tornou sinônimo de candomblé tradicional, identificado com alguns terreiros baianos da nação ketu.

O

obrigação: oferendas rituais a uma divindade. Cerimônias para o orixá que o iniciado deve efetuar ao longo de seu percurso religioso.

odù: configuração da prática divinatória, ligada ao sistema de Ifá.

ogã: cargo ritual exclusivo dos homens que não entram em transe. Protetor do terreiro.

oiê: títulos rituais no candomblé; do iorubá *oyè*.
ojá: faixa de pano que cobre o peito do iniciado em transe.
ojê: sacerdote do culto dos Eguns.
opelê: corrente à qual são amarradas oito metades de caroços. Cada queda dá uma combinação de sinais que remete a um *odù*.
oriquí: invocação ou divisa de um orixá. Exprime a natureza profunda da divindade e suas características míticas. Do iorubá *oríkì*.
orixá: divindade venerada no candomblé. Intermediário entre o Deus supremo, Olorum, e os homens.
orixá cruzado: espírito da umbanda que tem a ver a um só tempo com duas "linhas" diferentes.
orum: mundo sobrenatural; do iorubá *òrun*.
otá: pedra que simboliza a ligação entre a cabeça do iniciado e seu orixá, colocada no *assentamento*.
oxu: cone colocado sobre o corte ritual praticado no crânio durante a iniciação. É composto de ervas e ossos triturados, misturados a outros ingredientes, como o sangue dos animais sacrificados. Um iniciado será chamado *adoxu:* "aquele que recebeu *o oxu*".

P

padê: ritual propiciatório para Exu, quando podem ser invocados os ancestrais (neste caso, será chamado *rodar a cuia*). Do iorubá *pàdé:* "encontro".
pai de santo: iniciador, chefe do terreiro. Termo correspondente a *babalorixá*.
pai pequeno: assistente do chefe do terreiro. Também chamado *baba kekerê*.
parentesco de santo: ver *família de santo*.
Pombagira: Exu feminino na umbanda e no candomblé banto.
ponto cantado: invocação cantada para os espíritos da umbanda.
ponto riscado: desenho composto de sinais cabalísticos que têm o poder de chamar os espíritos. São reproduzidos com giz no chão durante as cerimônias rituais. Servem também como "assinatura" da entidade, pois a combinação específica dos diferentes elementos (flechas, cruz, círculos etc.) identifica o espírito manifestado.
povo de santo: o conjunto dos crentes dos cultos afro-brasileiros.
Preto-velho: espírito dos antigos escravos africanos na umbanda.

Q

"qualidades": diferentes avatares de uma divindade, que exprimem os vínculos que ela mantém com os demais orixás. A divindade individual é conhecida por seu nome específico, ou seja, o nome de sua "qualidade".
quartinha: pequena ânfora com água, colocada ao lado dos *assentamento*.

quiumbas: espíritos "não evoluídos", obsessores. São nocivos aos seres humanos e provocam doenças ou mesmo a morte.

R

raspar o santo: submeter-se ao ritual de iniciação. Refere-se à raspagem ritual do crânio do iniciado.
roncó: quarto de iniciação em um terreiro.

T

tabatinga: argila usada para preparar os *assentamentos*.
terreiro: indica tanto o local do culto quanto a comunidade dos iniciados ligada a este. Termo genérico, pode às vezes substituir o nome particular do local do culto em questão (por exemplo, o terreiro do Engenho Velho ou Casa Branca). Sinônimos: *ilê* (casa em iorubá), *abassá* (nações bantas) e *sejá arrun* (nação jeje).
terreiro traçado: terreiro "misturado", no qual se praticam simultaneamente vários rituais (candomblé e umbanda; xangô e jurema etc.).
"trabalho": ato mágico-ritual com fins positivos ou negativos. Também chamado *ebó*.
trocar as águas: mudar de nação de culto. Passa-se, assim, de um *axé* (tradição religiosa) a outro, afiliando-se a outro terreiro e colocando-se sob a proteção mística de outro pai de santo ou de outra mãe de santo.

V

vodum: divindade nos cultos de origem fon, como o tambor de mina de São Luís do Maranhão.

X

xirê: ordem ritual das invocações e das danças para os orixás, durante as cerimônias públicas.

ÍNDICE REMISSIVO

A

abolição
- *da escravidão (ou escravatura)* 30, 58, 100, 134, 229, 231, 255
- do tráfico 228, 229

debate sobre a – 229

aculturação 164, 237-238, 247, 271-272, 288, 340

acusação(ões)
- de feitiçaria 29, 34, 42, 97, 251, 257, 267
- de simulação 42, 196, 345

adivinhação 50, 51, 64, 65, 73, 178, 198, 281, 283, 311, 319
- com o *opelê* 73, 314, 379, 382
- pelos búzios 42, 73, 166, 190, 304
- pelos *odùs* 305, 313-314

adjuntó 170, 173, 377

adoxu 169, 202-203, 377, 382

afiliação religiosa 192, 193

África 30, 31, 32, 37, 38-41, 43-44, 56-59, 63-64, 67, 78, 90, 106, 112, 121, 125, 127, 134, 135, 138, 149-150, 156, 174, 176, 177, 184, 227-230, 233-235, 237, 248, 252, 258-259, 261, 267, 268, 270, 275-277, 279-281, 283-285, 287-288, 290-291, 297-299, 301-303, 305, 307-309, 311, 313, 315, 317, 319-320, 322, 327, 334, 335, 338-339, 342, 344, 345, 347, 350, 351
- mítica 276, 303, 337, 340, 343
problemática da – 41
viagem "iniciática" à – 276-277, 284

africanidade 31, 83, 109, 152, 155, 176, 246, 302, 350

ideal de – 266, 340

africanismos 40
busca dos – 38, 39

afro-brasileiro (uso do termo –) 57-59

ajé 90, 184, 377, 381

Aláàfin 277, 285, 292-294

ALVINHO DE OMOLU 35, 46-47, 56, 83, 140-142, 146-147, 157, 169, 171-172, 175, 182, 184, 198-199, 346

AMADO, Jorge 138, 150, 246, 259, 281, 297

anagôs 264

ANDRADE, Mário de 238-239, 245

ANDRADE, Oswald de 238-239, 259

Aninha 43, 135-136, 243, 245, 279, 281-284, 291, 294-296

antropólogos
aliança dos – (com cultos e chefes religiosos) 339
- trabalhando "desde dentro" 30, 261
- ligados (ao candomblé, terreiro, grupos religiosos) 281, 299, 346
- iniciado(s) 287, 290, 301, 336
- e o mito antropológico 33
- e a crença 50-55

apatam 70

aprendizado por
- literatura (livros) 44, 107, 154-155, 311, 316, 334
- transmissão oral 309

arkhé 40, 320-321, 331, 334

àṣẹ 262-263, 302, 331, 377

Aṣìpa 288-289

assentamento 51, 73-75, 80, 84, 87, 91, 94, 147, 153, 181-183, 189, 197, 281, 310, 332, 377, 379, 382-383

Averekete 98
awo 312, 314, 318, 330-331, 341, 377
axé 43, 51, 83-85, 87, 89, 147, 189, 262-264, 302, 315, 320-321, 330-332, 334, 349
   arkhé e – 320-321, 331, 334
   teologia do – 263, 302
axexê 88, 377
axogum 30, 138-139, 377
Azevedo, Thales de 252

B

babalaô(s) 73, 79, 135, 235, 237, 281, 287, 290, 307, 312, 314, 316, 318
   babalao(s) 58, 351
   babalawo(s) 43, 377
babalosaniyin 135, 378
baculo 102, 330, 378
Bamboxé 134-136, 141, 279
banto(s)
   povo – 23, 25-27, 45, 103, 148, 242, 247, 248, 253-255, 257
   culto(s) – (candomblés, crentes, terreiros) 24, 25, 27, 28, 31, 34, 56, 80, 109, 118, 121, 132, 145, 236, 242, 243, 250, 253-255, 257, 271, 328, 330
   deus(es) – 127, 176
   degenerescência dos – 25, 242
Bastide, Roger 28, 30, 31-33, 36, 39-40, 43, 51, 55, 73, 79-81, 84, 92, 94, 97, 98, 102, 104, 115, 132, 146, 148, 174, 228, 243, 248, 252-255, 257-258, 260-263, 267-268, 270-275, 279-281, 283-284, 297-298, 321, 324-328, 333-334, 338, 343, 348
   pesquisa(s) em – 24, 271
   – e Pierre Verger 248, 253, 271, 279-281, 284
   temática marxista 270

emergência (x mutação) 274
memória coletiva 39-40, 270, 274
degradados (cultos, x puros) 28, 39, 56, 132, 270
grupo x indivíduo 271
princípio de corte 272-273
interpenetração das civilizações 271, 273
enquistamento cultural 272, 274, 321, 325
nagô (candomblé, x banto) 253, 255, 267-268
batuque 26, 92-94
   Exu no – 92, 94
Binon-Cossard, Gisèle 25, 48, 82, 138, 317
Bombogira *ver* Bombonjira
Bombonjira 118, 121, 127, 176, 378
Bonfim, Martiniano [Eliseu do] 27, 43, 136, 235, 246, 281, 291, 292, 306, 307
borí 51, 214, 378
branqueamento (ideologia do –) 231
Brasil-cadinho 164, 239
Brasil colonial 104, 125
   feitiçaria no – 104
   Inquisição no – 102, 104
   religião popular no – 104
Buffon 230, 357

C

caboclo(s) 24, 30, 37, 59, 98, 108-111, 116, 132, 138, 143, 159, 166, 169-175, 196, 199-200, 207-208, 242, 257, 275, 299, 330, 378, 381
   apagamento do(s) – 174
   culto ao(s) – 330
   – na umbanda 37, 108-111, 166
   – no candomblé 37, 170, 174
   – no Pantanal 170, 171, 172
cabula 102, 145, 236
calundu 101, 103

calunga 102, 378
   cemitério 118, 119
   mar 102
Calunga-ngombe 102
candomblé
   – angola 25, 30, 55, 78, 145, 214, 312, 343
   – banto (raridade das pesquisas sobre o) 24-25, 236, 242
   – congo 24, 326, 328, 381
   – de caboclo 24, 138, 242, 257, 267, 270, 299, 378, 381
   – efon 24, 47-49, 82-83, 87, 138-139, 141, 146-147, 149, 157, 169-170, 172-173, 180-182, 185, 190, 193, 198, 214, 346, 381
   hierarquia religiosa no – 161, 162, 187, 199, 296, 350
   – ijexá 24, 47-49, 81, 319, 381
   – jeje 24, 47-48, 82, 96, 137, 139, 170, 172, 180, 185, 189, 193, 235, 299, 307, 318, 326, 381, 383
   – jeje-nagô 24, 27, 132, 234-235, 242, 246, 334
   – ketu 24, 47, 72, 80, 81, 84, 92, 137, 146-147, 152, 156-158, 174, 191, 227, 254, 279-280, 286, 290, 297, 299, 309, 311, 315, 318, 328, 381
   lado estético do – 157
   – nagô (concentração das pesquisas no) 26, 27, 30, 227
   – nagô-vodum 24
   prestígio (– como fonte ou acúmulo de) 149, 152, 157, 158, 162, 164, 201, 268, 277, 281-284, 290-291, 297, 299, 301, 324, 350
   religião universal (– como) 147-149
   Rio de Janeiro (história do – no) 132-142
canjica 87

campo religioso afro-brasileiro 23, 25, 29, 31, 36, 41, 43, 57, 109, 131, 160, 266, 337, 343, 344
   hierarquização do – 33
CAPINAM, José Carlos 259
caridade (prática da –) 100, 107-108, 110-111, 158, 168, 171, 193, 199, 378, 279
CARNEIRO, Édison 25, 27, 30, 51, 78, 92, 138, 241-243, 245, 250, 253, 281, 307
carrego 67-68, 78, 356, 378
categoria de acusação (entre vertentes religiosas) 33, 110, 268, 270
catimbó 93, 94
CARYBÉ 259, 286, 297
CAYMMI, Dorival 150, 259
CEAO 258, 287-288, 297, 307-308, 313
Ciriáco 78-79, 81-82, 137
complexo civilizador africano *ver* J. E. dos Santos, M. A. Luz, M. Sodré
Conferências sobre a Tradição e a Cultura dos Orixás (COMTOC) 305, 323, 326
Congresso Afro-brasileiro
   – da Bahia 245-246, 291-292, 295
   – de Recife 244-245, 247, 305
Congresso de Espiritismo de Umbanda 106
continuum religioso 23, 32, 41, 112, 131, 145, 339, 343-344
contracultura 150, 259-260, 277
COSTA LIMA, Vivaldo da 30, 51, 147, 245, 258-259, 286, 292, 297
COSTA PINTO, Luiz Aguiar da 252
COUTO FERRAZ, Aydano do 246, 275, 281
crianças (entidades) 70, 108, 170, 378
CRISTÓVÃO DE OGUNJÁ 47, 49, 83, 138, 141, 169-171, 192, 196
cuia (rodar a –) 87, 378, 382

cultura francesa (influência da – na cultura popular) 99, 116, 118
curandeirismo 121, 237, 251, 378
– na Constituição brasileira 135, 234
– no Código Penal 233, 251
cursos
– de adivinhação 178, 276, 305, 311, 314, 318-319
– de língua e cultura iorubá 44, 92, 150, 155, 178, 276, 278, 305-309, 311-313, 315, 316-318, 319, 328, 332
– em Salvador 150, 307
– em São Paulo 150, 305, 308-309, 311, 313
– no Rio de Janeiro 150, 178, 305, 312-318, 320, 328

D

dagã 87-88, 378
DaMatta, Roberto 162, 164, 187
Dantas, Beatriz Góis 13, 17, 18, 25, 27, 40, 239, 241, 244, 334, 338
decá 161, 193, 301, 378
democracia racial 162, 239, 246-247, 252-253, 273, 347
dessincretização 63, 322, 323, 324
dilogun, ver adivinhação pelaos búzios, jogo dos búzios
ditadura militar 144, 150, 259
doença
causa sobrenatural da – 237
espíritos (– por possessão, contato, obsessão de) 165, 167, 383
Exu (– por descontentamento da entidade) 79
mediunidade não tratada(– indicando) 205
passagem da umbanda para o candomblé(– como pressão para) 151, 157

tratamento ou cura (de – por entidade) 97, 120, 172
Dom João VI 99
Dom Pedro I de Castilha 124
Dom Pedro II 229
Dória, Álvaro 246
Durkheim, Émile 39, 257, 273

E

ebó 34, 67, 74, 95, 166, 236-237, 251, 255, 263, 311, 379, 383
ebômi(s) 161, 296, 319, 378-379, 381
efon 24, 47-49, 82-83, 87, 138-139, 141, 146-147, 149, 157, 169-170, 172-173, 180-182, 185, 190, 193, 198, 214, 346, 381
Egum(ns)
– ancestral(is) divinizado(s) 37, 89-90, 115, 127, 165, 167, 178, 199, 281, 308, 379, 382
culto ao(s) – 37, 89-90, 165, 178, 281, 308, 382
egum(ns) espírito(s) de morto(s) 37, 115, 165-168, 170, 173, 178, 330, 378-379
poluição espiritual pelo(s) – 37, 165, 185
Egungun 90, 165-166, 341, 379
Embarabô 96
enfeitiçamento 234, 237
equede 52, 85-86, 199, 315-316, 379
erê 170, 177, 379
ẹrù 67
Escola de São Paulo 258
espírito(s)
– de umbanda 108, 131, 151, 166-167, 169, 171, 177-180, 183, 185
– guia(s) 107, 159, 380
– quimbandeiro 110
essa(s) 88-89, 136, 379
estratégias de legitimação 228

Èṣù (iorubá) 63-72, 379
 –Àgbà 67, 76
 altar de – 70
 – Bará-aiyé 69, 378
 – carrasco 66
 – e a sexualidade 56, 68, 105
 – e Ifá 65
 – Ẹlẹ́bọ 67, 263, 334, 379
 – Ẹlẹ́gbẹ́ra 68, 76, 78, 86, 94, 176
 – Ẹlẹ́ru 67
 – e o mercado 66, 70-71, 91
 – feminino 42, 69, 71, 80, 118, 121, 131, 176, 181, 184-185, 193, 382
 identificação (sincretismo) de – com o diabo 34, 43, 64-65, 73, 78-80, 82, 84, 86, 94-95, 97, 105-106, 114, 128, 227, 235, 238, 250-251, 254, 257, 333-335
 – intérprete 56, 379
 – mediador 42-43, 66, 70, 187, 227, 243, 379
 – mensageiro 33, 63, 66, 72, 86, 89, 94, 98, 105, 168, 176-177, 250, 255, 263, 332, 334, 379
 – mestre do paradoxo 67
 – ònà 70
 – Yangi 67, 69, 76-77, 91
evolução cármica 106, 109, 110, 114
evolucionismo 229
exés 87, 181, 379
Exu(s) na umbanda 36-8, 40-42, 44, 57, 83, 99, 101, 108-109, 111-112, 114-115, 120, 128, 131, 143, 159, 165-170, 172, 176-183, 185, 196, 199, 227, 259-260, 380, 382
 – "africana" 114
 altar de – 199
 – "batizado(s)" 94, 111, 116
 – boêmio(s) 118, 202
 – "branca" 23, 36, 57, 114, 143-144
 – Barabô (cerimônia para) 116
 – "cruzado" 132
 despacho de – 86, 109
 doutrinação do – 108, 199-200
 – inferior(es) 114-116, 118
 – Malandro 202
 –-mirins 212
 – obsessor 116
 – "pagão(s)" 94, 111, 116, 380
 – superior(es) 114-116, 118, 125
 – Tranca-Ruas 94, 114, 120, 214-215, 221
 – Zé Pelintra 94, 118
Exu(s) no candomblé 42, 166-170, 172-173, 175-182, 185, 196, 235, 250
 altar de – 73-75
 –Bará 69, 75, 78, 92, 94, 98
 – "compadre" 42, 73, 187, 250
 cores rituais de – 84
 dança de – 81, 84-86
 – da porteira 73-74, 76, 379
 desafio de – ao pai de santo 190
 – dono (mestre) da magia 33, 36
 –egum(ns) 37, 57, 115, 166-167, 165-6, 175-176, 178, 185, 194-195, 198-199, 380
 –escravo(s) 37, 74-75, 167, 176-179, 181, 185, 380
 folhas de – 79, 84
 iniciação para – 78-94
 – no despacho 85-87, 96, 109, 243, 250, 379
 – no *padê* 86-88, 382
 – no Pantanal 174
 –orixá(s) 75, 83, 115, 166-167, 178, 185, 194
 "qualidades" de – 74, 76-78
 – *trickster* 36, 63-64, 351

F

Fa 65, 66, 69
família de santo 49, 141, 169, 172, 185, 189, 192, 193, 194, 298, 299, 377, 380, 382
farí 203, 380
Federação 90, 275
– Baiana dos Cultos Afro-brasileiros (FEBACAB) 30
– de Umbanda 143, 328
– Espírita Umbandista 107, 144
feitiçaria 29, 34, 45, 89, 112, 119, 121-122, 125, 233-235, 237, 242, 243-244, 255, 381
acusação(ões) de – 29, 34, 42, 97, 251, 257, 267
medo da – 196
feitiço 162, 184, 232, 235-237, 242, 311
terror do – 234
feitura de santo *ver* iniciação
FERNANDES, Florestan 252
ferramenta 74, 179, 181, 349, 380
filiação religiosa 46, 51, 141, 149, 160, 193
Fon 24, 47, 48, 56, 63, 64, 65, 66, 69, 70, 71, 96, 176, 235, 248, 262, 340, 383
FREYRE, Gilberto 104, 162, 239, 244, 248, 284
fundamento 40, 54, 268, 330, 380
fuxico(s) 42, 161-162, 164, 194, 196, 282-283, 296, 380

G

gameleira 87, 139, 380
geledé(s) 91-92, 380
GIL, Gilberto 259
GOBINEAU, conde de 230
GOMES, Dias 259

H

HALBWACHS, Maurice 40, 274
HERSKOVITS, Melville J. 66, 70-71, 97, 152, 237, 245, 247-248, 250-251, 288, 299, 347
histórias de vida 44, 195, 204
– de Baiana de Omolu 202-204
– de Edna de Omolu 214-222
– de Rosilene de Mulambo 204-212

I

iamí(s) 20, 88-92, 127-128, 181, 184-185, 277, 381
Iamí Oxorongá 89, 90, 91, 92, 127, 128, 184, 185, 277, 381
iamorô 88, 89, 282, 381
iaô 152, 161, 173, 379, 381
Ibéjì 67
identidade
– cultural 149, 265, 323
– nacional brasileira 230, 252
– religiosa negociada (ou renegociada) 31, 131, 338
status pela – religiosa 152
Ifá
– e Èṣù 65-66, 84
– na Nigéria 91
– no Brasil 73, 313-316
– no Daomé *ver* Fa
sistema de – 65-66, 73, 313-314
Ikú 67
Ilê Axé Oloroquê 138, 139, 140
Ilê Ifá Mongé Gibanauê 46, 59, 83, 141, 142, 286
Ilê Ogum Anauegi Belé Iomã 139
iniciação 28, 37, 50, 51, 53, 58, 69, 71, 74, 77, 78, 79, 80, 81, 82, 83, 84, 94, 139, 140, 141, 143, 146,

150, 151, 152, 157, 158, 159, 160, 161, 166, 167, 168, 169, 171, 172, 173, 177, 183, 185, 188, 189, 193, 198, 199, 203, 262, 268, 271, 281, 283, 286, 301, 302, 311, 314, 315, 316, 317, 318, 319, 321, 327, 332, 341, 345, 346, 348, 377, 378, 380, 382, 383
inkice 330, 335, 381
INTECAB 305, 319, 321, 326, 328, 330, 332, 334, 335, 376
iorubá (língua) 65, 166, 176, 236, 263, 287-288, 305-313, 315, 317-319, 332-333, 341
iorubás (povo) 23-24, 26-27, 30, 44, 56, 63-67, 71, 90, 92, 115, 132, 232, 235, 248, 280, 289, 293, 311, 330, 333, 339-342, 349, 379, 381
Iroco 48, 139, 220, 269, 380
ISEB 252
Iyá Nassô 26, 277, 279, 280

J

Jeje 24, 47, 48, 82, 96, 137, 139, 170, 172, 180, 185, 189, 193, 235, 299, 307, 318, 326, 381, 383
JOÃOZINHO DA GOMEIA 25, 82, 138, 142, 146, 149, 177, 315
jogo dos búzios, *ver* adivinhação pelos búzios, dilogun
jurema 93, 94, 141, 383

K

Kakanfò 277, 289, 293
KARDEC, Allan 28, 99, 100, 114
kardecismo 23, 32-33, 36, 57, 100, 101, 107-110, 112, 144-145, 151, 169, 379
federações espíritas 100

mesa branca 107, 169, 171, 378, 381
Ketu (cidade) 91, 92, 254, 277, 279-280, 286, 288-290, 297
KUBITSCHEK, Juscelino 252, 286

L

Lagos 91, 263, 276, 277, 281, 289, 291, 294, 302
LANDES, Ruth 243-244, 247, 25S, 268, 270, 281-283
Lebará 94, 95, 176, 177
Legba
 – *agbanukwe* 66
 altar de – 70
 aovi e – 64
 Axi- – 70
 – *entre os fon* 56, 63-71, 262
 – feminino 71
 gbo(s) e – 66
 – *homesingan* 66
 – *houdan* 66
 Hu- – 70
 legbasi 71
 – *no Brasil* 96-98, 176, 381
 To- – 70
 transgressão dos tabus sexuais 64
Legua Boji 97, 98
Lei Áurea 229
LÉVI-STRAUSS, Claude 248, 347
liberdade religiosa na Constituição brasileira 234
Living Theatre 260
livros (influência dos escritos sobre os cultos) 334
lógica de acusação 282
lucumí 342
LUZ, Marco Aurélio 51, 81, 259, 261, 297, 321, 323, 326

M

macumba 26-29, 31-33, 36, 81, 101-106, 112, 121, 131-132, 136, 148, 154, 158, 204, 206, 208, 253-254, 257-260, 268, 270-272, 275, 344
macumbeiro 103, 258, 270
Mãe Runhô 139, 170
Mãe Stella 32, 148, 290, 297, 302, 323, 330
malês 279
Maria de Xangô 82, 83, 138, 139, 140, 141, 171, 172, 173
Martius, Carl F. P. von 229
Mauss, Marcel 34, 257, 273
Mawu-Lisa 65
médium 36, 41-42, 44-46, 107, 111, 116-117, 119, 128, 151, 158-162, 166, 168, 170, 172, 177-178, 180, 183-184, 187-191, 193, 195-196, 198-202, 206-207, 211, 214, 221
história de vida do – 187
– e espírito(s) 46, 107, 111, 128, 156, 189, 199, 211
– e pai de santo 42, 160, 189, 198-199
mediunidade (dom nascido com o médium) 159, 177
memória coletiva, *ver* Bastide e Halbwachs
Meninazinha de Oxum 84
Menininha do Gantois 141, 150, 174, 243, 283, 315
mercado religioso 31, 34, 36, 37, 38, 42, 43, 152, 154, 172, 191, 228, 312, 338
mestiçagem (debate sobre a –) 230
Métraux, Alfred 252, 284, 287
mina 26, 32, 96, 98, 103, 194, 383
mistura
– de cultos (tradições, religiões) 24, 26, 132, 144, 183, 266-267, 312, 341, 343-344

– de raças 229-230, 239
modernismo –239, 242, 259
monogenistas 230
Moraes, Zélio de 101, 143
movimento de reafricanização 57, 63, 128, 303, 305, 332
– em São Paulo 290, 305, 339
– na Bahia 339
– no Rio de Janeiro 107, 305
– nos Estados Unidos 340
movimento de volta
– à África 275, 280
– aos países da costa ocidental africana 276
– às origens 144
– às raízes 337, 340, 341, 342
movimento negro 323-324
o – e o candomblé 324
mulher(es)
ambivalência da(s) – 212, 221
– de malandro 195, 203
– e espíritos 42, 200-204, 211-213, 219, 221-222
– e o papel de esposa 221
– e homem (negociar, redefinir relação com ele) 200-202, 219

N

nação de candomblé 21, 185
nagô (significado do termo –) 24, 343
nagôs
supremacia dos – (ou iorubás) 26, 28, 232, 237, 279, 307, 328, 339, 342
tradicionalidade dos – 34, 227, 235, 243, 246, 271, 294
Neto, Torquato 259
nguzu 330
Nina Rodrigues, Raimundo 26-7, 30, 39, 43, 51-52, 78, 133-134, 147, 231-236, 241, 243, 246, 248, 258, 281,

293, 295, 306, 350
normalização dos cultos 242, 326

O

Obá Tossi 92, 135, 279, 280, 282, 286, 289, 296
Obás de Xangô 12, 282, 291, 294, 295, 296, 298, 337
obrigação (ritual) 67-68, 315, 319, 378, 382
  afiliação religiosa por – 185, 193
odù(s) 73-74, 83, 136, 154, 164, 305, 312-315, 381-382
ogã(s) 30, 51, 55, 86, 138, 184, 222, 236, 243, 283, 295, 311-312, 315, 317, 377, 381-382
ojê 165, 382
Olga de Alaketu 32, 37, 84, 290
Olódùmarè 65, 68, 263, 365
Oloque 47, 139
Ọlọ́run 65, 66
omolocô 23, 57, 58, 103, 107, 145, 214, 312, 318, 328, 343, 344
opelê ver Ifá adivinhação
oríkì 67, 277, 279, 288, 289, 332, 382
orisha-voodoo 341, 343
orixá(s) 32, 37, 46, 72, 74-81, 83-90, 94-95, 107-108, 114-115, 125, 128, 138-139, 143, 150-151, 155, 157, 160, 165-170, 172-174, 176-181, 183-185, 189-191, 193, 196, 198-200, 205-206, 208, 214, 235, 244, 250-251, 254, 262, 267, 284-285, 290, 305, 307-309, 311-312, 314-316, 323, 330-331, 334-335, 339, 342, 351, 377, 379-383
  – cruzado(s) 131
  "qualidades" do – 73
ORTIZ, Renato 112, 144, 116, 155, 252, 260-261, 348
ortodoxia 37-38, 41, 47, 56-57, 81, 83, 98-99, 101, 128, 132, 154, 156, 170, 173, 175-177, 184-185, 191, 245, 296, 332, 337, 345
  modelo [ideal] de – 29, 44, 57, 166, 168-169, 189, 301, 337
Ọrùnmìlà 65, 66, 73
oxu 77, 377, 382
oyè 277, 285, 293, 382
Oyó 49, 71, 277, 285, 288-290, 292-294
  reino (ou império) de – 279, 289, 293
Oyotunji Village 341

P

padê 19, 86-88, 91, 96, 136, 184, 243, 263, 282, 378-379, 381-382
PADILLA, María de 124-125
Pai Adão 283, 284
palo monte 58
pan-africanismo 323
parentesco religioso, *ver* família de santo
passagem da umbanda ao candomblé 37, 42, 151, 155, 157, 169-170, 178, 340
  – sinônimo de maior eficiência 157
PAULA, Balbino Daniel de 51, 290, 308
Pequena África 133, 136
PERNAMBUCO, Ulysses 241, 244, 247
PIERSON, Donald 51, 174, 247, 281
PIMENTEL, Marcos Teodoro 281
poligenistas 230
Pombagira(s) 36-38, 41-42, 44, 46-47, 56-57, 63, 99, 111, 118-123, 125, 127-128, 131, 143, 165-168, 170, 173-174, 176-185, 187-191, 193, 195-202, 204-207, 210, 212-213, 215-219, 221-223, 259, 381-382
  – cigana(s) 119, 123, 125, 179-181, 198-199
  cores rituais da(s) – 119, 180

– "cruzada(s)" 119
– e a feitiçaria 122
– e a sexualidade (o poder ou plano sexual) 120-121, 125, 127, 202, 213, 218-219, 223
– espíritos protetores das mulheres 200-223
estereótipo da prostituta 119, 122, 125, 127, 183, 204, 212, 222
famílias de – 119
– guardiã do casamento 218
– inferior 120
– Maria Mulambo 120, 123, 179-180, 182-183, 191, 195, 204-205, 212
– Maria Padilha 120, 122-125, 176, 179, 181-183, 189-190, 213
– Menina(s) 119, 123, 212-213, 215-217, 219
oferendas a – 119-120, 122, 213, 216
origem africana da – 118, 128, 176
origem de – 124
pivô de dramas conjugais 42
– superior 120
pontos de Exu e de Pombagira
– *cantados* 109, 121
– *riscados* 121, 123
PORTUGAL, Fernandes 178, 313-314, 318-319
possessão 20, 24, 37, 42, 46, 50, 53-54, 57-58, 75, 78-79, 81, 84-85, 94, 97, 101, 103, 117, 128, 160, 165-166, 170-171, 173, 175-178, 183, 189-191, 196, 198, 202, 207, 223, 241, 247, 254, 297, 344, 379
– como fenômeno psicopatológico 241
– como reflexo condicionado 247
– na umbanda 107, 176
– no kardecismo 107
normalidade da – 247

– por orixá, erê ou espírito de umbanda (no candomblé) 173, 177-178, 297
prestígio
acumulação (aumento) de – 138, 152, 158, 162, 201, 290, 299
fonte (afirmação) de – 50, 149, 152, 277, 281, 283, 295, 301, 324
preto(s)-velho(s) 108-112, 116, 132, 143, 166, 170, 193, 200, 330, 382
princípio de senioridade 160, 161, 280, 281

Q

QUERINO, Manuel 48, 52, 236
quilombo dos Palmares 248
quimbanda 31-33, 106, 109-112, 131, 205, 259-260
categoria de acusação (– como) 31, 110
exus da – 111
quiumba(s) 116, 167, 379, 383

R

RAMOS, Arthur 28, 30, 47, 51, 55, 102, 103, 121, 132, 236-237, 241, 246, 252, 274, 281
raspar o santo, *ver* iniciação
rebelião(ões)
– contra a repressão e a exploração 259-260, 325
– de escravos 112, 229, 231, 276, 280
– dos espíritos 180, 261
– dos iniciados 42, 187
repressão aos cultos 143, 151, 233, 234, 235, 241, 267
RIBEIRO, René 52, 94, 241, 247, 250, 252-253
ROCHA, Glauber 259, 286
RODRIGUES, Nelson 259

Romero, Sílvio 230
roncó 199, 383

S

samba
    cargo religioso 158, 378
    ritmo 134, 138, 150, 238
santería 58, 339, 340, 341, 342, 343, 350
santerismo 340
Santos, Deoscóredes M. dos 30, 88, 261, 263, 285, 287-290, 308, 320, 327
Santos, Juana E. dos 30, 43, 55, 68, 81, 88, 90, 92, 228, 261-264, 287-288, 302, 319-321, 324-325, 328, 330, 332-335
SECNEB 321, 323, 326, 360, 366, 376
segredo
    estrutura do – 274, 301, 330, 331
    – "vazio" 331
Senhora de Oxum 282, 284, 285, 296
separação dos espaços rituais 168, 172, 183
Serviço de Higiene Mental 244
    – do Recife 241
    – do Rio de Janeiro 241
sidagã 87, 378
Silva Pinto, Tancredo da 107, 144-145, 312, 328
sincretismo 73, 78-82, 74, 235-238, 242, 251, 272, 284, 305, 309, 321-325, 330, 335, 338, 340, 343
    luta contra o – 38, 290, 305
Sodré, Muniz 297, 320, 326, 338

T

tambor da mata 93, 98
tambor de mina 26, 93, 96, 98, 383
    Exu na Casa das Minas 96-98
    Exu na Casa de Nagô 96-98
tenentismo 238

terreiro(s) 24-34, 37-40, 42-44, 46-48, 50-52, 55, 57-58, 73-76, 78-85, 87-89, 92, 94-98, 116, 127-128, 131-146, 148-150, 156, 158, 160-162, 165-167, 169-175, 177, 181-183, 188-191, 193-200, 206-209, 212, 214-217, 227-228, 235-236, 241-247, 250-251, 253-254, 259-263, 268, 271-272, 275, 277, 279-283, 285-287, 290-299, 301-303, 305-309, 311, 313, 315-316, 318-328, 330-332, 334-335, 338-339, 343, 345-346, 349-350, 377-383
– como comunidades axiológicas 272
– da Casa Branca 26-27, 30, 37, 52, 78, 84-85, 92, 98, 135, 137, 150, 227, 235, 243, 250, 261, 277, 279-280, 282, 285, 291, 294-295, 383
– do Axé Opô Afonjá 26-27, 30, 32, 51, 80, 88-89, 92, 98, 135-136, 148, 152, 174, 191, 227, 241, 243, 245-246, 253, 261, 271, 277, 279, 281-282, 284-285, 290-298, 302, 312, 317, 323, 330, 334, 337
– do Engenho Velho 51, 138, 277, 279-280, 294-295, 383-
– do Gantois 26-27, 30, 51, 78, 81, 98, 137, 141, 150, 174, 227, 235-236, 243, 255, 261, 268, 270, 277, 283, 291, 295, 315, 318
– do Pantanal 47, 48, 82, 139-142, 169-174, 269, 322
– traçado 131, 383
Tia Ciata 134, 135
toquem 98
Torodê de Ogum 177, 178, 315-317, 319, 332
trabalho(s) mágico(s) 34, 67, 75, 97, 159, 162, 208, 243, 378
tradição 23-28, 30-31, 38-40, 42-45,

47, 51, 56-57, 71-72, 80-83, 85, 96, 98, 104-105, 107-108, 128, 133-135, 137, 139-140, 142, 148-149, 155, 162, 169, 174, 181, 185, 227-228, 235, 237, 239, 242, 248, 253-254, 257, 259-261, 263-267, 271, 274-277, 280-283, 285, 289, 291-292, 294-299, 302-303, 305, 309, 311, 315-316, 318-320, 323, 326-328, 330-335, 337-344, 346-351, 377, 280, 383
– como modelo de interação social 39, 266
construção da – 25, 57, 235, 248, 265, 299, 328, 337, 344, 346, 348, 351
– e modernidade 23, 239, 257, 265-267
funções políticas da – 39
– inventada 265, 298
perda da – 25, 253, 265-266, 299, 328, 331
tradicionalidade 13, 34, 47, 81, 227, 235, 242, 243, 246, 261, 265, 271, 277, 294, 295, 299, 301, 305, 337, 346
tradicionalismo 39, 44, 265, 339
transe 20, 30, 51, 52, 54, 55, 58, 84, 85, 86, 99, 102, 107, 117, 120, 161, 165, 169, 178, 193, 195, 198, 207, 247, 272, 275, 292, 379, 382
termos usados por médiuns 20-21
Trindade Serra, Ordep 25, 51
troca das águas 140, 160, 193
tropicalismo 259

U

UFBA 258, 297
umbanda 26, 28, 31-33, 36-38, 40-42, 44, 46-47, 50, 57-58, 78, 83, 93-94, 99, 101-103, 106-112, 114-115, 118-120, 127-128, 131-132, 142-147, 155, 157-162, 165-173, 175-185, 188-189, 191, 193-196, 198-199, 201, 204-207, 214, 217, 223, 227-228, 259-260, 270, 272, 299, 301, 312, 317-318, 325-328, 330, 335, 339-340, 342-344, 351, 378-383
– "africana" 23, 57, 114, 144-145, 312, 328
– "branca" 23, 36, 40, 57, 114, 143-144
demanda(s) na – 112, 116, 160, 162, 378
evolução (espiritual, cármica) na – 106, 108-112, 114, 116, 166-167, 199-200, 378-379
falanges de – 107, 116, 212, 380-381
hierarquia na – 158-159
história da – no Rio de Janeiro 99-101, 107, 132, 142-145
linhas de – 107-108, 131, 382
luz (espíritos ou entidades de) 109-111, 118, 261
trevas (espíritos ou entidades das) 99, 106, 110, 118, 122, 165-166
umbandomblé 33, 109, 330, 344
– como categoria de acusação 33
UNESCO 252, 258, 288
União das Seitas Afro-brasileiras 246

V

Valente, Waldemar 241
Vargas, Getúlio 143, 146, 240
Veloso, Caetano 150, 259
Ventre Livre, lei do 229
Verger, Pierre 30, 51, 71, 79-80, 90-92, 96, 136, 139, 156, 248, 253, 258-259, 264, 271, 277, 284-285, 287-288, 290-291, 292, 297, 303, 308, 311, 348
Viana Filho, Luís 27, 248

vodu 340, 342
vodum 74, 86, 98, 330, 335, 383

W

Wagley, Charley 252
waji 77
Waldomiro de Xangô 139, 140, 147
Weber, Max 255

X

xangô(s) 25, 26, 93, 101, 245, 268, 383
Exu no(s) – 94
 – de Recife 26, 52, 93, 94, 96, 241
 – de Sergipe 25, 94, 96
 – nagô 25, 94, 96
 – toré 94
Xavier, Chico 100

Este livro foi impresso em fevereiro de 2023,
na Gráfica Assahí, em São Paulo.
A família tipográfica utilizada é a ITC Stone.
O papel de miolo é o offset 75g/m²
e o de capa é o cartão 250g/m².